Franz Joseph van der Grinten
Friedhelm Mennekes

# MENSCHENBILD – CHRISTUSBILD

Franz Joseph van der Grinten
Friedhelm Mennekes

# MENSCHENBILD – CHRISTUSBILD

Auseinandersetzung
mit einem Thema der
Gegenwartskunst

Verlag
Katholisches Bibelwerk GmbH
Stuttgart

CIP - Kurztitelaufnahme der Deutschen Bibliothek

**Grinten, Franz Joseph** van der:
Menschenbild – Christusbild:
Auseinandersetzung mit
e. Thema d. Gegenwartskunst/
Franz Joseph van der Grinten;
Friedhelm Mennekes. – 2. Aufl. –
Stuttgart: Verlag Katholisches Bibelwerk, 1985.
ISBN 3-460-32281-0

NE: Mennekes, Friedhelm:

ISBN 3-460-32281-0



Typographie und Layout: Joachim Letsch, Stuttgart
Umschlaggestaltung: Ronald Parusel, Mössingen
Reproduktionen:
Reproduktionstechnik Ruck, Stuttgart
Satz: Head & Copy, Stuttgart
Druck: Konkordia, Bühl
Bindung: Spinner, Ottersweier

# INHALTSVERZEICHNIS

# VORWORTE

Kann man heute noch Bilder des Glaubens malen? Was sich für einen Künstler der Gegenwart als fundamentales Problem seines Schaffens stellt, war für die »Nazarener« im vorigen Jahrhundert keine Frage. Sie waren sich ihrer Sache und ihrer Ausdrucksweise sicher; beides beherrschten sie so perfekt, daß es perfekter nicht zu machen ist. Sie hatten ihre festen Stilformen und ihr festes Bild von Gott. Sie wußten, wie der Himmel über den Wolken zu denken ist, sie übersäten die Erde mit Blumen.

Diese heile Welt ist in die Brüche gegangen, seit die Erde in den Weltkriegen mit Toten übersät wurde. Der Rauch von Auschwitz versperrt die Sicht zum Himmel; wer blickt da noch durch? Und wer weiß, welchen neuen Leiden die Welt entgegengeht? Das »Stöhnen der Schöpfung« (Röm 8,22) ist nicht zu überhören.

Dichter und Maler, die von solchen Erfahrungen gezeichnet sind und wittern, was in der Luft liegt, können nicht einfach weitersprechen und weitermalen, als sei noch alles beim alten. Die zerbrechende Welt schlägt in ihren Ausdruck hinein. Sie schrecken zurück vor konventionellen Sprachmustern und Stilformen. Sie verweigern sich der Konfektion und dem Kunst-Gewerbe. Sie fragen sich, was heute – jenseits technischer Information und kommerzieller Kalkulation – zu sagen ist. Und wenn sie sich zu Wort melden, dann oft so, daß sich ihre Aussage im Sprechen und Malen schon wieder verschließt und nicht leicht zu entschlüsseln ist. Sie (und nicht nur sie!) tun sich schwer mit dem Wort, mit den Farben. Sollte der Leser und Betrachter es sich da leicht machen dürfen, zumal dann, wenn es um den Anspruch des Glaubens geht?

Kann man heute noch Bilder des Glaubens malen? Die Frage hat theologische Dimensionen. Viele feste Formen und Formeln, viele Darstellungen und Vorstellungen des Glaubens sind in den Zusammenbrüchen und Aufbrüchen unseres Jahrhunderts auf der Strecke geblieben. Wie ist der Glaube in unserer von Wissenschaft und Technik programmierten Welt zu vermitteln? Darf man die überlieferten Bilder noch vorzeigen und auslegen?

Gott hat seine Geschichte mit den Menschen. Sie setzt sich aus vielen Geschichten zusammen. Nur wenn man sie anschaut und erzählt, erfährt man von Gott, sonst weiß man wenig von ihm (wie man ja auch kaum etwas von einem Menschen weiß, wenn man seine Geschichte nicht kennt). Von Gott gibt es viel zu erzählen: Er hat den Abraham berufen und den Mose, er war in Ägypten und ist mit den Israeliten gezogen, durchs Schilfmeer und durch die Wüste. Er hat sie in das ersehnte Land geführt und ihnen Männer geschenkt wie Samuel und die Profeten.

Der Gott Abrahams, Isaaks und Jakobs, kein abstraktes höheres Wesen, nicht die Reduktion in einen mathematischen Punkt oder in eine rein formale Struktur, sondern eine leibhaftige Person. Gott hat ein Gesicht. Er hat es uns zugewandt, wir können es anschauen. Ein Gesicht mit Fleisch und Blut: Jesus von Nazaret, »geboren von Maria der Jungfrau. Er hat wie wir als Mensch gelebt, in allem uns gleich außer der Sünde« (4. Hochgebet).

Er hat von Gott erzählt in Geschichten des Alltags, in Bildern und Gleichnissen. Und seine Jünger haben von ihm erzählt. Diese Erzählungen sind nicht zu ersetzen. Wer es darauf anlegt, sie ihres Bildcharakters zu ›entkleiden‹ und sie zu durchschauen auf eine abstrakte Wahrheitsformel hin, der geht am Ende leer aus. So verliert der Glaube sein Gesicht.

Bilder der Geschichte Gottes mit den Menschen. Diese Geschichte ist nicht abgeschlossen, wir stehen mitten drin. Unsere Zeit ist in sie einbezogen. Darum ist es nicht damit getan, von den überlieferten Bildern – so unersetzlich sie sind – einfach nur Abzüge zu machen. Die alten Erzählungen wollen durch unsere Erfahrungen hindurch neu zur Sprache kommen und Gestalt gewinnen. Unsere Züge sollen dabei zum Vorschein kommen.

Das ist leichter gesagt als getan. Das neue Wort, der neue Ausdruck, die neue Form sind nicht vorrätig, ›auf Lager‹. Sie wollen erspürt und – durch Wehen hindurch – erlitten werden. Paul Celan sagt von seiner Sprache, sie müsse »hindurchgehen durch ihre eigenen Antwortlosigkeiten, hindurchgehen durch furchtbares Verstummen, hindurchgehen durch die tausend Finsternisse todbringender Rede«.

Ist zu erwarten, daß solche Sprache auf Anhieb verständlich ist? Ist zu erwarten, daß solche Bilder auf den ersten Blick einleuchten? Der Betrachter wird vielleicht kopfschüttelnd davorstehen und rätseln, was dem Künstler denn da wohl eingefallen ist: befremdliche Formen, befremdliche Farbkompositionen. Eine Zumutung! Allerdings: die Bilder muten uns etwas zu. Sie sind nicht im Vorbeigehen ›mitzunehmen‹. Sie entziehen sich dem voreiligen Zugriff – und bleiben gerade so den oft befremdlichen Erzählungen treu, die sie darzustellen versuchen.

Wer vor den Bildern nicht davonläuft, wer den zweiten Blick riskiert und den dritten, der kann Entdeckungen machen.

»Ein Hungerkünstler«, das ist der Titel einer Erzählung Kafkas. Er bringt zwei Wörter zusammen, die zunächst weit von einander entfernt zu sein scheinen: ›Hunger‹ und ›Künstler‹. Ist Kunst nicht dem Reichtum benachbart? Kommt sie nicht aus dem Überfluß? Nicht unbedingt! Sonst müßten in unserer Wohlstandsgesellschaft die Künste aus dem Boden sprießen. Das ist offenkundig nicht der Fall. Es scheint, daß ein Künstler (sofern er diesen Namen verdient) heute eher mit dem Hunger zu tun hat. Wie ist das zu verstehen?

Der Hungerkünstler in Kafkas Erzählung ist eine seltsame Gestalt. Er hat große Zeiten gehabt. Die sind vorbei. Hunger ist uninteressant geworden, der Wohlstand ist ausgebrochen. Die Massen rennen achtlos am Hungerkünstler vorbei zu den Tieren im Zirkus, denen die Freiheit »irgendwo im Gebiß« steckt. Er wird vergessen. Nach langer Zeit entdeckt man ihn zufällig beim Aufräumen. Er hungert noch immer. Warum? »Weil ich hungern muß, ich kann nicht anders«, sagte der Hungerkünstler. »Warum kannst Du denn nicht anders?« »Weil ich«, sagte der Hungerkünstler, hob das Köpfchen und sprach mit wie zum Kuß gespitzten Lippen gerade in das Ohr des Aufsehers hinein, damit nichts verlorenginge, »weil ich nicht die Speise finden konnte, die mir schmeckt. Hätte ich sie gefunden, glaube mir, ich hätte kein Aufsehen gemacht und mich vollgegessen wie Du und alle«.

Der Hungerkünstler ist konsequent. Er läßt sich nicht mit Surrogaten abspeisen und verzettelt seinen Hunger nicht mit Dingen, die im Ausverkauf zu haben sind. Die Speise, die ihm schmeckt, ist nicht unbedingt das, was alle mögen. Sein Geschmack ist nicht käuflich.

Geschmack ist dabei keine nur ästhetische Kategorie, sie meint die Mitte des Menschen, sein Gewissen; das, was ihn verpflichtet, anspruchsvoll zu sein, was ihn lieber mit großen Hoffnungen hungern und dürsten läßt, als daß er sich mit Banalitäten volllaufen und begraben ließe. Ginge dieser Geschmack verloren, es wäre alles verloren.

Hungerkünstler sind selten geworden, fremd, belächelt. Es ist ja alles da: voll die Kassen und Schränke, voll die Köpfe mit den neuesten Nachrichten und Trendmeldungen, mit dem ›letzten Schrei‹ aus dem Kunst-Gewerbe. Wer wird da noch hungern?

Der Künstler kann dem Massenkonsum nur hungernd Widerstand leisten, in »radikaler Askese« (J. Schreiter). Das wird man seinen Bildern ansehen. Askese in der Gestaltung, das tastende Suchen nach einfachen, sparsamen Formen sind Zeichen redlichen Bemühens, in unserer Zeit Christus und den Menschen wieder ein Gesicht zu geben. So können neue Bilder des Glaubens wieder entstehen.

Wer vor diesen Bildern nicht davonläuft, wer den zweiten Blick riskiert und den dritten, der kann Entdeckungen machen.

Ich lade Sie ein, das Risiko des Aufbruchs zu wagen und mitzugehen.

*Dr. Franz Kamphaus,*
Bischof von Limburg

Christusbilder haben in der zeitgenössischen Kunst ihr Selbstverständnis weitgehend verloren. Diese geläufige, vielzitierte Feststellung findet ihre Rechtfertigung nicht allein in der vergleichsweise geringen Anzahl von Kunstwerken, die sich mit dieser Thematik auseinandersetzen, sondern auch in der Art und Weise, in der sich heutige Christusbilder darbieten. Diese haben – von wenigen Ausnahmen abgesehen – vorwiegend kritischen Charakter, so daß eine irritierte Suche nach Orientierungshilfen aus einer skeptischen Distanz heraus an die Stelle der Bestätigung unangefochtener Überzeugungen und Gläubigkeit vergangener Jahrhunderte getreten ist. Zu Recht rückt daher auch der Titel dieser Ausstellungsfolge jenen Aspekt an die erste Stelle, der gerade den qualvollen Weg der Annäherung und der Suche nach Ansätzen beschreibt, die notwendig sind, um das Christusbild mit neuem Leben zu erfüllen, beziehungsweise ihm im Hinblick auf die heutige Situation neue Aktualität und Relevanz zu verleihen. Es kann nicht ausreichend sein, die überlieferte Ikonographie der traditionellen religiösen Kunst zur Überbrückung der historischen Distanz lediglich äußerlich in eine neue Form zu kleiden. Diese weit verbreitete Vorstellung, die leider auch noch immer von einer Vielzahl der verantwortlichen Leiter unserer Kirchengemeinden vertreten wird, kann nämlich bestenfalls handwerklich und technisch perfekte Resultate erbringen, die zumeist in ihrer äußeren Anschauung relativ gefällig, dafür aber in ihrer inhaltlichen Deutung abgegriffen, beziehungsweise ohne anregende Impulse sind – letzten Endes also anspruchslos und mittelmäßig bleiben müssen. Da im Idealfall die Art und Weise der formalen Präsentation die Interpretation des dargestellten Bildgegenstandes vergegenwärtigt, kann eine überzeugende Lösung für ein modernes Christusbild nur aus dem Bedürfnis heraus entstehen, für eine zeitgemäße Deutung eine entsprechende, angemessene Ausdrucksform zu finden, so daß eine neue Form aus einer neuen Inhaltlichkeit resultiert.

Es ist verschiedentlich darauf hingewiesen worden, daß aus religiösen Darstellungen keine verbindlichen theologischen Erkenntnisse gewonnen werden können, sie jedoch als indirekte Quelle Aufschluß über das jeweilige Selbst- und Weltverständnis einer Epoche geben können, sofern man die künstlerischen Äußerungen als Symptome einer Gesellschaft analysiert.

In diesem Zusammenhang ist der extreme Pluralismus der Bildfindungen auffallend, der die neuere Kunst allgemein charakterisiert, da die außerordentlich rasche Folge von kurzlebigen Strömungen und Tendenzen letzten Endes auch ein Nebeneinander der unterschiedlichsten Kunstrichtungen erlaubt. Dementsprechend erfährt in hohem Maße das einzelne Individuum große Wertschätzung – eine Entwicklung, die erst in jüngster Zeit durch das erwachte Verantwortungsbewußtsein den existenzbedrohenden Problemen der Umwelt und des Friedens gegenüber unterlaufen wird zugunsten einer verstärkten Rückbesinnung auf Möglichkeiten und Einfluß solidarischen Denkens und Handelns in der Gemeinschaft. Die hohe Selbsteinschätzung der Fähigkeiten aber auch der Verantwortung des Künstlers bedingt – spätestens seit der Zeit des Impressionismus – zugleich ein großes Selbstverständnis der bildnerischen Mittel und Möglichkeiten, die zur Verfügung stehen. Diese neu gewonnene Autonomie verleiht der Kunst einen Anspruch und einen Stellenwert, der sie jeder untergeordneten Funktion enthebt. Eine gleichsam dienende Funktion hatte die bildende Kunst über große Zeiträume hinweg dem Wort, beziehungsweise der Bibel gegenüber wahrzunehmen. Nicht zuletzt Luther hat die sinnlichen und anschaulichen Qualitäten der Malerei zwar gepriesen, diese jedoch immer nur als Illustration und lediglich bestätigende Ergänzung des biblischen Textes verstanden. Geistige Aufklärung, die unter anderem aus einer übertriebenen Wertschätzung der Wissenschaft resultierte, bewirkte eine Krise in der Hinsicht, daß die Lehre der Kirche nicht mehr unangefochten als Norm angesehen wurde. Diese distanzierte, kritische Haltung befreite auch die Kunst aus ihrer untergeordneten Funktion gegenüber der Kirche, die heute bezeichnenderweise als Auftraggeber für Künstler kaum noch eine Rolle spielt. Stattdessen ist die Kunst mehr zu einem selbständigen Gegenüber der Kirche geworden, das nicht mehr nur Inhalte übernimmt, sondern im Gegenteil dazu beiträgt, neue, adäquate Inhalte zu finden. Eine wiederauflebende, partnerschaftliche Annäherung von Kirche und Kunst setzt daher auf beiden Seiten aufgeschlossene Toleranz und Flexibilität voraus. Die Künstler müßten sich wieder intensiver mit religiösen Fragen auseinandersetzen und diese verstärkt in ihr Schaffen einbeziehen anstatt sie auszuklammern. Von der Kirche dagegen wäre die Bereitschaft wünschenswert, in größerem Umfang als bisher auch sehr individuelle, subjektive Bekenntnisse von problembewußten, durchaus unbequemen Künstlerpersönlichkeiten als Anregungen zu akzeptieren. Diese werden vielleicht weniger die Auffassung der Mehrheit widerspiegeln und diese bestärken, als vielmehr irritierende oder provozierende Interpretationen anbieten, die einen konstruktiven Dialog in Gang setzen können. In diesem Sinne ist die aufgeschlossene Haltung des früheren Dompredigers zu St. Stephan in Wien, Monsignore Otto Mauer, geradezu beispielhaft zu nennen, der 1972 in einem Vortrag das Verhältnis der Kirche zur zeitgenössischen Kunst neu zu formulieren versuchte, indem er sagte: »Das Christentum kann doch nicht nur in Rechtsverhältnissen bestehen, nicht nur in Untertänigkeit und Oberherrschaft, nicht nur in Gesetzen und Rabbinismus, nicht nur in Dogmatismen, sondern es muß doch eine große, überzeugende, gewinnende Ekstasis, ein Außersichgeraten und eine Mobilisierung aller menschlichen spirituellen Kräfte sein, es muß doch etwas Kreatives sein. Die Christen können doch nicht einfach immer nein sagen zu dem, was die Welt erdenkt oder erfindet.«

Der zentrale Begriff der Kreativität ist auch insofern von Bedeutung für eine Annäherung von Kunst und Religion, als gerade die Künstler selbst des öfteren auf die Vergleichbarkeit ihres kreativen künstlerischen Schaffens mit dem Schöpfungsgedanken verweisen und damit auch ihren Anspruch zum Ausdruck bringen, der sie buchstäblich in die Nähe Gottes rückt. Auffallend ist jedoch, daß die Kreativität in den meisten Fällen mit einer Phase intensiv erlebten Leidens in Verbindung gebracht wird, die dem Schaffensprozeß vorausgeht. Entsprechend sind in der neueren religiösen Kunst auch fast ausschließlich Darstellungen der Passion Christi, insbesondere der Kreuzigung selbst zu finden, während Themen wie z. B. Auferstehung und Verklärung gemieden werden. Die Wiedergabe des gequälten, leidenden Christus in der Einsamkeit seiner letzten Stunde war immer schon ein wirksames Mittel, um Christus gleichsam als diesseitigen, mitleidenden Bruder auf eine Ebene mit den Benachteiligten und Verfolgten zu stellen, die darin eine Identifikationsfigur, beziehungsweise auch Trost und Hoffnung sahen. Die Möglichkeiten der Variationen reichen dabei von politisch motivierter Anklage, wie sie z. B. in der amerikanischen Wandmalerei der dreißiger Jahre (Orozco, Siqueiros, Rivera u. a.) exemplarisch zum Ausdruck kommt, indem politische und religiöse Märtyrer gleichgesetzt werden, bis hin zur Selbstidentifikation der Künstler mit Christus (Ensor, Chagall, Falken u. a.).

Die Kreuzigung Christi ist im Laufe der Jahrhunderte gleichsam zum Inbegriff des Christentums geworden, so daß es heute selbst in der konkreten, ungegenständlichen Kunst kaum mehr möglich ist, das ursprünglich neutrale, geometrische Motiv des Kreuzes ohne inhaltlich vorbelastete, religiöse Assoziationen einzusetzen. Stattdessen reicht häufig allein das Symbol des Kreuzes aus, um den komplexen Kontext der christlichen Lehre durch eine Anspielung oder ein Zitat sinnbildlich in ein Kunstwerk einzubringen. Die Vorliebe für das Thema des Kreuzestodes dürfte zu einem Teil wohl auch darin zu suchen sein, daß gerade diese Szene eine extreme Grenzsituation bezeichnet. Christus wird uns dabei zum einen von seiner menschlichsten Seite nahegebracht, die in dem schicksalhaften, tragischen Scheitern seiner irdischen Existenz beruht. Diese destruktive Komponente ist jedoch nicht Endziel, sondern lediglich läuterndes Übergangsstadium für eine hoffnungsvolle Neuerschaffung unter anderen Vorzeichen.

Gerade die Doppel-Natur Christi, der sowohl Mensch als auch Gott war, eröffnet der bildenden Kunst – insbesondere der Malerei – die Möglichkeit zu unterschiedlichsten Deutungen, da sie je nach Intention die Akzente verschieben kann. Beiden »Medien«, das heißt sowohl der Gestalt Christi als auch der Kunst, ist es nämlich gemeinsam, daß sie zwei gegensätzliche Ebenen, eine konkrete und eine abstrakte, in sich vereinen. Für die traditionelle gegenständliche Malerei bedeutet dies, daß sie auf der Ebene der wiedererkennbaren, gegenständlichen Darstellung gleichsam die faktische, materielle und zugleich auch diesseitige, vergängliche Komponente präsentiert. Die wirklichkeitsfremden medienbedingten Regeln der Komposition dagegen, nach denen das realistische Erscheinungsbild geordnet ist, implizieren Idealität im Sinne von Überzeitlichkeit und Vergeistigung. Je realistischer daher ein Bild wirkt, desto stärker tritt die menschliche Seite Christi in den Vordergrund. Sind dagegen die zugrundeliegenden, bildeigenen Gesetzmäßigkeiten und Regeln auch im äußeren Erscheinungsbild deutlicher anschaulich und offensichtlich, dann setzt diese bewußte Abstraktion von der gegenständlichen Wirklichkeit die Darstellung in größere Distanz zu dem Betrachter und betont anstelle der Gemeinsamkeiten stärker die Andersartigkeit und Unnahbarkeit Gottes. Bei der ungegenständlichen Kunst, die von vornherein auf den Umweg über den Gegenstand und das Wort verzichtet, ist bereits die Ebene des faktisch Vorhandenen, das heißt des Sichtbaren, abstrakt. Damit ist die Möglichkeit zu einer anderen, unmittelbaren und sinnlichen Kommunikation gegeben, die unter Verzicht auf gleichnishafte Umschreibungen sehr elementare Erlebnisse zu vermitteln vermag. Bezeichnenderweise sind einige der überzeugendsten Beispiele religiöser Malerei unserer Zeit gerade in diesem Bereich der Kunst zu finden, der sich auf so allgemeinphilosophische spirituelle Erfahrungswerte beschränkt, daß eine Deutung im religiösen Sinne lediglich eine von mehreren möglichen und gültigen ist. Der Titel oder aber die äußere formale Zusammenstellung mehrerer Bilder zu einem größeren Kontext, der erfahrungsgemäß in der Tradition der sakralen Kunst anzusiedeln ist (z. B. die 14 Kreuzwegstationen von Barnett Newman, Triptychon von Yves Klein, Diptychon von Gotthard Graubner etc.), sowie die Einbeziehung in eine sakrale Umgebung (z. B. Ausstattung einer Kapelle in Houston von Mark Rothko) können dabei Anhaltspunkt und Orientierungshilfen für die Auslegung geben.

Im Zusammenhang dieser Ausführungen war zu keinem Zeitpunkt daran gedacht, sich den Künstlern gegenüber Vorschläge oder gar Vorschriften für ein zeitgenössisches Christusbild anzumaßen. Es sollte jedoch als Ermutigung für zukünftige Unternehmungen zumindest angedeutet werden, daß Voraussetzungen für religiöse Kunst auch heute noch immer gegeben sind, wie es nicht zuletzt auch einige äußerst beeindruckende Beispiele der Kunst bestätigen. Soll die Kunst jedoch einer größeren Öffentlichkeit zugänglich gemacht werden, beziehungsweise unmittelbar in die Diskussion um Glaubensfragen integriert werden, so kann die Initiative für eine fruchtbare Zusammenarbeit von Kunst und Kirche nicht allein von den Künstlern ausgehen. Vielmehr hat auch die adressierte Öffentlichkeit ihren Beitrag zu leisten, indem sie in größerem Maße als bisher die Bereitschaft zeigt, althergebrachte Vorstellungen und Erwartungshaltungen aufzugeben, um auch unkonventionelle, Widerspruch provozierende Kunstwerke an exponierten Orten, wie zum Beispiel in einer Kirche, zu akzeptieren, beziehungsweise sich mit diesen auseinanderzusetzen.

*Prof. Hilmar Hoffmann*
Kulturdezernent der Stadt Frankfurt am Main

# EINFÜHRUNG

Menschen aus dem Bereich der Kirche und dem von ihr geprägten Umfeld an eine Begegnung mit Werken der zeitgenössischen Kunst heranzuführen, ist das Ziel einer Reihe von Ausstellungen, die während des Winterhalbjahres 1984/85 im Frankfurter Raum zu sehen sind. Das vorliegende Buch möchte dabei Wegbereiter sein und aus verschiedenen Richtungen Zugänge zu den Arbeiten der vorgestellten Künstler öffnen.

Kunst und Kirche haben sich seit langem weit auseinanderentwickelt, doch eines verbindet sie: eine aufgebrochene Leidenschaft, sich für den Menschen und seine Anliegen zu engagieren. Weltweit haben sich die Kirchen und die Künste auf den Weg gemacht, den Menschen in seinem Alltag aufzuspüren, in seinen Nöten und Hoffnungen, und ihn auf eine andere Art als bisher in die Mitte ihres Blickfeldes zu rücken. Die katholische Kirche beispielsweise hat bei diesem Bemühen von mancher liebgewonnenen Gewohnheit, von vielem noch vor kurzem selbstverständlich Erscheinenden Abschied genommen. Das hat sie flexibler und dynamischer werden lassen, fähiger, sich auf die Gegebenheiten der heutigen Gesellschaft einzustellen. Wenn es auch nötig ist, auf diesem Weg weiterzugehen, so hat sich gewissermaßen unter der Hand durch diesen Prozeß ihr eigenes Erscheinungsbild gewandelt. Das Auftreten des Klerus hat sich dem in einer säkularisierten Welt Üblichen weitgehend angeglichen, die Laien wurden unmittelbarer in die Verantwortung für die kirchliche Gemeinschaft einbezogen, die Gestalt der Liturgie wurde vereinfacht. Doch verlorengegangen ist dabei sicher eine gewisse Farbigkeit und Anschaulichkeit. Die Kirche wirkt heute nüchterner, abstrakter, einfacher. Kein Wunder, daß von vielen Seiten der Klageschrei über solche Veränderungen ertönt. Ist das überhaupt noch Kirche? wird gefragt. Wie angesichts moderner Bilder: Ist das noch Kunst?

Das Leben ändert sich, und das Bild vom Leben ändert sich. Da macht das Christusbild keine Ausnahme. Und doch: Ist Er nicht immer derselbe? Hat Er nicht konkret gelebt, und hat Seine Biographie deshalb nicht ihre ganz bestimmten, unverwechselbaren Züge? Ohne dogmatisch ins Stolpern zu kommen läßt sich sagen, daß kaum etwas so zeitbedingt ist wie das Bild Christi. Es ist so geschichtlich wie sein Werk. Daß dieses verändernd weiterwirkt, ist eine theologische Grundaussage. Sein Evangelium wird deshalb jeweils in neuer Perspektive gesehen und neu gehört. So hat Christus in unserer Zeit ein bisher kaum in den Blick gefaßtes Gesicht angenommen. Mehr als in anderen Epochen ist Er der Mensch gewordene, mitleidende Bruder. Christus, wie ihn unsere Zeit sieht, zeigt sich als der, welcher »in allem uns gleich« geworden ist »außer der Sünde«. Deshalb ist Sein Antlitz von den Spuren des Leidens, der Angst, der Einsamkeit, der Widersprüche und Entfremdungen gezeichnet. In diesem Antlitz werden aber auch die Verheißungen des Kommenden, die Aufhebung der Widersprüche sichtbar. Dieses Christusbild nähert sich dem Bild des heutigen Menschen an. Und das Menschenbild der gegenwärtigen Gesellschaft weist seinerseits Konturen des Christusbildes auf. Beide gehören darum eng zusammen. So treffen sich in dieser so wichtigen existentiellen Thematik die Bereiche Kirche und Kunst, die sonst kaum noch Berührungspunkte zu haben scheinen. Diese für manche vielleicht überraschende Konvergenz faßt unsere Ausstellungsreihe ins Auge. Die Texte wollen ihre Perspektive weiterführen.

Doch die eigentliche Begegnung mit dem Phänomen sollte unmittelbar sein. Es wäre zu wünschen, daß der Betrachter die Kunst unverstellt erlebt, ohne Medium und ohne Medien. So lag es zunächst nahe, ihn mit einer großen Sammelausstellung ähnlicher Art zu konfrontieren, wie sie 1980 in Berlin und 1982 in Linz zu sehen waren. Dagegen meldeten sich jedoch sehr bald didaktisch begründete Einwände an. Für den im Betrachten moderner Kunst ungeübten Menschen wäre die ihm so begegnende Breite und Gegensätzlichkeit in Stil, Form und Inhalt zu groß. So ergab sich gleichsam von selbst das Konzept einer Reihe von Einzelausstellungen. Auch das Werk jeweils eines Künstlers hat unterschiedliche Aspekte, deren Vielfalt aber durch seine Persönlichkeit ihren Zusammenhang findet.

Im Laufe der Beschäftigung mit unserem Thema zeigte es sich, daß viele Künstler in diesen Zusammenhängen Beachtung verdienen. Sie alle zu präsentieren, wäre unmöglich gewesen. Die sechzehn Ausstellungen, die wir zeigen, wollen deshalb keinen Anspruch auf Vollständigkeit der Erfassung oder auch nur auf Geschlossenheit der Auswahl erheben. Angestrebt wurde vielmehr so etwas wie ein allseits offenes Angebot, das weder in der inneren Dichte noch im äußeren Umfang, weder im Grad der Konkretheit noch im Maß seiner Vergeistigung und schon gar nicht in stilistischer Hinsicht auf einen Nenner gebracht werden soll. Anstatt eines systematischen und umfassenden Konzepts bietet sie so etwas wie eine sichtbar gemachte Arbeitshypothese, d. h. Darlegung von Materialien einer Untersuchung, die in unterschiedlichen Ansätzen aufgegriffen wurde. Ein wünschenswerter Erfolg des Unternehmens wäre es, wenn andere einen Anstoß erhielten, die vermißte Vollständigkeit durch ihr weiterführendes persönliches oder gar institutionelles Bemühen zu ergänzen. Ebenso wäre freilich zu wünschen, daß den Künstlern wie ihren Werken nicht mehr der früher so starke theologische Vorbehalt begegnet, der entweder eine in Freiheit sich offenbarende Aussage argumentativ in seinen Dienst nehmen wollte oder aber angesichts des konkreten Werkes Zensuren für ethisch-religiöses Wohlverhalten erteilen zu können glaubte.

Die in diesem Buch behandelten Künstler sind nicht in Einheiten zusammenzufassen. Selbst Gruppierungen bleiben immer fragwürdig. Dennoch haben wir versucht, durch bestimmte Akzentuierungen der Abfolge so etwas wie eine Seh-Hilfe zu geben. Die Vorstellung der Künstler beginnt – im Blick auf die große Tradition, die das Thema in der Kunstgeschichte hat – mit einem Klassiker der Moderne: Hans Arp. Er ist unter religiösem Aspekt bisher kaum beachtet worden. Auf das Thema des Christusbildes in seinem Werk aufmerksam zu machen, ist für uns deshalb eine besondere Freude.

Eine Ikonenübermalung ist das erste zeitgenössische Bild in der Abfolge der Ausstellungen. Arnulf Rainer führt damit die Gruppe der Künstler an, die das Thema intellektuell und künstlerisch noch mit klassischen Mitteln angehen. Gleiches gilt auch von Alfred Hrdlicka, Herbert Falken und Werner Knaupp.

Selbständig und ohne ausdrücklich einbindenden Bezug zur künstlerischen Umwelt steht in seinen symbolischen Neuschöpfungen das Werk von Joseph Beuys vor uns.

Objektbezogene Auseinandersetzungen mit dem Gegenstand der gesamten Reihe begegnet man in den Arbeiten von Jürgen Brodwolf, Horst Egon Kalinowski, Thomas Lehnerer und Walter Zacharias.

Es folgen expressive, quasi-expressionistische Beiträge, die von der Verhaltenheit Roland Peter Litzenburgers über Norbert Tadeusz bis zu Vertretern der neuen heftigen Malerei reichen: Bernd Zimmer und Helmut Middendorf.

Die Gruppierung schließt mit zwei Ausblicken, die beim ersten Hinschauen wenig miteinander gemeinsam haben und doch programmatische Weiterführungen für die persönliche Auseinandersetzung des Betrachters darstellen können: Gotthard Graubner und René Acht.

Die einzelnen Künstler werden mit Blick auf ihre Individualität, ihre Biographie und ihr Werk vorgestellt. Dabei führte Friedhelm Mennekes die Gespräche und schrieb die damit gekoppelten biographischen Notizen. Die kunstkritischen Würdigungen stammen von Franz Joseph van der Grinten.

Ohne das bereitwillige Eingehen der Künstler auf unsere Wünsche und die Unterstützung durch kommunale sowie kirchliche Institutionen wäre weder die Ausstellungsreihe noch diese Publikation zustandegekommen. In Dankbarkeit fühlen wir uns deshalb vor allem den Künstlern verbunden.

Unser Dank gilt weiterhin in Frankfurt dem Vorstand der Georg und Franziska Speyer'schen-Hochschulstiftung; dem Dezernat für Kultur und Freizeit der Stadt; der Hoechst AG; dem Gesamtverband der katholischen Kirchengemeinden; der Philosophisch-Theologischen Hochschule Sankt Georgen; dem Kulturkreis Georg Heck; der Kirchengemeinde Sankt Markus Nied und schließlich der Rabanus Maurus-Akademie in Wiesbaden.
Dem Verlag Katholisches Bibelwerk danken wir für die Bereitschaft, die vorliegende Publikation in sein Programm aufzunehmen und für die hervorragende Zusammenarbeit.
Besonders möchten wir auch jenen danken, die durch ihren tätigen Einsatz die Realisierung der Ausstellungsreihe und des hier vorliegenden Buches ermöglicht haben: Alexander von Berswordt-Wallrabe, Bochum; Gertrud Fournier und Dr. Arianna Giachi, Frankfurt; Wolfgang Gmyrek, Düsseldorf; Nadine Lehni, Straßburg; Erna Paul, St. Goar; Dr. Ulrich Schumacher, Bottrop; Johannes Wasmuth und Dr. Annette Wolde, Bahnhof Rolandseck und vielen anderen ungenannten Helfern, Vermittlern und Mitarbeitern.

August 1984

| | |
|---|---|
| Franz Joseph van der Grinten | Friedhelm Mennekes |
| Gaesdonck | Frankfurt am Main |

FRANZ JOSEPH VAN DER GRINTEN

# KIRCHE, RELIGION UND KUNST

## Grundsätzliches

Probleme der Kunst sind in erster Linie Stil- und damit Formprobleme, künstlerische Kriterien sind somit primär Kriterien formaler Art. Die Kongruenz von Form und Inhalt, Medium und Ausdruck ist im Schaffensprozeß eine unabdingbare Forderung. Nicht das Mitzuteilende ist entscheidend, sondern die Art und Weise der Mitteilung: Information durch Kunst ist Inkenntnissetzen als formaler Akt, sie geschieht durch Form, wird erfahren in Formung. Der Informierte ist, in dem Maße, in dem ihm Form widerfuhr, ein Geformter, ein in Formung Einbezogener, im Ursprungssinn ist er der mit einem Abbild des Gemeinten Versehene. Wie Johan Huizinga sagt (Im Schatten von Morgen), ist ohne Bildersprache keine Verwendung allgemeiner Begriffe möglich; die schon vom Wort her handgreifliche Formulierung unserer Begriffe, Beweise, Bedeutungen, Grundlagen, Vorstellungen, Voraussetzungen, Anschauungen, Richtlinien bestätigt das.

Der Primat der Form, dem künstlerischen Menschen selbstverständlich, oft aber dem nicht aus innerer Notwendigkeit mit Kunst Befaßten suspekt, mag um so schwerer sich ins allgemeine Weltbild fügen, wenn es um sakrale Dinge geht. Es ist aber, und davon machen religiöse Bildwerke ebenso wenig eine Ausnahme wie anderweitig engagierte, nicht das gut und edel, was gut gemeint ist und eine ethisch hochwertige Aussage zum Inhalt hat, sondern das, was gut gemacht ist und die Gleichung vom Ausdruck und Form auf der allgemein oder individuell höchstmöglichen Ebene herstellt. Wenn Maurice Denis sagte, ein Bild sei, bevor es ein Streitroß, eine nackte Frau oder irgendeine Anekdote verkörpere, wesentlich eine ebene Fläche, bedeckt mit Farben, die in einer bestimmten Ordnung vereint worden sind, so war bei ihm diese Erkenntnis gleichermaßen Quintessenz und Prämisse eines Lebenswerks, dessen stets gegenständliche Thematik vorwiegend religiös ist. Zugleich ist dieser Satz ein Zeugnis für künstlerische Autonomie, wie es, obwohl diese zu allen Zeiten bestanden hat, früher in solcher Eindeutigkeit nie abgelegt worden ist.

Alle Form ist abstrakt und konkret zugleich, abstrakt in ihrer Unabhängigkeit von dem, was sie oberflächlich zeigt, konkret als sinnenhaft erfahrbare Festlegung. Nicht das, was mit ihrer Hilfe erzählerisch mitgeteilt werden kann, ist ihr Wesen, sondern die innere Gesetzmäßigkeit, die die Erzählung als solche tragfähig macht. Nicht die Erzählung ist künstlerisch das Primäre, sondern die Form, in der sie sich vollzieht. Letztere ist unverzichtbar, wenn Kunst entstehen soll, erstere ist es keineswegs. Das ungegenständliche Bild ist Bild und Information nicht minder als das gegenständliche. Und kann selbst bei konkreten Gegebenheiten die angemessene Verbildlichung abstrakt sein, so gilt das noch mehr von Vorstellungen, bei denen die gegenständliche Formulierung, wäre sie uns nicht durch Gewöhnung vertraut, uns unzulänglich erscheinen müßte.

Verstehen ist aber von alters her ein Akt der Identifikation, und wer das Transzendente anthropomorph darstellt, wird in breiterem Maße Verständnis finden und wecken. Eine abstrakte Formulierung kann spiritueller sein, sie kann in ihrer Spiritualität sich dem äußeren Begreifen entziehen, sie wird weniger und vielleicht nur Wenigen zugänglich sein, aber es wäre falsch, sie deshalb für nicht angemessen zu halten. Nicht ihre missionarische Anwendbarkeit gibt einer Verbildlichung von Religiösem ihr Recht, sondern ihre Substanz, die geistige wie die formale: Geist und Form sind eins. »Wir schauen jetzt im Spiegel rätselhaft«, sagt Paulus (1 Kor 13,12), »dann aber von Angesicht zu Angesicht«. Das Antlitz Gottes ist nicht Spiegel des unseren. Das »Reden wie ein Kind«, das verständlich ist und gut, wird überschritten im Erkennen. Vertiefung, Gewahrwerdung, Offenbarung sind des Formsuchers wie des Gottsuchers Teil. Wer den Künstler ernst nimmt, wie nüchtern auch immer er ihn sieht, wird sie ihm zugestehen müssen. Spricht man von seiner Begabung, so zugleich von dem, der ihn begabt hat, Begnadet-Sein ist: voller Gnade sein, Inspiration ist Erfüllt-Werden vom Geist.

Die Gegebenheiten, durch die sich Kunst der Schöpfung einverleibt, das Geschaffene des Menschen dem, was Gott schafft und entstehen läßt, sind: Bestand und Erneuerung, Unvergänglichkeit wenigstens im Geiste, wenn das Materielle zerfällt, und in der Unabdingbarkeit von Regeln, ebenso aber Verjüngung der Wiedergeburt in der neuen Prägung überlieferter Inhalte; ein fast unerschöpflicher Fundus von Möglichkeiten und die fast uneingeschränkte Vielfalt ihrer Nutzung einerseits, andererseits eine Gesetzlichkeit, die, sei sie noch so weit gefaßt, verbindlich ist, und eine Freiheit, die auch mit einem Äußersten an Intuition und Willkür deren Grenze nicht überschreiten dürfte. Diese Gegensätze sind, soll etwas geschaffen werden, weder einzuebnen noch zu trennen. Gedanken, Inhalte, Wahrheiten werden nicht durch diejenigen gefördert, die sie nur übernehmen, sondern durch diejenigen, die sie neu durchdenken und neu formulieren. Das schließlich ist der Grund des Antriebs zu immer neuem Denken und zu immer neuem Schaffen. Geist und Form kennen keinen Fortschritt im Sinne einer stetigen Steigerung auf ein Ziel hin, das dann ja der Jüngste Tag sein müßte, dieser als Kulminationspunkt des Menschenmöglichen. Schon manches ist längst gedacht und ins Bild gesetzt worden, das weder im Gedanken noch in seiner Erscheinung irgendwie übertroffen werden könnte. Nicht auf Verbesserung kann sich das Streben richten – welcher Maler müßte da nicht vor Leonardo, welcher Bildhauer nicht vor Michelangelo verzweifeln, und hätte Heidegger in höhere Höhen oder tiefere Tiefen gelangen können als Heraklit? –, sondern auf Erneuerung. Jedes Verlebendigen ist ein Akt, in dem der Mensch das Göttliche in sich erweist. In der Kunst aber ist dieses Göttliche im Menschen entweder genuin und unbewußt und dadurch unabhängig von Stilen eigenwertig, oder es bewegt ihn in einer allgemeinen vitalen Strömung mit oder es transzendiert individuell die Grenzen des bis dahin Sichtbar- und Begreiflichzumachenden. Erschüttern freilich – und sei es durch Ärgernis – wird das Letztere am ehesten.

Religiös sein etwa kann ein Werk selbst gegen den Willen seines Schöpfers: auch die blasphemische Herausforderung ist letztlich ein Gottesbeweis. Pascal sagt einmal ungefähr, daß für den, der sich genötigt fühlt, ihn zu leugnen, Gott offenbar existiert. So sind Luis Buñuels Filme als künstlerische Verbildlichung auch des Ärgernisses, das der Mensch an Gott nimmt, eine wesentlichere Aussage zum Rätsel Gottes als viele wohldosierte religiöse Traktate. Andererseits werden Bildwerke, die in vorbehaltloser Hinwendung zum Wesen Gottes als Ausdruck persönlicher Religiosität unverdächtig sein sollten, von Gläubigen abgestoßen, deren unreflektierte Frömmigkeit, in welcher Bilder als angepaßte Versatzstücke zum gewohnten Inventar gehören, verstört wird gerade durch die Konfrontation mit – notwendigerweise ungewohnten – bildnerischen Ergebnissen von Reflexion. Die frühen religiösen Werke von Joseph Beuys sind im Erleiden von Aussperrung und Unterdrückung nur ein Beispiel für eine in diesem Fall fast allgemein im Namen Gottes und aus frommem Gemüt praktizierte Feindseligkeit. Auch geistig aber doch ist Leben in seiner Permanenz auf Erneuerung angewiesen, und auch auf das Risiko der Unverstandenheit hin liegt hier die eigentliche Aufgabe des Künstlers. Es sind die Denkenden, die die Welt nicht nur erwägen, sondern auch bewegen; die Denkenden auch sind die Adressaten jeder innovierenden Aussage. Wer es fassen kann, der fasse es; um des inneren Friedens der anderen willen hat nicht einmal die Bibel ihre Offenbarungen sortiert.

Leben durch Erneuerung ist auch der Kern der Forderung, die in Jean Cocteaus Film »Orphée« der alte Schriftsteller dem in einer schöpferischen Krise befindlichen Dichter stellt: Verblüffen Sie uns! Sind Cocteaus Orpheus-Filme (wie auch »Le sang d'un poète«) metaphorische Reflexionen über das Wesen des Dichterischen, des Künstlerischen schlechthin, so kommt diesem Satz, so beiläufig er im Gesamten erscheinen mag, der Rang einer Maxime zu. Auf seine Filmarbeit bezogen, aber allgemein gültig, schrieb Cocteau in »Démarche d'un poète/Lebensweg eines Dichters«: Die Freiheit findet immer ihren Lohn. Dagegen täuscht der Wunsch, die Massen zu erreichen, den Produzierenden über deren unzählbare, unterschiedliche und geheime Neugier. Er schätzt diese Masse gering, die doch aus Individualisten, uns ähnlich, besteht. Was er unternimmt, wird kurzlebig sein. Von langer Wirkung wird die Arbeit dessen sein, der nicht bestrebt war, zu gefallen, und dem es um nichts anderes ging, als wahr zu sein im Sinne des Wahren, das mir die eingentliche Definition des Schönen zu sein scheint. Beuys sagte einmal etwa folgendes zu einem Kritiker: Schreiben Sie nicht, als seien Ihre Leser einer Belehrung bedürftig. Wenn Sie nicht davon ausgehen, daß Ihr Text hochwertig sein muß, um dem Anspruch derer, die ihn lesen, gewachsen zu sein, ist das, was Sie schreiben, schlecht. Auf diese gleiche Fehleinschätzung im Kirchlichen bezogen, hat Georges Braque zu Père Couturier gesagt: Sobald man die religiöse Kunst herabsinken läßt, um sie auf das Niveau der Leute zu stellen, ist dies nicht mehr ein Glaubensakt, sondern eine Sache der Propaganda.

Auslösendes Moment für die künstlerische Beschäftigung mit religiösen Themen ist oft die Beauftragung. Sie war früher fast die Regel, und sie hat über Jahrhunderte zu einer Fülle bewunderungswürdiger Leistungen geführt, heute aber, in einer anders strukturierten Gesellschaft, in der auch bei hohen Auftraggebern weder ererbtes noch tradiertes Wertbewußtsein generell vorausgesetzt werden kann, ist sie, wie allzu viele Beispiele zeigen, qualitativ riskant. Wenn ein geistig bescheidener oder geschmacklich indifferenter Auftraggeber an einen qualitätvollen Künstler gerät, kann er, was die gewünschte Sache angeht, falls er guten Willens ist und den Künstler nicht stört, sein Glück machen. In der Regel wird er aber ahnungslos, anstatt einem eigenständigen Partner zu begegnen, der ihm von sich aus das Beste zuwenden könnte, sich im breiten Angebot derer verirren, die ohne große innere Notwendigkeit so etwas wie künstlerische Konfektion anbieten. Auch solche ist in früheren Zeiten hergestellt worden, aber die Strenge der Regeln, denen sie dazumal zu folgen hatte, sorgte für eine solide Leistung oft auch da, wo der Geist nicht machtvoll seine Schwingen regte. Konfektion folgt den Moden, und unsere Zeit zeigt, daß selbst die rohesten Stilauswüchse sich in Oberflächlichkeit konventionalisieren lassen. An die Stelle eines kritischen Bewußtseins tritt dann oft beim Auftraggeber die Phantasie, die nichtsahnend in der Euphorie des Besitzens durch Interpretation selbst produziert, was im Produkt des Künstlers fehlt. Wenn es um Beauftragungen geht, ist die glücklichste Situation die, die dem Schaffenden einen Auftraggeber mit Takt, Geschmack und hohem Anspruch als einen veritablen geistigen Partner zur Seite stellt. Dieser wird einen Künstler von bescheidenen Möglichkeiten durch seine stimulierende bildungsmäßige Dominanz zu Leistungen befähigen, die sonst zu erreichen ihm vielleicht nicht möglich wäre, aber auch ein Künstler von hohem Rang würde durch die Präzision und Sachgerechtheit seiner Forderungen gesteigert werden. Es gibt Beispiele größerer Ensemble-Bildung von Kunstwerken, die so ohne die einzelnen Schöpfer zu verleugnen, geradezu zu

Denkmälern der künstlerisch fruchtbaren Auftraggeber geworden sind. Zu nennen wären hier aus neuerer Zeit etwa die Leistungen von Pastor Augustin Winkelmann in Marienthal oder die des kölnischen Pastors Josef Geller, der nacheinander die Dreikönigenkirche in Neuss und die Georgskirche und die Columbakapelle in Köln betreut hat; in Frankreich ragt hervor die außerordentliche Aktivität des Dominikanerpaters Marie Alain Couturier, die auch Künstler animierte, die sonst dem Religiösen ferngestanden haben.

Jedes Kunstwerk ist allgemein und höchstpersönlich, und es besteht eine Relation zwischen der einen und der anderen Eigenschaft in dem Sinne, daß allgemein bewegend nur sein kann, was aus persönlicher Bewegtheit erwachsen ist. Es klingt paradox, aber man kann sagen, der allgemeine Wert bestimme sich danach, wie weit das Kunstwerk einer allgemeinen Art, es zu machen, entrückt ist.

Wird es von vornherein dazu geschaffen, über den intimen Bereich seiner Entstehung hinaus zu wirken, so setzt diese Wirkkraft die Investition persönlicher Kräfte voraus. Inneres Engagement muß Vorbedingung wie Resultat der Annahme eines Auftrags sein, wenn die erbrachte Leistung nicht wirkungslos, beiläufig und damit im Grunde überflüssig bleiben soll. Hinnahme und Hingabe sind bei aller nüchternen Einschätzung der persönlichen und aus der Aufgabe sich ergebenden Möglichkeiten die moralische Basis jeder Auftragsarbeit.

Selbstverständlicher ist das innere Engagement bei Werken, nach denen niemand als der Künstler selbst verlangt, die aus persönlicher Betroffenheit entstehen, in ihrer Wirkung nicht berechnet sind, sondern geschaffen, weil unausweichlich, weil der Künstler ihrer zu seiner eigenen Klärung bedarf oder weil sie sich durch ihn und aus ihm heraus Bahn brechen. Als Ausdruck persönlicher Auseinandersetzung können und müssen sie nicht Rücksicht nehmen. Sie sind nicht da, Erwartungen zu erfüllen, werden vielmehr stets eher Unerwartetes präsentieren. Die Problematik des Künstlers in seinem Ringen um das, was aus ihm zur Aussage drängt, überträgt sich auf den Betrachter und macht das, was schließlich formuliert worden ist, auch für den letzteren erregend. Angesichts der Betroffenheit des Künstlers und des Ausdrucks seiner Erschütterungen wird sich auch er, sofern er bereit ist, sich erschüttern zu lassen, betroffen fühlen, geschüttelt vielleicht, vielleicht erhoben, gefragt und selber fragend. Und mögen die vorbereiteten Antworten genehmer sein, weil ihre Risiken unter Kontrolle zu sein scheinen, so sind doch die unvermuteten oft treffender, weil sie oft dem eigenen, nicht artikulierten Betroffensein des Schauenden entsprechen.

Jedes Ringen um Form ist ein Ringen mit dem Genius. Soll aber das Göttliche durch Form zum Ausdruck kommen, so könnte man dieses Ringen dem Kampf Jakobs mit dem Engel vergleichen; der Gottähnliche tritt mit Gott in Wettstreit, um daraus hervorzugehen wie jener: versehrt, aber gesegnet und, da es ihm gegeben ist, in seinen Werken fruchtbar zu sein, den Segen übertragend. Wahrnehmen ist Tun und Erleiden in einem. Im Künstlerischen wie im Charismatischen ist die Versehrung die Quelle der Kraft.

## Geschichtliches

Mit Recht werden Aufklärung und Revolution des ausgehenden 18. Jahrhunderts als Auslöser der Krise im Verhältnis der Kirche zur Kunst benannt. Das Ancien Régime hat in der Tat, wie gefährdet diese auch oftmals sein mochte, die Einheit des Geistigen in der Einheit einer in unverrückbarer Ordnung aufeinander bezogenen Gesellschaft zu halten vermocht. Die Kluft, die sich jetzt auftat, nur der einen Seite, der konservierenden, hier der Kirche, anzulasten, wäre freilich ungerecht. Die Krise ist denn auch mehr eine innere, jeden einzelnen innerlich betreffende gewesen als eine solche, die sich im Zerfall äußerer Gefüge zeigte. Der Rausch von Freiheit und Vernunft war ein kurzer, weil beide das, was das Leben eigentlich bewegt, die seelischen Bedürfnisse, zwar aus der Geschlossenheit überkommener Ordnungen herausgeführt, dann aber unbehaust und unbetreut und unversichert sich selbst überlassen hatten. Die Kirche erlebte diesen Prozeß am eigenen Leib in Zwiespältigkeit. In ihren Amtswaltern ja auch aus einzelnen Menschen bestehend, war sie in ihnen für die Lockungen von Rationalismus und Positivismus an vielen solchen persönlichen Plätzen offen genug, in breiterer Bahn erst mit der Verzögerung, die es braucht, bis etwas am Ursprung fast schon Abgelebtes in Verzweigung diejenigen erreicht, die über die Neuheit dessen, was ihnen nun begegnet, in einer Illusion sich befinden, die der Leidenschaftlichkeit keinen Abbruch tut. Als Institution andererseits, sich in der Defensive fühlend, mißtraute sie allem, was, unabhängig von ihrer Stimulanz, sofern es sie noch gab, an individueller Geistigkeit sich regte, mochte es auch noch so fromm und in seiner Sorge auch noch so sehr mit innerer Treue auf Religiosität und Kirchlichkeit gerichtet sein. Eine aus dem inneren Selbstverständnis der Kirche getragene kirchliche Kunst gab es nicht mehr, weil es dieses Selbstverständnis nicht mehr gab, jedenfalls nicht a priori, und auch, sieht man heutige Verhaltensweisen, nicht mehr zu geben scheint. Kunst als individuelles, in persönlicher Offenbarung sich manifestierendes Zeugnis der Geistigkeit begegnete und begegnet reserviertestem Vorbehalt, es sei denn, sie willigt darin ein, zu Beiläufigkeit und vordergründiger Brauchbarkeit zu degenerieren. Daß das auch ein Problem des geschmacklichen und bildungsmäßigen Horizonts des Partners ist und ein Problem der Demut, die nicht nur gepredigt, sondern auch vollzogen werden will, davon war schon die Rede.

Die Tragik des Verhältnisses von Kirche und Kunst zueinander im 19. Jahrhundert bestand darin, daß starke Impulse religiöser Kunst von Seiten der Künstler ausgegangen sind zu verschiedenen Zeiten, an verschiedenen Orten, in den unterschiedlichen Lagern, daß diese aber, in ihrer die Glaubensgewißheit von innen her neuformulierenden Qualität, nicht als eine Kraft kirchlicher Verkündigung genutzt, sondern eher, weil nicht geistlich inspiriert, sondern dem Geistlichen verdächtig, abgewehrt worden sind, bis die übliche Verzögerung denn schließlich ein Aufspringen auf den letzten Wagen eines langen Zuges gerade noch tunlich erscheinen ließ, in welchem aber, statt der längst enteilten Protagonisten, nur noch die Nachzügler sich vorfanden, die von der innovierend ursprünglichen Kraft der Bewegung kaum noch etwas anderes zu vermitteln hatten als äußere Formen, die in der freien Welt künstlerischer Auseinandersetzungen inzwischen zu etwas Konventionellem verflacht waren.

Die Nazarener, eine aus deutschstämmigen Künstlern in Rom zu Anfang des 19. Jahrhunderts sich bildende Gruppe, die aus dem Formgefühl des Klassizismus und der inhaltlich-gemütsmäßigen Orientierung an der Kunst der Frührenaissance eine revolutionäre Stoßkraft der Frömmigkeit entwickelt hatte, müssen aus den genannten Gründen noch heute die Schelte über sich ergehen lassen, die eigentlich ihren trivialisierenden Ausmünzern in Kirche und persönlichem Andachtsbereich zukommt.

Auch die Präraffaeliten in England, ähnlich gelagert und selbst in ausgesprochen mystischen Bildern einem allgemeineren Verständnis durchaus zugänglich, blieben im Wesentlichen auf eine private Reichweite beschränkt. Historisierende Stiltendenzen machten sich der Kirche im Zurückträumen zu alter Erhabenheit leichter verfügbar; an die Stelle des Geheimnisses traten Archäologie und geschichtliche Forschung, für sich ohne Zweifel respektabel, im Reich der Seele aber den Betrachtenden zum Zuschauer degradierend. Nur über die Gesellschaftsfähigkeit der Salons wurde meist hier und da das gemalte Bild auch der Kirche gesellschaftsfähig. Große Mäzene, selbst im kirchlichen Bereich, waren Menschen von Welt wie der Bayrische König Ludwig I. Kirchliche Eigeninitiativen, deren es vielleicht nicht gar so wenige gab, blieben Zeugnisse persönlichen Muts und persönlicher Hartnäckigkeit und einer keineswegs immer erfolgreichen persönlichen Überzeugungskraft.

Selbst ein so faszinierender Versuch wie der der Beuroner Mönche mit Desiderius Lenz um 1870, eine Art Priesterkünstlertum zu stiften, das in der Verschmelzung religiöser Geheimnisse mit einer streng kanonischen Form der künstlerischen Verkündigung eine reine Geistigkeit erwirken sollte, wird noch heute kirchlicherseits, statt mit einem angesichts der erhaltenen Werke berechtigten Stolz, eher mit schamvoller und verlegener Distanzierung mehr eingestanden als zur Kenntnis gegeben.

Die Nabis dann, eine um die Anregergestalt Paul Gauguins in der Bretagne sich findende Künstlergruppe, in der eine verinnerlichte religiöse Tendenz der eigentlich verbindende Zug war, entschieden sich in einem neuen Verhältnis zur Kraft der Symbole für die ganz individuelle Aussage auch da, wo populäre, nicht abgestorbene, sondern in der Ländlichkeit frisch erlebte Frömmigkeitsformen in die Bildinhalte eingegangen sind. Die Distanz zu aller äußeren Reglementierung spricht sich in dem eingangs zitierten Satz von Maurice Denis, dem vielleicht Frömmsten unter ihnen, eindeutig aus.

Es hat nie an Priestern gefehlt, die mutig genug waren, in den Dialog mit der Kunst mitschaffend einzutreten, aber die Kirche hat ihnen das jeweils oft genug eher schwer als leicht gemacht. Als Josef Geller 1911 für seine Neußer Dreikönigenkirche von Johan Thorn Prikker die Fenster schaffen ließ, die heute als ein Markstein moderner religiöser Kunst gelten, wurde er selbst strafversetzt, und der Kölner Kardinal verbot, ohne die Fenster gesehen zu haben, deren Einbau, bis, nach berechtigtermaßen weltweitem Skandal und nach dem Dazwischentritt des ersten Weltkrieges, erst 1919 das Placet erteilt wurde. Der erschütternde Kruzifix, den Ludwig Gies 1921 für den Lübecker Dom geschaffen hat, wurde bald aus diesem entfernt, fand Platz im Museum, fiel den Nationalsozialisten in die Hände, die ihn in der Ausstellung »Entartete Kunst« verhöhnten, und ging im Krieg unter. Das mag Geschichte sein, aber Geschichte ist das, was geschieht. 1965–67 hat Franz Gutmann für die Kirche St. Elisabeth in Freiburg-Zähringen einen Kreuzweg geschaffen, dessen Ablauf sich in den Fußabdrücken der Schritte und den Erdspuren der Stürze und Verrichtungen zu Bewußtsein bringt und diese nur an markanten Stellen durch Holzskulpturen ergänzte. Das Kreuz in der Station des Sterbens zeigt einen aus Holz gefügten Christus, der in der Unbedingtheit der Sterbensdarstellung, gespannt und geknickt, ausgebreitet und in sich selbst zurückgenommen, einen Schock auszulösen imstande ist, wie ihn der Künstler angesichts dieser Marter und ihrer Beschreibung im Bibelbericht für unvermeidlich und angemessen hielt. Auch hier verfügte das Ordinariat die Entfernung, auch hier mußte erst ein Skandal sich ausbreiten, bis das Kreuz wenigstens aus der gänzlichen Verbannung an einen entfernteren Platz innerhalb der Kirche zurückgelangen konnte. Der tote Christus aus der Grabnische fand als Exilierter im Freiburger Museum immerhin einen würdigen Ort. Inzwischen ist manches geschehen, auch den Rest des Kreuzweges so zu beeinträchtigen, daß er auf niemanden mehr eine unmittelbare Wirkung ausüben kann, und es gibt Künstler, die zu solchen Schergendiensten ihre Hand leihen. Es sei aber nicht verschwiegen, daß die Kirche in einer Zeit eigener Bedrängnis manchem der durch die nationalsozialistischen Machthaber verfemten Künstler von sich her eine Freistatt des Arbeitens bereitet hat. Der Glanz, den Künstler wie Ewald Mataré und Georg Meistermann ihr so bereitet haben, fällt berechtigtermaßen auf sie.

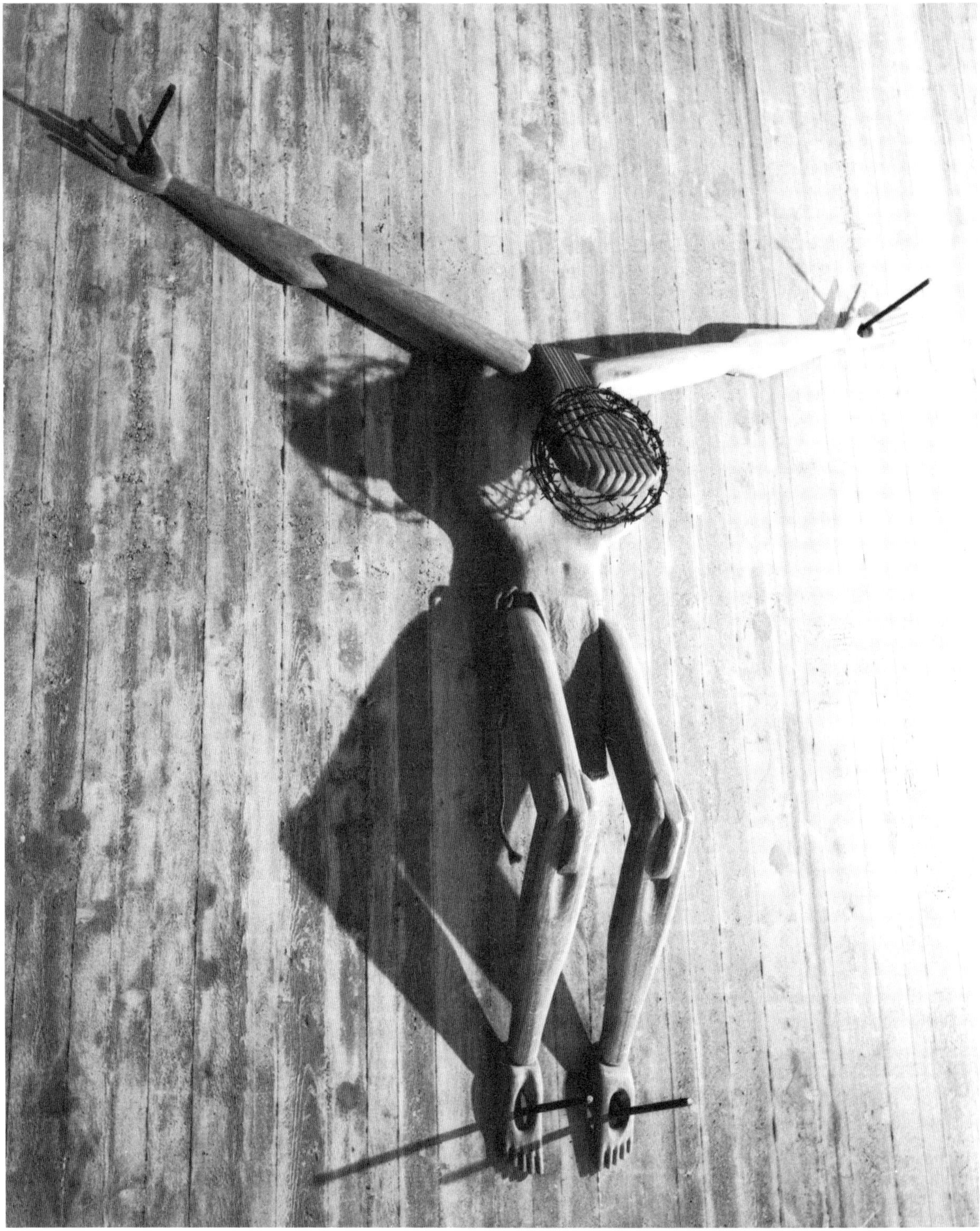

Franz Gutmann, Kruzifix, 1965/67, aus dem Kreuzweg für St. Elisabeth, Freiburg-Zähringen,
Eichenholz, Stacheldraht, Leinen, 225 × 225 × 45 cm

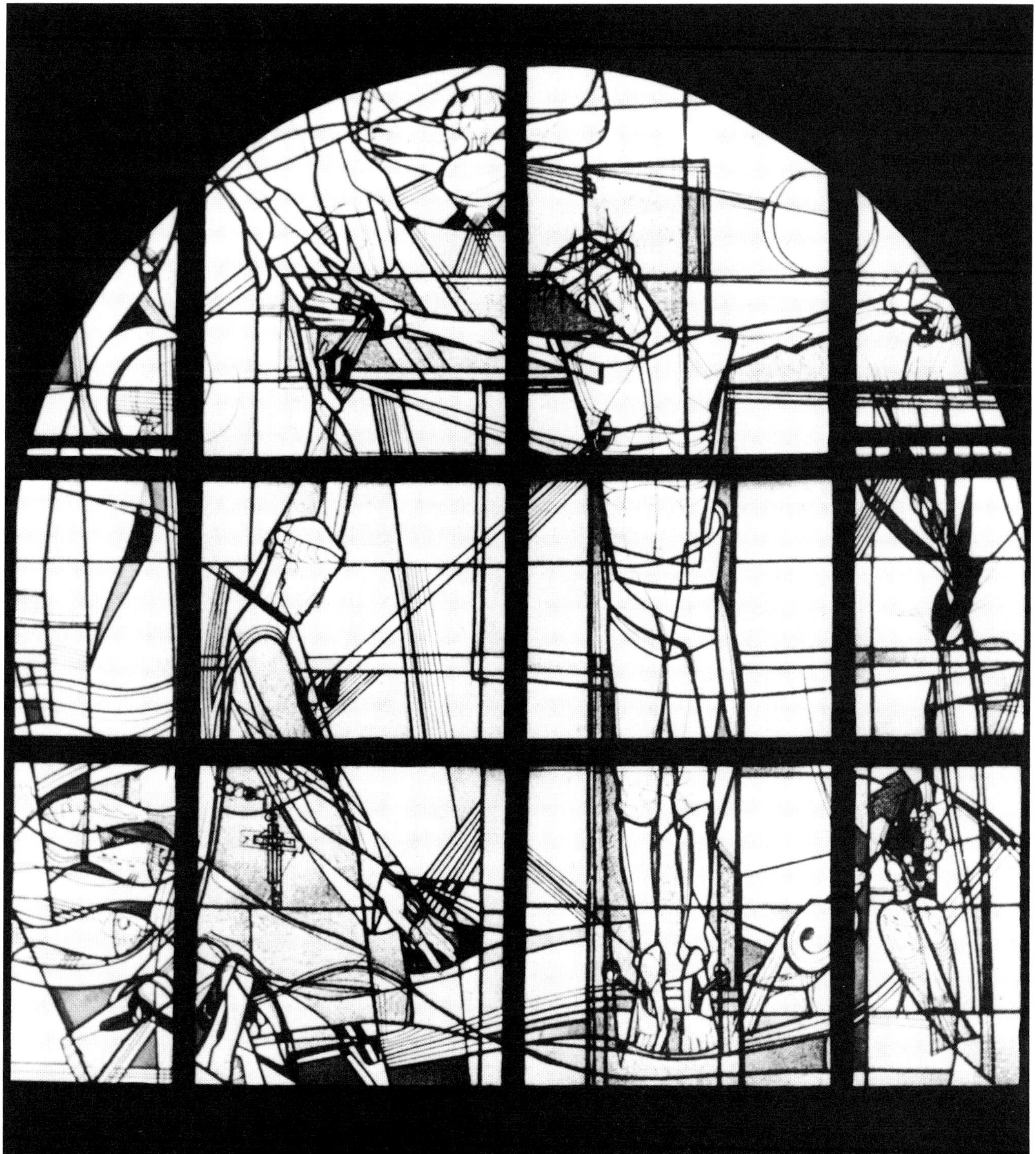

25 Georg Meistermann, Stigmatisation des hl. Franziskus, Fenster für die Franziskaner-Kirche in Werl, 220 × 220 cm

Alle Offenheit ist anhin punktuell. Daß viele der jungen Priester, die sich auf Weihe und Dienst vorbereiten, irgendwann einmal in die Lage kommen werden, Kirchen, Kirchenräume, Kirchenausstattungsstücke zu verwalten, die einen hohen kulturell-geschichtlichen, aber auch in frommer Weise geistigen Wert darstellen, darauf sie schon im Studium wenigstens kursorisch vorzubereiten, halten die höheren kirchlichen Institutionen bis heute für überflüssig. Das eigene oft eher zufällige Verhältnis herausgehobener Amtswalter zu diesen Dingen und das potentielle Unverhältnis des Nachwuchses, wo nicht persönliche Interessen davon abweichen, sind eine schmale Basis fürs Gemeinsame von Kirche und Kunst.

Im Zuge der Bildungsbewegungen des 19. Jahrhunderts wurden auch kirchliche Kunstvereine gegründet, deren Verdienste um die Geschmacksentwicklung nicht unterschätzt werden dürfen, die aber in ihrem Konservativismus und im Bestreben, die Abgründe des Mißtrauens zu überwinden, nicht verhindern konnten, sondern es eher förderten, daß eine zweckhaft ausgerichtete, gottesdienstlich anwendbare christliche Kunst, so sehr sie jeweils liturgische Reformansätze spiegelte, in einer in sich geschlossenen Eigenentwicklung sich von dem, was im freien künstlerischen Bereich geschah, in nicht unbedingt vorteilhafter Weise hinwegbewegt hat.

Die Ansprache von Papst Johannes Paul II. in München 1980 an die Künstler bedeutete nach aller Enge dessen, was seine Vorgänger zu verlautbaren pflegten, eine große Ermutigung, aber waren auch diejenigen, die dort neben ihm saßen, bereit, das, was er sagte, zu beherzigen? Die außerordentliche geistig-kulturelle Bildung dieser großen Persönlichkeit, ihre Souveränität, ihre innere Freiheit aus eigenem Kunstverständnis und – denen, die hierzulande so sehr auf die Vernunft setzen, sei es gesagt – ihre fromme Demut findet keine Nachfolge, die nicht verwässernd oder verbiegend wäre. Hatte der Papst im Wissen darum, daß der Künstler unbedingtes Zeugnis geben muß, auch die Darstellung des Dunklen und Bösen als für die Erhellung des Heilsplanes notwendig bezeichnet, so nannte in diesem Frühjahr ein hoher deutscher geistlicher Würdenträger, der ihm damals auch gelauscht hat, das Dunkle und Pessimistische kernlos und wünschte sich von den Künstlern Erhebenderes und Beglückenderes.

## Persönliches

Heutige religiöse Kunst, sieht man sie pauschal, teilt sich in zwei Bereiche: den der Konzeption für Kirche und Gottesdienstbereich und den der Erschaffung aus persönlichem Bedürfnis. Daß im ersteren der beiden Bereiche dem wenigen Bedeutenden und Substanzhaften so vieles gegenüber aufgerechnet werden müßte, was künstlerisch-geistig Spreu ist im Wind oder Bodensatz von Unverdaulichem, weil Unbelebtem, ist nicht einer etwaigen Begrenztheit der Möglichkeiten anzulasten, die es in diesem Sinne nicht gibt, sondern mehr den beiderseitigen menschlichen Unzulänglichkeiten, von denen wiederholt die Rede war. Beispiele, in denen diese überwunden worden sind, sind weder an Zahl so ganz gering noch in ihrem qualitativen Gewicht unbeträchtlich, unabhängig davon, welche geistige Spannweite sie greifen wollen; und sie sind wahrlich nicht ohne Glanz, sei es im Großen wie in der Ausstattung des Trierer Doms durch Elmar Hillebrand, Jochem Pechau und Theo Heiermann, sei es im Kleinen in der Pfarrkirche zu Todtnauberg in derjenigen von Georg Meistermann und Franz Gutmann. Auch stilistisch schreibt sich Enge nicht vor. Neben der renaissancehaft-manieristischen Erzählfreude der Kölner Schule von Bildhauern, wie sie in Trier tätig waren, oder von Jürgen Goertz und Gernod Rumpf steht die Spröde Georg Meistermanns, beispielsweise in den Fenstern für St. Gereon in Köln, die gänzliche Abstraktheit kirchlicher Raum- und Bildkonzepte von Barnett Newman, Johannes Schreiter, Rupprecht Geiger oder O. H. Hajek, ganz zu schweigen von der auf eine prinzipielle geistige Form gebrachten phantasievoll-funktionalen Noblesse der Kircheneinrichtungen, die Rolf Crummenauer in Bockum-Hövel, Wüllen, Billerbeck und Herzfeld geschaffen hat.

Das ungleich weitere Feld aber ist das der individuellen künstlerischen Befaßtheit mit einer im weitesten Sinne religiösen Thematik; hier dehnt sich die Aussage ins persönlich und allgemein Existentielle, hier denn auch ist, trotz aller Ermahnungen von außen und oben her, das Dunkle unvermeidlich, will der Einzelne nicht unehrlich werden. Die Stilpluralität heute ist keine willkürliche, sie ist ein Spiegelbild unserer Zeit, enzyklopädisch registrierend einerseits, ungehemmt experimentierend auf der anderen Seite. Am wenigsten einheitlich könnte im ganzen das Bild der Kunst sein, denn jeder seiner Beiträge ist ja, wenn von Gewicht, letztlich ganz persönlich und ganz als vereinzelter gültig; und er ist meist von einer persönlichen Getroffenheit, die ihn auslöste, nicht zu trennen.

Marc Chagalls Kreuzigungen etwa aus den späten Dreißiger und den Vierziger Jahren zeigen Jesus als den hingerichteten Juden innerhalb der allgemeinen Judenverfolgung; Giacomo Manzù stellt ihn leidend und gestorben dar angesichts gleichgültiger Blicke selbst kirchlicher Würdenträger, weil diese, wie der Künstler anmahnen wollte, der faschistischen Kriegsmaschinerie nichts Entschiedenes hatten entgegenstellen mögen. Schon 1916 hatte Ernst Barlach in einem lithographischen Flugblatt gezeigt, wie Jesus, in neuerlicher Versuchung durch den Teufel, in Gefahr gebracht wird, angesichts unermeßlicher Gräberfelder an sich selbst irre zu werden; und George Grosz hatte 1928 mit seinem Christus in der Gasmaske – »Maul halten und weiter dienen« – einen Gotteslästerungsprozeß riskiert. Georges Rouaults Zyklus »Miserere« gehört in den Zusammenhang dieser Erschütterungen.

Stellt sich der Künstler selbst im Habitus Christi dar, wie es neben Paul Gauguin James Ensor und Salvador Dali taten, so ist soviel Frage wie Antwort darin; Frage in Bezug auf die eigene Existenz, Antwort von wo auch immer. Die Fragen werden bedrängender zur Gegenwart hin, Fragen nach Leben, Tod, Überleben und Ewigkeit, in Paul Delvaux' Skelettkreuzigungen ebenso wie im »Scandalum Crucis« von Herbert Falken, in den Übermalungen und Überzeichnungen des Kreuzes durch Arnulf Rainer, in der Rückführung auf die linguistische Eindringlichkeit eines gefundenen Zettels mit Fragezeichen, direkter und indirekter Rede, den Franz Eggenschwiler, einen Tintenklecks umdeutend, mit einer Kreuzigungsszene vereint hat, oder in der Situierung des Gekreuzigten in den Verschleiß und die Abfallhäufung einer ganz und gar rücksichtslosen Konsumgesellschaft bei Emil Scheibe.

Ein anderer Zug ist der zu komplexeren, gewissermaßen archetypischen Bedeutungen hin, wie er sich zeigt, wenn Joseph Beuys einen gekreuzigten Christus durch Weinlaub und Trauben anstatt der Dornenkrone und durch die Fixierung vor einem Sonnenrad zugleich Dionysos und Apollon in sich vereint enthalten läßt oder vorgefundene Zeichen für Thor und Loki durch Kreuzsignaturen gewissermaßen christianisiert, wenn Horst Egon Kalinowski den stigmatisierten Leib im kreuzweise geritzten Brotlaib erkennbar macht oder wenn Holger Runge in seinem Objektkasten »Synthesis« einen Zusammenblick gibt von dreifaltig-göttlicher Präsenz und Kreuzesopfer, von Erdkreis, Lebensspirale und kosmischer Öffnung. Die Spirale des Lebens überhaupt, diese geheimnisvolle Form, die widerläufig Anfang und Ende austauschbar macht und weder das eine noch das andere wirklich erreichbar sein läßt, spielt in der Gegenwartskunst eine nicht geringe Rolle, sei es in Brunnenanlagen – wie dem Taubenbrunnen von Ewald Mataré –, in denen die Lebenssymbolik des fließenden Wassers in die der Spirale einbezogen ist, sei es in den Dämmen von Robert Smithson oder den Wegen von Richard Long. Ähnlich ins Allgemeine gestellt ist das Bild der kosmischen Strahlung, wie es in den sphärischen Drahtkonstruktionen von William Lippold und innerhalb der in die Landschaft gesetzten Gerüste von Niels Udo im Großen und in unmittelbarerer Virulenz erlebbar wird. Ein Meister komplexer Symbolik in konzentriert einfacher Gestalt ist René Acht.

Altäre und Schreine machen Opfer und Konservierung oder, um es in einer unmittelbar zeitgenössischen Wortprägung zu sagen, Ausstrahlen, Speichern, Akkumulieren und Senden zu einer Symbolik für Leben in einem transzendierenden Sinne überhaupt. Faszinierend sind hier vor allem die Arbeiten Walter Pichlers, welche persönliche Widerfahrnis und abendländisch Überkommenes in Altären und Sanktuarien zusammenfassen. Rituell mag dem der Grabkult von Jürgen Voth entsprechen oder der Monumentenbau von Dani Karavan, vor allem aber das, was Joseph Beuys in seinen großen Szenen gespielt hat, und schließlich auch das zusammen mit einem Tuch auf dem Boden liegende Balkenkreuz von Walter Micus hat eine solche unmittelbare Geladenheit.

Leiden und Opfer: in diesem Bereich gehen christliche und allgemein menschliche Motivation ineinander auf. Was ist der Sinn von Leid und Tod, wie begründet sich unsere Existenz, in dieser Unausweichlichkeit, woher kommt uns die Kraft, wie vermag sie uns zu halten, wo führt sie uns hin? Nach Francis Bacons Vorangang, der Grausamkeit und Qual und die Unausweichlichkeit in ihr so schonungslos bildnerisch zur Schau gestellt hatte, wie es bisher nie, nicht einmal im Expressionismus, geschehen war, reißt die Kette der Darstellungen von Leiden und Tod nicht ab, Leiden und Tod ebenso sehr auf das Beispiel Christi bezogen und das der mit ihm Betroffenen wie auf das der Menschen überhaupt. Herbert Falken in seinen Bildern zu Krankheit und Sterben, Horst Egon Kalinowski mit seinen Leibern Geschundener, Werner Knaupp mit den Totenverbrennungen, Jürgen Brodwolf mit den bandagierten Mumien, Arnulf Rainer mit den Überzeichnungen von Totengesichtern, Alfred Hrdlicka mit den Figurationen gewaltverbrecherischen Vollzuges: Es ist ein Reigen wie ein Totentanz, der sich hier dreht, und er kehrt sich in jeder dieser prototypischen Gestalten vom Hiesig-Diesseitigen ins Metaphysische, auch da, wo die Aktivität längst in die Stille sich gewendet hat, wie in den Blättern mit alten und doch so frischen Wandritzungen Gefangener von Rudolf Schoofs für Jean Amérys »Treffen in Oudenaerde« oder im großen Totenbahren-Raum »Zeige deine Wunde« von Joseph Beuys.

Kunst ist wohl nie rein diesseitig. Die Kunst der Gegenwart in ihrer Empfindlichkeit und Gebrochenheit und in ihrem Wissen und Erspüren aller Verunsicherung ist es vielleicht weniger denn je, selbst da, wo sie ausbricht in Grobheit, Grellheit und das Rohe. Auch das schließlich ist Ausdruck einer eher empfindlichen Befindlichkeit. Daß alles apokalyptisch scheint, ist nicht der Kunst anzulasten, sondern dieser Zeit, in der sie entsteht und von der sie, wie es ihre Aufgabe ist, Zeugnis gibt. Wenn notgedrungen nur wenige Beispiele für die Fülle dessen, was entstanden ist und entsteht, stellvertretend benannt und gezeigt werden können, so ist es diese Fülle, die die kraftvoll-fruchtbare Anwesenheit des Geistes in dieser weitgehend geistlosen Welt, des mitfühlenden Gewissens in einem so gewissenlosen oder gewissensmäßig so abgestumpften Milieu bezeugt. Niemand hat diesen Geist – den Heiligen – und dieses Gewissen für sich allein.

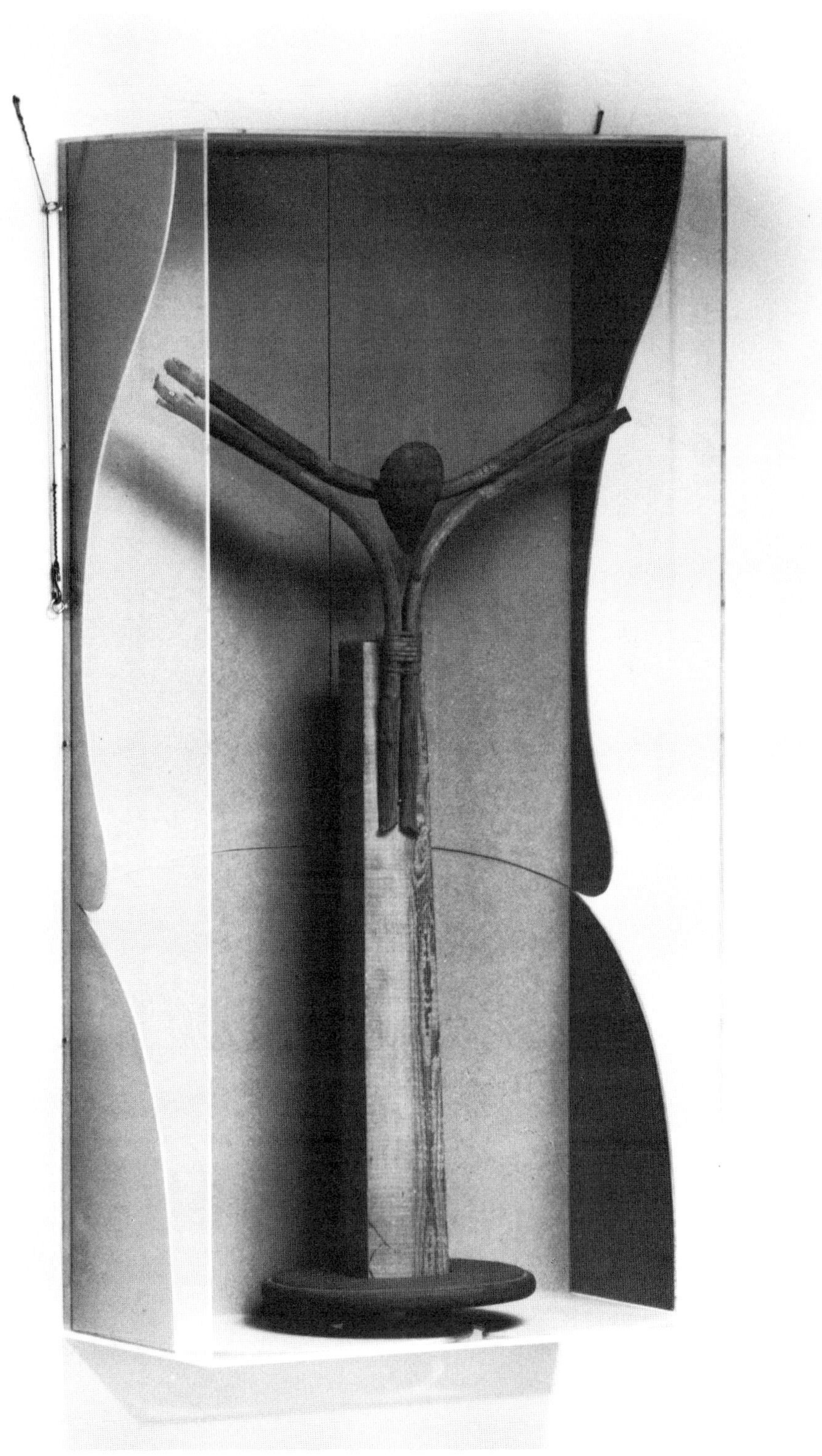

29 Holger Runge, Synthesis, 1968–72, Fundholz, Rohr, Eisen, Pappe, Farbe in Plexiglaskasten, 121 × 61 × 31 cm

# HANS ARP

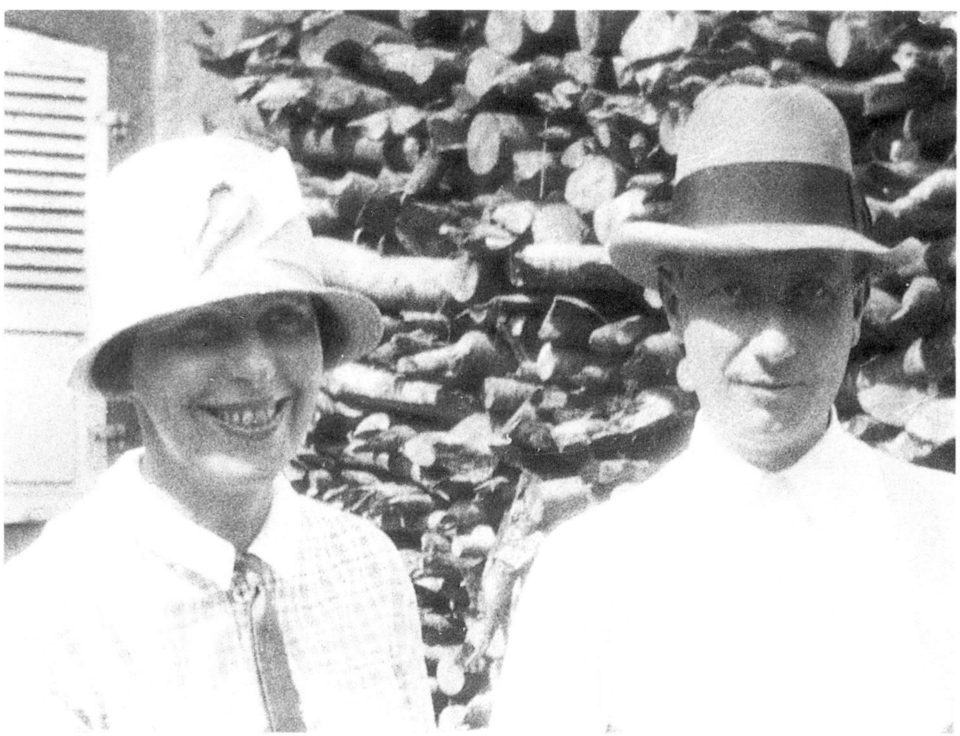

## Totenrede auf Hans Arp

Abbé André Aubry, Pfarrer von St.-Martin, Meudon

Wie alle anderen habe ich Jean Arp zunächst durch seine Werke kennengelernt, bevor ich ihn selbst kennenlernte.

Ich erinnere mich noch. Es war anläßlich einer Ausstellung, die Jean Cassou organisierte, ich glaube im Musée d'Art Moderne in Paris. Als ich diese Formen entdeckte, die zugleich opulent und transparent waren, da sagte ich mir vor soviel Reinheit: das ist ein Mensch, der an die Auferstehung des Leibes und an das ewige Leben glaubt. Und seit der Zeit kann ich die alten Berichte aus der Genesis – diese Berichte, die versuchen, die geheimnishafte Entstehung der Schöpfung wiederzugeben nach dem Bild und Gleichnis Gottes, auf die Ewigkeit hin entworfen, und Gott sah, daß es gut war – nicht lesen, ohne an das Werk Jean Arps zu denken, dieses Werk, das den ursprünglichen Glanz der Schöpfung beschwört, einer Schöpfung, die eben erst aus den Händen Gottes kommt.

Erst danach erfuhr ich, daß Jean Arp mein Landsmann war, mein Pfarrkind, wie man zu sagen pflegt. Da wollte ich ihn besuchen, um ihm die Hände zu küssen.

Aber das wäre zu einfach gewesen. Wenn es um eine derartige Begegnung von zwei Menschen geht, ist man nicht berechtigt, selbst die Initiative zu ergreifen. Ich verstand, daß ich abwarten müßte: ein Zeichen, eine Einladung.

Ich brauchte nicht einmal ein ganzes Jahr zu warten. Seine Freunde und dann seine Familie ließen es mich wissen, Jean Arp wollte mich sehen.

Ich ging zu ihm, mit der Absicht, ihm die Hände zu küssen. Ich erzählte ihm meine Geschichte und meine Erregung im Musée d'Art Moderne. Er sagte ganz einfach, mit der schönen sanften Stimme, die Sie alle kennen: Ja, das ist großartig, genau das ist es.

Vor allem aber entdeckte ich eines: während ich warten wollte, traf ich einen Menschen, der selbst auch wartete. Er wartete auf ein Zeichen, auf eine Einladung der Kirche.

Seit Johannes XXIII. die Absicht hatte, die Kirche von allem zu säubern, was nicht zum Evangelium gehört – und er sprach von ihr wie von einer menschlichen Gestalt: man müsse die Kirche von der imperialen Staubschicht befreien, die sich seit Konstantin auf dem Thron Petri angesetzt habe (und heute verstehen wir von Tag zu Tag mehr, wieviel Zeit und Mut es für dieses Werk braucht), seit diesem Tag fühlte sich Jean Arp von der Kirche angezogen. Und er hat es auch zugegeben. Er brauchte sich nicht zu verleugnen. Er entdeckte im Evangelium, so wie es von der durch Johannes XXIII. wieder lebendig gewordenen Kirche gelebt wurde, die geheime Quelle und die verborgene Energie für alle Appelle und kühnen Freiheiten, für die er immer gekämpft hatte. Und hier will ich vor Gott und den Menschen Zeugnis ablegen. Jean Arp hat die Kirche bis in ihre sakramentale Aktivität hinein anerkannt.

Das mag überraschen. Jean Arp ist mit Gott nicht sanft umgegangen, er gebrauchte manchmal schreckliche Worte. Und trotzdem wollte er dies am Ende seines Lebens nicht eingestehen. Es bedurfte mehrerer Gespräche mit ihm, bis ich diesen offensichtlichen Widerspruch verstand.

Und doch war es einfach: Jean Arp war immer schonungslos hart gegenüber denen, die Gott mit der bestehenden Ordnung kompromittierten, gegenüber denen, die sich zu Eigentümern Gottes und zu Kapitalisten der Wahrheit gemacht hatten: Gott, die Wahrheit, besitzt man nicht. Gott sucht man, und Gott verzehrt die, die ihn suchen. Jean Arp verurteilte wie der Apostel jene, »die die Wahrheit gefangen halten«, die, die Gott zum Götzen gemacht hatten. Diese Virulenz – das ist der Glaube, das sind die Profeten! Die Christen meiner Generation werden von nun an in den Gedichten Jean Arps die profetische Warnung des greisen Johannes, des dichtenden Apostels und Lieblingsjüngers Jesu, lesen: »Hütet euch vor den Götzenbildern.« Und alle Menschen guten Willens verstehen diese Sprache.

Wenn Jean Arp Jesus Christus begegnet ist (und ich bin hierhergekommen, um dafür vor Gott und den Menschen Zeugnis abzulegen), dann heißt das, daß diejenigen, die Jean Arp von nun an verstehen wollen, selber zumindest am Rand dieses Glaubens stehen müssen, um mit ihm in Verbindung zu sein – wenn es wahr ist, daß der Tod nicht ein Zufall ist, sondern die Summe eines ganzen Lebens, daß er den endgültigen Sinn einer ganzen Existenz besiegelt.

Denn das Samenkorn muß in der Erde verborgen bleiben, damit es Frucht bringt, so wie die Nacht einfallen muß, damit die Sterne leuchten.

Hier stehen wir vor dem Leib Jean Arps. Und er hat uns erst wieder neu gelehrt, was der menschliche Körper ist. Alle körperlichen Formen, die aus seinen Händen hervorgingen, profezeien die Auferstehung des Fleisches. Denken wir daran, daß der lebendige Gott das Leben liebt, daß der Gott Jesu Christi nicht den Tod liebt. Dieser Leib ist nicht eine sterbliche Hülle, er ist das Samenkorn des erlösten Leibes.

Wenn wir ihn mit dem geweihten Wasser besprengen, wollen wir damit an das lebendige Wasser seiner Taufe erinnern – als Zeichen, daß wir an sein ewiges Leben glauben.

In der Liturgie verwenden wir auch Weihrauch. Sie kennen seine Symbolik: wir bitten Gott, daß er unser menschliches Gebet, das zu ihm aufsteigt, so annehmen möge wie diesen Weihrauch. Aber wir wissen, daß das Gebet, das durch diesen aufsteigenden und sich ausbreitenden Duft symbolisiert wird, nicht das Gebet der Lippen ist, das wir rezitieren: es ist das Leben, das Jean Arp kämpfend dargeboten, das Leben, das Jean Arp hingegeben hat.

Deswegen haben wir uns hier versammelt – zugleich nahe bei ihm und nahe bei Gott.

Die Totenrede entstammt einem von Marguerite Arp veröffentlichten Privatdruck: In Memoriam Jean Arp, hier abgedruckt aus der Zeitschrift Wort und Wahrheit 23 (1968, S. 219f).

Hans Arp

·

*Sophie*

·

Basel 1943–1945

·

·

Die Herzen sind Sterne,
die im Menschen blühen.
Alle Blumen sind Himmel.
Alle Himmel sind Blumen.
Alle Blumen glühen.
Alle Himmel blühen.

·

Ich spreche kleine, alltägliche Sätze
leise für mich hin.
Um mir Mut zu machen,
um mich zu verwirren,
um das grosse Leid, die Hilflosigkeit,
in der wir leben, zu vergessen,
spreche ich kleine, einfältige Sätze.

·

Die Meere sind Blumen.
Die Wolken sind Blumen.
Die Sterne sind Blumen,
die im Himmel blühen.
Der Mond ist eine Blume.
Der Mond ist aber auch eine grosse Träne.

·

Alle Blumen blühen für dich.
Alle Herzen glühen für dich.

·

Ich spreche kleine, einfältige Sätze
leise für mich hin,
immerfort für mich hin.
Ich spreche kleine, alltägliche, geringe Sätze.
Ich spreche wie die geringen Glocken,
die sich wiederholen und wiederholen.

·

Sophie ist ein Himmel.
Sophie ist ein Stern.
Sophie ist eine Blume.
Alle Blumen blühen,
blühen für dich.
Alle Herzen glühen,
glühen für dich.
Nun bist du fortgegangen.
Was soll ich hier gehen und stehen.
Ich habe nur ein Verlangen.
Ich will dich wiedersehen.

·

Wir zogen hell
durch Glanz und Duft.
Nun tut das Licht mir weh
und niemand ruft
und zeigt mir eine Blume
oder einen Stern.

·

Es blüht im Himmelsgrund
zwischen Dunkelheit und Licht
strahlend wie ein Stern
dein gütiges Gesicht.

·

Du bist ein Stern
und träumst in Gottes lichter Blume.
Ich mag nicht weitergehen.
Ich will auch schlafen.
So wie du schläfst
in Gold und tiefer Ferne
in einem reinen Wiegen.

·

Verloren wie der alte Mond,
der schon viel tausend Jahre stirbt,
ist dieser arme Tränenmensch,
der um die tote Rose wirbt.

·

Wie schnell vergeht ein Leben
in Gottes lichtem Dunkel.
Kaum ist heute gesagt,
ist morgen schon vergangen.
Und so vergehen die Jahre
mit Spielen, Träumen, Säumen.
Und so vergeht dieZeit,
in der die Blumen schweben.
·
Wann blühen wir wieder
vereint an Gottes lichtem Strauch?
Wann ruhe ich für immer
in deinem reinen Hauch?
·
Du lächeltest,
um nicht zu weinen.
Du lächeltest,
als würden lange noch
die guten Tage scheinen.
Deine Flügel glänzten
wie junge Blätter.
Dein Gesicht
war ein weisser Stern.
·
Seitdem du gestorben bist,
danke ich jedem vergehenden Tag.
Jeder vergangene Tag
bringt mich dir näher.
·

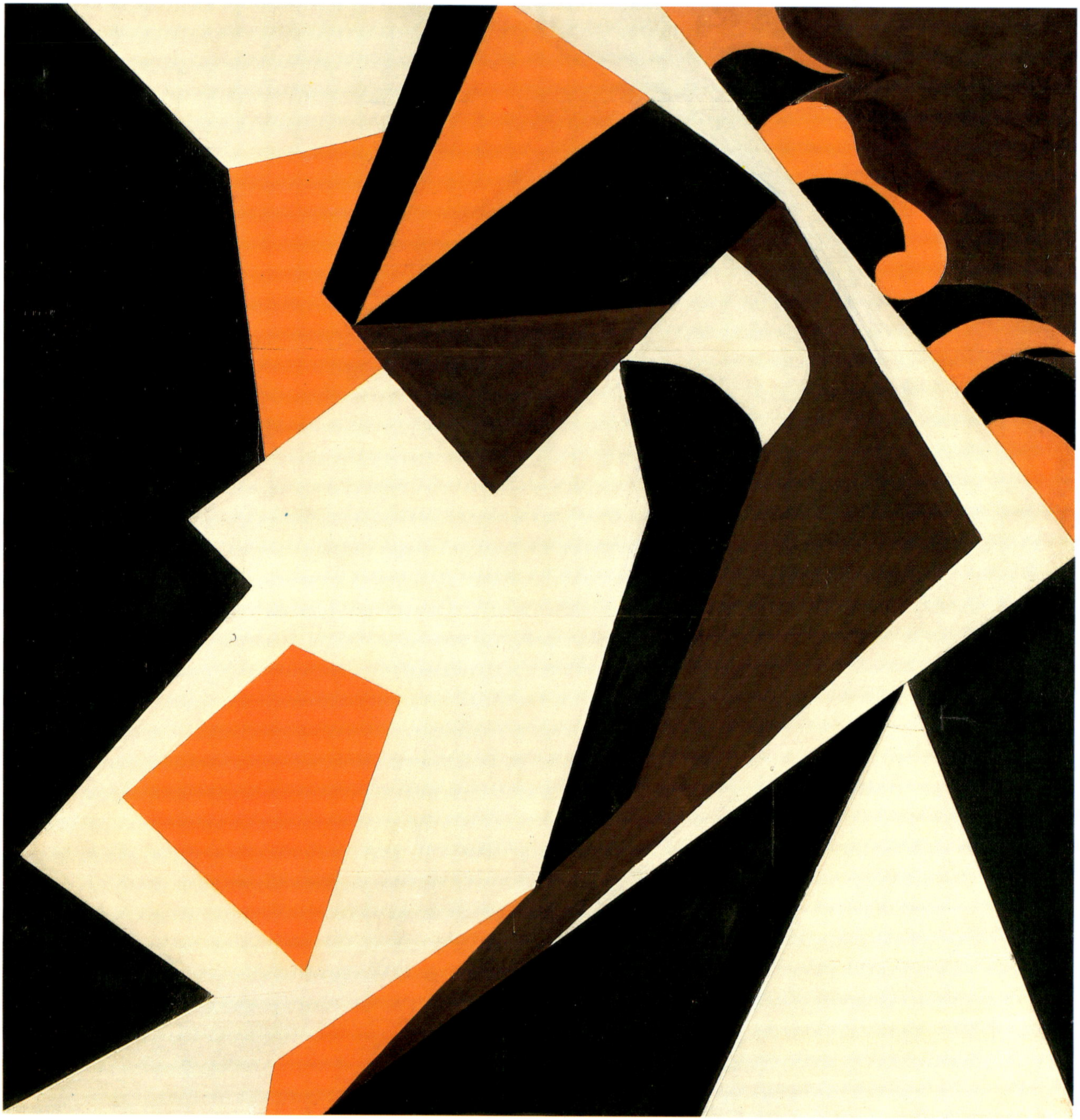

Hans Arp: Kreuzigung, Gekreuzigter, 1914, Holz, bemalt, 120,5 × 120,5 cm, Musée d'art moderne, Straßburg

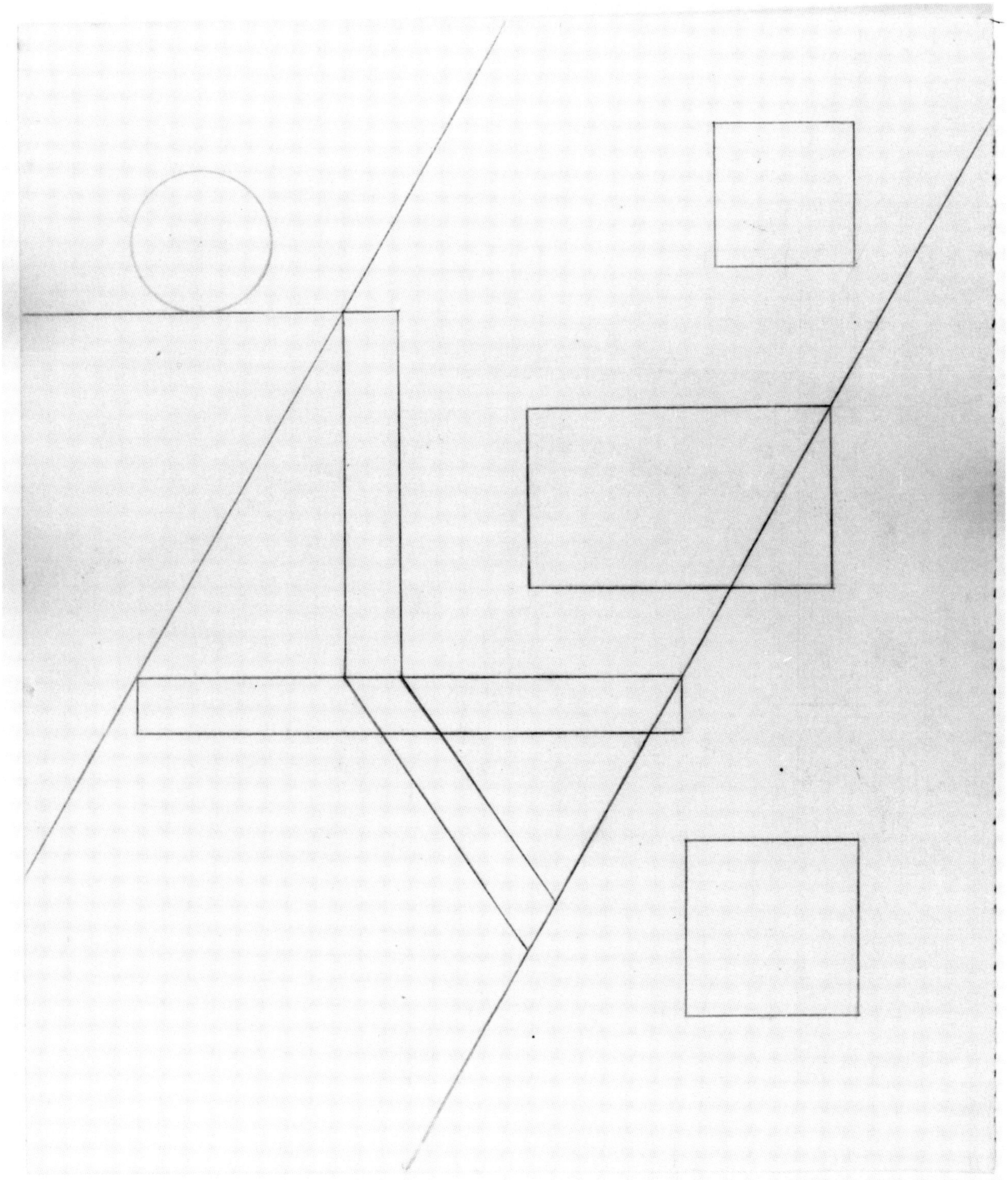

37 Sophie Taeuber-Arp: Gebrochenes Kreuz zwischen Diagonalen, ca. 1932, Bleistift auf Papier, 30 × 25,8 cm

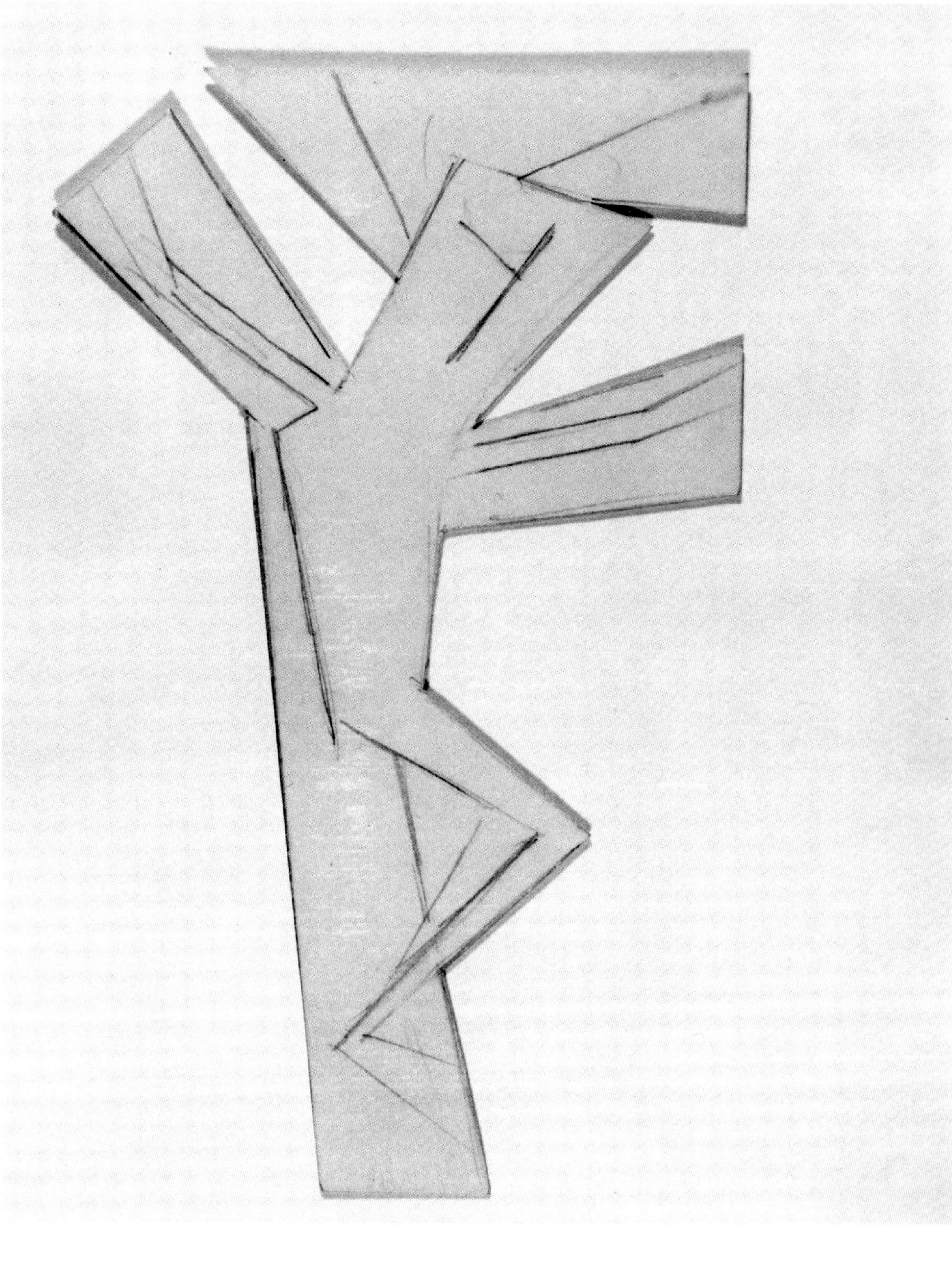



Hans Arp: Christus am Kreuz, ca. 1948, Bleistift auf Karton, ausgeschnitten, 15,8 × 9,9 cm

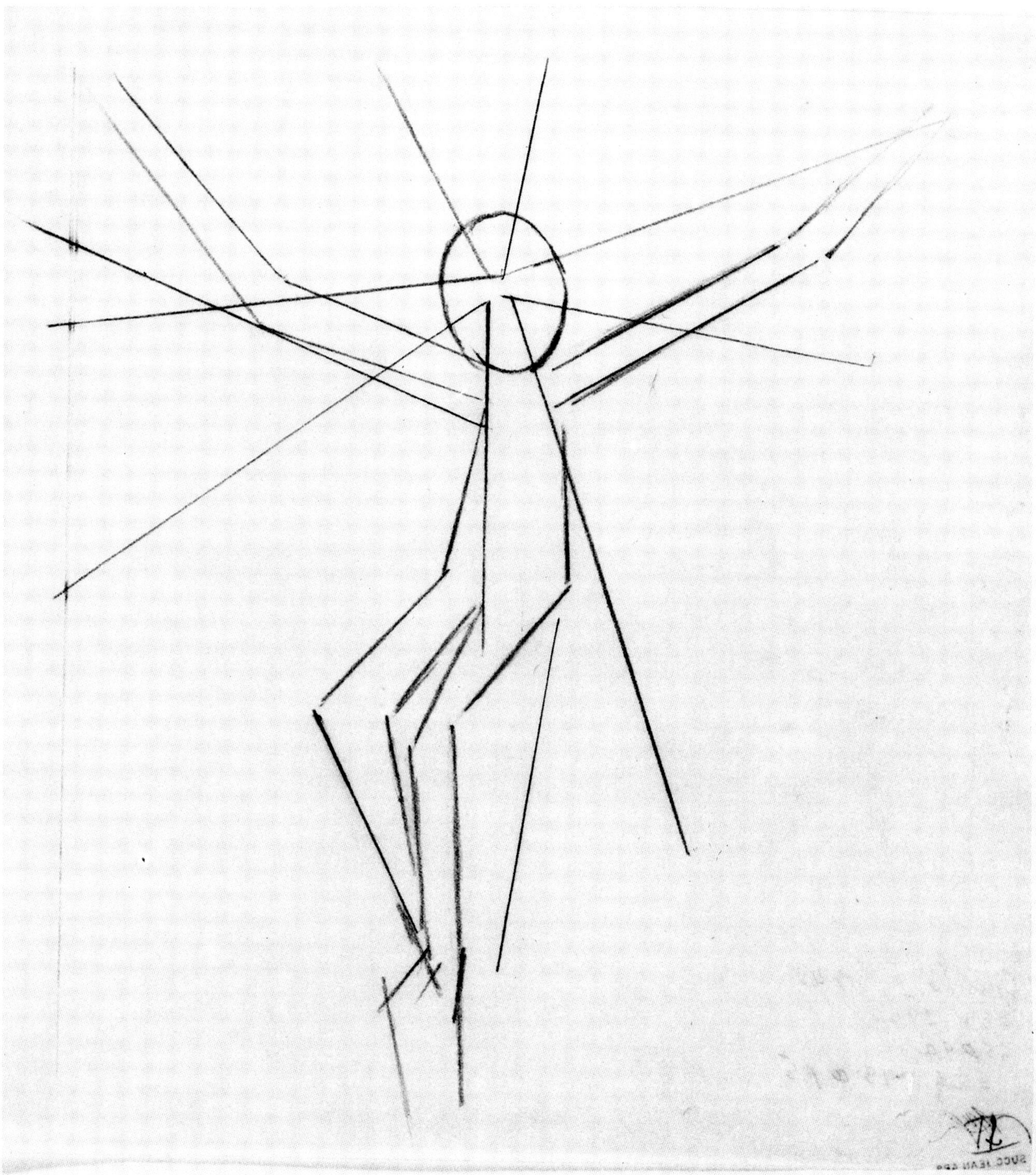

39 Hans Arp: Christus am Kreuz, 1948, Bleistift auf Papier, 25,9 × 23,9 cm

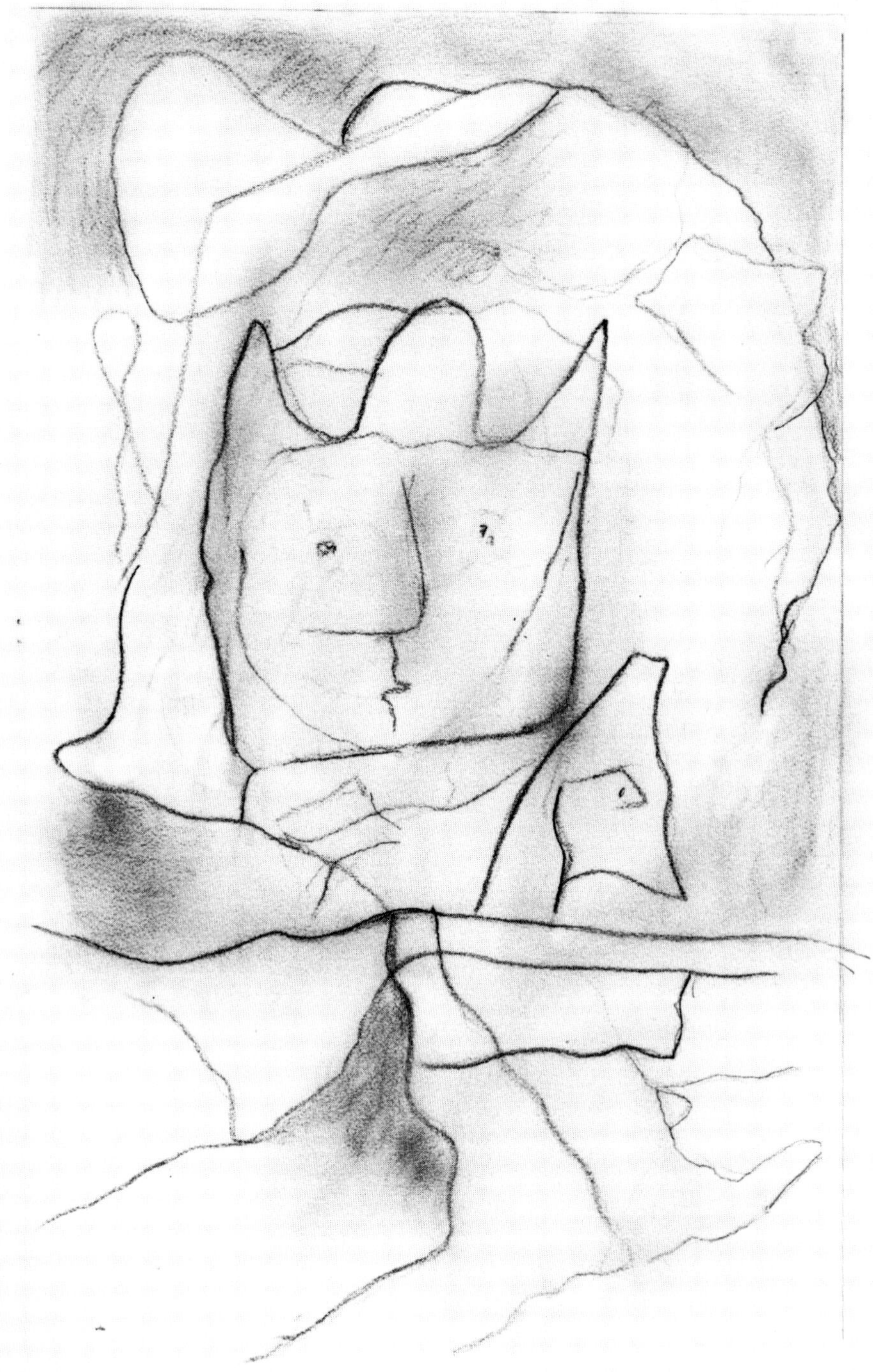

Hans Arp: König, ca. 1961, Bleistift/Papier, 45,7 × 32,8 cm

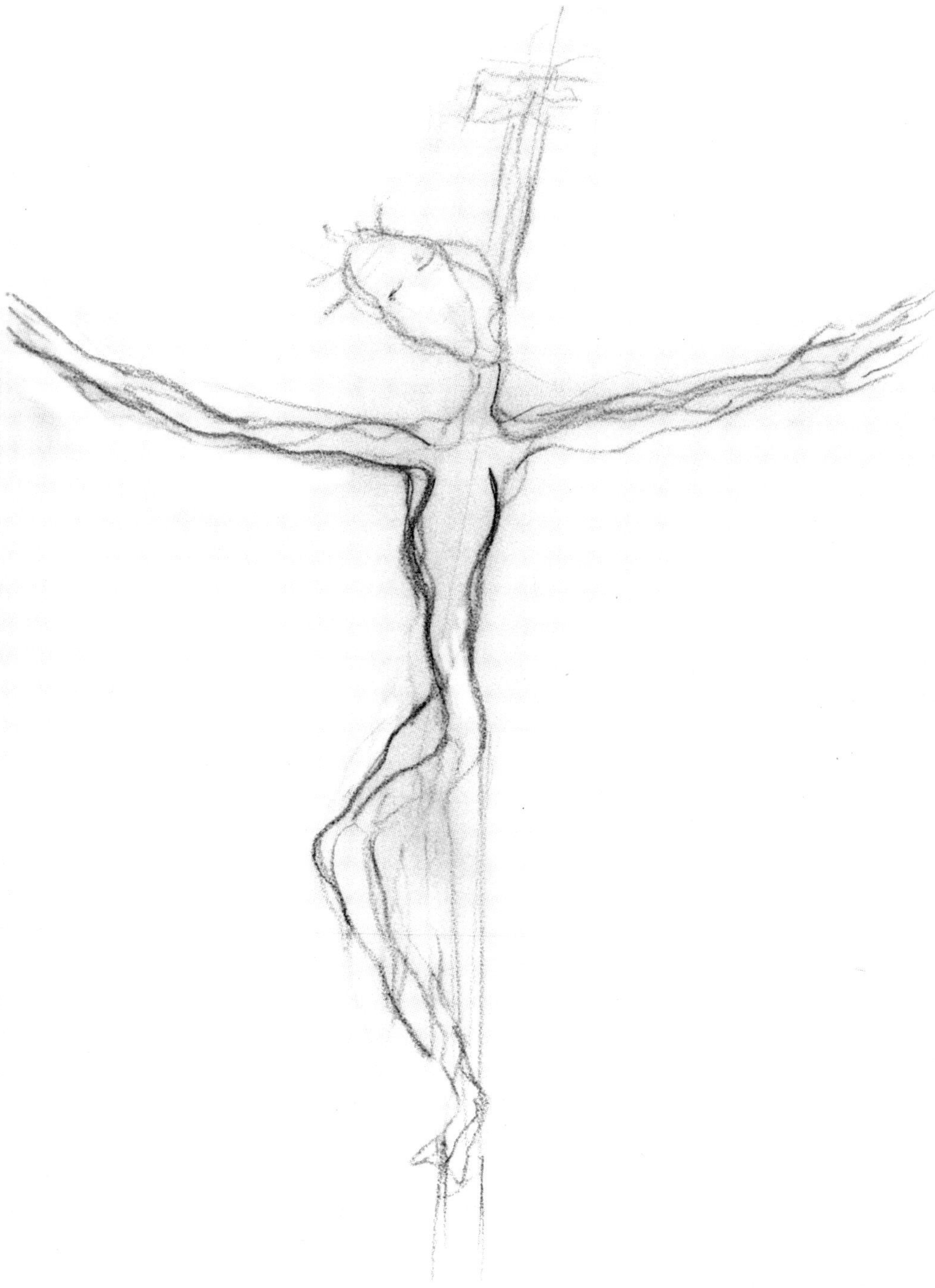



Hans Arp: Christus am Kreuz, ca. 1960, Bleistift auf Papier, 45,7 × 32,8 cm

## Im Werk

Hans Arp hatte aus der Ausgeglichenheit seines Wesens heraus vieles in die Balance zu bringen. 1887, als das Elsaß dem Deutschen Reich zugeschlagen war, in Straßburg geboren, gewann er seine Studienerfahrungen gleichermaßen in Stuttgart und Weimar wie in Paris. Er wuchs auch zweisprachig auf, dergestalt, daß er, im Wort ebenso künstlerisch fruchtbar wie in der sichtbar gemachten Form, Beiträge zum Schatz deutscher Lyrik geschaffen hat wie zu dem der französischen Dichtung, ohne daß die einen von den anderen innerlich abhängig wären. Nach Quantität und Umfang wie im sprachlichen Vermögen und im dichterischen Ernst – der unabhängig ist von heiteren Erscheinungsformen – ist zudem Arps geschriebenes Werk so weit jenseits der Grenzen, die dem gelegentlichen Poetisieren gesetzt sind, daß es für sich genommen ihm einen keineswegs geringeren Platz in der Geschichte der Dichtkunst sichert, als ihm das bildnerische Werk in derjenigen der bildenden Künste für immer errungen haben mag. Was wie ein Geschenk des Himmels wirkt, ist die scheinbare Mühelosigkeit, die aus allem spricht, was er geschaffen hat, das Nichtbefrachtetsein trotz der Gedankenfülle, die Abwesenheit all der Momente, die einer Form so etwas wie Beschwernis gäben: Schwebe ohne Leichtfertigkeit; genug von der Art des Geistes, die auf der romanischen Seite seines Ursprungs ›esprit‹ genannt wird, genug aber auch von der, die auf der alemannischen für Tiefe sorgt, und eine Schalkheit, die sich aus beiden spielerisch mischt.

Aber auch stilistisch wuchs seine Entwicklung aus heterogenen Elementen. In nicht geringem Maße pariserisch orientiert, fügte er sich in den Ausstellungen des von ihm 1911 in der Schweiz mitbegründeten Modernen Bundes in Luzern und Zürich in ein eher französisch ausgerichtetes Programm ein; zugleich leistete er Beiträge zum Blauen Reiter in München, der freilich insgesamt die Öffnung nach Westen auch im Stil seiner Mitglieder sich auswirken ließ, und zum Sturm in Berlin, in dem, bei aller Weltoffenheit naturgemäß das nord-östliche Element überwog. In dem international offenen und sich austauschenden Kräftefeld der Künste vor dem Ersten Weltkrieg war Hans Arp eher Expressionist, und seine ersten Schritte in der Zürcher Dada-Bewegung – auch hier gehörte er zu den Initiatoren – verraten ihn im Bereich der Bildkunst noch als einen solchen. Die Wende, die ihn in eine geklärte und beherrschte Gegenstandlosigkeit führte, fällt zusammen mit dem Beginn seiner Beziehung zu Sophie Taeuber, die er nach Jahren gemeinsamen Wirkens heiratete und deren Tod 1943 ihn in einer existentiellen Einsamkeit zurückließ, von der seine Trauergedichte bewegend Zeugnis geben, und die erst in seiner zweiten, späten Heirat mit Marguerite Hagenbach aufgehoben worden sein mag. Dem Werk seiner ersten Frau hat er zeitlebens große Ehrfurcht bekundet. Es wäre einer Untersuchung wert, in welchem Maße sie an der Entwicklung seines Stiles Anteil hat. Sophie Taeuber, 1889 in Davos geboren, an der Sankt Gallener Gewerbeschule ausgebildet, war schon früh Mitglied des Werkbundes und Lehrerin für Textilentwurf an der Kunstgewerbeschule in Zürich. Handwerkliche Präzision und formale Zucht ließen sie schon um 1916 zu Werken gelangen, die, das Ornamental-Applizierte hinter sich lassend, eine gegenstandslose Bildwelt von strenger und konsequenter Poesie begründeten. In seinen eigenen konsequentesten und strengsten Arbeiten sah sich Hans Arp mit Recht ihr künstlerisch nahe verwandt. In der Dada-Bewegung, die ja erstmals – aus dem Schock des Krieges heraus – in völliger Entgrenzung die Freiheit der Poesie und Kunst von allen Regeln und an sie gestellten Ansprüchen proklamierte, war Sophie Taeuber das disziplinierteste Mitglied, aber auch Hans Arps Spiel mit Formen, Worten und Klängen war bald von geradezu apollinischer Ausgewogenheit auch da, wo er mit allem Ernsthaften bis ins Wortspiel hinein Scherz trieb.

Gegenstandslosigkeit bedeutete für ihn nicht die Loslösung vom Inhaltlichen. Die abstraktesten Formfindungen vielmehr werden von verbalen Titeln begleitet, die einen – wenn auch irrationalen – Gedankensinn offenlegen. Selbst der Schritt in die Freiheit hatte Methode: die des von ihm so bezeichneten Komponierens »nach dem Gesetz des Zufalls«. Dieses und die beschriebene Spannung zwischen dem autonomen Bildwerk und seiner Belehnung mit Inhalt durch den ihm verliehenen Titel – nicht durchweg als Folgemaßnahme, sondern sicherlich ebenso sehr in wechselseitiger Anregung während des Schaffensprozesses –, vor allem aber die oft sich auftuende irrationale Kluft zwischen Bild und Titel, ließen ihn um 1925 zu einem wichtigen Partner der surrealistischen Bewegung in Paris werden, mit Bildwerken, die so abstrakt und distanziert sind, daß sie, ohne großen Wandel, in den dreißiger Jahren wichtige Beiträge der internationalen ungegenständlichen Gruppe »Abstraction-Creation« bilden konnten. Von Malerei und Zeichnung zur Grafik und zum Relief vorschreitend, hat er in seinem definitiven Stil erst um 1930 zur Vollplastik gefunden. Kern seines bildhauerischen Werkes war der Schatz der makellosen Gipsmodelle, die, in sich vollkommen und gewissermaßen neutral, verfügbar gehalten wurden für die Ausführung in jedweder Größe und jedwedem Material nach Maßgabe der bildnerischen Vernünftigkeit.

Die Frage nach religiöser Bezogenheit im Werk von Hans Arp läßt sich nur schwer beantworten. Mehrdeutig Zeichenhaftes ist in den veröffentlichten Arbeiten selten ausgesprochen christlich auszuweisen, und der großartige frühe Kopf des Gekreuzigten zieht alles, was er an Erschütterung bieten könnte, hinter die objektivierte Form zurück. In den Gedichten entraten wörtliche Hinweise oft nicht des Grotesken. Überraschend sind die sehr persönlichen Kreuzigungszeichnungen, die das Lebenswerk unaufdringlich begleitet zu haben scheinen, Zeugnisse einer religiös motivierten Nachdenklichkeit im ganz Privaten, die in Hans Arps übriger Schöpfung, in ein scheinbar profanes Spiel verschlüsselt, nur als eine weiter gefaßte Spiritualität sich zu erkennen geben mag. Daß Form Geist sei, daran hat er nie einen Zweifel gelassen.

Hans Arp ist 1966 in Basel gestorben.

# ARNULF RAINER

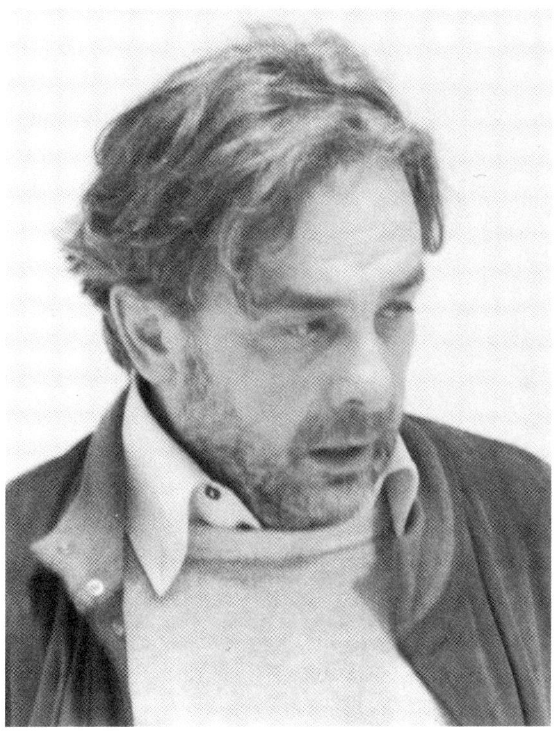

## Im Gespräch

Herr Rainer, wenn ich Ihr künstlerisches Schaffen von seinen Anfängen bis heute überblicke, dann fällt mir zu meiner großen Überraschung auf, in welch breiter Form Sie sich immer mit der Gestalt Christi künstlerisch auseinandergesetzt haben.
*Arnulf Rainer:* Da muß ich einschränken. Sehen Sie, ich bin ein großer Arbeiter. Ich male viel. Und im Gesamt meiner Arbeiten nimmt das Kreuz quantitativ doch nur eine kleine Rolle ein. Es ist also nicht das alleinige Thema, aber in letzter Zeit ein wichtiges.

*Friedhelm Mennekes:* Immerhin ist diese Auseinandersetzung mit Christus sehr intensiv. Wer sich auf Ihre Bilder einläßt, der spürt ein wirkliches Ringen um diese Gestalt, der spürt die religiöse Dimension, die diesen Bildern innewohnt. Ist das auf eine starke religiöse Sozialisation zurückzuführen?
*A.R.:* Von meiner Kinderzeit her habe ich überhaupt keinen Kontakt zur Religion gehabt, schon gar nicht bin ich katholisch sozialisiert worden, was ich als Glücksfall ansehe. Ich bin ja in der Nazizeit aufgewachsen und habe dann als etwa Zwanzigjähriger zunächst Kontakt zu ostasiatischen Religionen gesucht. Erst dann bin ich zu christlichen Paradigmen vorgestoßen. Auch als Maler.

*F.M.:* Aber in Österreich hatten Sie doch als Kind Religionsunterricht?
*A.R.:* In der Volksschule schon. Aber 1939, als Zehnjähriger, bin ich in ein vormilitärisches Internat gekommen, und Religionsunterricht hat es dort überhaupt keinen gegeben. Die kirchliche Welt lag für mich sehr entfernt. Es gab keine Erziehung, wo über Religion gesprochen wurde. Ich habe also weder positive noch negative Erfahrungen gemacht. Auch von meinen Eltern gab es keine Einflüsse; sie waren zwar nicht anti-religiös, aber sicher eher a-religiös.

*F.M.:* Wann traten denn bei Ihnen die ersten Kontakte zum Religiösen auf?
*A.R.:* Daß ich dann mit 20 Jahren Interesse bekommen habe, das hat sich mehr aus einer Art geistiger Not ergeben. Was ich in künstlerischer Hinsicht gemacht habe, das ist allgemein abgelehnt worden. Ich bin sozusagen als Verrückter abgestempelt worden. Die Leute haben nur den Kopf geschüttelt. Ich hatte nur einen kleinen sozialen Halt durch Künstlerfreunde. Ich war soziokulturell an den Rand gedrückt. Da hab ich versucht, mich selber zu interpretieren und mir nachzuweisen, daß ich nicht ein Verrückter bin, ein schizophrener Maler mit Wahnideen. Ich habe also versucht, irgendwelche Parallelen zu finden oder Metaphern für das, was ich in der Malerei produziert habe. Und so hab ich die Religion über meiner künstlerischen Arbeit entdeckt.

*F.M.:* Wie kamen Sie denn dann zu einer intensiveren Auseinandersetzung speziell mit dem Christentum?
*A.R.:* Durch die Begegnung mit Otto Mauer. Mit ihm hatte ich damals viele Gespräche, und er hat mir klar gemacht, daß die Bezüge zwischen der Religion und dem künstlerischen Schaffen, wie ich sie sah, gar nicht so an den Haaren herbeigezogen waren, ja er hat sie ähnlich gesehen.

*F.M.:* Otto Mauer war doch ein bekannter Domprediger von Sankt Stephan in Wien, der sich besonders um einen offenen Kontakt zwischen Kirche und Kunst bemühte. Der hat doch in den fünfziger Jahren eine eigene Galerie »Nächst St. Stephan« betrieben und manchem jungen Künstler geholfen, seinen Weg zu finden.
*A.R.:* Eines Tages ist er zu mir ins Atelier gekommen, hat meine Bilder angeschaut, ausgesucht und zwei gekauft. Und dann hat er mir auch angeboten, bei ihm eine Ausstellung zu machen. Ich war interessiert. Ich hab damals schon ein spezielles, extremes Profil als Künstler gehabt. Es war ein Wagnis, mich auszustellen. Ich war überrascht, wie Mauer sich spirituell engagierte; bei ihm gab es nicht diese Unvereinbarkeit von moderner Kunst und Religion, wie sie damals in allen christlichen Kreisen üblich war. Mauer hingegen war von der Begegnung mit dieser Kunst geprägt.

*F.M.:* Hatte Mauer den Rückhalt in der Kirche oder war er eher ein Einzelgänger?
*A.R.:* Er war gar kein »progressiver« Priester. Theologisch war er eher traditionell orientiert. Aber er war ein ungeheuer gescheiter Mann mit einem sehr, sehr weiten geistigen Horizont und großer Sprachgabe. Er konnte Verbindungslinien ziehen, die nicht gerade alltäglich waren. Er hat wichtige kirchliche Funktionen gehabt, aber es hat breite Kreise im Katholizismus gegeben, die ihn vollkommen ablehnten, ja in ihm einen besonderen Dämon sahen. Besonders weil er es mit den Künstlern trieb.

*F.M.:* Soviel ich weiß war er Mitherausgeber der Zeitschrift »Wort und Wahrheit«. Und ein sehr geschätzter Prediger.
*A.R.:* Für uns hatte er die Ausstrahlung eines großen Geistes, weil er voller Charisma war. Er hat Predigten gehalten, die wahre Kunstwerke waren. Und er hat sich darin selbst so hineingesteigert, daß er wie in einer Ekstase da oben auf der Kanzel schwebte. Er hat uns alle fasziniert, wie große Künstler faszinieren.

*F.M.:* Sie sind auch in die Predigten von ihm gegangen?
*A.R.:* Ja durchaus, öfters. Er hat Vorträge gehalten, Eröffnungsreden, Bibelexegesen. Er hat auch Seminare und Symposien veranstaltet. Da wurde sehr offen von den verschiedensten Positionen aus diskutiert. Es ging meist um Religion und Kunst. Es war damals eine sehr offene Zeit. Und Mauer wirkte durch seine große Ausstrahlung und vor allem durch die Art, wie er sich engagierte und artikulierte. Er war ein überzeugender Mann. Ein anderer bedeutender Mann damals war Friedrich Heer.

*F.M.:* Ihre Hinwendung zu einer Gestalt wie Johannes vom Kreuz, ist das eine Anregung von Mauer?
*A.R.:* Nein. Für den Bogen Kunst – Mystik gab es bei den Dominikanern einen Pater Diego Götz mit spezifischer Kompetenz, von dem ich mehr diesbezügliches erfuhr, als vom aktivistischen, leicht militanten Mauer. Meine Beschäftigung mit Johannes vom Kreuz rührt aus mystischen Systemtheorien anderer Religionen. Damals bin ich auch auf ein für mich sehr wichtiges Buch gestoßen: Henri Brémond: »Das wesentliche Gebet«. Darin geht es um die französischen Frömmigkeitssysteme im 16., 17. und 18. Jahrhundert. Brémond behandelt darin in einer sehr klaren Sprache das stille, d. h. nonverbale Gebet. Es ist für ihn die Quelle vieler mystischer Systeme. Daran anknüpfend die Probleme der »Entwerdung«, die »Entnichtung«, das »Nada«. Die Parallelen zu meinen Zumalungen, auch meinen Kreuzzumalungen speziell an der Theologie Louis Chardons O. P. konnte ich durch diese Buchseiten nicht mehr vergessen.

*F.M.:* Eine Art Freiwerdung, um sich dem Unbeschreibbaren zu nähern? Die Geschichten der mystischen Persönlichkeiten beschreiben doch einen ungeheuer schmerzhaften Prozeß für den, der sich auf einen solchen Weg einläßt. Johannes vom Kreuz spricht von der »dunklen Nacht der Seele« ... Die »Nacht«, der »Schmerz«, das »Dunkel« als ein existentieller Weg zu einem Bild mit einem religiösen Gehalt?
*A.R.:* Ich habe diese Metaphern sehr naiv, sozusagen wörtlich, maltechnisch, gestaltungsstrategisch interpretiert. Ich habe jedenfalls gesehen: es gibt nicht nur eine religiöse Kunst wie im 19. Jahrhundert, wo man eine Christusfigur oder eine Madonna detaillistisch gestaltet hat: es gibt auch ein generelles religiöses Sehen, bei dem man nur auf die Allgemeinstrukturen der Imaginationen abzielt. Ich bin dabei immer mehr in die Dunkelmalerei hineingekommen, – freilich nie völlig ins Schwarz. Es gab immer einen kleinen hellen Rest, meist am Rande, oder an einer Ecke.

*F.M.:* Das ist es, was sich mir bei den »Übermalungen« vermittelt: daß sie einer tiefen Spannung entstammen, einem Ringen um ein Thema, das zunehmend im Dunkel stattfindet.
*A.R.:* Ich wollte anfangs gar keine Übermalungen machen. Ich wollte spezifische Themen malen, aber dabei ist mir nur Schwarz, Schwarz, Schwarz eingefallen. Ich habe nicht anders können. Ich habe vorher nicht geahnt, daß das so wird. Mehr als einmal hab ich versucht auszubrechen. Aber es ist mir nicht gelungen. Ich habe vielmehr gesehen, daß die Qualität und die Wahrheit des Bildes nur wächst, wenn es sich mehr und mehr verdunkelt.

*F.M.:* Ihr Interesse an religiösen Themen, Ihre Beschäftigung mit geistlichen Persönlichkeiten, Ihre Art zu malen: liegt da nicht eine Art mystischer Erfahrung zugrunde?
*A.R.:* Diese Formulierung lehne ich ab. Es wird eine Inflation mit dem Wort »mystisch« getrieben. Auch von den Künstlern. Ich habe bei Brémond gelernt, äußerst vorsichtig mit diesen Begriffen umzugehen und sie nicht zu strapazieren.

*F.M.:* Aber es gibt doch bei Ihnen eine Art Grundspannung, eine innere Unruhe, ein Leiden. Wenn ich Sie richtig verstanden habe, ein Leiden am Ungenügen.
*A.R.:* Ja das Ungenügen plagt uns alle, nicht nur die Mystiker. Das ist etwas, was auch mich immer sticht und geplagt hat. Das ist sicher eine wichtige Wurzel meiner Arbeit: ein Ungenügen, eine Hungrigkeit, Unzufriedenheit, der Durst nach dem ganz anderen.

*F.M.:* Diese Hungrigkeit ist sicher zunächst einmal deskriptiv. Sie weist auf einen Mangel hin. Aber indirekt ist es auch ein Ausspähen nach etwas anderem.
*A.R.:* Es ist etwas da, was einen schiebt. Dauernd. Und das einem auch die Kraft gibt, in der Kunst zu suchen und zu erfinden. Eigentlich bin ich immer in Verlegenheit ... ich bin froh, wenn ich beim Malen überhaupt ein Motiv finde, das mich länger interessiert. Ich habe kein Licht vor mir oder eine klare Sicht von dem, was ich will. Lediglich ein schwarzes dichtgemaltes Kreuz erscheint manchmal vor meinem Geist. Ich werde beim Malen wie von hinten getrieben von irgendetwas, das sich mir da in den Rücken, ins Kreuz drückt. Zufrieden bin ich dabei eigentlich nie. Hie und da, wenn mir etwas schnell gelungen ist, hab ich kurz Stolz und Genugtuung; aber das vergeht so rasch wie ein schöner nächtlicher Traum.

*F.M.:* Wenn ich das Handeln aus dem dialektischen Zusammenhang von »actio« und »passio« begreife, also den gegenläufigen Kräften von Drängen und Ruhe, von Bewegung und Aushalten, – wäre das ein formaler Zugang zu Ihrem Schaffen?
*A.R.:* Es gibt vielleicht diese zwei Haltungen, aber in verschiedenen Bildern. Sehen Sie z. B. diese fast ganz geschlossenen Zumalungen, die brauchen sehr lange um zu entstehen, über Jahre, das geht nicht so schnell. Das Bild wird einmal angesetzt und dann immer wieder angesprungen. Es muß jahrelang angeschaut und geprüft werden. Dabei gibt es immer wieder kleinere Korrekturen. Das führt dann zu einer gewissen Ruhe und Stille. Wiederholung, Ausdauer, Detailverlust, Effektverzicht, also Askese und Mortifikation auf der Ebene der Gestaltungsmittel führen zu kontemplativen Bildzuständen. Obwohl der Maler fleißig und sehr tätig ist, entsteht im Bild allmählich das große Schweigen. Es schreit dann nicht mehr wie ein Säugling um Aufmerksamkeit, sondern ruht in sich. Es gibt aber auch Bilder, die sehr dynamisch und aufgewühlt sind. Die einem einmaligen, sehr aktiven Prozeß entstammen. Einmal bricht das eine durch, mal das andere aus.

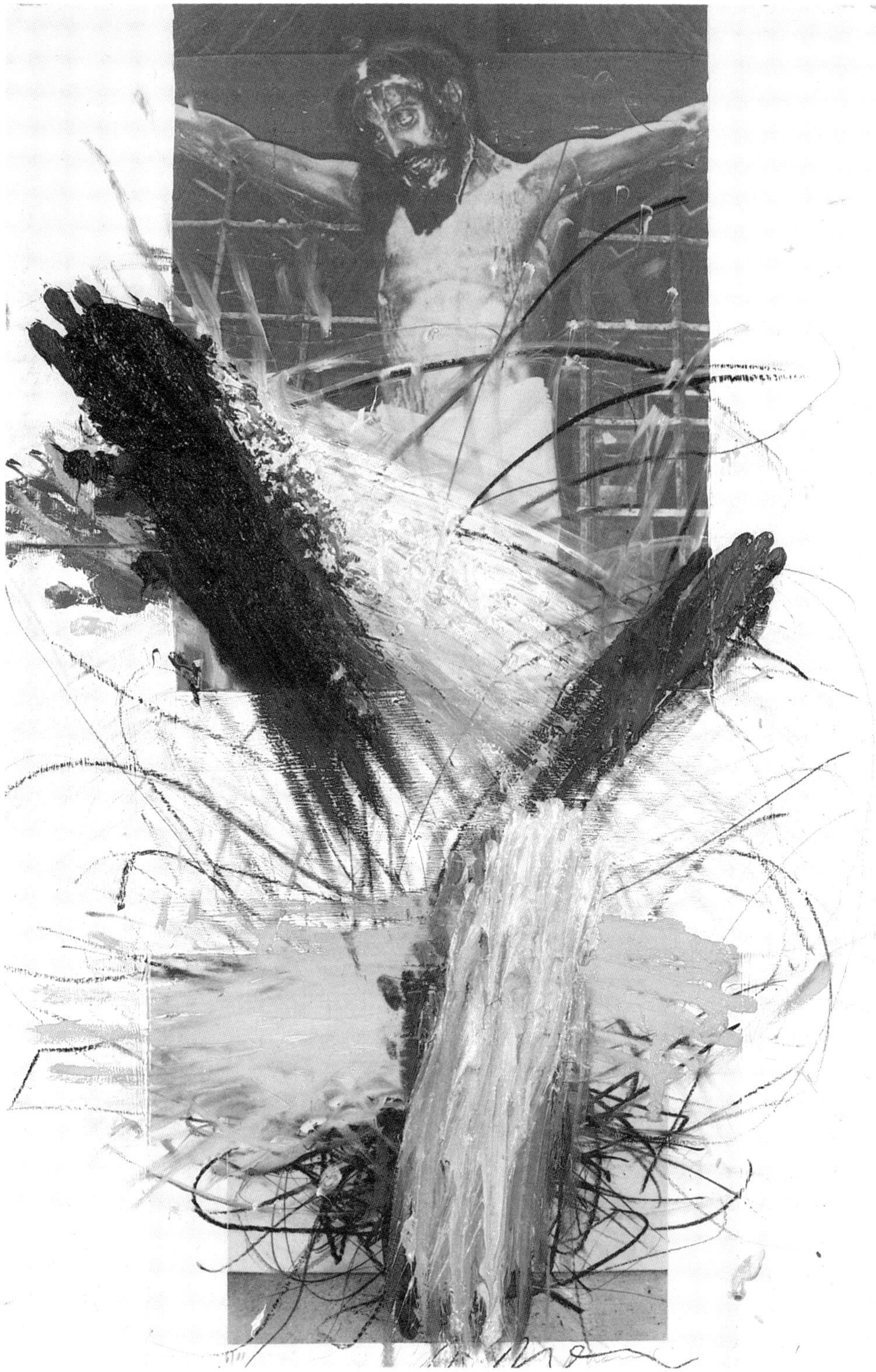

57 Christusbild, 1981/1983, Malerei auf Foto auf Holzplatte, 120 × 80 cm, Galerie m, Bochum

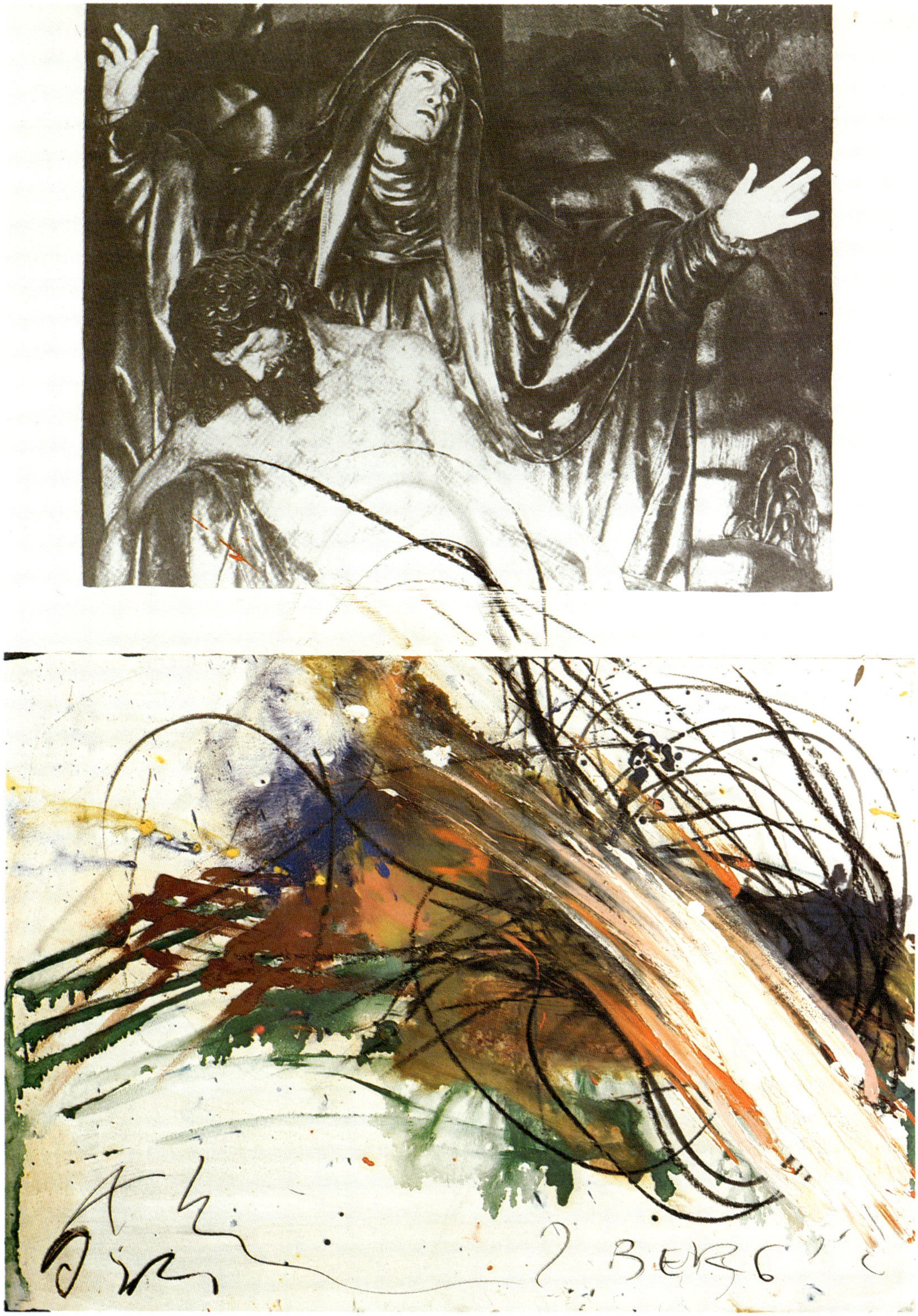

Christusübermalung, 1983, Fingermalerei – Öl und mixed media über Foto auf Karton, 102 × 73,5 cm, Galerie m, Bochum

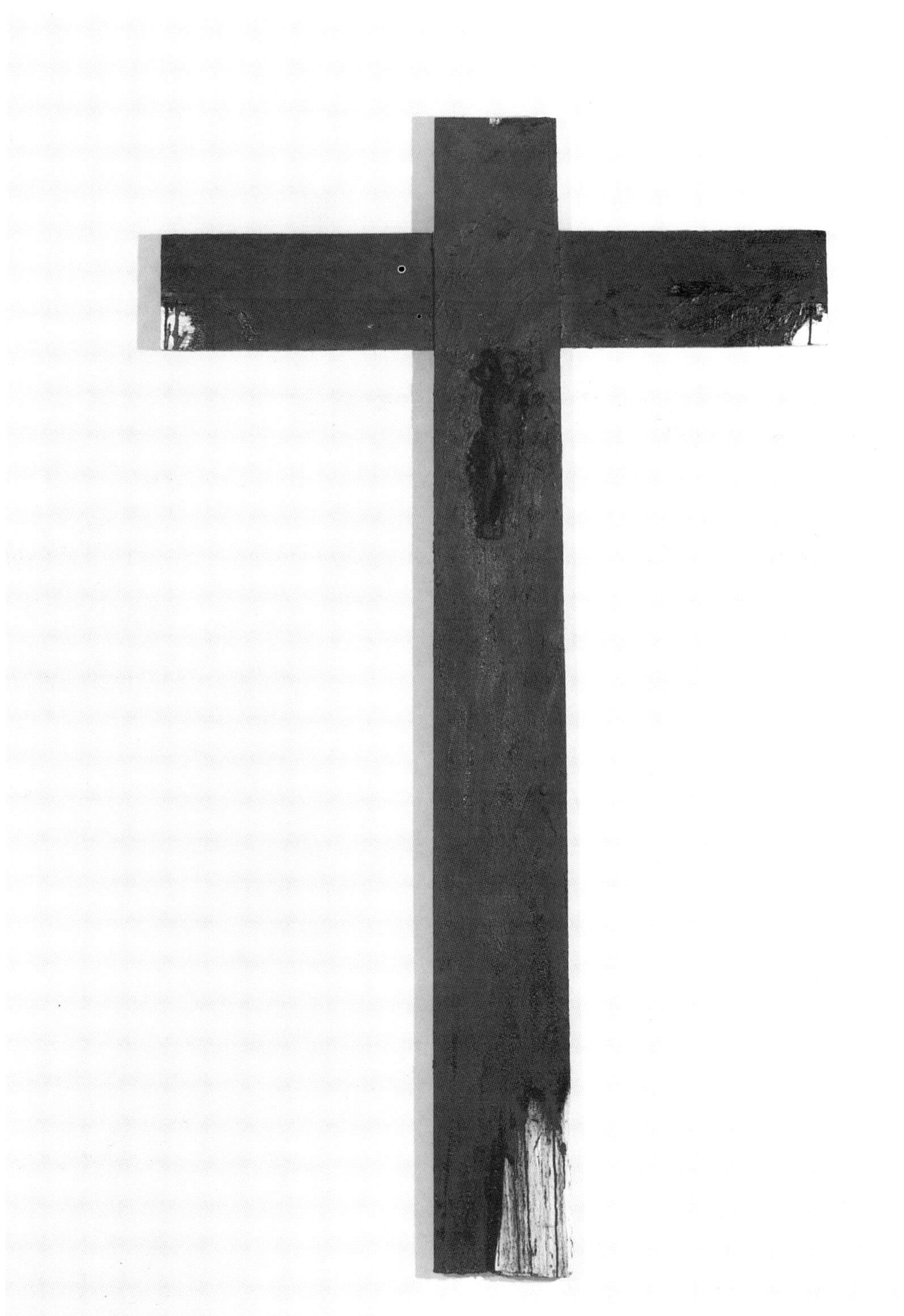

59 Kreuz, 1983/1984, Öl auf Holz und Skulptur-Applikation, 186 × 110 cm, Galerie m, Bochum

## Im Werk

Arnulf Rainer ist 1929 in Baden bei Wien geboren worden. Durch eigenes Arbeiten für das künstlerische Studium qualifiziert, verließ er 1949 die Akademie schon nach drei Tagen. Einen Förderer fand er indessen früh in Monsignore Otto Mauer mit seiner Galerie nächst Sankt Stephan.

Er hat eigentlich stets eher das Unerwartete gemacht. Nach surrealistischen Anfängen, wie sie ja im Wien der Nachkriegszeit kaum anders denkbar scheinen, hat er 1951 erste informelle Bilder gemalt, bei denen sich aber bald eine energetisch gespannte Zuordnung konzentrierter Linienzeichen auf die Mitte hin ergab, Zentral- und Vertikalgestaltungen, wie er sie selbst nennt, und mehr flächenhaft zusammengefaßte Reduktionen. Zugleich stellte er in leeren Rahmen das Nichts aus. Dem spontanen bildnerischen Tun folgte 1953 das meditativ erwogene Anordnen streng bemessener und subtil gewählter Farbflächen zu sozusagen klassischen Bildkompositionen, in denen es um die proportionale Verhältnisordnung des Bildes geht. 1954 kam dann das, was zwischen Irritation und positiver Betroffenheit seinen künstlerischen Rang äußerlich zu begründen begann: die Übermalungen. Dinge, die bereits sichtbar waren, wurden durch eine erneute Malschicht dicht bedeckt, es ist wie das Herabsenken eines Velums: das was da ist, verbirgt sich und wird verborgen, aber in der Kraft seiner Geheimnisträchtigkeit bleibt es spürbar. Das verändernde Überdekken ist eigentlich für Arnulf Rainer symptomatisch geblieben: flächenhaft abschließend wie hier, oder gestisch pointierend wie später. Die Übermalung der Übermalung der Übermalung: es ist wie ein gezeitenhafter Rhythmus nach innen in Fläche und Raum des Bildes. Meist bleibt eine geringe Partie ausgespart, aber diese zeigt dann auch nichts von dem, was im Übrigen zugedeckt worden ist. In der Regel sind es eigene Bilder, die diese Metamorphose erfahren haben, aber mindestens aus dem Bereich der Druckgraphik sind auch Werke anderer Künstler durch Übermalung angeeignet und der auf sie selbst bezogenen Würdigung für immer entzogen. In der Regel sind es einfache Rechteckformate, die derart bearbeitet wurden, Bildtafeln von äußerer Ruhe, wie erregt sie die innere Wandlung und Speicherung auch wirken lassen mag; aber vor allem das Kreuzmotiv hat sich in der kreuzförmigen Montage rechteckiger Platten zu akzentuiertem Umriß ins Spiel gebracht, geheimnisträchtig auch nach innen durch die einfarbige Zudeckung mit erregtem Pinselduktus. Die Kreuze sind wie die Kreuze in der Passionszeit: Anwesenheit und Abwesenheit, Offenbarung und Sich-Entziehen scheinen in ihnen ambivalent.

Finger- und Fußmalereien, oft aus dem Auswägungsbedürfnis körperlicher Motorik im Impuls symmetrisch, verselbständigten nach 1970 das Gestische ins Abstrahierte von Körperspur. Gleichzeitig, von 1969 an, wirkte eben dieses Gestische in zeichnerisch linienflußbetontem Übermalen von Abbildungen fremder Werke auf deren Vorgabe ausdrucksverändernd und ausdruckssteigernd ein; Bilder von Egon Schiele und Vincent van Gogh, Plastiken von Franz Xaver Messerschmidt, Zeichnungen von Morandi gewannen so dem eigenen Ausdruck den hinzu, den Arnulf Rainer in ihnen für sich suchte; bei van Goghs Selbstporträts gedieh dies zu etwas wie einer Analyse von dessen Charakter und künstlerischer Existenz.

Messerschmidts physiognomische Exempel mögen ihn dann darauf gebracht haben, zugleich auch sein eigenes Gesicht und den eigenen Körper in der Unerschöpflichkeit mimischer und gestischer Möglichkeiten zum bildnerischen Studienfeld zu machen. Zahllose Photographien des grimmassierenden Antlitzes und des sich windenden oder in Fesselung sich spannenden Körpers sind Grundlagen für ein vergleichbares Übermalen geworden, verhüllend, verzerrend, auf die Spitze treibend, im Angang selbst dann schonungslos, wenn man das clowneske Element darin in Rechnung stellt. Es ist ein gesteigertes Rollenspiel vom Grotesken bis hin ins Makabre und ein bildnerisches Sprechen in allen Stimmlagen. Das ist ernst genug, aber es bleibt in Lebensnähe.

Dann aber wendete sich Arnulf Rainer auf vielen Wegen in die Ausdrucksgeladenheit von wirklichem Leiden und Tod. Geschah das 1979 in den Kruzifikationen, den Übermalungen und Überzeichnungen von Kreuzigungs- und Christuskopfdarstellungen aus der alten Kunst, und im Grünewald-Zyklus mit der Überarbeitung vor allem von Details des Isenheimer Altars 1981 noch auf einer Ebene, die durch einen seinerseits schon durchformulierten Ausdruck gewissermaßen zubereitet war, so traf Arnulf Rainer als der Betrachter, der der in ihm ausgelösten Erschütterung Ausdruck gewinnen will, ab 1978 in den Totenmasken von Persönlichkeiten, deren geschichtliches Bild überliefert ist, auf die Spur des Todes selbst, und es ist bewegend, – wenn dazu die Gelegenheit besteht – seine Hinzufügungen und Umformungen mit dem unveränderten Bild zu vergleichen; sein Wissen um die Person, sein Angerührtsein von Persönlichkeit und Schicksal sprechen unterschiedlich und unterscheidend mit. Mumien dann aus Grüften, in denen sie sich erhalten haben, brachten, sieht man davon ab, wie weit sie die Zeit vom Drama ihres Todes schon entfernt hat, in ihrer zwar schon lebensfernen, aber durch die posthumen Versehrungen fortgesetzt in Frage gestellten Existenz dieses Drama dem eindringlichen Betrachter näher; die Verzerrungen, die erst das Verdorren ausgelöst hat, steigern das Lebenszeugnis, und der zeichnend-malende Strich hatte seinerseits – wieder ist es wie ein Rhythmus in sich – die Ansätze zur Steigerung zu ergreifen.

Das volle Grauen freilich stellt sich bei den Totengesichtern ein, Photographien wirklicher unmittelbar Toter aus dem Schauhaus, die Arnulf Rainer 1979/80 malerisch-zeichnerisch überarbeitet hat. Das eigene Getroffensein vielleicht ist es, das sich nur entladen konnte in einer Steigerung der Grausamkeit des Todeselends in schonungslose, gewaltakthafte Brutalität hinein. Es ist ein aus künstlerischer Motivation mitfühlend Erregter, der hier spricht, aber wer sich von ihm – ohne Distanz – zum Mitfühlen dieser Bilder veranlassen läßt, setzt sich einer Erprobung seiner Kräfte aus.

Gestisch, verhüllend und physiognomisch hat Arnulf Rainer über seine Arbeitszeit hinweg unterschiedlichste Formulierungen des Kreuzthemas geschaffen; ihre Zahl, sieht man sie gesammelt, ist beträchtlich. Gestisch schon in den frühen Bildzeichen, erweitert er diese Möglichkeit im eigenen Einsatz von Haltung und Ausdruck zu so etwas wie Nachvollzug. Verhüllend in der Fläche, im Umriß, in objekthafter Körperlichkeit macht er das Unfaßbare berührbar gegenwärtig. In der ins fremde Bild eingreifenden Paraphrasierung von Ausdruck und Gestus, die schon in sich formbewußt gesetzt waren, schafft er dem Ausdruck Steigerung übers konventionell Erfahrbare hinaus. Das Geheimnis Arnulf Rainers war immer das Geheimnis, das er schafft und in das er für andere die Dinge hüllt, die für ihn selbst, ihm unverhüllt begegnend, geheimnisträchtig wurden.

# ALFRED HRDLICKA

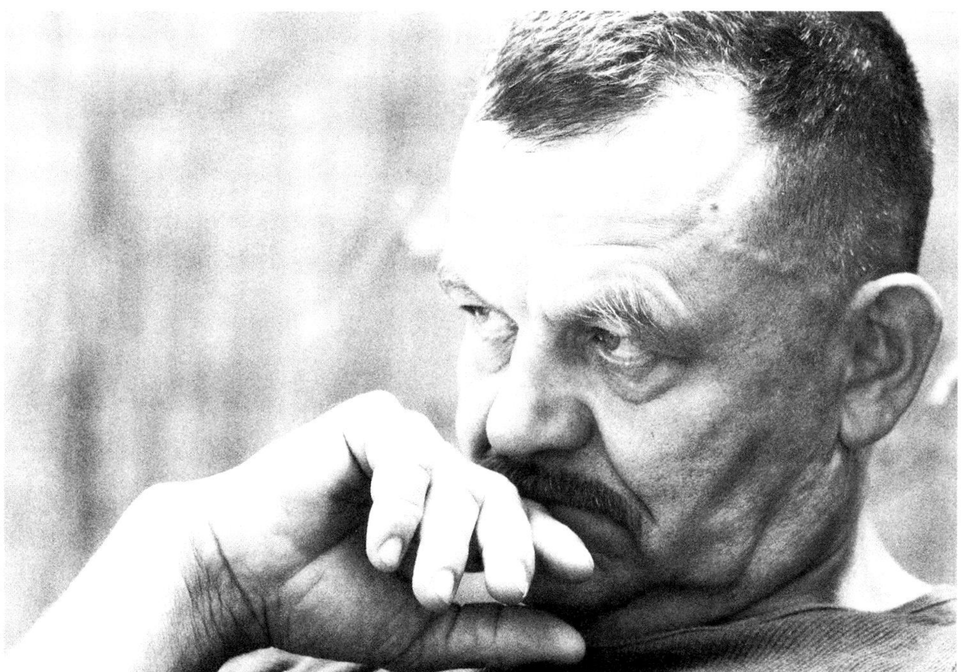

## Im Gespräch

Herr Hrdlicka, bei der Betrachtung Ihres Werkes fällt einem theologisch interessierten Betrachter die relative Häufigkeit auf, mit der die Figur des Gekreuzigten in immer neuen Variationen vorhanden ist. Dies verwundert umso mehr, als Sie ja aus Ihrer marxistischen Grundorientierung keinen Hehl machen. Was bedeutet Ihnen diese Figur?
*Alfred Hrdlicka:* Ich glaube, diese Geschichte hat bei mir viele Aspekte. Einer dieser Aspekte ist der rein politische: die Figur Christi ist für mich die Figur eines Verfolgten, wenn Sie so wollen, eine KZ-Figur. Sie ist eine Märtyrerfigur, die für eine bestimmte Gesinnung steht. Imgrunde kann man diese Figur für alles einsetzen: das linke Lager kann sie für sich beanspruchen wie das rechte oder wie das katholische Lager. Diese Figur oder die der Schächer steht für mich für das Martyrium. Sie ist ein Symbol für das Martyrium.

*Friedhelm Mennekes:* Wenn ich Sie recht verstehe, dann besteht Ihr Interesse an dieser Figur eher im Sinne weltanschaulicher Typologie als etwa in einem literarischen Interesse an der Bibel?
*A.H.:* Nein. Es ist vielmehr so, daß ich durch die Lektüre des Alten und des Neuen Testaments, aber auch durch die Themenstellung, die aus diesem Bereich in der Geschichte der bildenden Kunst vorhanden ist, geprägt bin. Freilich, ich bin völlig atheistisch aufgewachsen, doch als ich das erste Mal die Bibel in die Hand nahm, war das für mich eine Art Schockerlebnis. Ich sah darin für mich eine verkürzte Menschheitsgeschichte, und zwar eine, die sich nicht auf einen bloß wissenschaftlichen Aspekt reduziert, sondern eine Sinnerklärung des Ganzen. So wurde die Bibel für mich etwas ganz Fundamentales.

*F.M.:* Das dann früh Spuren in Ihrem bildnerischen Werk hinterlassen hat?
*A.H.:* Ja, ich denke da an den Herodes aus dem Jahr 1949. Er ist für mich ein politisches Bild. Ich habe hier den Kindermord von Bethlehem auf den Nationalsozialismus umgebucht. Aus der gleichen Zeit gibt es ein anderes Bild, ein halb kubistisches Bild; da schaute Christus wie Lenin aus.

*F.M.:* Diese Vermischung von politisch und religiös, ist die für Sie charakteristisch?
*A.H.:* Ja, was mich besonders am Christusbild interessiert, ist das, was ich Inkarnation nenne. Ich glaube, daß die bildende Kunst dann ihre stärksten Positionen und ihren stärksten Ausdruck bekommt, wenn die Gedankenwelt Fleisch wird, d. h. wenn in ihr Gedanken anschaulich werden. Und Christus ist ja nicht nur irgendein Symbol, das gewissermaßen am Himmel schwebt, und ist nicht irgendein abstraktes Zeichen, sondern er ist die Fleischwerdung Gottes. Das ist für mich die Inkarnation, wenn eine Idee anschaulich wird.

*F.M.:* Das wundert mich eigentlich bei einem erklärten Atheisten, eine solche Offenheit zum Religiösen habe ich selten angetroffen.
*A.H.:* Schauen Sie, das religiöse Element bei mir hat viele Aspekte, einen kunstpolemischen, einen politischen, einen biblischen ... Der blanke Atheismus bedeutet für mich auch nicht alles, vor allen Dingen nicht in seiner Ablehnung. Auch er ist ja nur eine Reflexion dessen, daß sich die Menschen die Welt erklären wollen. Die Religion, möchte ich fast sagen, ist eine sehr simple Erklärung der Welt, vielleicht die simpelste, die wir kennen. Aber die Kunst erklärt auch die Welt. Ich behaupte immer, daß die Kunst vor der Religion war. Auf jeden Fall ist die Kunst mehr als die Gestaltung eines Mythos oder eines Kultes. Die Bildnerei ist in ihren Kunstäußerungen älter als jede andere Welterklärung; nur das Werkzeug, das ist noch älter als die Bildnerei. Es gibt kaum etwas, das älter ist als die Kunst.

*F.M.:* Wenn man einerseits Kunst versteht als Gestaltung von Leben, von Außenerfahrung, von innerer Bewältigung, und andrerseits versucht, Religion davon zu unterscheiden, könnte man dann nicht in der Religion die Systematisierung der verschiedenen Kunstgestaltungen sehen? Religion gewissermaßen als Systematisierung der künstlerischen Tätigkeit?
*A.H.:* Also zunächst einmal glaube ich, daß die Kunst selbst überhaupt Welterfahrung ist. Sie ist die ursprünglichste Welterfahrung, die wir haben. Später hat sich dann daraus die Religion und die Wissenschaft entwickelt. Aber die Kunst ist keineswegs etwa eine Dienerin der Religion, und beide Dienerinnen der Wissenschaft. Die Religion ist aus der Kunst hervorgegangen. Den Katholizismus ohne Kunst, den gibt es gar nicht. Denn eigentlich ist der

Katholizismus ein Kunstwerk. Wollte man die Kunst vom Katholizismus subtrahieren, so bliebe nichts übrig. Und diese Offenheit der Religion gegenüber der Kunst ist ja gerade ihr Pluspunkt. Gerade daraus entsteht ja auch mein Zwiespalt in dieser ganzen Sache.

*F.M.:* Kann man nicht vielleicht sagen, um Kunst und Religion voneinander zu unterscheiden, daß Kunst formal das Gestalten und Ausdrücken von Welterfahrung ist, und Religion dem gegenüber aber die Reflexion dieser Gestaltung.
*A.H.:* Nein, Kunst selbst ist eine unheimliche Fähigkeit, nicht nur die Welt zu erklären, sondern sie auch zu erfahren, denn durch Kunst erfahren die Menschen die Welt zuerst, und dann spaltet sich das in religiöse und in wissenschaftliche Welterfahrung. Vor der Schrift gibt es das Bild. Und es ist nicht das Bild, das das Wort illustriert, sondern umgekehrt: das Wort illustriert das Bild. Zuerst haben wir Bilderfahrungen. Das können wir beispielsweise an den Gesetzestafeln des Hammurabi oder an anderen Stellen erfahren. Bildnerei ist überhaupt das Ursprünglichste, was wir an Weltdeutung besitzen. Es ist die Kunst, die uns – wie es so schön heißt – vom Tier trennt. Ohne Kunst könnten wir uns überhaupt nichts erklären, weder die Kultur in Mexiko, noch in Ägypten, noch bei den Sumerern, noch Jericho, noch … überhaupt nichts. Die bildnerische Fähigkeit ist für mich die, daß der Mensch seine Gedanken bildnerisch umsetzt. So beginnt er, allmählich zu abstrahieren in Worte, in Religionserfahrung, in Wissenschaft usw. Und wenn es in der Bibel heißt: »Im Anfang war das Wort«, dann würde ich sagen: Im Anfang war die Bildnerei. Da war vom Wort noch lange nicht die Rede. Für mich steht es fest, vor dem Wort war sicher die Bildnerei.

*F.M.:* Das heißt also für Sie, daß durch die Kunst die Menschen zuerst die Welt erfahren, und daß sich, darauf aufbauend, die religiöse Welterfahrung und die wissenschaftliche Welterfahrung herausgebildet haben.
*A.H.:* Ja, nur haben sich inzwischen die beiden anderen Welterfahrungen viel weiter entwickelt als die Kunst. Die Kunst hinkt heute gewissermaßen nach. Aber es steht für mich fest, daß Kunst substantiell ungläubige Welterfahrung ist. Wissen Sie, ich bin zwar Rationalist von meiner Herkunft her, aber ich finde, sowohl die religiösen wie auch die wissenschaftlichen Welterklärungen sind legitim. Das hängt damit zusammen, daß sie der Kunst entstammen.

*F.M.:* Nun ja, wenn man das Ganze nicht unbedingt im Sinne positivistischer Evolutionstheorien à la Comte versteht und eher dialektisch einander zuordnet, dann habe ich mit Ihrem Ansatz der Welterklärungen keine Schwierigkeiten. Nun gibt es aber innerhalb des abendländischen Kulturbereiches die Dominanz der biblischen Geschichten, um das einmal so zu formulieren. Und Sie haben sich mit diesen Geschichten später reflex auseinandergesetzt. Innerhalb dieser Geschichten spielt nun die Figur Jesu von Nazaret eine Rolle. Gibt es bestimmte Texte, die für Sie in Ihrem Christusbild bezeichnend sind?
*A.H.:* Ach ja, sicher! Da gibt es einen Satz: Es kann die Stadt, die auf einem Berge liegt, nicht verborgen sein. Das ist ein unheimliches Zitat aus dem Neuen Testament. Ich habe gespürt, daß es mit meiner Existenz was zu tun hat. Für mich am Anfang meiner künstlerischen Laufbahn war der Satz eine unheimliche Ermutigung. Ich habe mir damals gesagt: auch wenn ich keine Mittel habe, kein Atelier und nichts bin – »Es kann die Stadt, die auf einem Berge liegt, nicht verborgen sein«. Dinge, die Sinn haben, die werden erkannt. Um es ganz simpel zu sagen: die Existenzberechtigung. Es gibt andere Dinge, zu denen finde ich keine Beziehung. Ich würde nie meine andere Backe hinhalten, wenn man mich einmal geschlagen hat. Dazu bin ich ein viel zu rachsüchtiger Mensch. Aber wenn ich dann höre: »Es kann die Stadt, die auf einem Berge liegt, nicht verborgen bleiben«, dann höre ich daraus, daß die Wahrheit oder die Erkenntnis nicht untergeht. Eines Tages muß sie zum Licht kommen. Das ist vielleicht sehr egozentrisch, es ist ja ein sehr simpler Satz, aber er gefällt mir.

*F.M.:* Ja, das ist ein Satz aus der Bergpredigt (Mt 5,14). Er ist sicher zunächst auf Jesus selbst gemünzt, auf sein Licht, das nicht verborgen bleiben kann. Aber es ist auch ein Satz, der darüber hinaus sehr viel Hoffnung geben kann. Insofern könnte ich mich Ihrer Interpretation sehr wohl anschließen.
*A.H.:* Dieser Satz hat mich in der Bibel mehr berührt als alles andere. Ich habe ihn gelesen vom Standpunkt der Ermutigung.

*F.M.:* Gibt es andere Stellen, die für Sie von ähnlicher Wichtigkeit waren?
*A.H.:* Sicher hat mich das Wort Jesu am Kreuz: »Mein Gott, mein Gott, warum hast du mich verlassen?« sehr beeindruckt, vom Dramatischen her. Er bedeutet mir sehr viel. Das ist ein großer Satz.

*F.M.:* Was gibt es noch, das Ihnen an der Bibel gefällt?
*A.H.:* Wissen Sie, ich war vor Jahren einmal in Israel. Ich bin dort tagelang herumgehangen und war ziemlich müde. Aber als ich dann die Wüste betreten habe, da war ich völlig selig und happy. Dort ging mir auf, daß alle großen, wirklichen Religionen Wüstenreligionen sind. Wissen Sie, diese ganzen germanischen Religionen, wo hinter jedem Baum ein Gott lauert, das finde ich ziemlich blöd. Aber in der Wüste, da gibt es nur eins, den Sand und den Himmel. Da muß man nach Leben suchen, und da muß man nach einer Erklärung für dieses Leben und diese Welt suchen. Und diese Wüstenreligionen, das Judentum, der Islam, das Christentum, das ist eine unerhörte Entdeckung. Und als ich damals in der Wüste war, da war ich richtig religionsbesessen – mehr kann ich dazu nicht sagen. Natürlich ist das eine emotionale Sache. Natürlich verhilft dem Menschen das Denken zu seiner wirklichen Existenz. Aber wenn Sie denken, in der Wüste, kaum Wasser, nichts zu fressen, nur der Verstand und Konfrontation mit dieser harten Umwelt, da muß einer Religion haben. Wenn man in der Wüste ist, da kann man nicht glauben, daß der Mensch keinerlei Religion hat.

*F.M.:* Nun, das Alte und das Neue Testament sind ausdrücklich mit der Wüste verbunden. Jesus selbst war nicht nur einmal 40 Tage in der Wüste. Oder Paulus, bevor er seine Predigt beginnt. Auch er ging in die Wüste. Auch andere tun dies, von Johannes dem Täufer ganz zu schweigen.
*A.H.:* Ich finde die Askese überhaupt eine große Sache. Obwohl ich das gerade Gegenteil von einem Asketen bin. Also in dem Sinn, daß man glaubt, unter Verleugnung der Sinne könne man zu etwas kommen. Doch das Denken kann eine unheimliche Leidenschaft sein, und das spürt man besonders in der Wüste. Ohne das Denken, was ist da der Mensch: nichts. Und das Denken in der Wüste, das führt unmittelbar zur Religion. In der Wüste hat jeder eine Religion.

*F.M.:* Jetzt habe ich Sie so viel nach Ihren Beziehungen zur Religion und zur Bibel gefragt, aber eigentlich sind Sie doch Marxist. Wie geht das zusammen?
*A.H.:* Ende der siebziger Jahre bin ich von Fritz Raddatz aus Hamburg angerufen worden, ich solle schreiben, warum ich Marxist bin. Da hab ich gesagt, warum eigentlich? Es gibt doch beispielsweise ein Buch: Warum ich Christ bin. Warum darf ich eigentlich nicht schreiben, warum ich Christ bin. Das sage ich jetzt nicht Ihnen, weil Sie hier sitzen. Das hab ich damals dem Raddatz genau so gesagt. Ich bin sicher soviel Christ wie ich Marxist bin, und ich verstehe von der einen Sache wahrscheinlich mindestens soviel wie von der anderen. Was mir der Marxismus wirklich gegeben hat, das ist das dialektische Denken. Das heißt: er ist keine Einbahn. Dort, wo der Katholizismus und das Christentum zur Einbahn werden, da verachte ich sie zutiefst. Aber wo der Katholizismus dialektisch ist, da ist es etwas anderes. Christus selbst war doch ein großer Dialektiker. Er ist sicher einer, der etwas zu sagen hat. Ich denke z. B. an die Szene mit der Ehebrecherin. Die Sache mit dem ›ersten Stein‹, die gefällt mir dort sehr gut. »Wer von euch ohne Sünde ist, der werfe den ersten Stein auf sie«, das ist ein unheimlich großer und wahrer Satz. In ihm ist sehr viel Welterfahrung drin. Wissen Sie, Sünde gewissermaßen als Regulativ im bürgerlichen Leben, das ist doch entsetzlich. Sünde ist eine wesentliche Dimension des Lebens. Ohne die Sünde erfahre ich die Welt nicht. Über den Glauben allein jedenfalls kann ich die Welt nicht erfahren. Ich kann die Welt nur durch die Sünde erfahren. Anders ist das nicht möglich.

*F.M.:* Das ist natürlich ein sehr katholischer Gedanke. Am stärksten ausgeprägt ist er in der Osterliturgie, wenn im Exsultet der Begriff von der »glückhaften Schuld« verwandt wird. Das heißt also, daß ich imgrunde nur durch die Negativerfahrung des Lebens das Positive zu fassen imstande bin. Das ist der dialektische Ansatz im Katholizismus. Nun ist das Leben Christi doch ein bestimmtes Drama. Imgrunde wird er doch ausgemerzt. Die Wirklichkeit, der er die Befreiung sagen wollte, drückt ihn zurück. Und dieses Scheitern kommt doch in einer Figuration zum Ausdruck, nämlich dem Kreuz. Das Kreuz ist der Ausdruck des Scheiterns, der Ohnmacht Christi und auch der Ohnmacht der Wahrheit. Ist damit das Kreuz nicht eigentlich das Zeichen des Unterganges?
*A.H.:* Der Zugang zum Religiösen geht bei mir über ganz konkrete Personen. Und es hängt eng mit den Kriegserfahrungen zusammen. Es hängt zusammen mit Leuten, die für ihre politische Gesinnung gestorben sind, die ihre politische Gesinnung in ihrem Leben zum Tragen gebracht haben. Das Kreuz steht für mich für das Martyrium. Es ist für mich ein Zeichen des Widerstandes. Für mich ist das Kreuz ein Symbol des Widerstandes.

*F.M.:* Aber es ist doch zunächst ein Zeichen des Unterganges, des qualvollen Todes.
*A.H.:* Sicher! Im Altertum beispielsweise durfte über den Kreuzigungstod nicht geredet werden, weil er so qualvoll war wie nichts auf dieser Welt. Das muß man sich einmal vorstellen: angenagelt, der Sonne ausgeliefert, tagelang. Ich glaube nicht, daß Christus nach Stunden gestorben ist, das hat Tage gedauert. In Wirklichkeit stirbt doch der Gekreuzigte durch den Zusammenbruch seines Kreislaufes auf die grauenhafteste Weise. Es ist wahrscheinlich eine schlimmere Folterung als – was weiß ich – etwa die Vierteilung. Wissen Sie, wenn die Glieder auseinandergerissen werden, dann schießt das Blut heraus und Sie sind dann in fünf Minuten tot. Aber die Kreuzigung, das ist ein barbarischer Tod. Und die Kreuzigung Christi, das ist eben nicht der schnelle Tod, sondern es ist der langsame Tod. Und damit ist er für mich zum Zeichen des Widerstandes geworden. Für mich figuriert das Kreuz den Widerstand. Es konkretisiert den politischen Widerstand. Für mich ist darum der Gekreuzigte eine politische Figur.

*F.M.:* Aber wenn Sie sagen ›Widerstand‹, dann verbindet sich doch damit ein Sinn, eine Hoffnung ...
*A.H.:* ... daß die Leute den Mut haben, das zu erdulden für ihre Gesinnung, hat mir immer unheimlich imponiert. Ich bin ein viel zu gewalttätiger, oder – weil ich Kunst machen will – ein viel zu egoistischer Typ, also dieses Martyrium würde ich nicht auf mich nehmen. Wer läßt sich schon kreuzigen für seine Gesinnung? Ich würde eher eine Handgranate in die Hand nehmen, um so für meine Gesinnung zu arbeiten.

*F.M.:* Aber wer Widerstand leistet hat doch sicher eine Vision davon, daß der Widerstand einen Sinn hat. Und wenn er einen Sinn hat, doch den, daß er möglicherweise zum Erfolg führt?
*A.H.:* Das Sterben Christi hat eindeutig einen Sinn gehabt ... wir sehen ja den Erfolg. Sonst säßen wir hier nicht zusammen. Sonst würden wir über Christus gar nicht diskutieren. Also wenn ein Widerstand Erfolg gehabt hat, einen wirklichen Welterfolg, dann der Widerstand Christi durch dieses Erdulden, durch dieses unglaubliche Martyrium.

*F.M.:* Aber wer Widerstand leistet, der hat doch gegenüber der Wirklichkeit, gegen die er sich erhebt, eine gewisse Souveränität.
*A.H.:* An dieser Stelle hört für mich das Verständnis für den passiven Widerstand auf. Ich bin eher für den Widerstand gegen das Böse durch Gewalt. Ich sage ja nur: die im KZ mußten das erdulden. Das System des Nationalsozialismus war ein so raffiniertes System, daß man dort nicht zur Waffe greifen konnte. Und doch kann ich dem duldenden Widerstand für mich selbst keinen Sinn abgewinnen. Ich kann jetzt nicht sagen: Christus hat uns den Leidenden demonstriert. Das ist nicht ganz meine Ansicht.

*F.M.:* Aber man muß das doch nicht gegeneinander ausspielen. Beim Widerstand kommt es doch auch auf die Stunde an, auf den Augenblick etwa einer möglichen Gewaltanwendung, beispielsweise den Widerstand gegen den Tyrannen. Man muß auch im Widerstand warten auf eine Stunde. Und macht das Warten auf eine Stunde nicht gewissermaßen den Sinn des Widerstandes aus? Gewaltanwendung und passives Dulden müssen sich doch nicht unbedingt widersprechen.
*A.H.:* Ja sicher haben die Leute, die im KZ zugrunde gegangen sind, längst über den Nationalsozialismus triumphiert. Und durch das Erdulden seines schrecklichen Martyriums ist sicher auch Christus zu seinem großen Erfolg gekommen. Und sicher ist an all dem auch noch etwas unglaublich Heidnisches dran, das mit dem Blut usw. Christus ist für mich der absolute Triumph des Denkens oder der Idee über die rohe Gewalt. Nur muß ich immer wieder sagen, ich könnte einen solchen Weg nicht beschreiten. Am Ende ist Christus kein Vorbild für mich. Vorbildlich sind für mich seine Worte, vor allem das mit der Stadt, die auf dem Berge liegt und nicht verborgen bleiben kann.

*F.M.:* Herr Hrdlicka, ich möchte auf einen anderen Grundzug Ihres Werkes zu sprechen kommen: auf den Aspekt der ungeschminkten Wirklichkeit. Diese Intention trifft sich mit meinem Beruflichen. Ich mache die Erfahrung, daß die meisten Menschen die Wirklichkeit ästhetisieren, verschönern. Das Böse wird verdrängt. Verdrängt wird nicht nur der Tod, sondern verdrängt wird das Kranke, das Alternde; die Mittelschicht verdrängt gewissermaßen die Unterschicht, die Nationalen verdrängen die Fremden, die Saubermänner die Flecken. Was mich an Ihrer Arbeit beeindruckt, ist die Sensibilität für die alltäglichen Formen der Gewalt und der Unterdrückung. Sie setzen nach meinem Gefühl in der Wirklichkeitsdarstellung tiefer und radikaler an als andere. Freilich zeichnen Sie oft ein unerträgliches Bild, und man braucht viel Kraft, um es wahrzunehmen.
*A.H.:* Ich komme aus einem ganz proletarischen Milieu, aus dem Arbeitslosenmilieu. Und ich muß sagen, ich habe etwas vom schöpferischen Impetus des Arbeitslosen. Diesen Impetus habe ich aus meiner nächsten Nähe, bei meinem Vater, erfahren und von den anderen Leuten, die dort so herumgesessen sind in der Illegalität. Diese Leute haben auch etwas sehr Schöpferisches, und zwar weil sie ganz und gar ohne Fangnetz arbeiten. Sie denken auch ohne Fangnetz. Was ich allerdings nicht so lustig finde ist, daß sie dabei oft so dumm denken; daß sie sich beispielsweise verblöden lassen durch Spielautomaten oder sonstige Konsumprodukte. Das ist das Entsetzliche, daß die Gesellschaft so raffiniert ist, daß sie solche Leute in gewisse Zonen ansiedelt und sie in gewisse Kategorien steckt und in gewisse Bahnen schiebt und ablenkt. Aber dennoch hat gerade dieses Milieu etwas außerordentlich Kreatives. Das ist ja das, was z. B. das Urchristentum für seine Position, oder was das befreite Proletariat erkannt hat: daß diese Basis, diese Leute, die wirklich deklassiert sind, zum Teil überhaupt nicht primitiv denken. Im Gegenteil, sie denken sehr vernünftige Dinge. Sie denken, wie das Levi-Strauß formuliert, »wild«. Die Orte dieser Leute sind die Orte ›des wilden Denkens‹. Hier gibt es wirklich Leute, die noch ›wild denken‹ können, und die damit wirklich denken können.

*F.M.:* Sie fühlen sich diesem «wilden Denken» verbunden?
*A.H.:* Ja, ich glaube, in meiner Kunst gibt es die Wahrheit der sinnlichen Erfahrung. Aber das ist in der Religion nicht anders. Denken Sie nur wie man beispielsweise im Mittelalter oder beim Aufkommen der Renaissance ununterbrochen die Martyrien der Heiligen gemalt hat. Dieselben Leute, die die Bilder der Heiligen bestellt hatten,die haben zugleich einen Richterstand legitimiert, der die Menschen genauso grausam gefoltert hat, wie die Martyrien ihrer Heiligen es darstellen. Das ist doch eine völlig verrückte Sache, daß die Religion ihre Heiligen beschworen hat, die den großen Tod für ihre Ideen erlitten hatten, und dann doch zugleich den kleinsten Mann auf das Grausamste umbringt. Die Geschichte der Inquisition ist doch genau diese Geschichte. Das ist eine Sache, über die ich mir oft den Kopf zerbrochen habe. Und ich kann keine Erklärung dafür finden.

*F.M.:* Ist es nicht so, daß der, welcher sich von der Sünde und vom Fleisch lossagen will, daß der im Gegenteil umso mehr in die Sünde und ins Fleisch zurückfällt? Ist das nicht imgrunde die Tragik der Geschichte, daß das, was oft bekämpft wird, hintenrum wieder aufgerichtet wird, die Revolutionen, die Tyranneien systematisieren statt von ihnen zu befreien? Im Plötzenseer Totentanz haben Sie ein Bild gemalt, das die Souveränität des unterdrückten Lebens gegenüber denen, die es drücken, darstellt. Ich meine die Abendmahlsszene. Dort wird ein Häftling abgeführt, und in der Mitte sitzt einer, der viel Licht im Gesicht hat.
*A.H.:* Ich gehe hier auf Berichte aus den KZ zurück, die besagen, daß die christlichen Häftlinge, die bei den Nazis eingesperrt waren, noch vor der Hinrichtung das Brot gebrochen haben. Sie sind dann mit einer unglaublichen Souveränität in den Tod gegangen.

*F.M.:* Hat diese Kraft zum Brotbrechen etwas mit der Kraft zum Widerstand zu tun, vielleicht mit der Kraft zur Hoffnung?
*A.H.:* Ich glaube, dieses Brotbrechen war eine sehr starke Handlung. Es war ein Symbol des Non-Konformismus; in einer Situation, in der man genau wußte, was einem bevorstand, hat man gewissermaßen die eigene Gesinnung noch einmal miteinander geteilt und sich in ihr gestärkt und aufgerichtet.

*F.M.:* Als die kultische Vergegenwärtigung der eigenen Überlegenheit?
*A.H.:* Ja, sicher.

*F.M.:* Wenn sich Theologen und Kirchenleute mit dem auseinandersetzen, was Künstler und insbesondere bildende Künstler unserer Zeit schaffen, was geben Sie einer solchen Auseinandersetzung von Ihrem Standpunkt eigentlich für Wünsche mit auf den Weg?
*A.H.:* Ich finde, daß die Religion immer dann verliert, wenn sie sich in abstrakte und beliebig auslegbare Symbole ergeht. Hier kann immer jeder alles sagen. Bei einem der letzten Römerberggespräche habe ich zu Wieland Schmied gesagt: »Deine Auslegungen von religiöser Kunst, das ist soviel wie Christus als ein monochromes Quadrat, treibend am See Genezaret.« Das ist für mich nichts. Das ist für mich überhaupt nichts. Christus abstrakt? Was bringt's? Es hat ihn doch gegeben, er hat doch dies und jenes erlebt. Aber diese abstrakten, in blaue Dünste aufgelösten Vorstellungen, damit kann ich überhaupt nichts anfangen. Wenn die Kirche wirklich wieder Gewalt über die Menschen kriegen will, dann muß sie es über den Menschen kriegen. Über seine Anschaulichkeit. Aber wenn man dann hingeht und erklärt: Im Blau von Herrn ... was weiß ich ... Barnett Newman ist ein tiefer Geist, da kann ich ja nur lachen. Auf diese Weise bekommt die Kirche keine Gewalt über den Menschen. Das ist unsinnig.

*F.M.:* Nun sollte man ihr ja nicht gerade wünschen, daß sie wieder Gewalt über die Menschen bekommt.
*A.H.:* Ach ja, warum denn nicht. Das finde ich gar nicht so schlimm. Sie soll ruhig Gewalt über die Menschen bekommen. Die Kunst hat doch auch Gewalt. Nein, nein: Gewalt über die Menschen, das soll die Kunst haben, soll die Religion haben und das soll die Wissenschaft haben. Wissen Sie, so abends sieben Seidel Bier in sich hineingießen, und dann so herumhängen, Nachrichten hören, das ist doch völlig langweilig. Der Mensch hat doch irgendetwas, was mehr ist, oder?

*F.M.:* Das heißt, wenn ich Sie richtig verstehe, dann soll die Kirche das Bild wieder entdecken, das Bild, das die Realität ungeschminkt und ungebrochen darstellt.
*A.H.:* Ich weiß nicht, ob das so geht. Jedenfalls weiß ich genau, daß man mit dieser Interpretationskunst, mit dieser Biographenkunst, wo jeder herumsitzen und alle über alles reden können, daß es so nicht geht.

*F.M.:* Auf den Beruf des Theologen übertragen würde das bedeuten: in der Auseinandersetzung beispielsweise mit der realistischen Welt durch die Kunst selber lernen, Inhalte realistisch zu vermitteln, eine realistische Sprache zu sprechen und das realistische Leben selbst wieder zu finden. Vielleicht können sich dabei die beiden wieder treffen, ich meine der Theologe und der bildende Künstler.
*A.H.:* Vielleicht!?

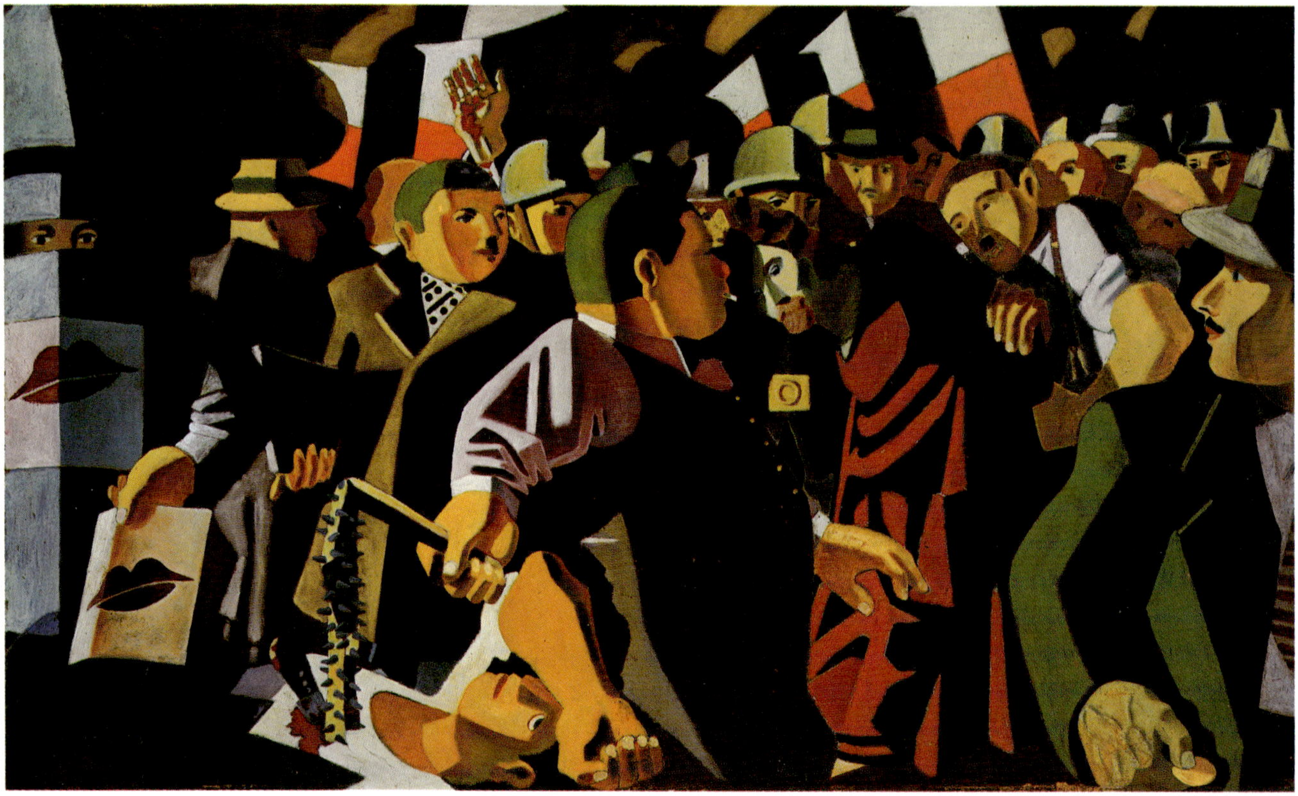



Gefangennahme Christi, 1948, Tempera auf Holz, 36 × 59 cm

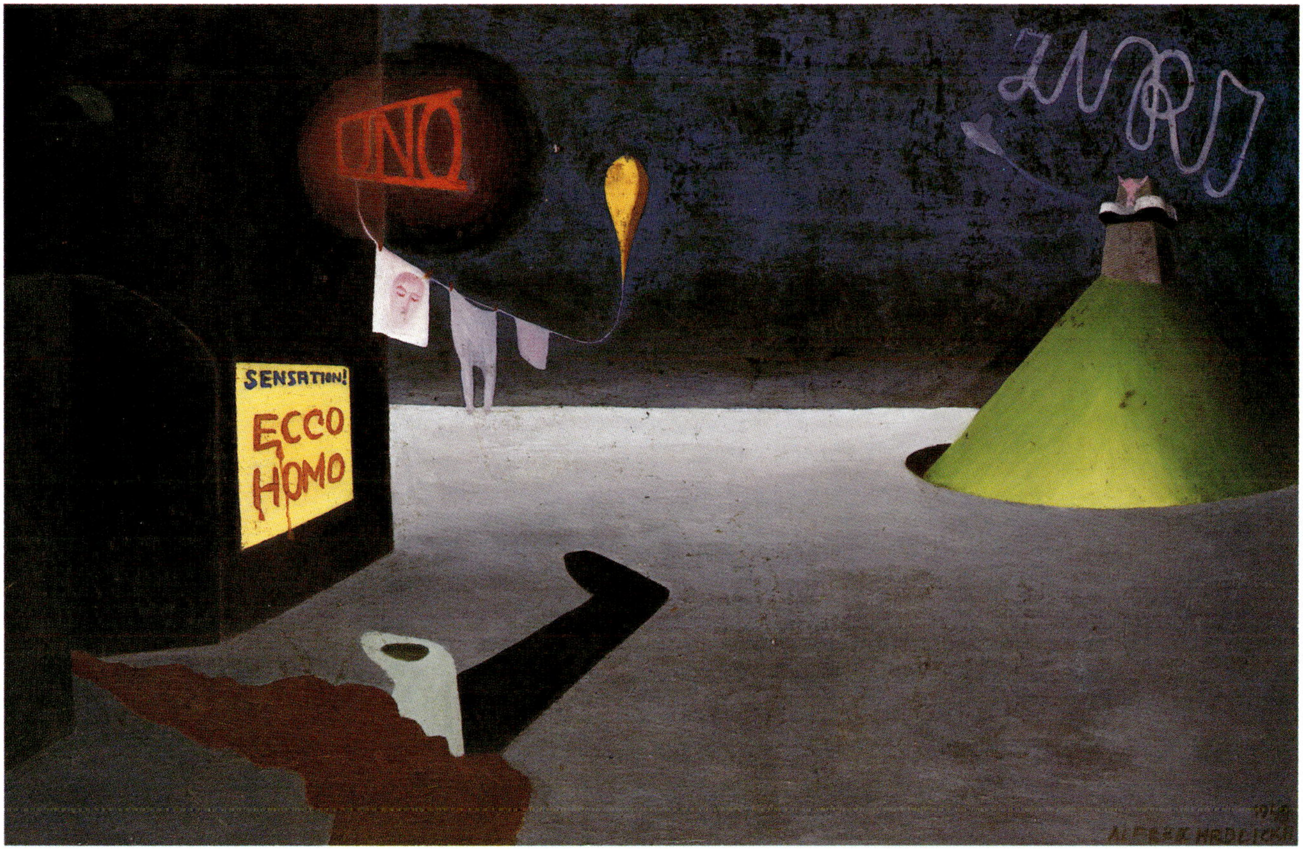


Pietà, 1948, Öl auf Karton, 44 × 68 cm

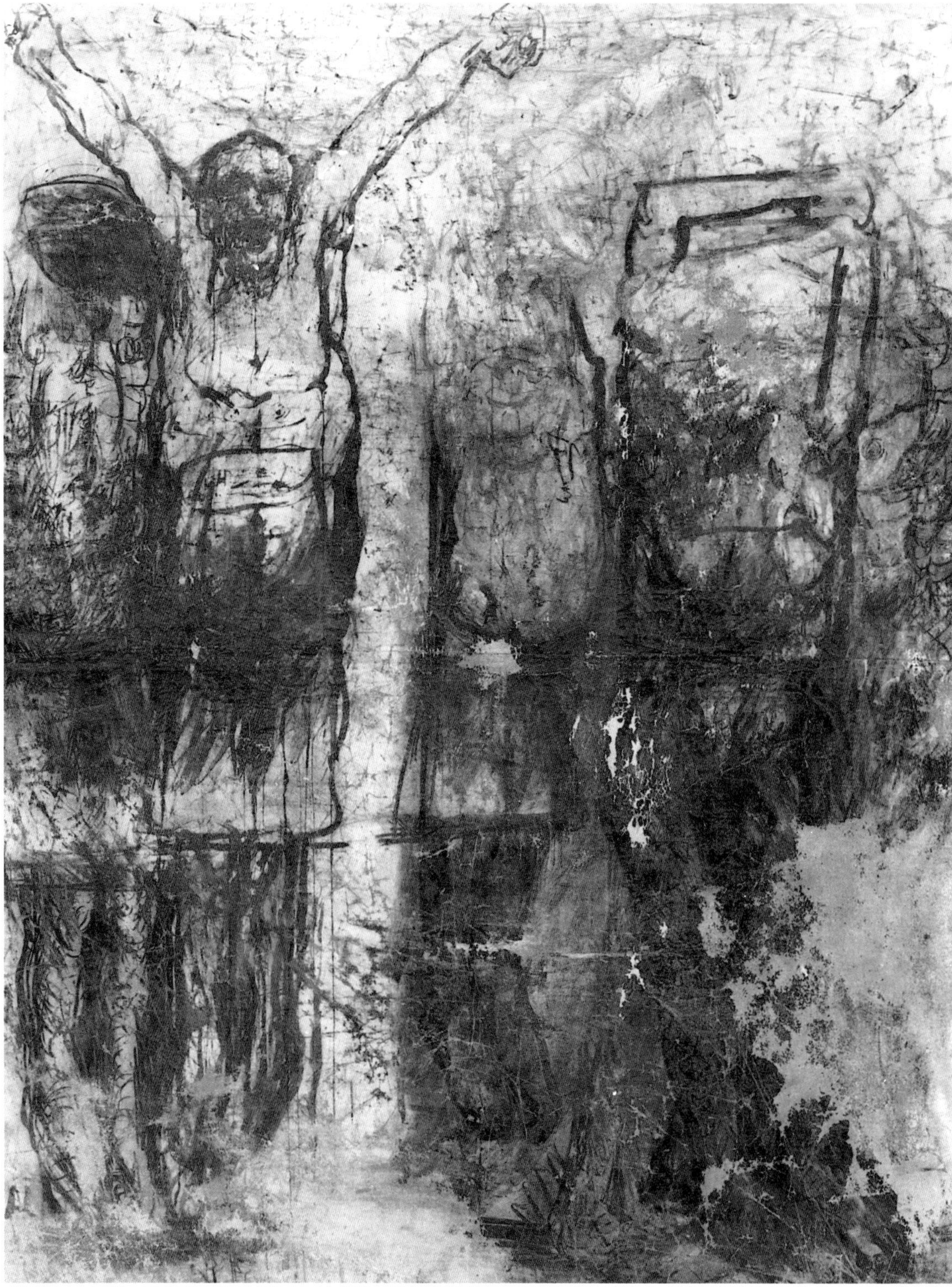



Studie zu einer Kreuzigung, 1960, Tempera auf grundierter Leinwand, 257 × 202 cm

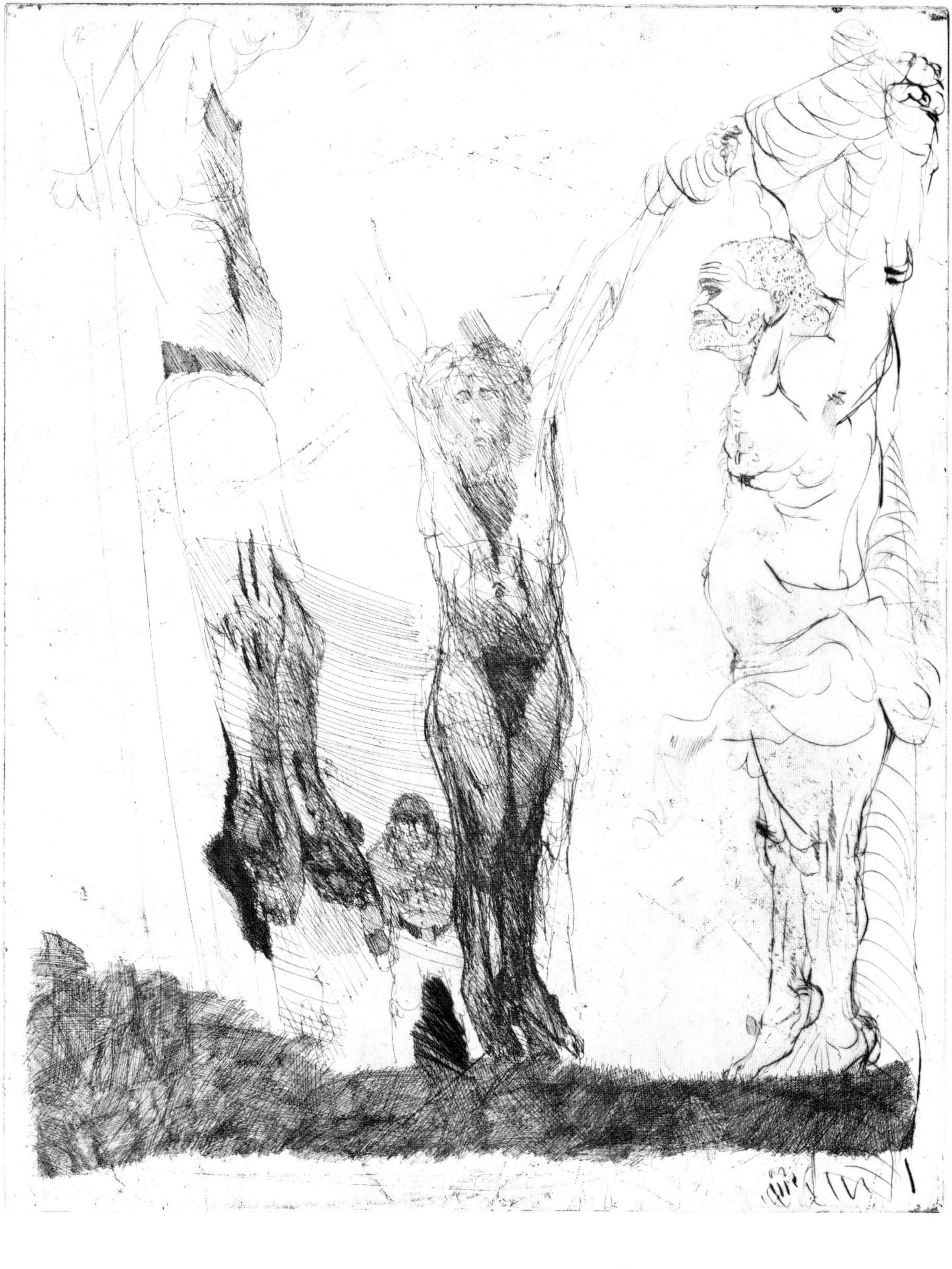



Hommage à Lucas Cranach, 1972, Ätzung und Kaltnadel, 49,9 × 40,1 cm

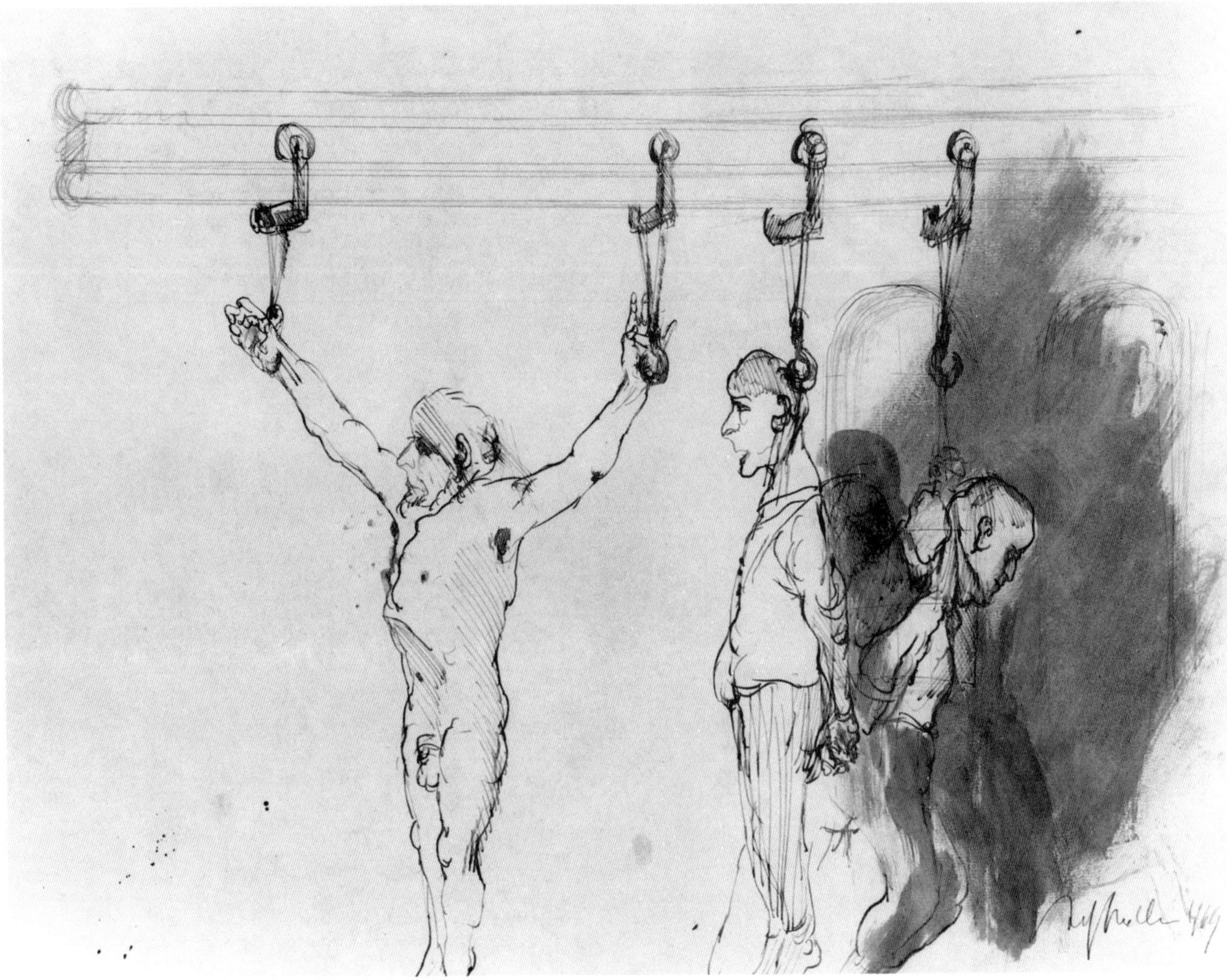



Studie zu »Plötzenseer Totentanz«, 1969, Bleistift, Feder, Siena gebrannt, laviert, 48,3 × 63 cm

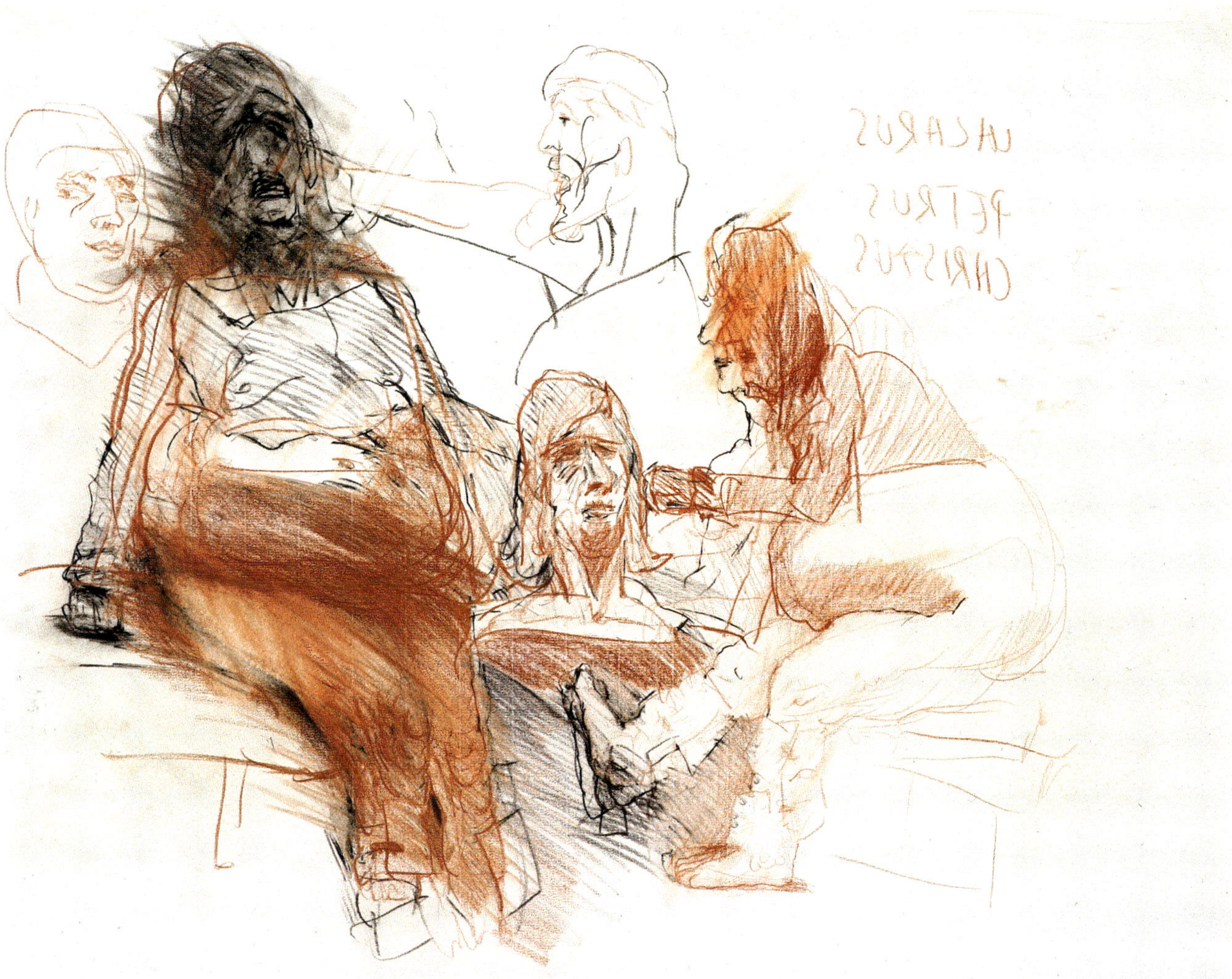


Studie zu »Lazarus«, 1979, Kohle auf Rötel, 48,3 × 63 cm

## Im Werk

Alfred Hrdlicka, 1928 in Wien geboren, als Junge zwischen den Bombardements mit Anstreicherlack erste Bilder malend, als Zahntechnikerlehrling aus dem Formgips Köpfe schnitzend, ist auch im Studium sowohl malerisch wie plastisch geprägt worden. Als Malschüler hat er der Klasse von Albert Paris Gütersloh angehört, als in ihr sich die aufstrebenden Kräfte dessen formierten, was als phantastischer Realismus Weltgeltung erlangt hat. Als Student der Bildhauerei gewann er seine Erfahrung im Bannkreis von Fritz Wotruba, der wie wenige sonst der Autonomie des plastischen Volumens seine suchende Aufmerksamkeit zugewandt hatte. Als Maler eine Gestalt von Kraft und Phantasie und sehr wohl imstande, im Konzert der auf phantastischer Basis sich entwickelnden jüngeren österreichischen Malerei einen unüberhörbaren Part zu spielen, wandte sich Alfred Hrdlicka doch im ganzen der Bildhauerei zu. Es ist eine eigentümliche Art der Plastik, die er für sich entwickelt hat, völlig sicher in allem, was das Volumen der Figur betrifft, aber zugleich ihrer quasi-lebenden Reaktionsfähigkeit hingegeben; den Impulsen von innen her aus Muskulatur, Sehnenzug, dem Sich-Übereinanderwälzen der körperlichen Massen, dem Beben von Schock und Erregung; den Impulsen von außen, die das Licht im Spiel selbst mit der leichtesten Spur von Schatten bewirkt. Zudem: es ist die Figur nicht als Abstraktion, sondern als Verkörperung prallen Lebens, Sterbens und Totseins. Und es ist oft genug die literarische Figur, Nachvollzug von historisch Bezeugtem, freilich in einer Schonungslosigkeit, die die Schranken wohlerzogener Berichterstattung hinter sich läßt; nichts ist verschönt, nichts hat den Strahlenglanz des Heroischen. Malerisches und plastisches Bewußtsein durchdringen und amalgamieren einander: dem Bewußtsein des Bildhauers ist das Wissen eingeprägt, daß Kraft und Masse einander entsprechen, das Gewicht und die Wirkrichtung. Aus dem Fundus des Malers steuern sich bei: Imagination und das Gespür für Ausdrucksvaleurs von feinster Graduierung, wie es der Plastik eigentlich nur in Zeiten zugeflossen ist, die ganz wesentlich von der Malerei bestimmt waren. Der große Raum schließlich, den die Grafik im Werk von Alfred Hrdlicka einnimmt, läßt stets den Brückenschlag zwischen den beiden Ausgangsanlagen lebendig spürbar werden. In der Zeichnung wie im bevorzugten Arbeitsfeld der Radierung spricht sich vor allem das Hingegebensein ans Hell-Dunkel und seine Modulationen aus. Die Technik des Mezzotinto begünstigt dies: das aufhellende Hineinarbeiten in tiefste Dunkelheit; umgekehrt aber wird oft in dichten Schraffen auf der blanken Platte das, was licht bleiben soll, vom räumlichen Grund verdunkelnd abgesetzt; auch ist hier die Farbe im Sinne von Mehrfarbigkeit nicht durchweg abwesend. Die Figur und ihr Umraum, die Szene und ihr Hintergrund, das ist die Dialektik, in die, prozessual gesehen, die künstlerische Arbeit von Alfred Hrdlicka gestellt ist; sie ist es in allen Teilbereichen, seine reliefhaften Gruppen offenbaren das am allerdeutlichsten. Er selbst ist – seit 1975 – in Stuttgart Professor für Bildhauerei.

Unter einer dialektischen Spannung steht aber alles, was Alfred Hrdlicka tut und macht. Eine außerordentliche – auch künstlerische – Vitalität ist hier oft aufs Letale gerichtet, auf Todesverfallenheit. Sie ist der Gegenpol von dem, was sich in der Akzentuierung der Genitalien und der Betonung von Geschlechtlichkeit überhaupt als positiv diesseitig zu erkennen gibt: nicht Lust ist Ziel der Darstellung, sondern oft genug so etwas wie Verhängnis. Leben ist nicht nur das Erleiden von Gewalt, sondern auch Gewaltzufügung. Und der, der sich hier ins Leben geworfen sieht, ist nicht widerspruchslos leidensbereit, sondern alles, was als Abwehr und zum Sich-Behaupten taugen mag, ist ihm bereitschaftlich nahe. Alfred Hrdlickas Geschichten, seien es die des Marsyas, dem, kopflastig am Schandpfahl aufgehängt, die Haut abgezogen worden ist, oder die des Gekreuzigten und seiner Schächer, markieren den Ort der Gewalt. Das Opfer, der Geopferte ist handelnde Figur eines gewaltsamen Geschehens, das eigentlich, auch wenn dieser nicht ins Bild kommt, den, der Gewalt ausübt, mitumfaßt. Und wie weit ist er selbst in all seiner Monstrosität Opfer? Nicht der Mörder, der Ermordete ist schuldig: das ist ein expressionistischer Satz, und von Schuld ist hier gar nicht erst die Rede. Aber das Verhältnis von Mörder und Mordopfer zueinander wird als ein innig enges bewußt gemacht in allen Konsequenzen, nicht erzählerisch im Sinne der Causerie, aber rückhaltlos hinsichtlich der Einzelheiten, im Sinne einer Berichterstattung, die sich der Wahrheit verpflichtet sieht oder dem, was sie als solche rekonstruierend zu erkennen meint. So konnte aus einer Kreuzabnahme die Figur der Mörderin Martha Beck werden, aus dem Sich-Opfernden die Gerichtete. So wird der vampyrische Schlächter Fritz Haarmann zum negativen Helden einer ganzen Werkgruppe. So wird das Drama vom gewaltsamen Tode Johann Joachim Winckelmanns zu einem Epos schicksalhafter Wechselseitigkeit. Jeweils mag dabei der Spannungsbogen zwischen Individuum und Gesellschaft nicht unbeträchtlich sein. Er hat bei Alfred Hrdlicka insgesamt sein Gewicht. »Randolectil«, ein Zyklus, der nach einem Psychopharmakon benannt ist, offenbart die Ambivalenz von Gewalt und Lust, aber auch eine Ausweglosigkeit von höllenhaftem Ausmaß: die Hölle man selbst und die anderen, Sartre ist nicht fern. Und die Dialektik von Geordnetem und Diabolischem wird auf die Spitze getrieben im Zyklus »Roll over Mondrian«, in welchem in die wohlerwogene Flächen- und Linienaufteilung von Werken einer purifizierten, das heißt: von allem Gegenständlichen endlich befreiten Malerei, die sich damit auch der humanitären Verantwortlichkeit begibt, Dramen eingetragen werden, Phasen von Dramen, die in dem »Karfreitag« betitelten Blatt einen Querschnitt durch die aktualisierte Passion Christi geben, im darauf folgenden, »Das allerneueste Testament« benannten, aber diese Passion mit den noch gegenwärtigen Qualen in den Verfolgungs- und Vernichtungslagern unserer Zeit verquicken.

Alfred Hrdlickas Kraft ist so etwas wie Wucht: gesammelte Energie, die sich aus Tun und Widerfahrnis speist und roh sein kann bis zur Brutalität in jedem Satz und andrerseits eine freilich aufsässige Sensibilität für das Leiden nicht verleugnet. Beides ist in einem da. Der, der es in sich vereinigt, muß im Grunde unliebenswert erscheinen. Diese Spanne schließt Konzilianz aus. Auch Vergnüglichkeit mag sich da kaum regen; Zeiten der Zuwendung, Impulse der Verbindlichkeit mögen auch ihrerseits wie Eruptionen sein, und damit wären sie ins Kompromißlose eingeschlossen. Alfred Hrdlicka steht für eine Form der Härte, die vielleicht nicht jedem erträglich, für den Haushalt des Ganzen aber notwendig ist. Und das, was ihn in allen seinen künstlerischen Äußerungen trägt, ist seine Klassik: die Trias aus Geformtheit, Ausdrucksstärke und Nachdenklichkeit. Daß das eine dem anderen nichts nachgibt, macht seinen Rang aus.

Wenn er sich selbst als Marxisten sieht, nach Herkunft und Entwicklung berechtigtermaßen, und wenn er der Dialektik als Methode sich verschwört, so ist ja einerseits dieses verfahrensmäßige Gegenspiel älter, alt wie alle Gedanklichkeit, und es schließt andrerseits für ihn den christlichen Bezug als polaren eigenen Anteil nicht aus. Eine Apologie des Leidens als eines passiven Hingegebenseins freilich widerstrebt ihm. Widerstand, wie sehr er sich aus der Unterdrückung und Vernichtung schließlich unterschwellig doch ins Sieghafte wenden mag, wäre ihm so nicht annehmbar. Er würde ihn aktiv vollziehen wollen. Alles, was er tut und schafft, hat eine nach außen gerichtete Stoßkraft. Aber das Mysterium der Kraft, die, obwohl offenbar ohnmächtig unterliegend, die Gewalttätigkeit überdauert, ist ihm nicht fremd. Er hat Dietrich Bonhoeffer ein bewegendes Denkmal gesetzt. Die Kraft Christi bewegt ihn durchaus, Christi aber als eines Widerstandskämpfers, der schließlich, obwohl hingeschlachtet, obsiegte. In seinen Bildern zum Drama des 20. Juli 1944, welche allen Fragwürdigkeiten des geschichtlichen Ereignisses nachgehen, bleibt das, was geschehen ist und berichtet wird, ins Menschliche und Episodische verstrickt, wie es angesichts der Tatsachen kaum anders möglich ist. Der »Plötzenseer Totentanz« aber wendet Qual und Gewalt ins Allgemeingültige einer Passion, in welcher im persönlichen Heroismus, der äußerlich vergeblich sein mag, der Glanz einer dies Einzelne und Vergebliche übersteigenden Kraft aufstrahlt, vergleichbar und in deutlicher Anspielung auf die biblische Passion: im Wechselspiel und für sich ist Kraft vor allem Kraft und im Bewußtsein von ihrer humanitären Verantwortlichkeit, bei aller Skepsis gegenüber den Kategorien von Gut und Böse, im ganzen eher positiv.

# HERBERT FALKEN

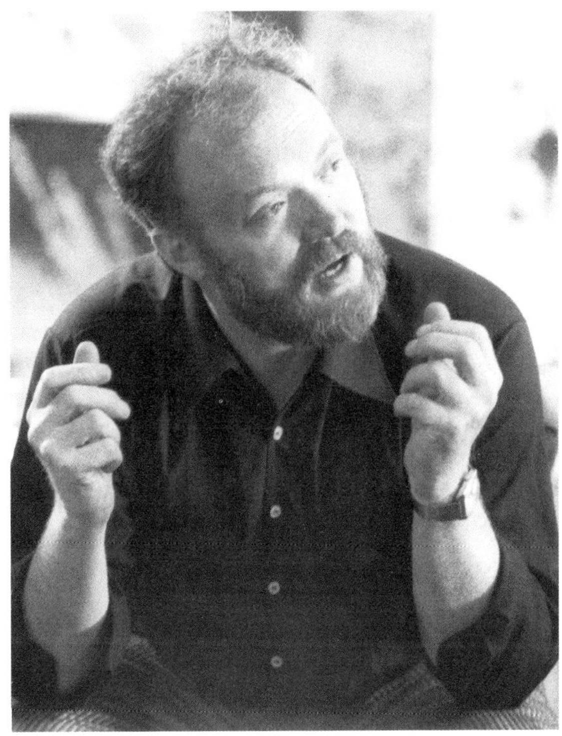

## Im Gespräch

Neben Thomas Lehnerer ist Herbert Falken der einzige Künstler, in dessen Person sich die beiden Bereiche von Kunst und Kirche kreuzen. Seit 1977 ist er Pastor in Schevenhütte, das im unmittelbaren Einflußgebiet des Aachen-Dürener Braunkohlengebietes liegt. In der Nähe hat er in einem ehemaligen Pfarrhaus sein Atelier und wandert gewissermaßen zwischen den beiden Welten.

Herbert Falken ist im Jahr 1932 in Aachen geboren. Als er 1939 in die Schule kam, brach der Krieg aus. Sein Vater, Bahnpostbeamter, eher sozialistisch orientiert, wurde während des Krieges in die Waffen-SS beordert und als Funker in einem KZ im Elsaß eingesetzt.
*H.F.:* »Ich erinnere mich, daß mich der Vater eines Tages über die KZ-Mauer hochhielt und sagte: Schau, wie der Mensch zur Bestie wird! Da habe ich gesehen, wie einige KZ-Insassen mit Stockschlägen traktiert wurden. Das ist so eines der Traumata, die ich bis heute nicht überwinden kann.«

Die Nazizeit brachte es mit sich, daß Herbert Falken keinen Religionsunterricht in der Schule hatte, sondern die Vorbereitung auf die Erstkommunion in der Kirche erlebte. Wie viele seiner damaligen Zeitgenossen hat Herbert Falken den Besuch dieser Gruppen- und Schulungsstunden außerhalb des gängigen Schulbetriebs sehr intensiv erlebt.
*H.F.:* »Während der ganzen Nazizeit bin ich trotz mancher Diffamierungen gern in die Kirche gegangen. Meine Eltern haben mich nicht davon zurückgehalten, aber sie haben mich auch nicht dazu aufgefordert. Ich ging schon als kleines Kind in die Kirche, allein.«

Die Mutter stammte aus einfachen Verhältnissen, die jedoch nicht ohne Kultur waren. Sie waren sechs Kinder zuhause und lebten alle zusammen in einem Zimmer. Aber in der Enge der Wohnung stand ein Flügel. Wichtig für die Kinderzeit Falkens war auch der Großvater.
*H.F.:* »Mein Großvater war engagierter Hobbymusiker, der neben seiner Tätigkeit als Weber noch eine kleine Kapelle leitete. Er hat seine Kinder immer nachdrücklich angehalten, Klavier zu üben. Tatsächlich sind von seinen sechs Kindern fünf der Musik eng verbunden geblieben. Nur meine Mutter nicht. Als Kind wollte ich immer ein Instrument erlernen. Meine Mutter hat mir das ausdrücklich verboten, weil sie damit in ihrer Kindheit und Jugend gequält worden sei. Und so fing ich aus Wut an zu malen. Auch das nicht zur Freude meiner Mutter.«

Die Mutter war ein stiller Typ, eine ausgesprochen starke und prägende Persönlichkeit, eine Frau mit tiefer Herzensbildung. Sie hatte ein außerordentlich gutes kulturelles Empfinden. Von der Mutter stammen auch die stärksten religiösen Impulse. Obwohl sie periodisch kaum in die Kirche ging, lebte sie doch religiös.
*H.F.:* »Ich erinnere mich, daß sie mich in der Nazizeit zweimal zur Fronleichnamsprozession mitnahm; sie stand dann am Rande und hat das Ganze kommentiert. Wie ich heute sagen würde: gut kommentiert. Das hat mich alles stark beeindruckt.«

Wichtig war für Herbert Falken auch, daß er hin und wieder im Konflikt zwischen Hitlerjugend und kirchlicher Gruppenstunde stand, und daß er öfters die Hitlerjugendstunde ausfallen ließ, um in die katholische Jugendgruppe zu gehen.
*H.F.:* »Als wir im Elsaß in der Nähe eines KZ wohnten, bin ich nach wie vor zum Religionsunterricht gegangen, der von einem Kaplan im Pfarrheim erteilt wurde. Der hat richtigen Bibelunterricht mit uns gemacht. Ich weiß noch, wie ich damals mit einem Freund jede Bibelstunde illustriert habe. Damals fing das schon an mit dem Zeichnen, und zwar im Zusammenhang mit dem Bedenken über Glaubensgehalte.«

Ein wichtiger Umstand in der religiösen Sozialisation war dann später die Krankheit der Mutter, die Zucker bekam und lange Jahre bettlägerig war.
*H.F.:* »Ich glaube, am Krankenbett meiner Mutter bin ich ein gut Stück Priester geworden. Wenn ich so meine religiöse Entwicklung analysiere, muß ich sagen, daß das Religiöse bei mir überwiegend verbunden war mit dem Leidensaspekt. Und ich glaube, das drückt sich auch ganz klar in meinen Arbeiten aus.«

Die Wurzeln der Kunst Falkens dürften also bereits in seiner Kindheit liegen. Aber die entscheidenden Impulse vermittelte ihm Franz Josef Herold, ein ausgezeichneter Zeichenlehrer der Realschule in Aachen und ein ausübender Künstler.
*H.F.:* »Ich weiß noch genau, es war 1949, ich war gerade 17 Jahre alt, als er mich aus der Bankreihe im Zeichensaal rief. Er drückte mir Schreibmaschinenpapier und einen weichen Bleistift in die Hand und sagte, daß ich jetzt hinausgehen und alleine für mich in der Stadt zeichnen solle. Die drei Skizzen, die ich damals nach 1 1/2 Stunden zurückbrachte, habe ich heute noch. Von da an war ich süchtig. Ein Jahr später kam die Malerei dazu.«

Als Falken mit 18 Jahren die Mittlere Reife machte, wollte er Maler werden. Aber die Eltern waren strikt dagegen. Auch konnte der Vater als kleiner Postbeamter kein Studium an der Akademie bezahlen. Er entschied sich zu einer Lehre als Reklamemaler, später wollte er dann über den zweiten Bildungsweg zur Kunstakademie kommen.
*H.F.:* »Ich habe aber sehr schnell eingesehen, daß die großen Farbflächen mich malerisch kaputtmachen würden. Deshalb habe ich diese Lehre bald abgebrochen und bin auf Wunsch meiner Eltern Bürokaufmann geworden.«

1953 legte Falken die Kaufmannsgehilfenprüfung ab. Aber bereits ein Jahr zuvor – also noch als kaufmännischer Lehrling – stellte er erstmals im Aachener Suermondt-Museum aus.
*H.F.:* »Von da an war für mich klar: Kaufmann bleibst Du nicht! Irgendwann wirst Du Maler!«

Doch dazu kam es zunächst nicht. Nach dem Abendabitur in Neuß studierte er nicht Kunst, sondern in Bonn Theologie. Seine Liebe zur Kunst brach jedoch nicht ab. So malte er 1961 seinen ersten größeren Zyklus, »Die Apokalypse«. Trotzdem folgten acht Jahre der künstlerischen Abstinenz: der Abschluß der theologischen Studien, die Priesterweihe 1964 und die ersten Kaplansjahre in Krefeld-Uerdingen ließen eine intensivere Beschäftigung mit kreativeren Dingen nicht zu. Erst bei seiner Versetzung nach Aachen im Jahre 1968 brach der ›Stau‹ durch, und ein Jahr später entstand der zweite Zyklus: »Scandalum crucis«, eine Reihe von 14 Ölbildern, die Aufsehen erregte.
*H.F.:* »Seitdem bin ich ununterbrochen dabei.«

Es folgen in den nächsten Jahren eine ganze Reihe von Entwicklungsstadien; Ausstellungen und Publikationen nehmen zu. Der Bischof beurlaubt Falken teilweise vom Seelsorgsdienst.

*Friedhelm Mennekes:* Herbert, erinnerst Du Dich noch an Dein erstes Christusbild?
*Herbert Falken:* Das war in der Zeit, als ich Landschaften malte. Damals habe ich ein Christusbild versucht, aber ich habe es gleich weggeworfen.

*F.M.:* Aber der Theologe in Dir, hat er Dich nicht gewissermaßen immer wieder zu diesem Thema gedrängt?
*H.F.:* Ja, selbst als ich als Theologe eine Zeitlang nicht malte, habe ich in der Karwoche immer ein Christusbild gemalt. Ein paar davon existieren heute noch.

*F.M.:* Ich vermute bei Dir eine Art inneren Drang, Dich mit dem Christusbild auseinanderzusetzen.
*H.F.:* Ja, die Sache mit dem Christusbild ... Ich denke, jeder Künstler hat so eine Art Tick. Und das ist eben mein Tick. Aber schon sehr früh gab es Künstlerkollegen, die mich schätzten, die sagten manchmal: Der Falken ist ja ein guter Maler, aber wir müssen ihm den Tick mit dem Christusbild austreiben. Ich weiß noch, wie ich mir damals sehr oft Ausstellungen angeschaut habe in modernen Museen und Galerien, aber es gab nirgendwo ein Christusbild. Selbst die Bilder von Rouault flogen aus den Museen raus. Und ansonsten wußte ich auch keinen, der sich überzeugend mit dem Thema auseinandergesetzt hätte. Insofern war es für mich eigentlich immer ein sehr trauriges Erlebnis, wenn ich dieses mein Thema nicht vertreten fand.

*F.M.:* Aber daß Du das vermißt hast, war das nicht ein Beweis eigenen Suchens?
*H.F.:* Ja, ich habe die Notwendigkeit verspürt, daß das Christusbild endlich wieder museumsfähig, wirklich qualifiziert gestaltet werden müßte. Ich habe das immer wieder für mich von allen Seiten her versucht. Eigentlich bin ich auch heute noch immer dabei. Aber mein entscheidendes Christusbild habe ich bis heute noch nicht erreicht. Ich nehme mir immer wieder von neuem vor, ein Christusbild zu malen, aber meine Erfahrung ist, daß ich im Grunde immer bei Menschenbildern ankomme. Aber ich glaube daran: einmal wird es da sein.

*F.M.:* Gibt es Umrisse, vage Vorstellungen, Ahnungen, wie ein solches Bild aussehen könnte?
*H.F.:* Also ich kann nicht sagen, so oder so muß es aussehen. Und ich kann auch nicht sagen: jetzt male ich ein Christusbild, jetzt muß es herauskommen. Vielmehr brauche ich sehr viel Geduld mit mir, bis ich endlich an einem Punkt bin, an dem ich sage: jetzt könnte es sein. Und dann fange ich immer wieder von neuem an, gewissermaßen ganz von unten oder von einer ganz anderen Ecke her. Insofern kann man nicht sagen, daß ich kontinuierlich und systematisch an einem Christusbild gemalt habe. Die Ergebnisse sind zu unterschiedlich. Ich kann sie selbst kaum auf einen Nenner bringen. Aber vielleicht versucht das einmal ein anderer.

*F.M.:* Wenn es also keine Umrisse für Dich gibt, noch nicht einmal vage Vorstellungen, wie verhält es sich denn dann mit dem Druck, Dich mit dem Thema auseinanderzusetzen? Dich von allen Seiten diesem Thema nähern zu müssen?
*H.F.:* Ich glaube, der Druck, der hat seinen Grund darin, daß ich Christus liebe. Der läßt mich einfach nicht los. Ich stehe gewissermaßen mit ihm auf und gehe mit ihm schlafen. Und weil ich Maler bin, möchte ich ihn natürlich auch malen. Das Schlimme ist, daß er sich immer wieder meiner Phantasie entzieht. Aber wenn ich ihn nicht male, kann ich ihn überhaupt nicht sehen. Das ist das Eigenartige.

*F.M.:* Es sind also gewissermaßen keine inneren Bilder, die Du malst?
*H.F.:* Es gibt Künstler, die haben ganz klar ihr Bild vor sich. Das habe ich nicht. Ich fange an zu zeichnen und weiß nicht, was daraus wird. Manchmal tauche ich dann tagelang ins Zeichnen ein, und dann entstehen etwa 30 Zeichnungen. Und irgendwann ist dann ein Punkt erreicht, wo ich mir sagen kann: ja, das ist es. Das ist es, was ich machen will. Aber ich kann das vorher nie fixieren. Ich kann mein künstlerisches Schaffen nicht programmieren.

*F.M.:* Aber es wird doch vielleicht Bibelstellen geben, in denen Du Dein eigenes Jesusbild wiederfindest?
*H.F.:* Nein, seltsamerweise gibt es die nicht. Es fällt mir auch schwer zu sagen, daß mir mein Christusbild von der Bibel her vermittelt ist. Ich habe überhaupt ein schlechtes Verhältnis zum Lesen. Und wenn ich etwas lesen muß, muß ich mich immer wieder dazu zwingen. Und in der Bibel lesen, das tue ich eigentlich nur, wenn ich eine Predigt vorbereite. Nein, der innere Drang entsteht nicht von der Bibel her, sondern aus der inneren Erfahrung. Ich fühle mich ständig von diesem Jesus angeschaut; ich fühle mich durch die Erlebnisse in der Gemeinde oder im Krankenhaus geradezu herausgefordert. Wenn ich Menschen begegne, die so ziemlich am Boden liegen, dann spüre ich die besondere Nähe von Christus. Auf jeden Fall ist die Bibel allein nicht der Auslöser zum Christusbild. Wenn überhaupt, dann nur in Kombination mit Lebenserfahrungen und mit inneren Erfahrungen.

*F.M.:* Es gibt doch einen Beruf als Seelsorger, so eine Art Leidenschaft für den leidenden Menschen. Also eine besondere Betroffenheit über den verzweifelten, kranken, kaputten und leidenden Menschen...
*H.F.:* Ja, es gibt eine Beziehung zu den Menschen in extremen Situationen. Hier habe ich auch das Gefühl, meine Zeit nicht zu vertun. Einen wirklichen Konfliktsfall habe ich immer als wichtiger empfunden für mich als das Malen.

*F.M.:* Also hat Dein Jesusbild sehr stark zu tun mit dem Menschen in der Krise?
*H.F.:* Richtig. Und diese Menschen habe ich dann auch sehr realistisch und direkt gemalt. Zum Beispiel in der Serie der Krankenbilder. Demgegenüber ist aber mein Christusbild im Laufe der Jahre eher mystischer geworden.

*F.M.:* Inwieweit spielt in dieser Entwicklung das zeitgenössische Kunstschaffen eine Rolle?
*H.F.:* Ich kann sicher sagen, daß mich die Kunst anregt. Das heißt, die Kunst der anderen Künstler regt mich an, denn ich finde in ihr ständig religiöse Ansätze, die für mich auf Christus übertragbar sind. Auch ist es für mich keine Frage, daß ich bei vielen Künstlern eine direkte Christusbegegnung antreffe. Das ist ohne Zweifel so, daß viele Künstler ein sehr inniges Verhältnis zu Jesus Christus haben, aber ein weniger inniges zur Kirche.

*F.M.:* Ich denke, das ist nicht nur bei Künstlern so, sondern wohl bei jedem Menschen, bei dem es einen gewissen Tiefgang gibt. Und das ist ja wohl der leidende Mensch, generell der Mensch in einer extremen Situation.
*H.F.:* Auf diese extremen Situationen bin ich in meinem Glauben und in meiner Funktion als Prie-

ster zurückgeworfen. Das gilt besonders natürlich in Sterbefällen, aber auch sonst, etwa bei Ehekonflikten. Was kann ich da schon sagen? Ich glaube, für mich kommt es vor allem darauf an, daß in dieser Extremsituation Jesus anwesend ist. Davon bin ich fest überzeugt.

*F.M.:* Gilt denn hier für Dich das Wort: »Was ihr einem der Geringsten meiner Brüder getan habt«...
*H.F.:* Also ich empfinde das als eine religiöse Anmaßung, zu sagen: In dem Leidenden bin ich Jesus Christus selber begegnet. Ich finde, damit würde der Mensch, der einem da begegnet, abgewertet. Gleichsam als wollte man sagen: Ich tue das alles nur, weil Du nicht Du bist, sondern Jesus Christus.

*F.M.:* Nun hat Dein Weg zu einem Christusbild bereits eine Reihe von Stationen durchlaufen. Kannst Du einige davon nennen?
*H.F.:* Es fing zunächst einfach damit an, daß ich Ecce-Homo-Bilder gemalt habe. Ich weiß auch nicht mehr genau, warum, und wie das Ganze anfing. Jedenfalls waren es meistens Bilder, die zeigen, wie Jesus vor Pilatus gestanden haben könnte. Natürlich war da noch viel traditionelles Zeug drin. Ein zweiter Impuls kam eigentlich während meiner Theologenausbildung. Dort hatten wir morgens Meditation. Während die anderen ganz fromme Gesichter machten, fiel mir nichts ein. Ich saß da nur herum und langweilte mich. Da fing ich an zu kritzeln, und aus diesem Kritzeln ist die Apokalypse, mein erster Zyklus, entstanden. Wahrscheinlich gab es hier auch Einflüsse des exegetischen Studiums – ab und zu mal gucken bei Heinrich Schlier – und von Anfang an ein besonderes Interesse an den Bildern der Apokalypse. Und eigentlich befanden wir uns ja schon damals in einer apokalyptischen Situation. Im Rahmen dieser Zeichnungen hatte ich 1961 natürlich mehr den eschatologischen Aspekt im Auge.

*F.M.:* Es gibt doch von Dir auch Bilder mit Jesus im hohenpriesterlichen Gewand mit einer Krone auf dem Kopf. Gewissermaßen als Erhöhter am Kreuz hängend...
*H.F.:* Ach, das ist doch alles Mist. Meine Bilder wurden erst dann wieder besser, als sie existentiell wurden. Und das war bei ›Scandalum Crucis‹, 1969.

*F.M.:* Der Anreger war Francis Bacon?
*H.F.:* Ja und nein. Ich war damals der Verzweiflung am Kreuz nahe; das war der neue Ausgangspunkt für mich. Die Päpste von Bacon lachten so verzweifelt, wie ich lachte. Das war 1969. Und dann ist die Entwicklung von diesem Nullpunkt an eigentlich konsequent weitergegangen zu den Krankenbildern 1972–73, die den radikalen Ansatz ins Konkrete, ins Direkte übertrugen. Diese realistische Bilderreihe ist der Niederschlag von Begegnungen am Krankenbett. Ich habe damals auch selber viel krank im Bett gelegen. Schließlich landete ich dann beim Thema der Turiner Grabtücher, das war so 1973. Übrigens habe ich in Kindertagen einmal Abbildungen des Turiner Grablinnens gesehen, und die haben mich nie mehr losgelassen.

*F.M.:* Du weißt, daß wir seit einigen Jahren in einem Seitenschiff unserer Kirche zeitgenössische Kunst zeigen. Natürlich bringt das hin und wieder auch Spannungen mit sich. Aber die entscheidende Spannung, ja gewissermaßen eine Art Aufstand gegen diese Bilder, gab es, als wir vor gut einem Jahr Bilder von Dir zeigten.
*H.F.:* Ich kann mir das leicht erklären. Das ist das vitale Lebensinteresse einer Gemeinde, die meint, sie käme durch die Kunst zu kurz. Das ist einfach Eifersucht.

*F.M.:* Möglich, aber hier steigerte sich die Eifersucht zu dem Antrag beim Gemeinderat, diese Kunstausstellungen abzuschaffen. Einer sagte damals: »Ich will mich von diesen Bildern nicht immer belästigen lassen. Wenn ich in die Kirche gehe, will ich meine Ruhe haben.«
*H.F.:* Das kenne ich. Meine Bilder kommen oft ganz negativ an, da formal ungewohnt.

*F.M.:* Und was dem Ganzen die Krone aufsetzte: das ist ausgerechnet ein Pfarrer, der derart Negatives darstellt!
*H.F.:* Was Du ansprichst: Ich habe meinen »Mann im Block« gemacht, weil gewisse ›Halleluja-Katholiken‹ immer fragen: Wann kommt denn beim Falken endlich die Auferstehung? Da habe ich mir gedacht: laß doch mal eine Figur oder einen Kopf durch das Kreuz hindurchschauen. Erfolglos! Die Leute erkennen das nicht. Man kann es ihnen auch nicht zum Vorwurf machen. Sie haben einfach nicht sehen gelernt. Wir müssen unheimlich viel Geduld haben.

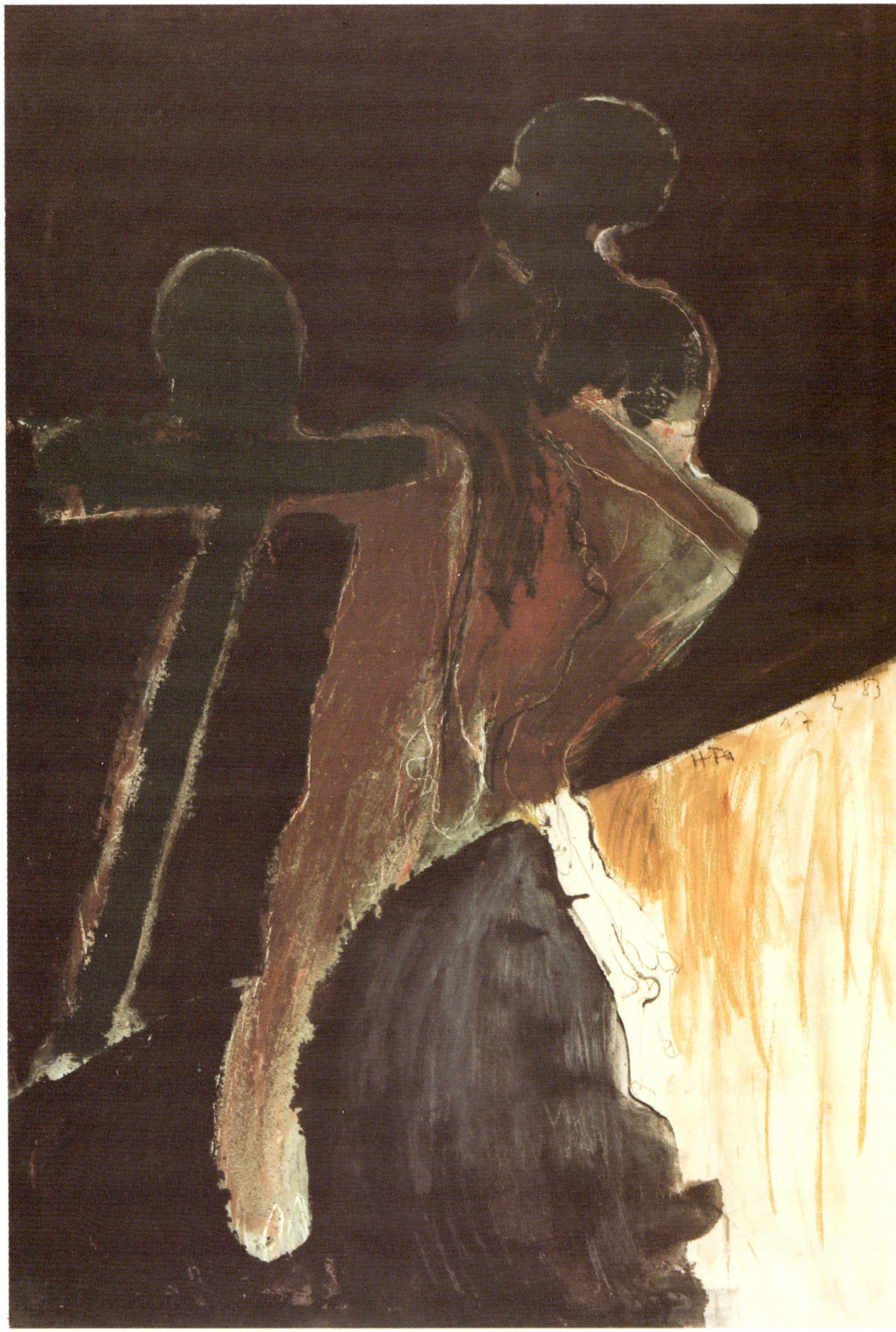



Kreuz und Engel, 1983, Pastell, Öl und Sand auf Leinwand, 200 × 140 cm

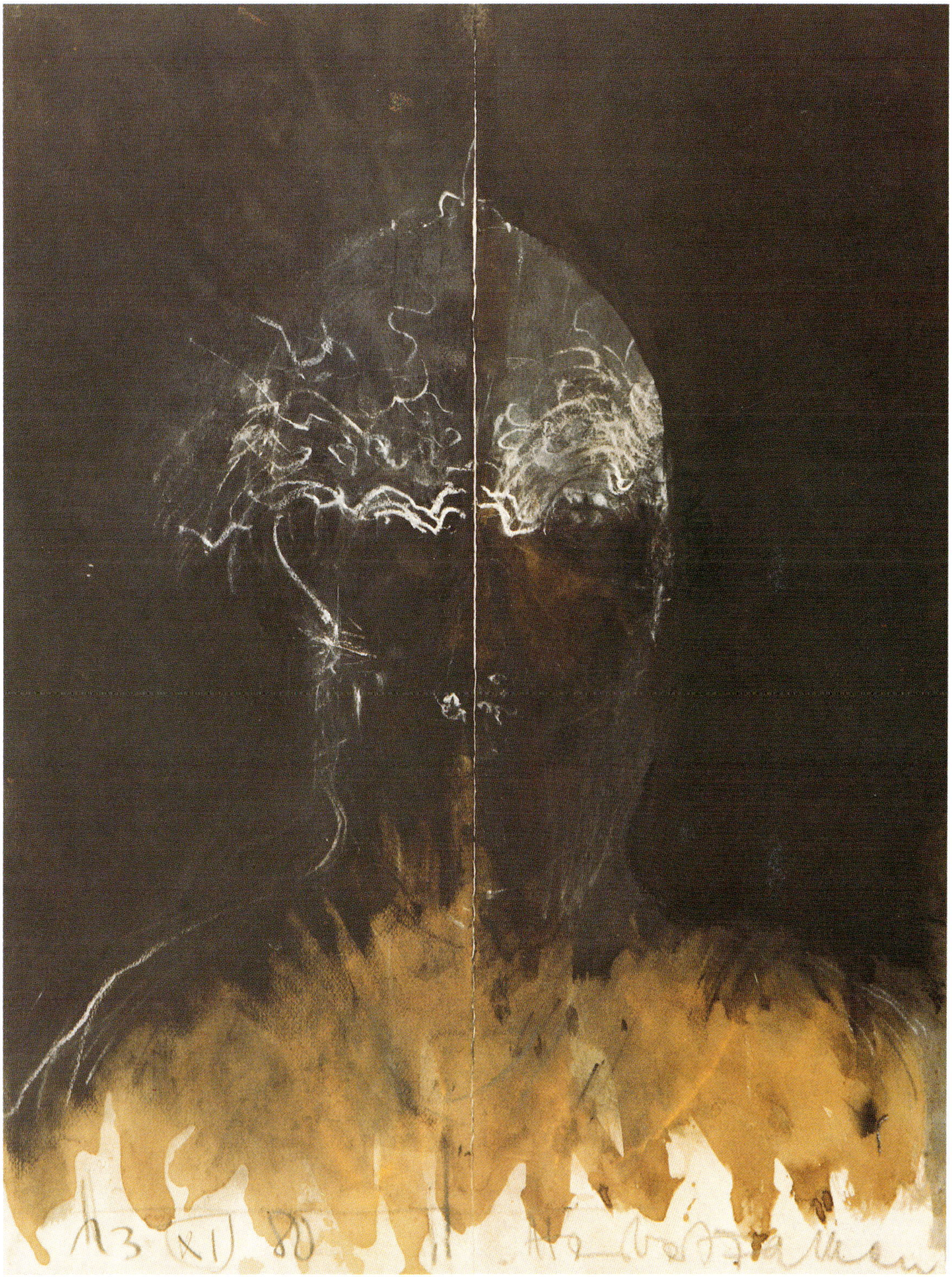

85 Christuskopf, 1980, Goldbronze/Pastell, 65 × 50 cm, Luthansa-Sammlung, Museum Ludwig, Köln

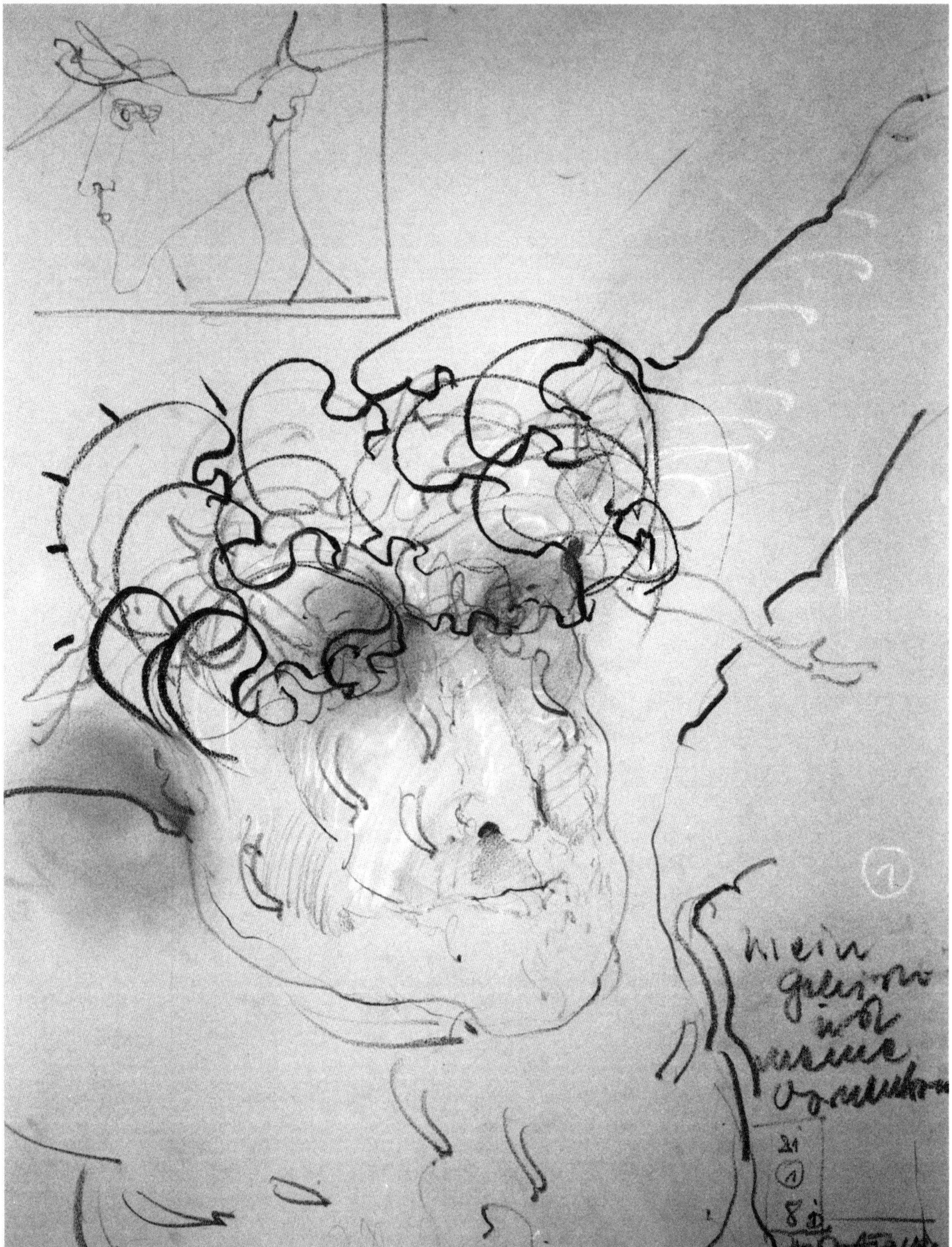

»Mein Gehirn ist meine Dornenkrone«, 1981, Bleistift, Kreide, 65 × 50 cm,
Lufthansa-Sammlung, Museum Ludwig, Köln

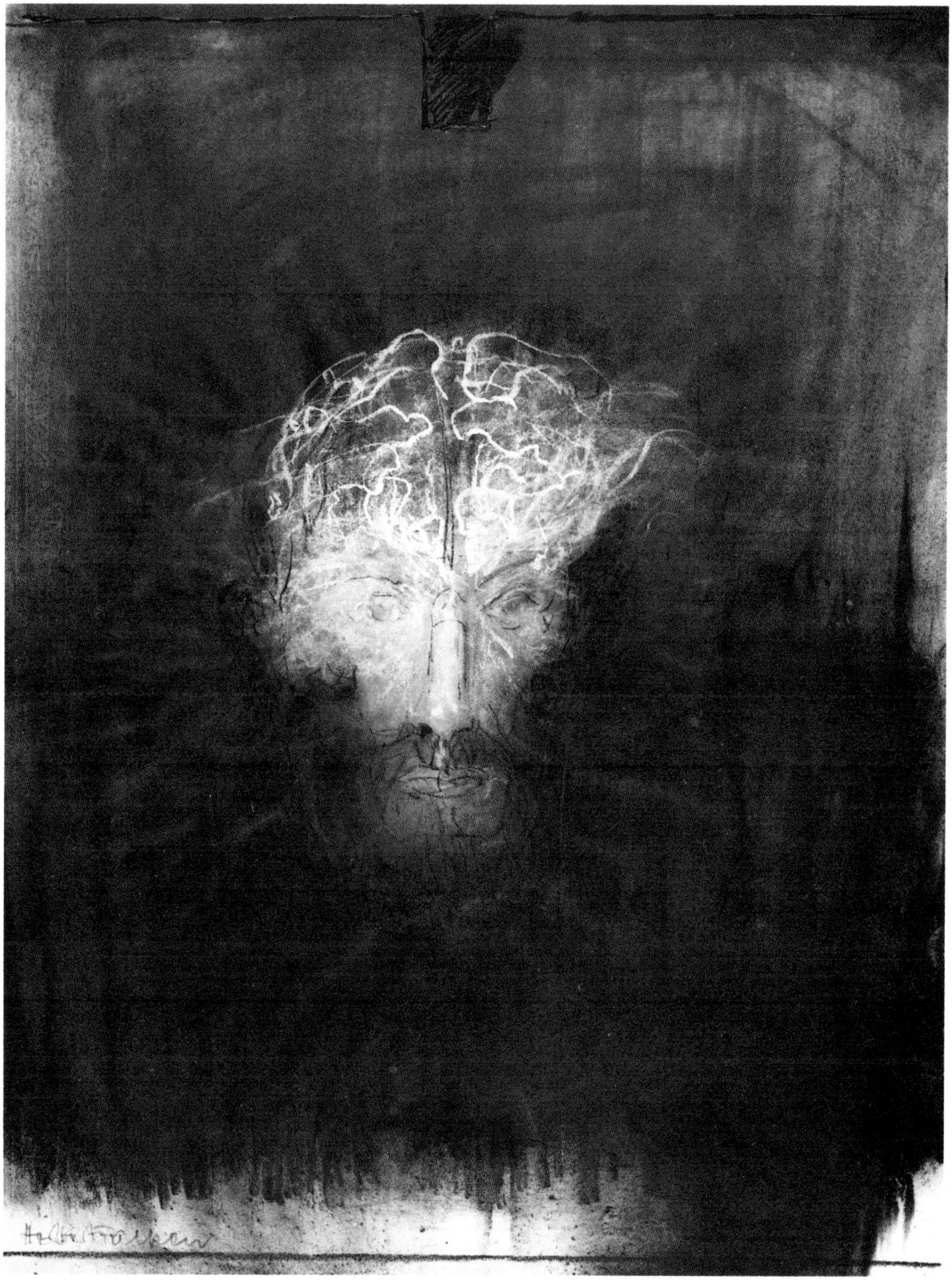



Christuskopf, 1981, Graphit, Tusche, Kreide, 65 × 50 cm

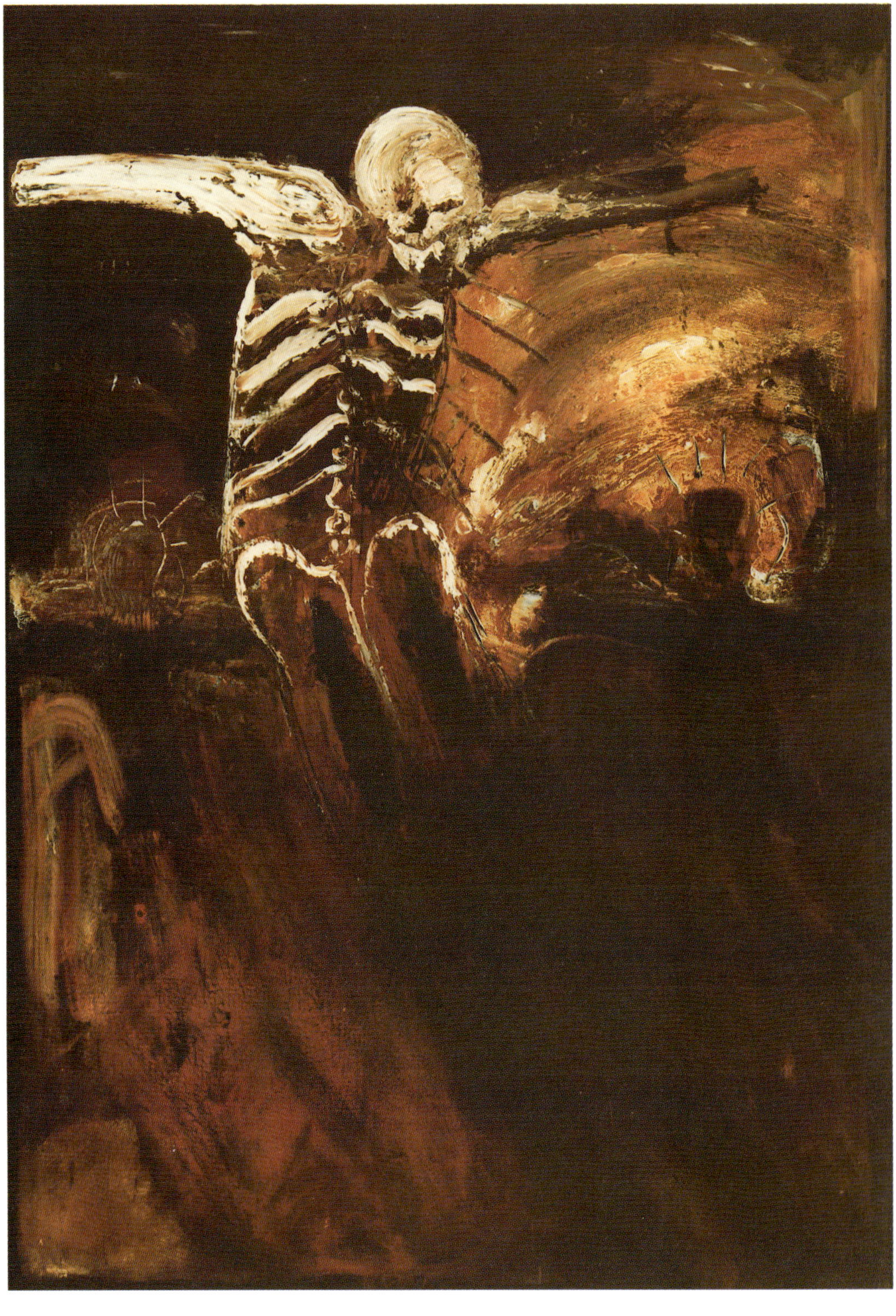



»Sachalintod«, 1983, Öl auf Leinwand, 200 × 140 cm

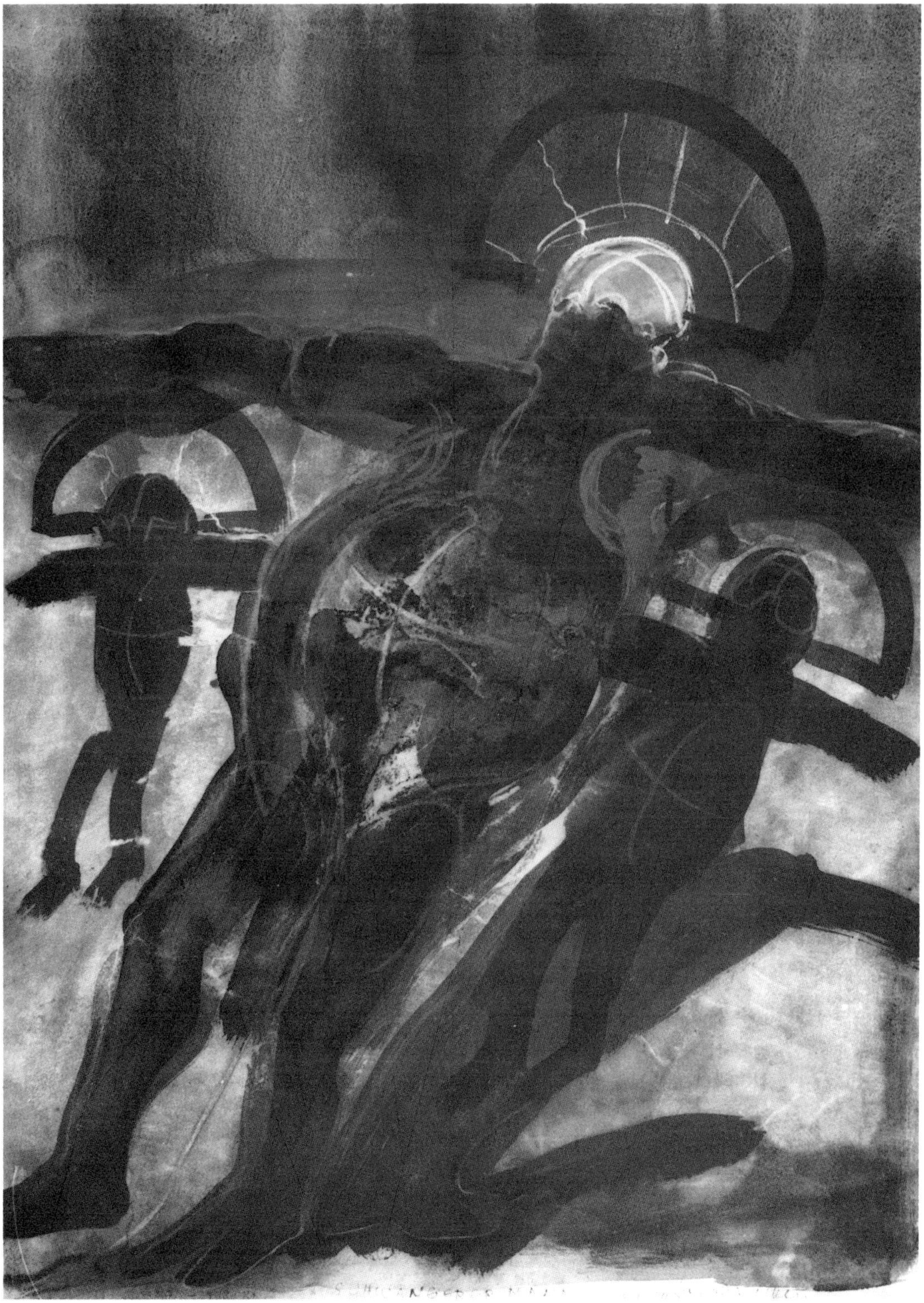

89 »Schwangerer Mann selbdritt« (aus dem Zyklus »Geburtstod«), 1981, Kreide, Tusche, Pastell, 106 × 78 cm

## Im Werk

Herbert Falken, 1932 in Aachen geboren, ist Priester und Künstler, beides aus persönlichen Antrieben, die stärker waren als seine Einbindung ins heimische Milieu. Das Theologiestudium hat er erst nach Abschluß einer anderen Berufsausbildung aufgenommen, die Hinwendung zur Kunst ist aus eigener Kraft und innerer Notwendigkeit erfolgt. Denn in dem Maße, in dem sein seelsorgerischer Einsatz angesichts der Vielfalt menschlicher Not den Einsatz seiner Glaubenskraft forderte, wurde es ihm unentbehrlich, im künstlerischen Ausdruck für sich Klärung und Gleichgewicht zu finden. Ein Glücksumstand für den Künstler, der sich persönlich eher schwerblütig an der Schattengrenze angesiedelt sieht, war die frühe Aufmerksamkeit von Seiten des Aachener Museums und der Sammlung Ludwig, die schon die ersten Zyklen nicht nur in ihrem Bestand sicherten, sondern sie auch in einer großzügigen Weise publiziert haben. Auch für die Schritte der späteren Arbeit hat es an Foren der Veröffentlichung nicht gefehlt, aber die Anerkennung und das Empfinden für sie sind zwiespältig beiderseits.

Die priesterliche Existenz des Künstlers scheint für seine Bilder so unerläßlich wie diese für jene. Erst in dieser Doppelung hat das, was Herbert Falken künstlerisch geschaffen hat, seine Unausweichlichkeit bekommen. Sind frühe Arbeiten wie die Blätter zur Apokalypse (1961) noch illustrativ, wie sehr auch immer im respektablen Verbund des Zeitstils, so rüttelt der erste Ausbruch des Priesters, das »Scandalum Crucis« 1969 in geradezu erschreckender Weise an dem, was gesicherter, aber durch Abnutzung ins Nichtssagende verschüttet gewordener Glaubensinhalt ist: die Ungeheuerlichkeit der Passion, die Hineingabe ins Wehrlose bis hin zur Verstörung aller. Das Kreuz nicht nur als Ärgernis und Torheit, nicht nur die Deklaration des Todes in seinem scheinbaren Sieg, sondern das Umschlagen des Leidens in so etwas wie Irrsinn, und die Narretei des Glaubens als nur geringe Spur des Lichts im Finstern.

Es hat sich aus dem Wechselspiel der Kräfte ergeben, daß die Bildwerke zyklisch in die Entstehung drängen, wenn im Zuge der anderen Arbeit die Stauung so stark geworden ist, den Durchbruch zu bewirken. Dem »Scandalum« folgten 1970 der Zyklus »David vor Saul« und 1971 die in einer Aachener Kirche aufgehängten Bilder zur Sintflut, existentielle Situationen, aufgesucht in der Bibel wie vorher die Passion, die sich gewissermaßen verkündend des bildnerischen Mittels bedient hatte, wesentliche Sätze der Apostelbriefe in die Bilder hineinzuschreiben.

Dieser Art der Verkündigung folgte 1972 der persönliche Schrei. Todeserlebnisse im eigenen Bereich und die letzte Zuwendung des Priesters an die Sterbenden im Krankenhaus und im Bereich des Verfalls an die Drogen rissen gewissermaßen hemmende Schranken ein. Die Bilder rufen nicht mehr wie die Stimme des Rufenden in der Wüste, sondern sie sind leise geworden, der Schrei ist ein stummer; sie tragen sich nicht mehr im Kontrast der Farben und ihrer Faktur vor, sondern sie sind unfarbig bis in die reine Modulation von Schwarz und Weiß, aus der groben Struktur des Leinens haben sie sich in die Glätte des Papiers gebreitet. Der Strich ist der der einzelnen Linie, die, mag sie noch so sehr anschwellen, auf sich gestellt bleibt, die Spur der Fingerspitze gewissermaßen im Beben ihres Erschüttertseins, im Gegenpart zur Zuwischung andererseits mit Schwärze wie von breiter Hand und zu dem punktuell freilegenden Suchen in dieser durch Zudecken entstandenen Dunkelheit. Die Bilder von Krankheit und Tod lassen mehr noch als der Kreuzigungszyklus alles, was als schön empfunden werden könnte, hinter sich: es bleibt nur das unausweichliche Betroffensein vor den großen Flächen dieser Blätter, die ein Ausweichen nur möglich werden lassen, indem man sich abkehrt. Der zeichnerische Duktus, obwohl von außerordentlicher Intensität, hält seine eigenen Reize zurück.

Der nächste Schritt war der der theologisch-historischen Koppelung an die Situation des Todes beim Menschen. Wie starb der, in dessen Tod das Sterben aller aufgehoben ist? Das Turiner Grabtuch war 1973/74 Anlaß zu eindringlicher Paraphrasierung der Leiblichkeit des Toten, der darin eingeschlagen gewesen ist, aber auch Ausgangsmaterial von Versuchen, den Kreuzweg und die Kreuzigungsprozedur gewissermaßen rekonstruierend zu durchdenken.

Eine ähnliche Ambivalenz hat sich in den zwei folgenden Zyklen aufgetan. Der »Mann im Block«, 1975, verbildlicht geradezu kafkaesk das unausweichliche Verspanntsein des Menschen in die Unfreiheit, der »Mann vor der Jury«, 1976, wendet, ebenso kafkaesk, das Ausgeliefertsein des einzelnen an äußere Mächte, die schicksalhaft über ihn befinden, wiederum mindestens anspielend in die Gestalt Christi vor seinen Richtern hinein.

1977 haben porträthafte Selbstbefragungen eingesetzt: man selbst im Rollenspiel und in diesem Rollenspiel als Quelle der Erfahrung über Nachdenken und Grübeln, über das an sich und anderen Irrewerden und die Schmerzempfindung, über die sinnenhafte Kommunikation von Sehen, Hören, Reden und gar Predigen, über das antennenhafte Geöffnet- und Empfänglichsein. Rollenspiel aber auch in Selbstüberschreitung: die eigene Erscheinung mit Tierkopf, die eigene Erscheinung als Schmerzensmann. Der Schritt in die Verbildlichung des Gehirns 1979/80 war nur die Konsequenz davon. Er offenbarte zweierlei: das Bewußtsein von der Symmetrie dieses Organs provozierte den symmetrischen Gestus auch beim Zeichnen, das gleichzeitige, in gegenläufiger Entsprechung vollzogene Tun mit beiden Händen. Inhaltlich andrerseits stellt sich das Gehirn als in seiner Hermetik wohlgeordnetes, wenn auch undurchschreitbares Labyrinth dar und in der Konsequenz davon, daß alles Entscheidende in ihm geschieht, als die eigene Dornenkrone.

Einhergehend damit sind 1979 die Zeichnungen nach mexikanischen Mumien entstanden, die nach dem Auslöschen allen Lebens doch die Kraft des persönlichen Ausdrucks haben erhalten bleiben lassen. Vorher, 1977, sind Darstellungen eines Taufbekkens in Assuan formuliert worden, das, in kreuzförmiger Mauerung in den Wüstensand eingesenkt, durchschreitbar ist im Vorgang der Taufe: das Mit-Christus-Sterben und Mit-Ihm-Auferstehen ist hier im Einswerden mit dem Kreuz sinnfällig gemacht. Ein anderer Zyklus, 1978/79, hat sich an einer erschütternden Situation entzündet, die durch ein Grabdenkmal in Roermond, das 1888 entstanden ist, überliefert bleibt: einem in konfessioneller Mischehe verbunden gewesenen Paar konnte ein gemeinsames Grab nicht zugestanden werden. Nur durch eine Friedhofsmauer von einander getrennt, erheben sich beiderseits die Grabmäler des Paares so hoch, daß sie sich über das scheidende Gemäuer hinweg die Hand reichen können. Herbert Falken spielt in seinem umfänglichen Zyklus das Grausame allen ideologischen Getrenntseins durch bis zu Bedrohung und Beschuß, aber auch die Kraft der alle Schranken überwindenden Liebe erhält von ihm ihre Bezeugung.

Ein schwieriger, in sich komplexer Zyklus hat 1981 eingesetzt unter der Bezeichnung »Geburtstod«. Es geht um die Ambivalenz von Tod und Leben, darum, daß das Leben Sterben ist, aber im Sterben auf die Wiedergeburt hin seinen Sinn erhält: aktuelle Bezüge sind diejenigen zur würdelos-unmenschlichen Vernichtung ungeborenen Lebens und zu einer Gesinnung, die den Bauch zu einer alle Verantwortung in den Wind schlagenden Spielzone vor sich selbst erklärt. Die biblische Anspielung schreitet von der Empfängnis Mariens über die geradezu tänzerische Begegnung der beiden schwangeren Frauen in der Heimsuchung, dem Besuch Mariens bei Elisabeth, bis in die Kreuzigung und eine apokalyptische körperliche Zeichenhaftigkeit fort. Der aktuelle Bezug macht vor der Grauenhaftigkeit der Konsequenzen selbstbezogener Entfesselung nicht halt. Das Organische und das Schicksalhafte sind auf vielfältige Weise miteinander verknüpft. Die symbolische Ebene verschränkt Bauch und Erde, Gebärmutter und Grab, Embryo und Leichnam, Geburt und Tod und macht sie einander identisch. Tod freilich nicht der Abschluß: der weibliche Körper, der Leib der Erde, ist Schutzmantel, der Tod ist schwanger selbst. Kopfgeburt und Geburt des Worts sind ein Eintreten ins Leben wie in den Tod, und im schwangeren Gekreuzigten ist nicht nur die Frau als Mitgekreuzigte angesprochen, sondern der, der da stirbt und sterbend mit der Glutzone seines Kopfes aus der Finsternis der Todverfallenheit herausstößt, wie im Vorgang der Geburt der lebensfähig gewordene Mensch die letzte Schranke ins Licht hinein durchbricht, er ist selbst trächtig von zukünftigem Leben: Geburt, Tod, Wiedergeburt, nicht usque ad finem, sondern ins Infinite.

Herbert Falken wäre nicht Priester, nicht Seelsorger, wenn er in der bildnerischen Darstellung sein Genüge fände. Ihm muß es um die Vermittlung von Wahrheit gehen, aber er weiß, daß Wahrheit im Bereich der Kunst der alten Forderung der Kalokagathia genügen muß. Was aber ist schön? Ein Kunstwerk leistet dreierlei: als Selbstzweck ist es seinen Regeln von Harmonie unterworfen, die nichts anderes meinen, als die Wechselbezogenheit von Form und Ausdruck, und die die Intensität des letzteren als Tugend zu würdigen imstande sind. Als Manifestation von Geist und Seele erhält es sein Gewicht aus dem Ernst und der Rückhaltlosigkeit des persönlichen Einsatzes. Als Botschaft des jeweils Menschenmöglichen gewinnt es die Dimension kraftspendender Anwesenheit. Der Künstler ist Botschafter, ob er es will oder nicht. Für Herbert Falken ist die Botschaft wesentlicher Beweggrund künstlerischen Tuns, das künstlerische Tun aber ist ihm eine Angelegenheit von äußerster Ernsthaftigkeit, und zwar dies keineswegs in geringerem Maße, wenn das Bild Predigt sein kann.

# WERNER KNAUPP

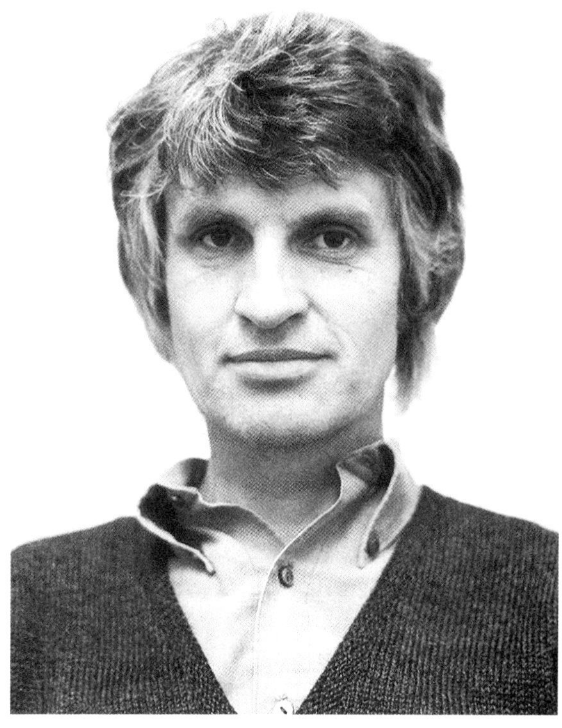

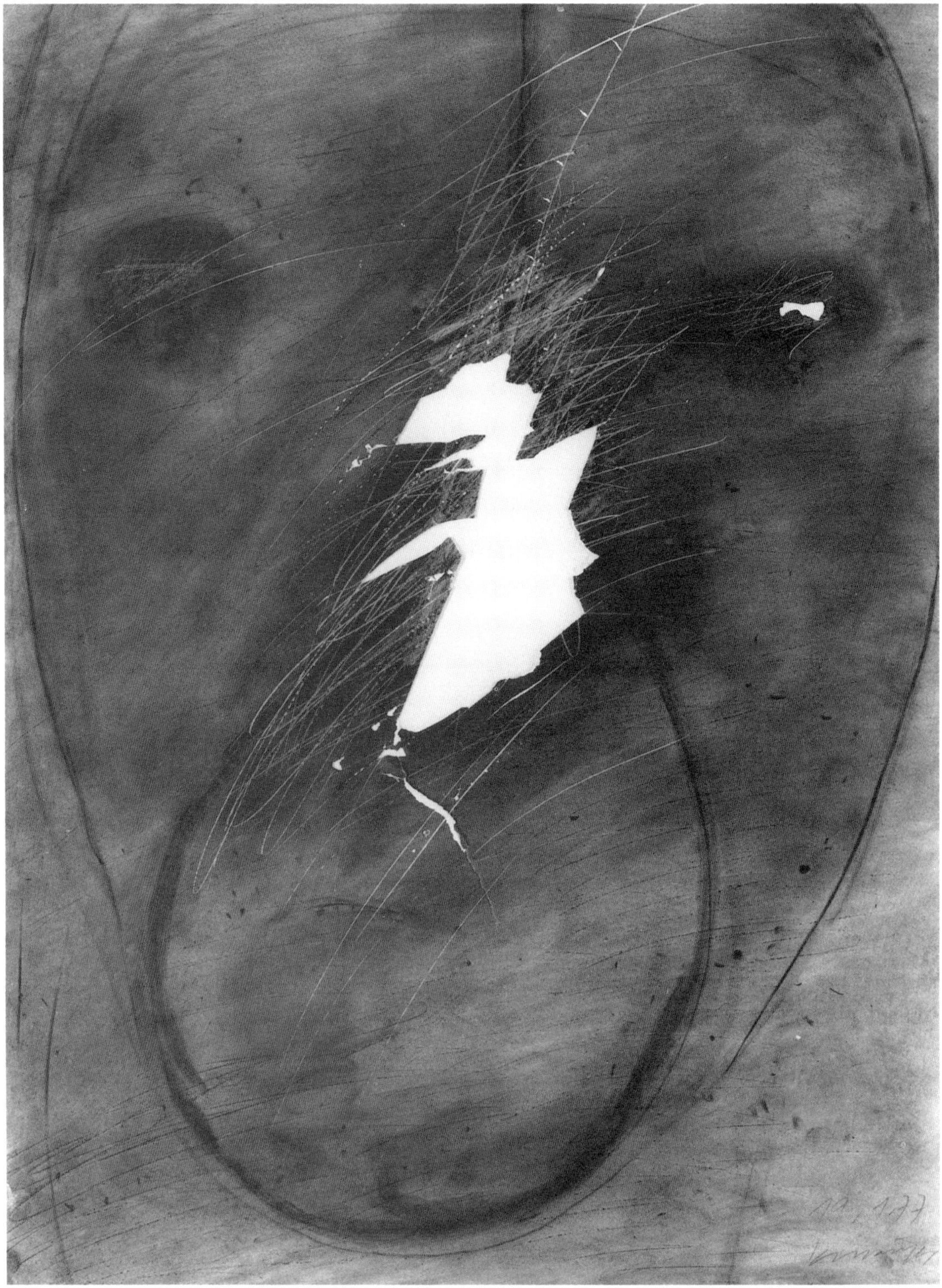



Kopf, 1977, Kohle auf Papier, eingerissen, 60,5 × 44,5 cm

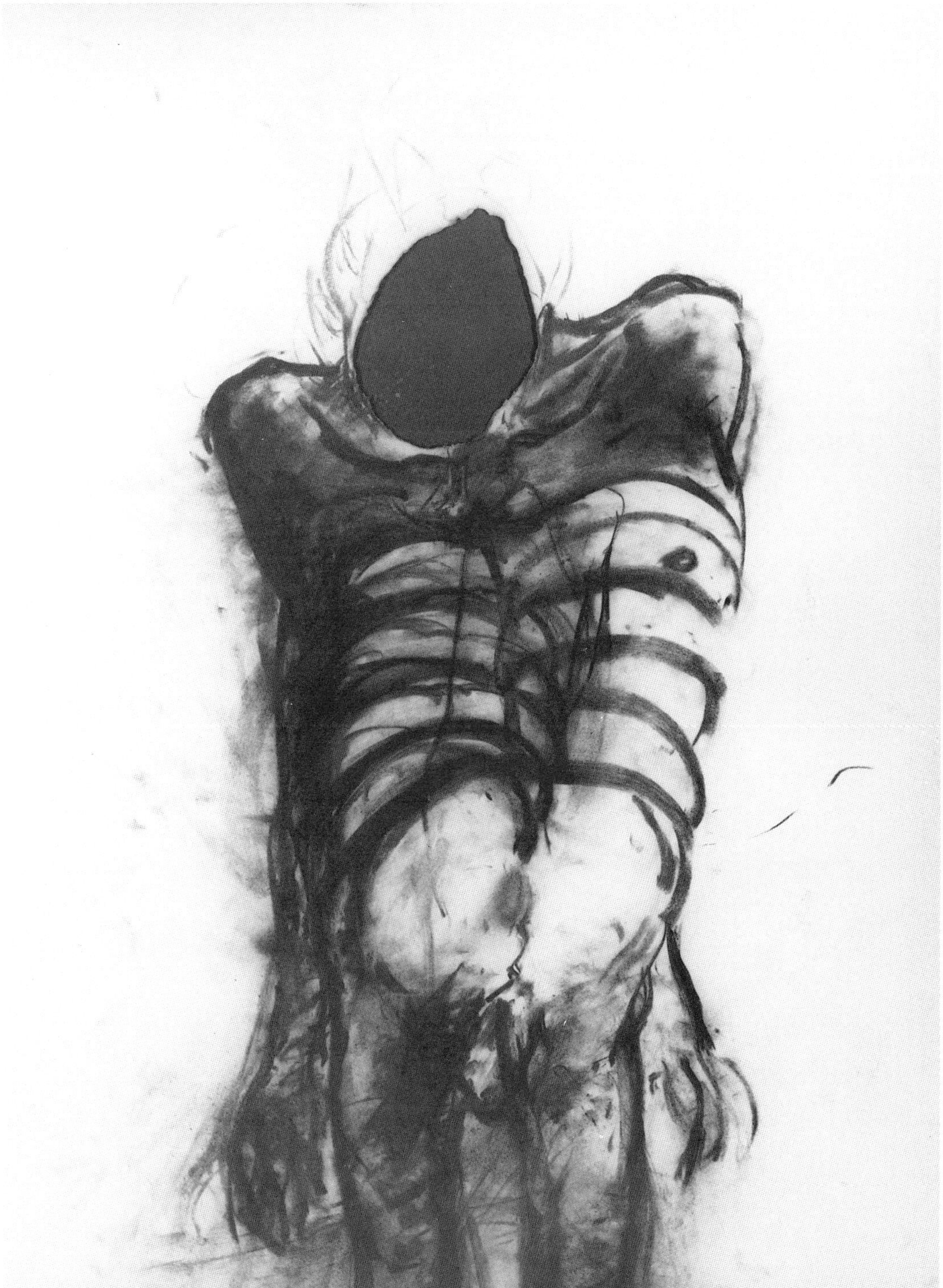



»N. K. H. Bayreuth«, 1977, Kohlezeichnung, 100 × 70 cm

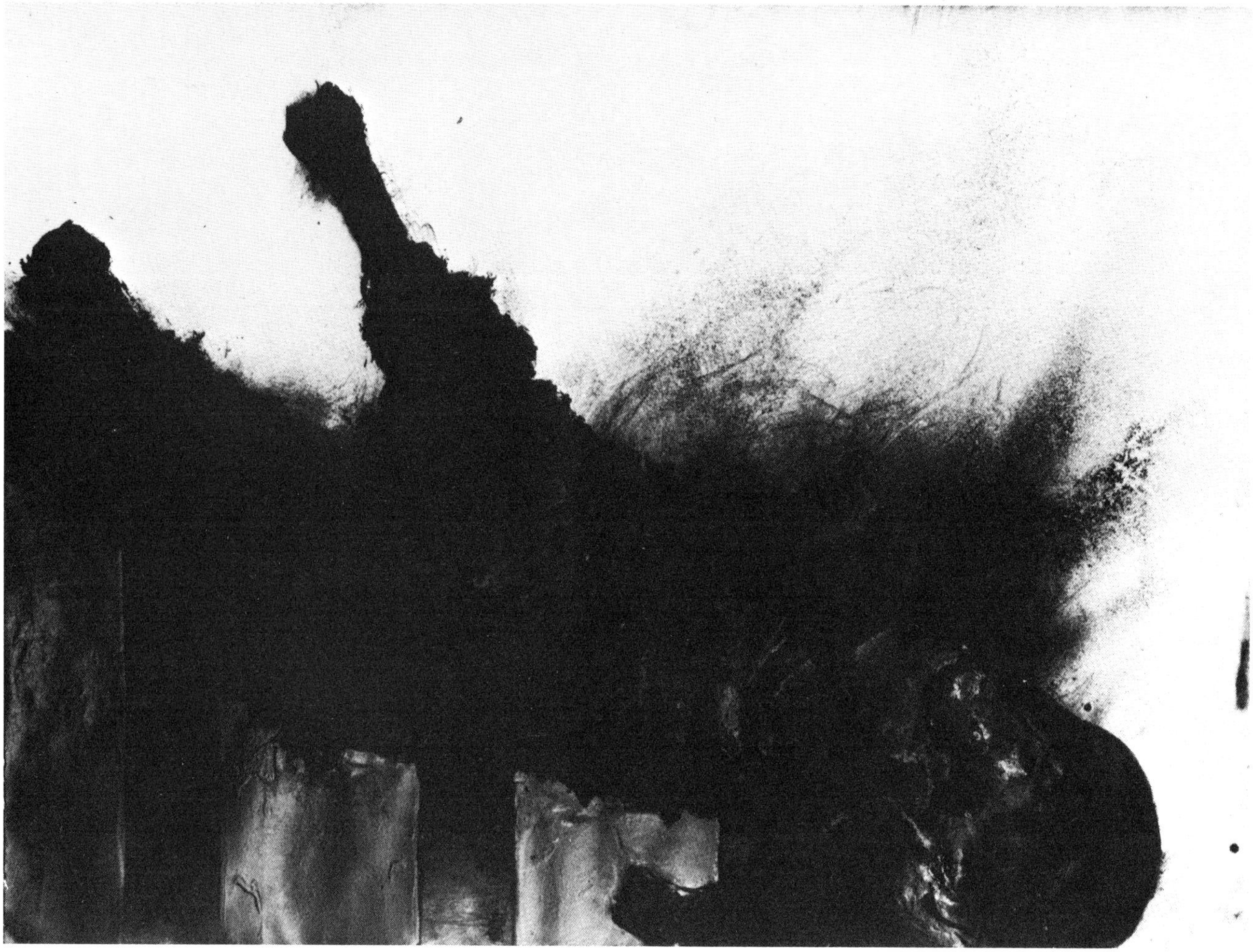



Verbrennung, 1980, Gouache und Kohle, 75 × 105 cm, Galerie Defet, Nürnberg

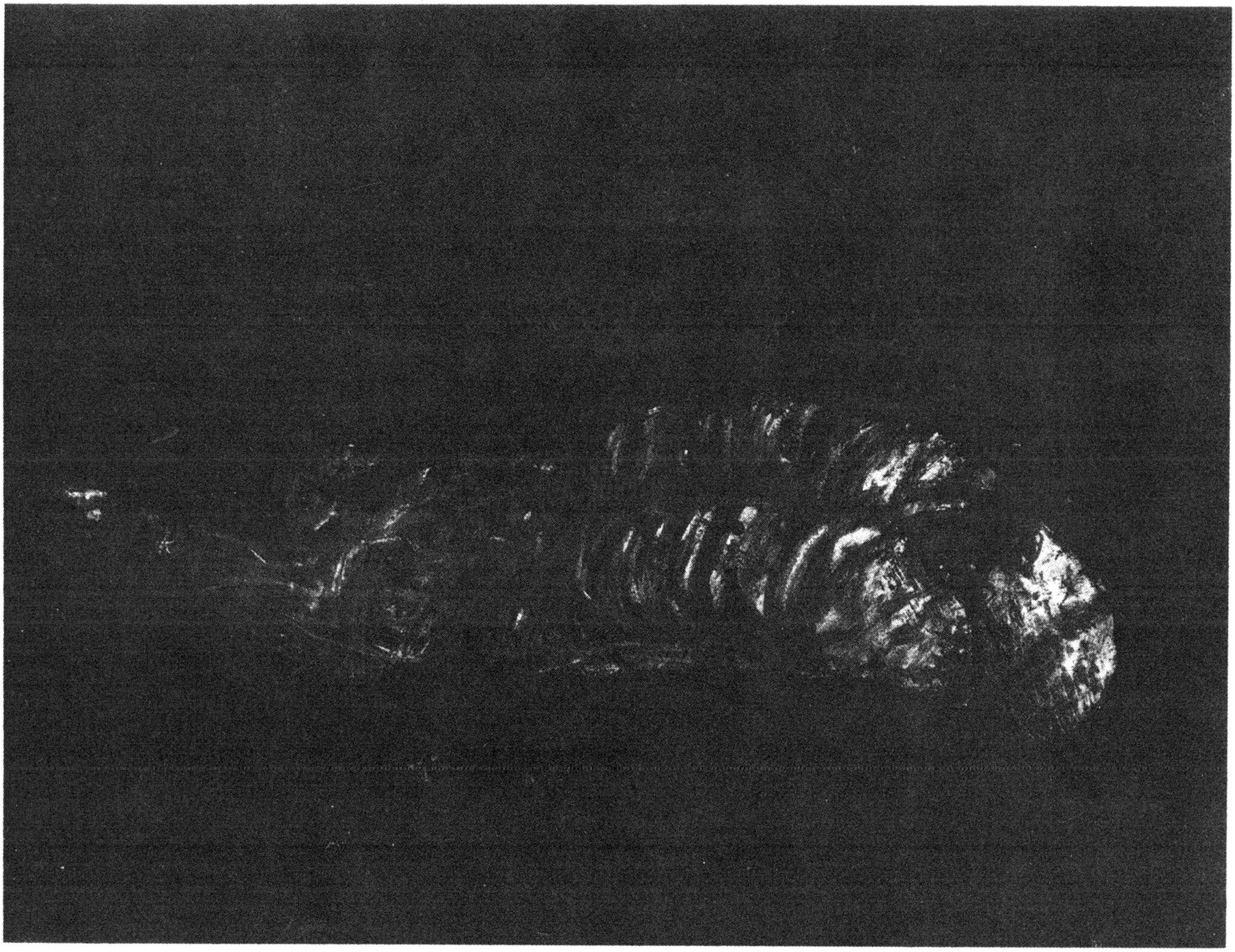



Verbrennung, 1980, Gouache und Kohle, 75 × 105 cm

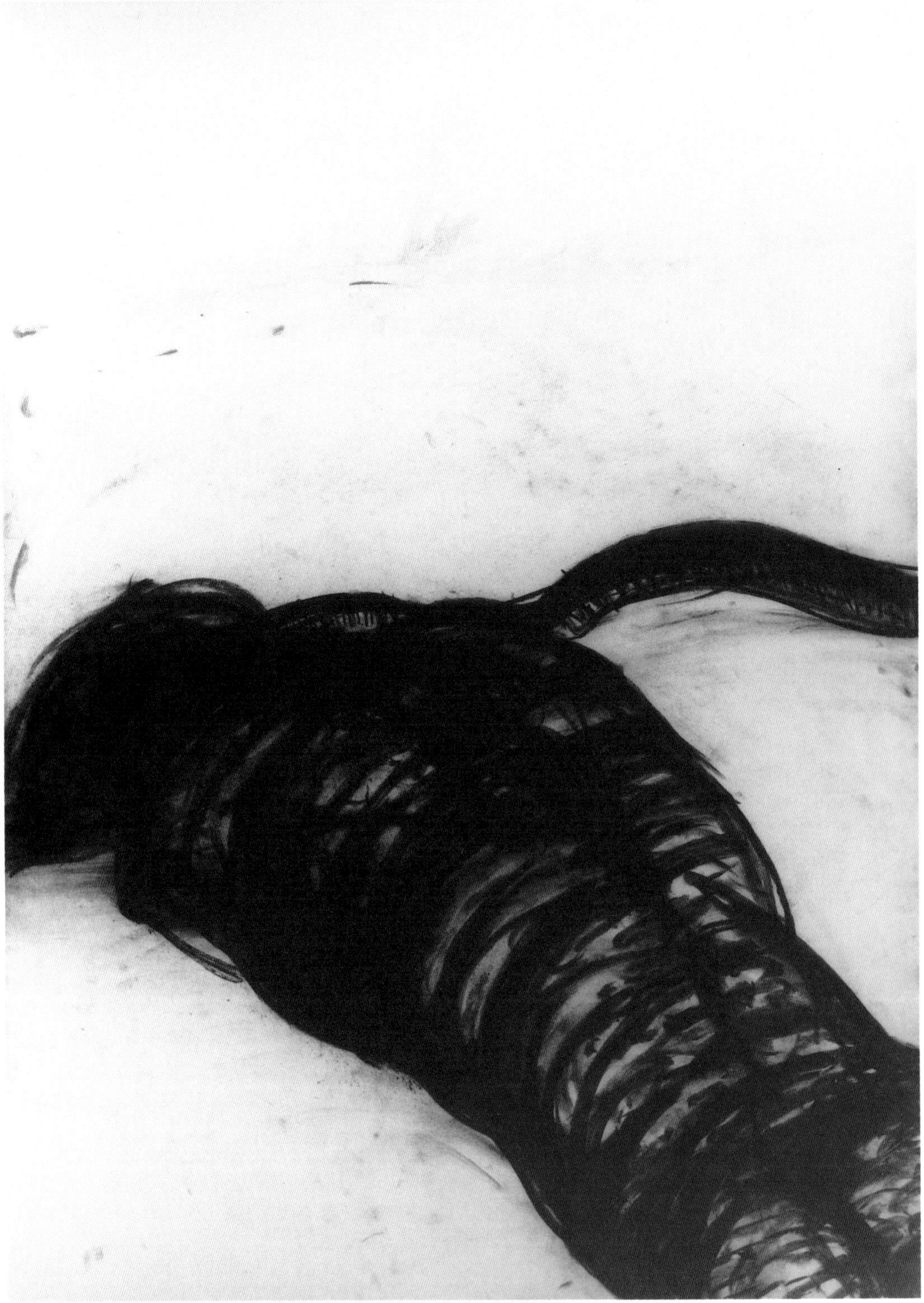



»N. K. H. Bayreuth«, 1978, Kohlezeichnung, 105 × 75 cm

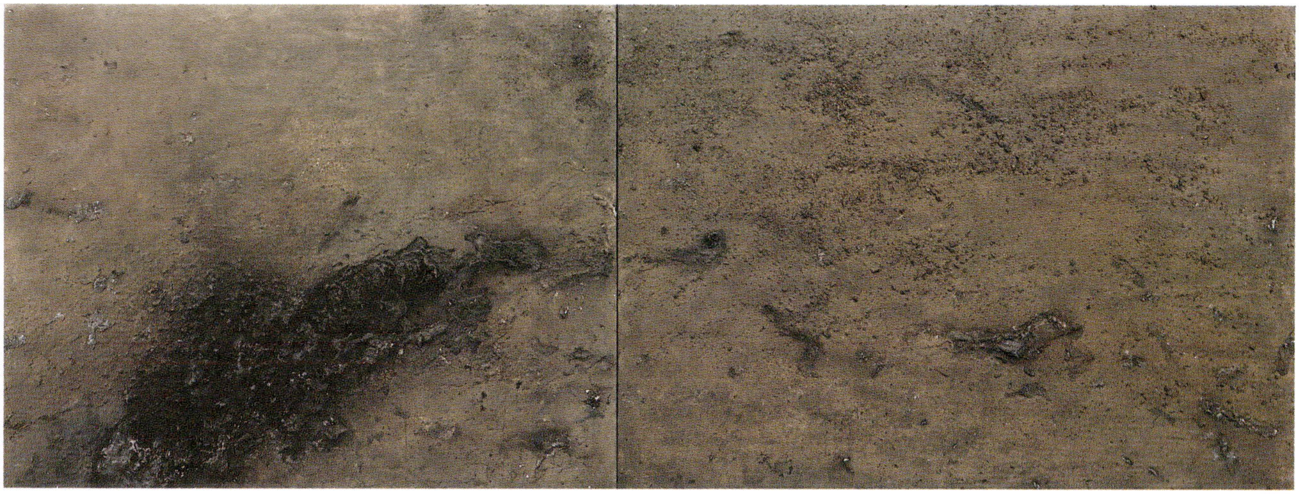



Adamah, 1982, Sand und Farbe, 120 × 325 cm

## Im Werk

Werner Knaupp, geboren 1936 in Nürnberg, ist gewissermaßen ein ungebärdiger Alleingänger. Nach seinem Studium an der Nürnberger Akademie begann er alle Darstellung unterschiedlicher Lebendigkeit, in der er geschickt war, abzubauen und die Beiläufigkeiten quirligen Lebens hinter sich zu lassen auf Wegen ins Leere. Es waren Wege der Selbstfindung, in Landschaften, in denen der Mensch sich preisgegeben und auf sich selbst gestellt sieht und die so, auch wenn er in ihr nicht die Akzente zu setzen vermag, als Abbild menschlicher Situation sich ihm einprägen. Die erste derartige Reise 1964/65 führte in die Sahara, und die ungemessene Aufhäufung von körniger Konsistenz und das weite Hintereinandergebreitetsein horizontaler Schwellen schlug sich zu Federzeichnungen nieder, die sich von Gegenstandsnähe schnell in strenge Stilisierung wandelten: flache Schichtung, mäßig durch Hebungen in Spannung versetzt, und, als bewegte Gegenform hier und da, das gleichmütige Schwingen von Wolken. Der Aussetzung in die Stille folgte 1966 die in die aggressivere Präsenz der Elemente auf einer Lofotenreise: dramatischer ist die mehr vertikale Schichtung der Berge, dunkler die Bildwelt; die hohe Luftfeuchtigkeit ließ den Kugelschreiber als das berechenbarere Zeicheninstrument aufrücken. 1967, angesichts des Ätnagipfels, wendete sich die starre Härte des Felsmotivs in die aus festem Sockel quellend sich hebende massive Rundung, die als Ausfluß, Wolke und Rauchballung, – leicht oder schwer – körperliche Konsistenz und Portionierung erlangt: der Vulkan als ein mächtiges Sichregen fast organisch erscheinender Vitalität. Die Breitung des Horizonts, das Sichheben von Land, das Senken und Lasten von Gewölk, die Finsternis sich ausschüttenden Wetters, sie bestimmen bis in die ersten siebziger Jahre die Thematik der Bilder von Werner Knaupp. Stets ist unterschiedliche Dichte modulierend durch leichter und lockerer oder fester und enger geführte Strichelungen erzeugt.

Eine Welt ohne Menschen, so scheint es, ohne andere als die, jedenfalls, die sich ihr konfrontiert sehen und sie – wie der Künstler hier – als Ort der Einsamkeit bezeugen. In den Zyklen »Figur G« und »Du« freilich wandelte sich 1971 unmerklich diese Landschaftserfahrung in Körpererfahrung. Das, was bisher Berg war, Wolke oder Horizont, ist jetzt Teil eines Leibes, seiner Schwellungen, seiner Bedekkung geworden, nicht identifizierbar und das nicht einmal im Sinne der Erkennbarkeit des Körperteils, aber auch nicht mehr das Ewig-Stumme des weit äußeren, unumfaßbaren Gegenübers von Welt. Hier denn auch, bei aller Harmonie und Schönheit von Bildbau und Durchformung, wurde es möglich, auch in Mehrfarbigkeit Wunde und Verletzung zu zeigen; die Distanz schwand hin, doch was erschien, blieb imstande und willens, ästhetischen Genuß zu gewährleisten.

Dann aber hat sich der große Bruch vollzogen. Die neue Hinwendung zum Menschen da, wo er unausweichlich sich stellt, in seiner Physiognomie, wuchs sich zu einer Erschütterung aus, die alles Ebenmaß hinfällig werden ließ. Die Antlitze, die um die Mitte der siebziger Jahre entstanden, sind Gesichter von in sich Ver- und Zerstörten, von innerlich Vergitterten, von solchen, deren Blick auseinanderweicht und nichts mehr faßt, deren Züge sich verwischen und verschieben, gezeichnet von Brand und Hieb, locker im Tasten des Kohlestrichs oder mit Schwärze dicht zugedeckt, durchgestrichen, ausgelöscht; zerkratzt, zerrissen, zerfetzt die Köpfe schließlich auch äußerlich und materialiter; nichts mehr ist schön, nichts dem eigenen Gefühl auch nur nahe; würde man nach der Ebenbildlichkeit fragen, mit wem auch immer, man könnte irre daran werden. Ein Arbeitsaufenthalt als Pfleger in der Nervenklinik Bayreuth 1977/78, für den diese Bilder das Vertrauen begründeten, ermöglichte die Nähe zu dem, was Inhalt und Ziel des neugewonnenen Ausdrucks sein konnte: gewonnen in Preisgabe aller Verbindlichkeiten. Eine Zeit aber nicht des Beobachtens allein aus sicherer Reserve, sondern des inneren Verflochtenwerdens in tätiger, helfender Zuwendung. Die Frucht dieser Erfahrung sind Kohlebilder, wie sie die Situation des in seine Krankheit ausweglos Verstrickten nicht kompromißloser offenbar machen könnten: das dumpfe und angespannte Ausgeliefertsein ans Unbegreifliche, Fesselung, die zu züngelnd sich windenden Schlangen sich deformiert, Zugedecktheit wie mit dem Bahrtuch, die Löschung der Züge, die

Ohnmacht der Gliedmaßen, das Sichschütteln und die Krümmung in die eigene Körperlichkeit hinein sind aufgezeichnet mit Strichen, die, mitgeschüttelt, mitgekrümmt, verwischt, ausfahrend und auf der Stelle schleifend selbst alle Gefaßtheit verloren zu haben scheinen. Was ist noch Leben, was schon Tod; was sind beide?

Die Reisen sind existentielle, die Geographie, unabhängig von meßbarer Entfernung, eine innere. Von der Existenz am Rand von Halt und Haltlosigkeit leitet sie dahin, wo alles nahe daran ist, die letzte Grenze zu überschreiten, und schließlich zu Blicken über diese Grenze hinweg. 1979 hat Werner Knaupp eine Zeitlang in einem der Sterbehäuser der Mutter Theresa in Kalkutta gearbeitet, in der Zuwendung an die, die bereits verlassen waren, ihnen nah nicht nur in der Spanne Zeit, in der sie die Zuwendung noch trosthaft wahrnehmen konnten, sondern darüber hinaus mit eigenem Erschüttertsein sie begleitend auf ihrem Weg in die Flamme, die ihre im Tod merkwürdig schwere Leiblichkeit aufhob mit Rauch und Staub aus der Glut in die Leichtigkeit der Luft. Dunkel sind die Verbrennungsbilder, die 1980 daraus folgten, diffus in der wolkigen Schwärze, die das Weiß des Blattes verdunkelt, gespannt in der Dichte des Zentrums, in dem sich Schädel und Gliedmaßen substanzhaft verharrend halten. Die Hingabe an die Elemente, hier ist sie mit schicksalsbewußter Gelassenheit vollzogen; was das Härteste sein könnte und uns nur schwer zu ertragen scheint, bekommt versöhnliche Züge: sich ins All zu heben, scheint ein Weg in den Frieden. Anders das perfekte Mechanisieren hygienischer Leichenbeseitigung in einem westlichen Krematorium, wie es Werner Knaupp 1980 in Nürnberg, wiederum als Helfer zugelassen, erleben konnte: die Ausweglosigkeit der Kammer, die unvorstellbare Wucht der Glut, die den Körper, nachdem alles Bergende weggefallen und verzehrt ist, sich bäumen und schütteln läßt, bersten und prasseln im Wirbel dessen, was ihn erfaßt, so glühend wie dunkel, und erbarmungslos wie in noch einem letzten Kampf nach allen Kämpfen.

Formen des Übergangs, Formen der Verheißung? Eine irreguläre, aber faszinierende lernte Werner Knaupp 1980 in der Gruft einer fränkischen Burg kennen: das sichtbarliche Sich-Erhalten der Körper in Mumifizierung durch die atmosphärische Gunst des Ortes. Die Bilder danach zeigen die Gespanntheit der Energien, die die Leiber organhaft noch beherrschten, als sich das Leben längst verflüchtigt hatte.

Fast alles ist schwarz in all diesen Bildern, Farbe als Farbigkeit so gut wie abwesend. Als Materie freilich – Schwarz in Schwarz – ist sie variabel von der samtigen Dichte des Kohlepulvers und seinem Zerstäuben über die Fläche hin bis zur brodelnden, fast teighaft zähen Konsistenz dickflüssiger Masse, die da, wo sie sich glättet, spärlichen Glanz abgibt im Widerschein, das Schimmern verschmutzter Blankheit also zwischen rauher Verkrustung und Staub.

1981/82 dann wurde, in fahl-sandigen Tönen wie in der Körnigkeit von Sand, die Erde als die ins Bild gebracht, in die das Gestorbene zurückkehrt und zurückgenommen wird. Mehrteilige Tableaus tun die Einebnung kund. Die Körperreste, mit Staub und Rauch, das schon in Formlosigkeit Reduzierte wie die resistenteren Teile gleichen sich an. Der Tote fast wie eine Wunde in der Haut des Erdreichs, die, schon verschorft, sich schließen wird. Adamah, der aus Erde Gemachte, kehrt in die Erde zurück, verliert sich in sie, wie er in sie eingesammelt wird. Die Zone des Todes ist, wo Leben im ganzen seinen Haushalt hat, die Zone des Überlebens auch.

Das Bild des Gekreuzigten hat sich, vom Künstler nicht beabsichtigt, zwischen die Krankenbilder gedrängt. Ein mit gebreiteten Armen Liegender weckte suggestiv die Assoziation des Kruzifixus, und das Wegbrennen des Kopfes, das die Züge löschte, ließ die Anwesenheit des Transzendenten nur stärker spürbar werden. Es ist dann eine Gruppe von vierzehn Leidensbildern dieser Zeit zu einem Kreuzweg zusammengefaßt worden, der die einander folgenden Leidensstationen Christi übersetzt in vierzehn simultan aufzufassende Alternativen tiefsten Verfallenseins an das Leiden, die im Schicksal von Menschen sich darbieten und beispielhaft werden.

# JOSEPH BEUYS

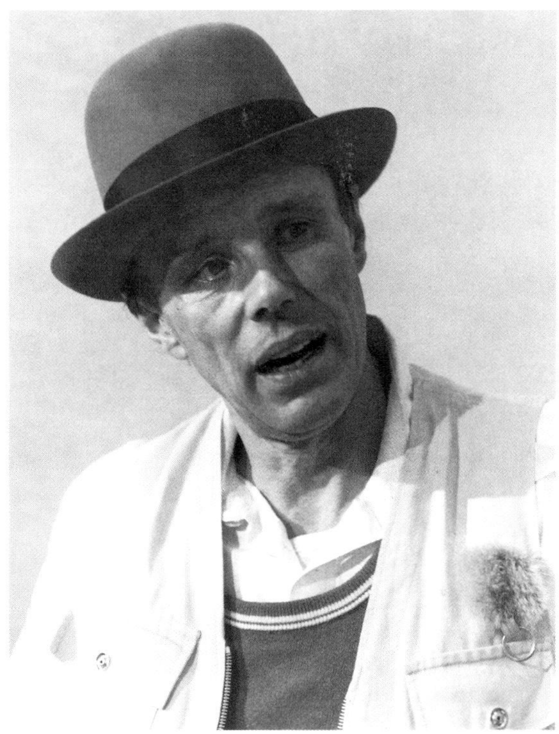

Die Bekanntheit Ihres Namens steht für einen Joseph Beuys der großen Aktionen, auch des Kontaktes mit den Medien, der Installationen oder wie immer. Wenn ich dann aber die Kreuze betrachte, die religiös relevanten Elemente, die beispielsweise in der Sammlung van der Grinten sind, dann ist das ein ganz anderer Beuys. Und auf diesen wollte ich eigentlich hinaus.
Sie haben sehr früh begonnen, unter anderem auch religiös motivierte oder religiös inspirierte Kunst zu machen. Wie hängt das zusammen?
*Joseph Beuys:* Ja, das ist wohl der erste Versuch, sich an so etwas heranzubegeben. Aus den Datierungen und der Biographie geht ja ganz klar hervor, daß es sich um erste Versuche handelt. Es ist am Anfang der Versuch, sich an das spirituelle Ganze erst mal von dieser Seite heranzutasten, das einem – wie soll ich sagen – von der Tradition her geläufig ist. Auch im Sinne eines gewissen Schemas. Das war mir schon klar. Ich habe versucht, handwerklich zu prüfen, ob es überhaupt noch eine Möglichkeit gibt, so etwas darzustellen. Und das habe ich durch eine ganze Zeit hindurch dann versucht. Das Motiv, also die Christus-Figur, taucht auf als Kreuzigungsgruppe in verschiedenen ikonografischen Grundbedeutungen: als Schmerzensmann ... auch die Pietà gehört in diesen Zusammenhang. Dann gibt es aber auch – man könnte fast sagen im Sinne der romanischen Tradition – den siegreichen Christus; dann das Auferstehungsmotiv. Die meisten Versuche sind sehr klein geblieben, was vielleicht schon sagt, daß es eben Versuche waren. Sie sind modellhaft geblieben, manches ist überhaupt nicht ausgeführt. Es besteht nur in hartem Ton oder in Gips. Dann erschöpft sich diese Versuchsreihe, vom traditionellen Motiv her an das Spirituelle heranzukommen. Dieses Experiment erschöpft sich schon um 1954 herum. Da ist das eigentlich zu Ende. Und da wird mir klar, daß über diesen abbildenden Weg mit dieser Christusfigur das Christliche selbst nicht zu erreichen ist. Jedenfalls nicht durch mich. Was andere Menschen vermögen, darüber kann ich natürlich nicht urteilen. Aber mir war klar, daß ich methodisch viel weiter ausholen muß. Bei diesen frühen Versuchen kam ich mir eigentlich vor wie ein Mensch, der nur noch versucht, ein Motiv aufzugreifen, das längst besser und gültiger und in angemesseneren geistigen Zusammenhängen gemacht worden war. Ich hatte den Eindruck, mich auf einem Irrweg zu befinden. Vielleicht sind es hier und da ganz schöne plastische Gegenstände, vielleicht sind sie auch interessant im Zusammenhang mit dem, was ich dann später gemacht habe. Sie stellen innerhalb meines Lebens einen gewissen Hinweis dar, daß mich das Christliche interessiert und beschäftigt. Hier und da erscheint es dann noch einmal in einer Zeichnung, aber dort eingebettet – vom Typus aus gesehen – in eine Art pantheistischem Gebilde. Nur ist der Pantheismus für mich keine Weltanschauung.

*Friedhelm Mennekes:* Sie haben sich also dann von dieser Thematik abgewendet, weil die traditionellen Themen für Sie zu schemenhaft geworden waren?
*J.B.:* Ja, ich wollte das nicht mehr machen. Dieses Anknüpfen an das Traditionelle hat mich nicht befriedigt, ganz besonders nicht im Zusammenhang mit der Idee des Christlichen.

*F.M.:* Sie sehen Ihre Arbeit doch als einen Beitrag zu spirituellen Grundfragen des heutigen Menschen. Standen diese frühen Arbeiten vielleicht damals schon in Gegensatz zu dem, was sich mehr und mehr als Ihr künstlerischer Weg herausstellte, empfanden Sie diese Versuche als unergiebig und negativ?
*J.B.:* Nicht gerade negativ, aber sie bewirkten nichts; sie sind traditionell gebunden, impotent, regressiv. Es war ein Anfang und insofern nicht negativ. Ich habe wichtige Erfahrungen dabei gemacht. Nein, es war ein gutes Vorgehen, um auf was Richtigeres zu kommen. Jedenfalls für mich.

*F.M.:* Was war denn die nächste Stufe oder die nächste Phase Ihres Bemühens, das Christliche in ein Bild zu fassen?
*J.B.:* Der Christus taucht als Crucifixus, als Sieger, als Auferstehender oft in Zeichnungen auf, immer wieder bis in die Zeit Ende der fünfziger Jahre. Aber hier ist dann das Christliche mit Naturkräften in Zusammenhang gebracht, mit planetarischen Bewegungen, mit kosmischen Dimensionen. Es ist eine Mythologie in einer völlig neuen Konstellation. Das ist vielleicht das erste Anzeichen für den Übergang über die Schwelle, der mir wichtig ist. Darauf folgte dann die Aktionszeit. Und in der Aktionszeit tritt das Christliche ja ganz zentral auf. Schon in der ersten Aktion tritt es auf.

*F.M.:* Als Christus?
*J.B.:* Ja, aber er tritt nicht auf als Korpus. Auch der Name tritt nicht auf.

*F.M.:* Das hängt damit zusammen, daß jetzt diese Christusfigur in Bezug gesetzt wird zu anderen Medien, zu anderen Wirklichkeiten des heutigen Menschen, der heutigen Kultur?
*J.B.:* Also erst einmal wird aufgeräumt. Es wird aufgeräumt mit einer bestimmten Sicht vom Christentum, als handele es sich um ein wichtiges historisches Ereignis. Das Ganze findet in einer Zeit statt, wo vor allem in der protestantischen Theologie sehr stark an der Suche nach Entmythologisierung gearbeitet wird. Ich war ja oft an diesen Diskussionen beteiligt. Ich habe mich stark gegen diese Art sozialdemokratischen Christentums gestemmt, ganz gleich ob das Dorothee Sölle war oder Karl Barth oder Rudolph Bultmann. Ich hab mich dagegen gewehrt, als handele es sich bei diesem Christus nur um eine historische Figur, um ein historisches Ereignis mit großen moralischen, beispielhaften Hinweisen, als ginge es darum, wie man sich moralisch verhalten müsse. Mir ging es um die Wirklichkeit dieser Kraft, eine stetig anwesende und sich verstärkende Gegenwart. Darauf habe ich hingewiesen. Es handelt sich also nicht nur um ein historisches Ereignis, sondern es ist ein reales Ereignis. Und darüber angemessene Aussagen zu machen, ist ja bis heute kaum einer religiösen Institution gelungen, auch nicht dem Katholizismus. Leider nicht.

*F.M.:* Sie meinen, die Kirche habe es nicht geschafft, das Christliche für unsere Zeit sakramental präsent zu setzen?
*J.B.:* Sakramentale Präsenz ist gut. Die Sakramente haben es versucht, die christliche Substanz als reale Präsenz dieser Grundkraft ins Bewußtsein zu bringen. Sie haben das während einer Zeit sehr richtig tun können, als noch der Glaube für den Menschen ein Erkenntnisorgan war. Aber in einem modernen Zeitalter, in dem die Menschheit durch den Materialismus hindurchgegangen ist, auch wissenschaftlich, und sich ihre ganzen Fähigkeiten in den Intellekt verschoben haben, ist der Glaube kein Erkenntnisorgan mehr. Die Menschen wollen wissen. Sie wollen die Grundfragen so wissen, wie sie über ein physikalisches Grundgesetz etwas wissen wollen. Aber mit dem, was ihnen ein naturwissenschaftlich exaktes Denkmodell vorschreibt, können sie natürlich sich selbst nicht erkennen. Die alten Glaubenskräfte sind nicht mehr auf der Höhe der Zeit. Es müssen ganz andere Erkenntniskräfte, andere Wahrheitskräfte im Menschen in Gang gebracht werden. Erst einmal muß ein Interesse für diese anderen Kräfte entstehen. Man muß auch so schnell wie möglich den Menschen klarmachen, daß man kein Problem lösen kann ohne diesen Gesichtspunkt, nicht einmal die wirtschaftlichen, wenn man nicht die ganze Wirklichkeit vor sich sieht. Der Mensch in dieser Zeit ist selbstverständlich nicht von Gott verlassen. Und diese schöne These ›Gott ist tot‹ ist vom Gesichtspunkt materialistischer Weltanschauung und von dem, was der Materialismus über die Menschen hinübergewälzt hat, wohl richtig. Aber gerade in dieser absoluten Abgeschiedenheit – daß er eben tot ist – für diese einfachen instinktiven Kräfte oder Glaubenskräfte, die die Menschen früher hatten, und die erloschen sind, ist dennoch diese Kraft nicht tot, sondern lebendiger als je zuvor. Vor allen Dingen: sie ist realer. Sie ist realer da. Sie ist kein Bestandteil unserer traditionellen sog. Kultur mehr, aber sie ist real präsent.

*F.M.:* Wenn ich Sie jetzt richtig verstehe, wäre es die Aufgabe der Zeit, das Steuer herumzuwerfen und die letzten Reste der inneren spirituellen Sensibilität zu mobilisieren.

*J.B.:* Und genau das ist ein ganz großes Problem. Was in Deckung gebracht werden muß, ist das Bedürfnis des Menschen, exakte Kenntnisse haben zu wollen und sich selbst und die Welt von heute in ihren Grundfragen zu bewältigen. Umso schädlicher ist es, wenn man den Materialismus nicht versteht. Diese Einseitigkeit der menschlichen Entwicklung ist in Bezug auf den großen Verlust, d. h. der völligen Abnabelung vom Spirituellen, zu überwinden, so bedeutend auch an sich dieser exakte naturwissenschaftliche Denkbegriff ist. Der Materialismus hat ja zwei Funktionen: die eine ist das völlige Lahmlegen alter, gemütsmäßiger Kräfte, die andere das Intaktsetzen intellektuell scharfer Erkenntniskriterien für jeden Begriff wissenschaftlicher Erkenntnis. Nach dieser Zuspitzung des menschlichen Intellektes muß wieder eine Anknüpfung an das Spirituelle gefunden werden, aber jetzt nicht mehr aus tradierter Kraft, d. h. geschenkter Kraft, sondern aus eigener Kraft, d. h. aus der Kraft des Selbst, des Ich. Während das alte Christentum eine gemütsmäßige Seeleneigenschaft der Menschen war, um über die Glaubenskräfte Verbindung zu bekommen in der empfindenden Seele, ist durch die Abnabelung von dieser Tradition etwas Großartiges geschehen, etwas Positives, ja etwas Christliches, als dem Menschen dadurch gesagt wird: Wenn du einfachhin so glaubst, bist du kein Christ. Du mußt versuchen, ›exakt‹ zu »glauben«; du mußt erst deinen Glauben verlieren, so wie Christus für einen Augenblick seinen Glauben verloren hat, als er am Kreuz war. Das heißt, der Mensch muß diesen Vorgang der Kreuzigung, der vollen Inkarnation in die Stoffeswelt durch den Materialismus hindurch, selbst auch erleiden. Er muß selbst sterben, er muß völlig verlassen sein von Gott, wie Christus damals vom Vater in diesem Mysterium verlassen war. Erst wenn nichts mehr ist, entdeckt der Mensch in der Ich-Erkenntnis die christliche Substanz und nimmt sie ganz real wahr. Das ist eine Erkenntnis. Die ist so exakt, und sie muß sich so exakt vollziehen wie ein Experiment im Labor. Jedes dusselige, verschwommene Herumspielen damit würde eigentlich nicht zu diesem Christuserlebnis führen. Das ist natürlich sehr abgekürzt, was ich jetzt sage.

*F.M.:* Sehr abgekürzt, aber es ist imgrunde eine alte Weisheit der christlichen Spiritualität. Ich denke, daß ein Johannes vom Kreuz oder andere Lehrmeister des Spirituellen gar keinen anderen Weg als diesen gewiesen haben, nämlich durch die Nacht des Unglaubens, des Zweifels und der Gottverlassenheit hindurchzugehen.

*J.B.:* Ja, aber es ist dafür kein Bewußtsein vorhanden. Wenn man über diese Notwendigkeit spricht und nachdenkt, liegt es nahe, die Wegbereiter in der Vergangenheit aufzusuchen, die Ähnliches oder vielleicht sogar dasselbe und vielleicht noch Intensiveres über diesen Zusammenhang ausgesagt haben. Aber das fordert ja dann die anthropologische Forschung. Denn wo der Mensch nicht als der einzige Anknüpfungspunkt für eine solche Bewußtseinsentwicklung erkannt ist, bleibt alles beim alten. Ohne den christlichen Stoff, das Element des Lebens, des Geistes und der Imagination, Inspiration, Intuition ist eine positive Bewußtseinsentwicklung nicht möglich. Es ist also durchaus nötig, daß dieses Grundgefühl, das Weitergehen der Entwicklung im Menschen spürbar wird. Daß er nicht resigniert und denkt, das ist alles schon so lange vorbei, das sind alles schöne Geschichten, – sondern daß er erfährt, daß, sagen wir einmal, eine Befreiung aus den Abhängigkeitsverhältnissen, die der Mensch sich selbst geschaffen hat, möglich ist. Wenn er dieses Grunderlebnis auch nur anstoßweise hat, stellt es ihm sofort Beine her, nach den wahren Quellen des Lebens zu suchen. Dieses Grunderlebnis finden wir ansatzweise an allen möglichen Stellen: bei Johannes vom Kreuz, im deutschen Idealismus, es ist bei Goethe vorhanden, es ist bei den Alchemisten vorhanden, und bei vielen kann man diesen methodischen Umbruch, diese Transformation des Menschen auf diesen Zeitpunkt, in dem wir uns heute befinden, nachvollziehen.

*F.M.:* Würden Sie auch Ignatius von Loyola in diesem Zusammenhang nennen?
*J.B:* Ignatius von Loyola in gewisser Weise auch. Ignatius ist sehr wichtig, wenn man in der Lage ist, in seinem militanten Disziplinmodell etwas zu erfahren, das weitergeht, als es sozusagen durch ihn selbst ausgesprochen ist. In ihm selbst liegt etwas drin, das viel weiterreicht. Das ganze Militante muß auf den Menschen selbst hin sich vollziehen. Es muß ein »Innenkrieg« werden. Dann ist Ignatius von Loyola natürlich eine der wichtigsten Figuren. Es darf kein Streiten für die äußere Kirche sein, sondern es muß ein Streiten für die Erringung dieses Bewußtseins sein. Und das läßt sich nicht erreichen ohne diese Disziplin und ohne diese Militanz.

*F.M.:* Ich denke, das was er im Exerzitienbuch ausgesprochen hat, ist imgrunde nichts anderes als eine Anleitung, mit diesem inneren Krieg, also diesem ›Kampf der Geister‹, fertig zu werden. Die entscheidenden Regeln zur ›Unterscheidung der Geister‹ sind imgrunde nichts anderes als eine Mitteilung geistlicher Erfahrung, innerhalb dieses geistlichen Kampfes zu sondieren und sozusagen das Gute weiterzutreiben.
*J.B.:* Ja, das Gute ... Was ist das Gute? Da sind wir sofort wieder auf einem Boden, der mir nicht so gut gefällt. Was ist denn das Gute? Das ist m. E. bei ihm nicht scharf genug ausgesprochen.

*F.M.:* Das Gute, das ist der Gott in mir. Ich würde sagen, das haben Sie nicht anders ausgesprochen als er. Das ist diese treibende Christuspräsenz in meinem Leben, in meiner Zeit, in der ich versuche, ihm innerhalb dieses ›inneren Krieges‹ zu entsprechen, auf der Spur zu bleiben.
*J.B.:* Ja, dennoch ist es leicht möglich, das auch als gefühlsmäßigen Impuls zu deuten. Und diesen Krieg nicht auf das Hauptmerkmal zu richten: zum Selbstbewußtsein zu gelangen. Allein dieser Terminus ›Selbstbewußtsein‹, ›Ich-Kraft‹, ist ja durch den Materialismus als Disziplin intensiver verfolgt worden als durch alle solche Äußerungen. So groß sie alle sind im Versteckten, diese Äußerungen des Ignatius, – wenn man sie richtig deuten könnte und auf diese Fährte setzen könnte, er wäre eine der wichtigsten Figuren. Diese Disziplinierung des Ich in der äußersten Zuspitzung des Bewußtseins – sagen wir mal ruhig: im Denken. Dort ist diese Genauigkeit erreicht, in einem ganz kleinen Restbestand. In der Tiefe der Nacht, in der Tiefe der Isolation, in der völligen Abgeschiedenheit von jedem Spirituellen vollzieht sich ein Mysterium im Menschen, welches in Gang gebracht wird durch die Wissenschaften und nicht durch die tradierten Institutionen des Christentums. Also an dieser Stelle setzt jetzt dieses kriegerische Element ein und hat natürlich wieder eine sehr interessante Beziehung zu Heraklit's Satz: »Der Krieg ist der Vater aller Dinge«. Wenn die Menschen es nicht verstehen, den äußerlichen Krieg zu metamorphisieren und zu ihrem eigenen Bewußtseinskrieg zu machen, dann ist natürlich mit dem sog. Frieden nicht viel zu wollen. Frieden erscheint in diesem Zusammenhang zunächst als eine ziemlich gemütliche, platte, faule Sache. Wenn also – ein äußeres Bild – in der Friedensbewegung dieser innere Krieg nicht geführt wird, wird es niemals Frieden geben. Dann ist es nur ein faules, bequemes Fordern von Sachen, die man ja gar nicht haben kann, wenn man sich selbst nicht so radikal verändert. Erst wenn man ein ganz neuer Mensch geworden ist, wird man auch zu Dingen fähig werden, die bisher dem Menschen unmöglich erschienen sind. Das heißt imgrunde aber auch, den Menschen ein Bild vom Leben zu zeigen, durch das sie aus ihren ganzen Frustrationen herauskommen. Das Leben ist doch ein so interessanter Schauplatz und zeigt dem Menschen so viele geistige Erlebnisse auf, die er nur zu ergreifen braucht, um so ein inhaltreiches und von Entfremdung befreites Leben im Geiste führen zu können, wie es keine Mensch-

heit von der Vorgeschichte bis heute hatte. Niemals ist das Hereindrängen geistiger Kraft, also das sich Anbieten geistiger Hilfestellung für den Menschen, so gewaltig gewesen wie in dieser Zeit. Aber ohne diese Erkenntnisschritte zu machen, wird man diese Kraft, die hineindrängen will, nicht aufnehmen können und in irdische Verhältnisse hineinbringen können. Denn diesmal geht es nicht mehr so, daß ein Gott dem Menschen hilft, wie das durch dieses Mysterium von Golgota war, sondern diesmal muß die Auferstehung durch den Menschen selbst vollzogen werden. Der Kredit ist gegeben, d. h. nach diesem Kredit muß die Rückzahlung des Wechsels vom Menschen kommen. Also von diesem Standpunkt aus ist es ja wieder ganz interessant, sich den Spruch ›Gott ist tot‹ vorzuhalten. Er ist tot insofern, als er nie mehr von selbst kommt und den Menschen da irgendwie unter die Arme greift. Das tut er nicht. Sondern das ist ja längst im Menschen drin. Der Mensch muß sich gewissermaßen selber mit seinem Gott aufraffen. Er muß gewisse Bewegungen vollziehen, gewisse Anstrengungen machen, um sich in Kontakt zu bringen mit sich selbst. Und das ist ja der wahre wissenschaftliche Sinn des Wortes ›Kreativität‹. Jede andere Vorstellung des Begriffes ›Kreativität‹ hat nur modischen Charakter. Nur wenn er dieses Verhältnis herstellt, kann er von seiner Schöpferkraft sprechen. Nur unter dieser Voraussetzung kann er auch von dem Begriff der Selbstbestimmung sprechen. Denn Selbstbestimmung kann nur ein freies Wesen ausführen. Und dieses Wesen ist ja frei geworden durch die Entwicklung, nicht zum wenigsten sondern zum meisten durch die Inkarnation des Christuswesens in die physischen Verhältnisse der Erde. Also ein reales Mysterium, ein kosmisches Ereignis hat sich da vollzogen, kein nur historisches. Da hat sich ein Kraftfluß von absoluter Realität vollzogen. Und nun vollzieht sich mit dem Menschen eine Metamorphose, mit der er sehr große Mühe hat. Ganz große Mühe. Sehr schwer fällt es dem Menschen, aus eigener Kraft diese Selbstbestimmung auch wirklich in Anwendung zu bringen. Es fällt ihm ungeheuer schwer. Er möchte viel lieber noch mal was geschenkt bekommen. Er kriegt aber nichts mehr. Er kriegt nichts, gar nichts, von keinem Gott, von keinem Christus. Dennoch bietet sich diese Kraft an und will mit Gewalt hinein. Aber unter der Voraussetzung, daß der Mensch sich selbst aufrafft.

*F.M.:* Ich habe mit Ihren Ausführungen keine Schwierigkeiten. Ich möchte aber doch eine Unterscheidung versuchen zwischen historisch und präsent. Sie sagen immer: Christus ist nicht historisch.
*J.B.:* Nein, das ist er nicht.

*F.M.:* Aber es gab ihn doch historisch. Damit ist freilich der andere Aspekt nicht aufgehoben. Durch die Auferstehung bleibt er präsent. Aber es gab doch das Fundament, also seine historische Präsenz: daß er gelebt hat, daß er gekreuzigt wurde und auferstanden ist. In diesem Sinne ist er doch eine historische Persönlichkeit.
*J.B.:* Ja, aber es erschöpft sich nicht mit diesem historischen Ereignis. Sicher, als das geschehen ist, gab es rundherum historische Daten: Pontius Pilatus, das Römische Reich ... Aber nun ist Christus kein besonders großer Profet, ein großer Mann, wie viele sagen, ein ungeheuer großer Profet mit einem besonders großen moralischen Konzept, dem die Menschen folgen wollen und sollen, – sondern er ist eine Kraft, eine menschliche Kraft selbst, eine göttlich-menschliche Kraft selbst, die in dem Augenblick in den historischen Kontext gerät für einen Moment.

*F.M.:* Gibt es für Sie bestimmte Einzelheiten aus dem Leben Jesu, die Ihnen etwas sagen, etwas, das Ihnen gefällt? Bestimmte Begegnungen, Geschichten, Erzählungen, Schicksale?
*J.B.:* Ja, was mir am nächsten liegt, sind die immer wieder vorkommenden Heilungen, und dann natürlich die Bergpredigt. Das steht bei mir im Vordergrund.

*F.M.:* In der Bergpredigt, was wäre da so konkret für Sie wichtig? Ich meine, es ist ja viel, was da steht.
*J.B.:* Ja, das ist viel. Aber in der Bergpredigt ist für mich das Wichtigste, daß hier ein entscheidender Hinweis auf die Möglichkeit des Menschen gegeben wird. Auf die Möglichkeit des Menschen selbst. Hier wird ja nicht an irgendwelche Dogmen oder Glaubenssätze appelliert, sondern es sind eigentlich unendliche Möglichkeiten des Menschen auf seinem Gipfel. Deswegen ist es auch eine Bergpredigt. Da ist der Mensch auf der Höhe seines Bewußtseins. Also dieses Element des Gipfelgesprächs ist mir wichtig. Der Gipfel ist immer das Höchste im Menschen, in seinem Innern, es ist die absolute Klippe, das Oben. Das ist das, was mich an der Bergpredigt am allermeisten interessiert: sich völlig ablösen aus der Tradition, die Eigenständigkeit des Menschen.

*F.M.:* Die Seligpreisungen sind ein Weg zu einer visionären Utopie, ein Aufstieg zu den Möglichkeiten des Menschen, wahrhaft seine Seligpreisungen.
*J.B.:* Ja, das ist es, was Utopie ist; was aber nichts anderes ist als der Plan. Utopie heißt ja: der Plan. Manchmal ist es ein Langzeitplan, kürzer oder länger, je nach Anstrengungen, die gemacht werden auf diesem Weg.

*F.M.:* Sie würden auch in der Bergpredigt eine Art Vorabschattung dessen sehen, was er dann später nach der Auferstehung begonnen hat zu realisieren. Und die Auferstehung ist die Ermächtigung des Menschen, die Bergpredigt einzulösen, sie mit der inneren Kraft des Christlichen zu realisieren. Haben Sie eigentlich außer der Kreuzigung noch andere christliche Bilder gemacht, die auf ein historisches Ereignis Bezug nehmen? Haben Sie nicht auch die Jordan-Taufe gestaltet?
*J.B.:* Ja, diese Taufe eines sehr hochgestellten Wesens, die dieses Wesen aber durchaus nötig hat: die Inspiration durch die Taufe zu erhalten. Das heißt, ohne diese Taufe wäre Christus nicht da, wäre er Jesus geblieben. Die Unterscheidung zwischen Christus und Jesus ist sehr entscheidend. Das ist etwas, was ich verfolgen kann, wenn ich das Neue Testament lese. Auch im Alten Testament finde ich ja Hinweise auf dieses Verhältnis. Wäre diese Jordantaufe nicht gewesen, wäre sicher eine große historische Persönlichkeit übriggeblieben, etwa wie Mohammed, vielleicht größer, – aber er wäre nicht der Christus gewesen, d. h. die spirituelle Substanz, das Sakrament, das Konkrete, das die ganze Welt verändert bis in die Materie hinein. Das hätte sich nicht vollzogen.

*F.M.:* Die Taufe Jesu ist ein Osterfest. Taufe und Auferstehung hängen sicher zusammen. Gibt es noch andere Szenen aus dem Leben Christi, die Sie gestaltet haben?
*J.B.:* Ja, die Heilungen, die Fußwaschung. Die Fußwaschung Jesu ist ein Reinigungsritus, wie z. B. bei Maria Magdalena. Er bedeutet selbstverständlich nichts anderes als den Versuch eines großangelegten therapeutischen Prozesses, der hier bildhaft wird. Es ist imgrunde der Beginn einer Sozialtherapie. Eine völlige Reinigung, eine völlige Heilung des gesamten sozialen Feldes, d. h. bis in die sozialen Organismen hinein, ob sie sich nun Staaten nennen oder wie auch immer; Begriffe wie ›Wirtschaft‹ oder ›Demokratie‹ oder ›Kultur‹: es ist die Unreinheit, die gereinigt werden muß. Denn so wie die Welt ist, darf sie nicht sein.

*F.M.:* Wenn ich an die Worte Jesu zur Ehebrecherin denke: Gehe hin und sündige nicht mehr! Dieser Freispruch hat sicher eine soziale Komponente, ja er hat eine soziale Konsequenz zu seiner Bedingung, denn die Frau kann sich nur abkehren von ihrem persönlichen Lebenswandel, wenn das soziale Umfeld ebenfalls diese Umkehr mitmacht.
*J.B.:* Ja, es ist Wert gelegt auf die Tat, nicht nur auf die Theorie, daß man fromme Gedanken hegen soll, daß man dies und jenes tun soll oder nicht tun soll, daß man tatsächlich in den Lauf des Lebens eingreifen muß. In diesem Fall: daß man auch vieles lassen muß. Deswegen ist dieser Spruch ja so wichtig für unsere heutigen Verhältnisse. Das Hauptmotiv der Arbeit der bestehenden Systeme ist das Fördern des Profitprinzips, das Zerstören der Welt durch immer mehr Gifte, Zerstörung der Lebensgrundlagen, Zerstörung des Innenlebens des Menschen selbst, – zu allem, was heute so getan wird, müßte man sagen: Tu das nicht mehr! Laß das sein! Wenn er das nämlich sein läßt, erblüht die Welt von selbst. Denn es wird heute ja nur negative Produktion getrieben. Auf das große soziale Ganze gesehen ist so ein Satz natürlich schlagend richtig.

*F.M.:* Sie haben Beziehungen zum Alten Testament vorhin schon anklingen lassen, – lesen Sie hin und wieder die Bibel, das Alte Testament?
*J.B.:* Ich habe jetzt schon sehr lange nicht mehr darin gelesen. Aber früher sehr viel, auch das Alte Testament.

*F.M.:* Gibt es da bestimmte Figuren, die Ihre Aufmerksamkeit gefunden haben, die Profeten vielleicht?
*J.B.:* Profeten, ja. Ezechiel zum Beispiel.

*F.M.:* Und Mose?
*J.B.:* Mose war mir immer ein bißchen farblos. Mose ist für mich die Transfer-Figur. Er ist ja die Figur, die aus den alten Kulturen herüberführt und die Juden überhaupt auf ihren eigenen Weg bringt. Sein Bruder Aaron ist ja noch in den alten Kulturen verblieben. Beide waren ja eingeweiht in die ägyptischen Mysterien. Beide haben also auch den Echnaton kennengelernt. Mose hat versucht, den Sonnenkult, den alten Tierkult, den Widderkult abzulösen. Er hat also dann die Juden durch die Wüste geführt und sie auf ihren Weg gewiesen und den Monotheismus, den Jahwekult gegenüber der Vielgötterei durchgesetzt. Die Geschichte des Judentums ist ja die Geschichte des Monotheismus, die Geschichte einer quasi künstlichen Manipulation des Menschen. Es ist ja nicht organisch, was Mose getrieben hat. Der Schritt zum Monotheismus wurde bruchartig durchgeführt; jetzt muß der Mensch ihn exakt-naturwissenschaftlich noch einmal nachvollziehen. Das war das Ziel: der Mensch mußte in das Abstraktionsprinzip hineinkommen. Er mußte von den alten Beeinflussungen der vielen Vitalgötter befreit werden. Er mußte quasi ein Gedankenwesen werden. Das Judentum nimmt dieses Modell vorweg, das Modell der absoluten Abstraktion, der Tötung der Lebensprozesse in gewisser Weise. Ich kann das zwar so erzählen, aber trotzdem bleibt mir die Figur von Mose nicht klar. Sie ist für mich diese Transfer-Figur, sie bleibt blaß; vielleicht, weil sie abblassen mußte. Für mich ist sie nicht spezifisch alttestamentarisch.

*F.M.:* Wie stehen Sie zu den Psalmen?
*J.B.:* Psalmen sind mir zu schön. Die sind lyrisch. Ich finde nur sehr schwer Zugang zu ihnen. Sie nehmen wieder etwas zurück. Sie haben für mich eine orientalische Tradition, weil sie sehr dichterisch sind. Sie bringen mich ab von der einfachen Logik dieses Weges: der Logik der Abtötung von dem alten vitalen Götterhimmel in die Abstraktion und die Stärkung des Einheitsprinzips, des Jahwe-Prinzips. Und sie bringen mich auch ab von der Mission, die das Judentum ja hat: sozusagen Wegbereiter zu sein für den später erscheinenden Messias.

*F.M.:* Ich möchte jetzt gern zum Christusthema zurückkehren. Die Christusgestalt ist eine Gestalt des Leidens und des Sterbens. Hat diese Gestalt nicht Bedeutung dadurch, daß der, der die innere Lebenskraft in sich verspürt, daß der gewissermaßen mit seiner Umwelt in eine dramatische Auseinandersetzung gerät, also bedroht wird, leidet und am Ende sterbend in diesem Gegensatz, Lichtträger und Mächte der Finsternis, unterliegt?
*J.B.:* Aber das ist ja noch kein Leiden. Der, der mit seiner Idee Widerspruch erfährt, der sehr stark angefeindet wird, der leidet ja nicht. Leiden tut ja nur derjenige, der diese Auseinandersetzung nicht führen kann, oder vermeintlich nicht führen kann. Das ist doch eigentlich kein Leiden bei dem, der im Besitz von Kräften ist. Der wird zwar angefeindet, aber er ist stark genug, aus diesen Anfeindungen Freude und Heiterkeit zu entwickeln. Aber der, der das nicht kann, der also in der Ohnmacht ist, sich selbst auf die Beine zu stellen, der leidet in der Tat. Also wer leidet, das sind die Opfer, das sind diejenigen, die sich nicht stramm selbst auf die Beine stellen und dieses und jenes verwirklichen; es sind die, die sich nicht zu Wort melden können. Also das Unvermögen leidet, auch physisch. Ein krankgeborenes Kind z. B., das vielleicht sein ganzes Leben in liegender Haltung verbringen muß; ein Mensch, der stumm ist oder keine Arme hat oder gar nicht bewegungsfähig ist, die alle völlig anonym unter uns leben, das sind die Leidenden. Da ist das Leiden real. Das Leiden ist niemals real bei denen, die kämpfen können.

*F.M.:* Man kann bei Christus sicher auch sagen, daß er manche Anfeindungen souverän pariert hat, vielleicht sogar mit einer gewissen Wonne. Aber kann man nicht doch zunehmend den Prozeß des Opferwerdens sehen? Da ist ihm doch irgendwann die Lust am intellektuellen Parieren seiner Gegner vergangen, weil er zunehmend Opfer aus wirklicher Ohmacht wurde; als er ohnmächtig wurde, seine Jünger zu halten, seine engsten Vertrauten und Freunde, als er allein leben mußte und von allen verlassen war?
*J.B.:* Ja, das kann man Leiden nennen. Aber das ist ja eigentlich die große Enttäuschung, aber das ist noch nicht das Leiden, das viele Menschen haben in ihrer großen Ohmacht, in ihrem wirklichen Kranksein und Abgeschobensein, die keinerlei Funktion ermöglichen. Wirklich leidend ist auch unsere heutige Jugend. Sie ist leidend, obwohl sie das oftmals gar nicht erfährt, in einem sehr hohen Maß, weil ihr die Möglichkeit genommen ist, irgendetwas von sich in die Funktion zu bringen, also gestalterisch, schöpferisch zu werden. Und das ist für mich das Leiden. Das Leiden ist das Ausgeliefertsein an die Passivität. Alles, was noch aktiv ist, kann Schmerzen haben, kann zum Schmerzensmann selber werden, aber wirklich Leiden ist es dennoch nicht.

*F.M.:* Aber Christus ist doch auch in diese letzte Passivität gestoßen, zumindest im letzten Augenblick, bei der Kreuzigung. Sie figuriert doch als das Ausgeliefertsein in die letzte Passivität, ausgeliefert sogar bis in den Zweifel an Gott.
*J.B.:* Richtig, das habe ich ja gesagt, das tritt einen kleinen Moment auf. Aber das ist auch die einzige Stelle, wo man von der wirklichen Passion sprechen kann. Passion im Sinne der Verzweiflung, der Abhängigkeit. Wo auf einmal das Freiheitsprinzip nicht mehr real zu sein scheint. Das, wofür er selbst steht. »Ich werde euch frei machen.« Daß durch die Christuskraft der Mensch befreit wird, das scheint einen Augenblick infrage zu stehen. Und das ist die eigentliche Passion. Das ist das Leiden bei Christus.

*F.M.:* Aber das frühere Leben ist doch eine lineare Hinführung, eine Entwicklung dahin. Er wird doch zunehmend in diese Engführung getrieben, um nicht zu sagen: Hoch-Führung.
*J.B.:* Dieses, was man Schicksal nennt, das steckt seit der Jordan-Taufe in ihm drin, und in dieser Form. Das weiß er. Und der Ton, mit dem er spricht, und die Heilungen, wie sie sich vollziehen, die sind in eben diesem Ton der Gewißheit dieses Endes oder Anfangs gemeint; denn das Ende dieser Passion ist natürlich ein Anfang. Durch den Tod vollzieht sich das eigentliche Leben. Das ist das Mysterium des Menschensohnes. Das eigentliche Leben wird erst erreicht. Gegenüber diesem Leben ist seine Biographie der Tod. Ich überspitze mal ganz stark. Er lebt unter Toten. Unter Toten wird er auch entsprechend behandelt, d. h. hie und da kommt man ihm zu Hilfe, aber man verläßt ihn auch wieder. Danach fängt überhaupt das Eigentliche an. Dann kommt nämlich das Auferstehungsprinzip, welches auf ganz andere Sinnzusammenhänge anspielt, die auch für den Menschen möglich werden. Also ist er dadurch der Repräsentant des Menschen schlechthin geworden. Also muß der Mensch so sein wie er.

*F.M.:* Welche Bedeutung hat denn nun in Ihrer Sicht die Christusgestalt für den Leidenden heute? Welche Relevanz hat er für jeden, der in der Ohnmachtssituation, in der Beraubung der Freiheit lebt?
*J.B.:* Er zeigt auf, daß gerade das Leiden dem Menschen hilft. Der im Leiden verharrt, auch der führt die Welt selbstverständlich weiter, er bereichert die Welt dennoch. Es wäre eine große Frage, wer die Welt mehr bereichert: die Aktiven oder diejenigen, die leiden? Ich habe ja immer entschieden: die Leidenden. Der Aktive mag Unendliches für die Welt erreichen, aber ein krankes Kind, das sein Leben lang im Bett liegt und gar nichts tun kann, das leidet und erfüllt durch sein Leiden die Welt mit christlicher Substanz. Denn durch das Leiden wird die Welt real mit christlicher Substanz erfüllt. Also hat das Leiden eine wichtige Funktion. Übrig bleibt, wenn man das in eine Formel bringt, daß dem Menschen nur zwei Weisen seines schöpferischen Verhaltens gegeben sind, und das natürlich in allen Abschattierungen, in jeder Biographie in einer anderen Mischung: das eine ist das Tun, das andere ist das Erleiden. Beide Schicksale führen die Bereicherung der Welt hinauf, und beide Funktionen garantieren die menschliche Zukunft.

*F.M.:* Wenn ich hier mal als Ordensmann sprechen darf, der als solcher in der christlichen Tradition tiefer verankert ist als ein normaler Zeitgenosse: es gibt die christliche Redewendung ›Aufopfern des Leidens‹. Bei allem Mißbrauch, der mit dieser Redewendung getrieben wurde, muß man sicherlich sehr behutsam damit umgehen. Aber wenn ich z. B. einen kranken Mitbruder im Krankenhaus besuche und wir in ein Gespräch kommen, und wir uns der Sorge füreinander versichern, dann kann es sein, daß ich dem Leidenden mein Gebet verspreche, und er mir für mein Tun verspricht, sein Leiden für mich aufzuopfern.
*J.B.:* Das ist exakt. Denn das Leiden ist natürlich ein bestimmter Ton in der Welt. Er ist hörbar. Man sieht ihn wohl auch. Wer sich einmal anstrengt, solches wahrzunehmen, der sieht im Leiden ständig eine Quelle der Erneuerung. Es ist eine Quelle von kostbarer Substanz, die das Leiden in die Welt entläßt. Da sieht man: es ist wohl eine unsichtbar-sichtbare sakramentale Substanz. Und wer das heute merkt, sind weniger die Menschen als die Bäume. Und deswegen pflanze ich ja Bäume. Ich bin kein Gärtner, der Bäume pflanzt, weil Bäume schön sind. Nein, ich sage, die Bäume sind heute ja viel intelligenter als die Menschen. Wenn der Wind durch die Kronen geht, dann geht zu gleicher Zeit durch die Kronen, was die leidenden Menschen an Substanz auf die Erde gebracht haben. Das heißt, die Bäume nehmen das längst wahr. Und sie sind auch schon im Zustand des Leidens. Sie sind entrechtet. Sie wissen das ganz genau, daß sie entrechtet sind. Tiere, Bäume, alles ist entrechtet. Ich möchte diese Bäume und diese Tiere rechtsfähig machen. Das ist selbstverständlich eine Pflicht des Menschen. Wenn er seine Aufgaben hier auf der Welt im Sinne des wirklichen Christentums, der wirklich christlichen Substanz, also des Sakramentes, das durch die Baumwipfel weht, wahrnimmt, dann muß er sich entsprechend verhalten. Und dann muß er seine Intelligenz, angefangen bei den Bäumen, langsam wieder aufrichten.

*F.M.:* Der Baum ist demnach auch eine Christus-Figuration?
*J.B.:* Der Baum, der Lebensbaum ist ja überhaupt dieses Zeichen für die allgemeine Intelligenz. Und auch der Prozeß, der mit dem Baum geschieht, und den wir heute am Wald wahrnehmen, zeigt dies auf. Heute wird der Wald von selbst zu dem, wozu das Holz des Kreuzes benutzt wurde. Und diese ganzen Aussprüche: »Denn wenn das mit dem grünen Holz geschieht, was wird dann erst mit dem dürren werden!« (Lk 32,31). Das ist ja das ätherische Element der Substanz, die erzeugt wird durch Christus selbst und durch den Menschen selbst, der wohl in der Lage wäre, das, was man Kreativität nennt, zu vollziehen. Deswegen sind die Bäume wichtig! Die Bäume sind nicht wichtig, um dieses Leben auf der Erde aufrecht zu erhalten. Nein, die Bäume sind wichtig, um die menschliche Seele zu retten. Dieser Spinatökologismus, der interessiert ja nicht. Die Welt kann untergehen. Diese Erde kann zu Bruche gehen. Aber wenn die Erde in dem Zustand zu Bruch geht, wie sie jetzt ist, dann ist die menschliche Seele in Gefahr. Das einzige was sich lohnt aufzurichten, ist die menschliche Seele. Ich meine jetzt ›Seele‹ im umfassenden Sinn. Ich meine jetzt nicht nur das Gefühlsmäßige, sondern auch die Erkenntniskräfte, die Fähigkeit des Denkens, der Intuition, der Inspiration, das Ich-Bewußtsein, die Willenskraft. Das sind ja alles Dinge, die sehr stark geschädigt sind in unserer Zeit. Die müssen gerettet werden. Dann ist alles andere sowieso gerettet. Es hat keinen Sinn, ohne diese Gedanken bessere Kartoffeln anzubauen.

*F.M.:* Ja, ohne diese Gedanken, d. h. ohne diese Kreativität zu steigern und zu mobilisieren hat die Menschheit und hat diese Welt keine gute Zukunft. Wer wäre denn nach Ihrer Sicht Träger solch einer Kreativität?
*J.B.:* Alle Menschen in gleicher Weise. Deswegen die Formel: jeder Mensch ist ein Künstler, potentiell. Die Möglichkeit ist angesprochen.

*F.M.:* Das ist einer der schönsten Gedanken, die mir im Zusammenhang mit Ihrem Werk begegnet sind. Und doch leben die meisten Menschen in einer Art Befangenheit, sie leben in einer geistigen Ohnmacht. Andrerseits gibt es aber auch den Künstler, und ich denke an Sie selbst, der hier eine befreitere Kreativität hat. Würden Sie den Künstler dazuzählen, oder künstlerische Aktivität?
*J.B.:* Ja nun, der Künstler ist mir ganz suspekt geworden, vor allem weil er sich sozusagen reduziert, aufgehoben fühlt in den alten Systemen: der Künstler muß Maler sein oder Bildhauer oder Tänzer oder Dichter oder irgendwas, was die Leute ›Kulturelles‹ nennen. Das meine ich überhaupt nicht. Dieser Weg: jeder Mensch ist ein Künstler, verlangt viel mehr vom Menschen als das, was Künstler schließlich auch erreichen können, wenn sie wunderbare Bilder malen. O. k., das hat einen Stellenwert. Aber für die Zukunft des Menschen ist das nicht das Entscheidende. Das Entscheidende ist, sagen wir mal, den Begriff ›Künstler‹ auf jeden Menschen zu beziehen, auf seine Arbeit schlechthin. Und dann zeigt sich, daß der Weg über die sogenannte ›Kunst‹ nicht der erfolgreichste ist für die *Kunst*. Der erweiterte Kunstbegriff »Jeder Mensch ist ein Künstler« ist nicht leicht, aber viel notwendiger für die *Kunst*. Ein Mann von der Müllabfuhr kann dies im Sinne einer anthropologischen Kunst eher erfüllen als ein Maler. Aber das bleibt ja offen. Wer das aus seinen Arbeitsbezügen entwickelt, wissen wir nicht. Im Augenblick sieht es so aus, als wenn das die Künstler am wenigsten wollten.

*F.M.:* Nun ist aber die Erweiterung des Kunstbegriffes selbst, die Erweiterung des Begriffes also, auch schon ein kreativer Akt. Es gibt doch Leute, die begabt, beschenkt, berufen oder gesandt sind mit einer stärkeren Kraft zur Kreativität, und sei es die, den Weg zu einer erweiterten Kreativität zu weisen. Ich würde also hier eine besondere Berufung des Künstlers vermuten, die über das Normale hinausgeht. Aber Sie selbst würden das wohl nicht teilen? Sie vermuten die Kraft zu solcher erneuerter Kreativität überall?
*J.B.:* Ja, überall. Auch im Bereich der traditionellen oder modernen Kunst. Doch der Satz: »Jeder Mensch ist ein Künstler« meint selbstverständlich nicht: jeder Mensch ist ein Maler! Nein, ganz andere Qualitätsforderungen aus irgendeiner Arbeit, zu der irgendein Mensch fähig ist. Mit ›Kreativität‹ sind ja ganz allgemein Fähigkeiten des Menschen gemeint, und nicht eine spezielle, etwa malen zu können.

*F.M.:* Ja, ich verstehe. Für Sie ist z. B. die Tätowierung eines Rockers oder die tänzerische Begabung eines Kleinkindes eine Form der Kreativität.
*J.B.:* Ja, aber auch das sieht ja noch so aus, als müßte es sich partout um malerische oder tänzerische Sachen handeln. Nein, Maschinenbau, Landwirtschaft, Kindererziehung, Pädagogik, Medizin, Physik, Chemie – alles dieses, Verwaltung, Geldwesen, Menschen auf der Bank. Ich meine jede Arbeit. Da irgendwelche Figürchen auf den Arm zu machen, das ist natürlich auch kreativ, aber das ist ja traditionelle Kunst.

*F.M.:* Aber da muß man irgendwann mal unterscheiden zwischen einer Kreativität im Sinne von l'art pour l'art und einer Kreativität, die sich ausdrücklich bezieht auf diesen Befreiungsaspekt, den Erlösungsaspekt. Was macht denn hier das Entscheidende aus? Wer stellt denn die befreite Kreativität im Zweifelsfalle fest?
*J.B.:* Zunächst stellt das keiner fest. Es muß also ein neues Element ins Bewußtsein rücken. Und was das Falscheste wäre, das wäre anzugeben, wie man die Sache auseinanderhalten muß. Das wäre auch eine große Ungerechtigkeit gegenüber denjenigen, die – sagen wir einmal – bei der traditionellen Ausübung so eines Handwerks oder so einer Kunst bleiben. Ich möchte diese Menschen ja nicht hindern an ihrer Tat. Im Gegenteil, ich möchte ihnen gerne wünschen, daß sie zu großartigen Ergebnissen dabei kommen. Aber dennoch könnte es sich bei diesen großartigen Ergebnissen nicht um das eigentliche Heilmittel handeln. Es sei denn, sie wären in ihren Bildern fähig, Imaginationen auszuführen, die dieses als Substanz haben. Aber hätten sie das als Substanz, wäre diesen Menschen auch der erweiterte Kunstbegriff selbstverständlich klar. Aber leider steht in unseren Tagen sehr viel Formales der Sache im Wege. Und ein Begriff von Schönheit, der sehr abgegriffen ist, der keinen Boden hat, der steht dem oftmals auch im Weg. Ich will einfach mal von dem erweiterten Kunstbegriff sprechen und nicht sagen: das soll nicht sein und das soll sein. Das ist schlecht und das ist gut. Dann komme ich ja wieder in so ein Urteil hinein, in ein Verurteilen. Im Gegenteil, man soll ja alle ermutigen, alle. Das ist wichtig. Man soll allen sagen: was du machst, ist gut, ist eine prima Geschichte, aber da kann natürlich noch was ganz anderes draus werden. Das heißt: das läßt sich noch erweitern. Immer positiv reden, nicht urteilen. Manchmal muß man natürlich auch ein paar harte Worte sagen, aber nach Möglichkeit soll man sich davor hüten.

*F.M.:* Das Thema unserer Ausstellungen ist: das Christusbild in unserer Zeit, also die Frage nach der zeitgemäßen Figuration dieses rettenden, erlösenden, befreienden Prinzips im Sinne etwa der Auferstehungstheologie gedeutet. Was sind für Sie Leitorientierungen für ein solches Christusbild? Wenn ich Sie richtig verstanden habe, dann geht es Ihnen ja um ein Weitertasten und Weitersuchen nach einer solchen Figuration.

*J.B.:* Man kann die Figuration nicht mehr so nehmen, wie sie in irgendeiner Vergangenheit tradiert wurde. Dann fielen wir zurück. Bei mir gab es ja diese Ablösung, wie wir zu Anfang unseres Gespräches schon feststellten. Ab einem bestimmten Zeitpunkt treten bei mir bestimmte tradierte Zeichen nicht mehr auf. Das Ganze hat sich aufgelöst in ein Gewebe, sagen wir ruhig: in ein Gewebe von Kraftzusammenhängen in der Welt. Dieses Bild von Christus kann ja heute nicht mehr mit äußeren Augen wahrgenommen werden, sondern es muß mit einem inneren Auge wahrgenommen werden. Und in diesem inneren Auge zeigt sich, was aus der Auferstehung Christi geworden ist. Der ist ja nicht irgendwo verdampft oder hat sich irgendwie verflüchtigt.
Die Frage ist doch: Wo ist der jetzt? Wer mit dem inneren Auge zu sehen sucht, der sieht, daß er längst wieder da ist. Nicht mehr in einer physischen Form, aber in der bewegten Form einer für das äußere Auge unsichtbaren Substanz. Das heißt, er durchweht jeden einzelnen Raum und jedes einzelne Zeitelement substantiell. Also ist er ganz nah da. Und die Schwelle zum Einbruch in den Menschen ist so gewaltig wie nie in der Geschichte. Nur es fehlt noch die offene Zuwendung, das zu erleben und sich dann als Mensch von Grund auf zu verändern.

*F.M.:* Nun gibt es aber verschiedene Medien, die diese Nachricht vermitteln. Ein Medium wäre das Wort und ein Medium wäre das der künstlerischen Figuration oder Darstellung. In welche Form würden Sie jetzt diesen Gedanken umsetzen?

*J.B.:* Ein Stichwort muß als erstes fallen: das der Bewegung. Es muß das Bewegungselement sehr stark betont werden. Wie man das jeweils macht, ist eine andere Frage. Die wahre Begründung der Aktionskunst ist das Bewegungselement. Und zwar nach Möglichkeit überallhin. Es ist auch das Moment der Bewegung gemeint, wenn Bäume gepflanzt werden, nämlich daß sich ein Zeitwesen, ein Lebenszeitwesen, eine Zeitmaschine, wie es ein Baum ist, in jeder Sekunde bewegt gegenüber einem starren Gebilde ... Der steht ja auch daneben, der Stein. Der ruht, aber sein Wesen daneben verändert sich, entfaltet sich, vom Wind bewegt. Ist anfällig, auch hinfällig gegenüber höheren Einflüssen. Wichtig ist vor allem das Bewegungselement. Die Form, wie diese Verkörperung Christi sich in unserer Zeit vollzieht, ist das Bewegungselement schlechthin. Der sich Bewegende. Die rein geistige Gestalt – wenn man mal ein vergleichsmäßiges Bild nehmen kann – so eine Gestalt ist da, wie ein Mensch ja auch da ist, wenn er tot ist. Da ist ja sein Leib, der im historischen Kontext gestanden hat, nicht mehr da, aber er ist dennoch da. Wieso ist er da? Das wirft natürlich ein Licht auf das Wesen des Menschen. Heute haben wir ja ein biologisches Bild vom Menschen. Das wird uns beigebracht. Der Mensch wird geboren, dann stirbt er, gut. Dann hat er was hinterlassen: der eine vermacht seiner Familie was, der andere hat ein Werk geschrieben. Aber man denkt nicht weiter. Es wird zwar viel gepredigt: der Mensch kommt dann in den Himmel und so. Diesen Zinnober hasse ich wie die Pest. Ich hasse es wie die Pest, daß wir nicht fähig sind, daß die Kirche nicht fähig ist zu einem Dauerdiskurs, dem Menschen eine Folgerichtigkeit des Christentums hinzustellen in einer verbindlichen Sprache und nicht in diesem verdammten Predigerton, in diesem Gelabere da. Das »Wort zum Sonntag« ist doch jedes Mal der Witz der Woche. Das ist doch keine Art, den Menschen das Ungeheure dieses Vollzuges der Zeit, in der wir heute leben, zu vermitteln. Das ist doch kein Mittel, dem Menschen die ungeheuren Möglichkeiten zu zeigen, die er heute hat. Allerdings, wenn diese Möglichkeiten von den Menschen nicht gewollt sind, gibt es keine besseren Strategien als den Anti-Christ auftreten zu lassen.

*F.M.:* Gibt es neben der Bewegung noch andere Ausdrucksmöglichkeiten für Sie als Künstler, die Christusgestalt für unsere Zeit zu vermitteln?
*J.B.:* Das Element der Bewegung zu vermitteln ist die Hauptaufgabe. Denn in dem Augenblick, wo etwas in Bewegung gerät, kommt etwas in Fluß. Während in der Gegenwart der Mensch in seiner seelischen Konfiguration in einer tiefen Erstarrung liegt, liegen auch die Gesellschaftssysteme, Kommunismus und Kapitalismus, in einer Erstarrung. Denen ist eine tiefe Erstarrung übergestülpt mit der materialistischen Gesinnung, ob im Westen oder im Osten.

*F.M.:* Aber wie kommen wir aus dieser Erstarrung heraus? Wie kommt die Bewegung zustande?
*J.B.:* Die Bewegung kommt zustande durch eine Provokation, durch eine Einweihung, durch eine Initiation zum Zweck der Bewegung. Man ruft etwas hervor, das Bewegungsprinzip selbst. Und hier zeigen sich andere Pole, zeigt sich der Pol des Willens, der Energie; daß man weiß, woher die Bewegung ihre Nahrung hat; und es zeigt sich sofort der Formpol, d. h. daß es sich darum handelt, für alle Menschen etwas zu gestalten. Und das ist eine andere Gestalt als die alte. Es ist also das Auferstehungsprinzip: die alte Gestalt, die stirbt oder erstarrt ist, in eine lebendige, durchpulste, lebensfördernde, seelenfordernde, geistfördernde Gestalt umzugestalten. Das ist der erweiterte Kunstbegriff.

*F.M.:* In welchem Werk sehen Sie Ihren wichtigsten Beitrag zum Christusbild?
*J.B.:* Der erweiterte Kunstbegriff. Ganz einfach.

*F.M.:* Als Theorie?
*J.B.:* Dieser Kunstbegriff ist keine Theorie, er ist eine Figuration des Denkens, aber natürlich keine, die irgendwo an der Wand hängt. Es gibt Formen, die an der Wand hängen, weil sie aus gewissen Seminaren über dieses Thema hervorgegangen sind, wie z. B. dieses »Kapital«, das in Schaffhausen hängt. Es entstehen ja dauernd Figuren aus den Diskussionen über dieses Prinzip, Niederschläge auf schwarzen Tafeln, auf Papier, in Form von Aktionen, auf Tonbändern: das Zeug verkörpert sich ganz von selbst.

*F.M.:* Aber eins können Sie mir nicht sagen: daß Sie im Rückblick vielleicht sagen: das ist mir besser gelungen als anderes?
*J.B.:* Nein, es ist der erweiterte Kunstbegriff, der mir am besten gelungen ist. Auch genau dieser Begriff. Diese Grundformel ist aus sich selbst heraus wahr. Unter diese Grundformel läßt sich alles andere unterordnen, was sonst noch an Detailnotwendigkeiten herangeschafft werden muß. Es ist immer der erweiterte Kunstbegriff. Der auch nichts anderes heißt, als daß es keine andere Methode für den Menschen mehr gibt, das was existiert zu überwinden, als diese.

*F.M.:* Sie bleiben sich natürlich mit Ihrer Antwort treu. Insofern setzen Sie jetzt selbst die Antwort in eine Bewegung, indem Sie den erweiterten Kunstbegriff als Antwort setzen und meiner Frage nach einer konkreten Figuration ausweichen.
*J.B.:* Die Antwort muß logisch sein. Der erweiterte Kunstbegriff ist keine Theorie, sondern eine Vorgehensweise, die sagt, daß das innere Auge sehr viel entscheidender ist als die dann sowieso entstehenden äußeren Bilder. Viel besser für die Voraussetzung guter, äußerer Bilder, die dann auch in Museen hängen können, ist, daß das innere Bild, also die Denkform, die Form des Denkens, des Vorstellens, des Fühlens, die Qualität hat, die man von einem stimmenden Bild haben muß. Also ich verlagere das Bild schon an seine Ursprungsstätte. Ich gehe zurück auf den Satz: Im Anfang war das Wort. Das Wort ist eine Gestalt. Das ist das Evolutionsprinzip schlechthin. Dieses Evolutionsprinzip kann nun aus dem Menschen quellen, es kann aus dem Menschen hervorbrechen, denn die alte Evolution ist bis heute abgeschlossen. Das ist der Grund der Krise. Alles, was an Neuem sich auf der Erde vollzieht, muß sich durch den Menschen vollziehen. Es wird sich aber

nicht vollziehen können, wenn die Quelle verstopft ist, d. h. wenn der Anfang formlos ist. Also ich verlange eine bessere Form des Denkens, des Fühlens und des Willens. Sie sind die wirklichen ästhetischen Kriterien. Aber sie sind nicht nur bei den äußeren Formen zu beurteilen, sie sind schon im Inneren des Menschen selbst zu beurteilen und werden dann da anschaubar. Dann wissen wir auf einmal auch, daß wir geistige Wesen sind, und daß das, was in uns im Geiste anschaubar ist und bildhaft wird und seine innere höhere Mathematik hat, daß uns das die Fähigkeit bringt, auch die Christuskraft wahrzunehmen. Denn das ist ja die evolutionäre Kraft, das ist ja das Evolutionsprinzip, das heute aus dem Menschen herauskommt. Also muß man den Vorgang weiter zurückverfolgen, da wo er noch gar kein äußeres Bild ist, aber durchaus Bild. Die Idee ist ja nicht einfach nichts, sondern die Idee ist ein Begriff, und der hat auch ein Bild zu seiner Voraussetzung. Diese Art von Gewissenhaftigkeit ist heute sehr viel wichtiger geworden als je zuvor. Denn dadurch erweitert der Mensch das Verständnis von sich selbst und erkennt sich als den Träger geistiger Kraftzusammenhänge, der auch, wenn er sie spürt, Verantwortung übernehmen kann. Viele Menschen wollen heute Verantwortung übernehmen, aber sie wissen nicht, mit welchen Mitteln. Sie können immer nur Verantwortung übernehmen für ein Schweinekotelett, d. h. für irgendetwas Physisches. Aber so kann man keine Verantwortung übernehmen. Es gibt zwar viele sog. soziale Initiativen, aber die Menschen wissen gar nicht, um was es sich dabei handelt. Welche Institution gibt den Menschen überhaupt mal eine Ortsbestimmung: woher das alles gekommen ist und wohin das logischerweise führt. Wo wird den Menschen denn mal gesagt, wo sie stehen? So auch versäumt die Kirche das. Und deswegen: Anti-Christ.

*F.M.:* Die Sache mit der Kirche ist allerdings auch in Bewegung, das kann ich Ihnen zum Trost sagen.
*J.B.:* Ja, aber die, die sich da intensiv bewegen, die steigen aus.

*F.M.:* Viele ja, aber nicht alle. Es tut sich schon einiges bei uns, schauen Sie sich nur um …
*J.B.:* Ich nehme Ihnen das ab, denn was Sie sagen, gefällt mir sehr gut. Aber Sie werden noch Wunder erleben mit dieser Kirche.

*F.M.:* Ich mache mir keine Illusionen darüber. Ich glaube, das ist eine der wenigen Tugenden, die Jesuiten haben, daß sie sich über die Kirche keine Illusionen machen.
*J.B.:* Ja, die stehen ja sowieso abseits, die waren immer suspekt, dem Papst immer verdächtig!

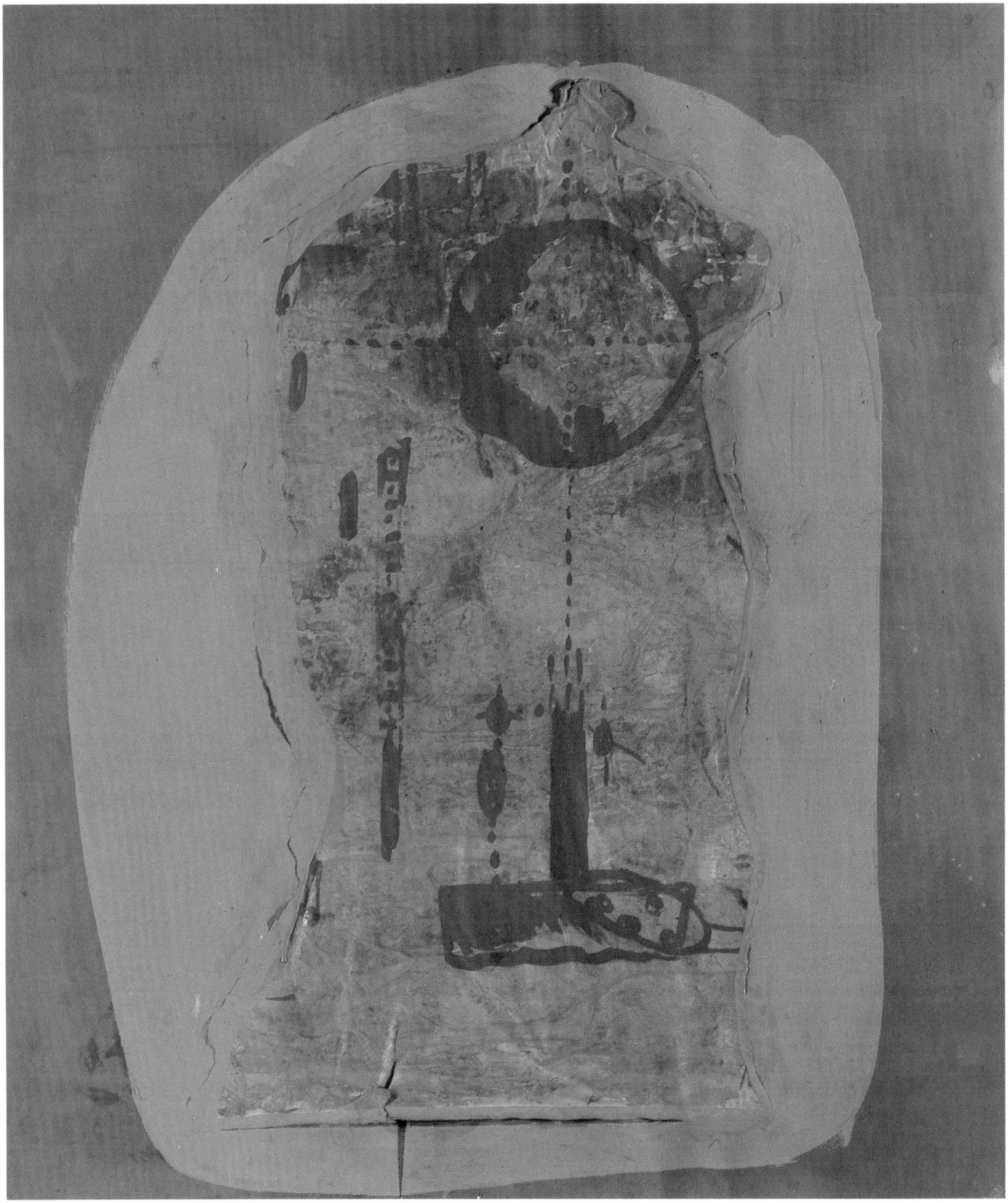



»K. N.«, 1981, Ölfarbe und Bleistift auf Transparentpapier und Karton geklebt, 74,3 × 64,3 cm

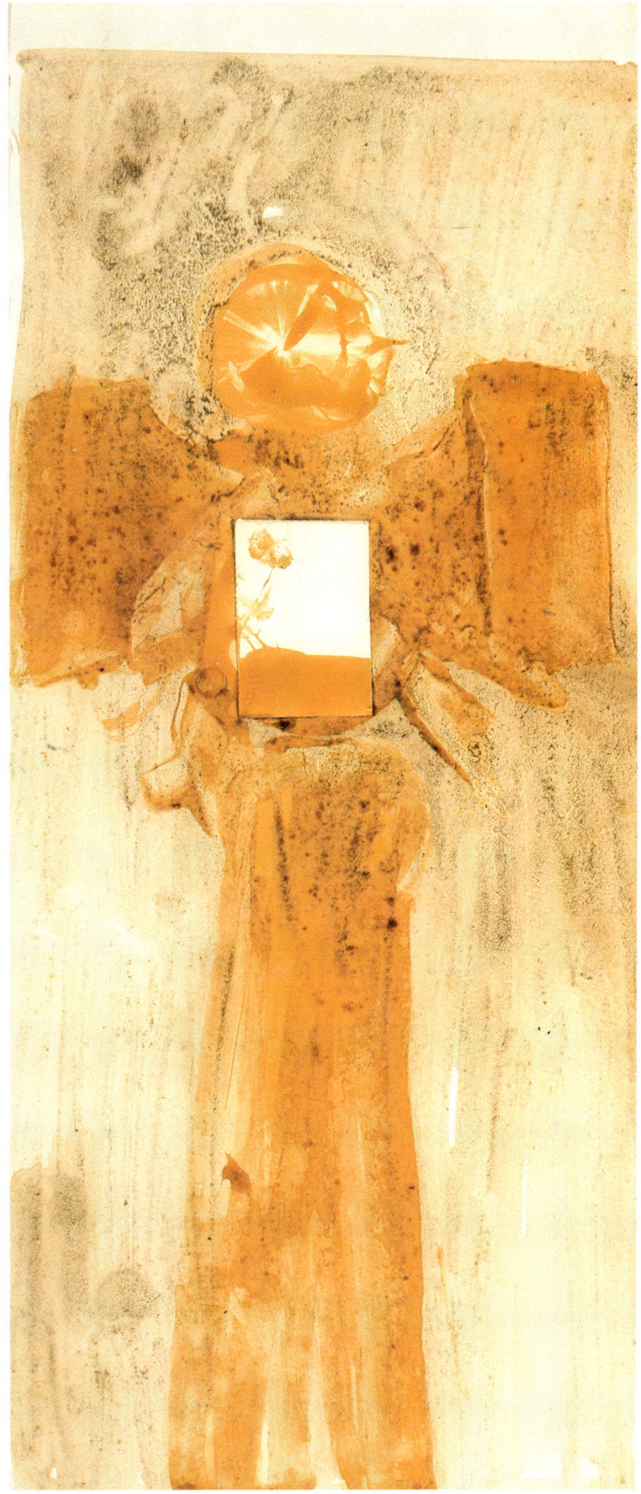



»Irisches Kreuz«, 1958, Leim und Pflanzenabsud auf weißem Bristolkarton geklebt, 60,3 × 25,8 cm

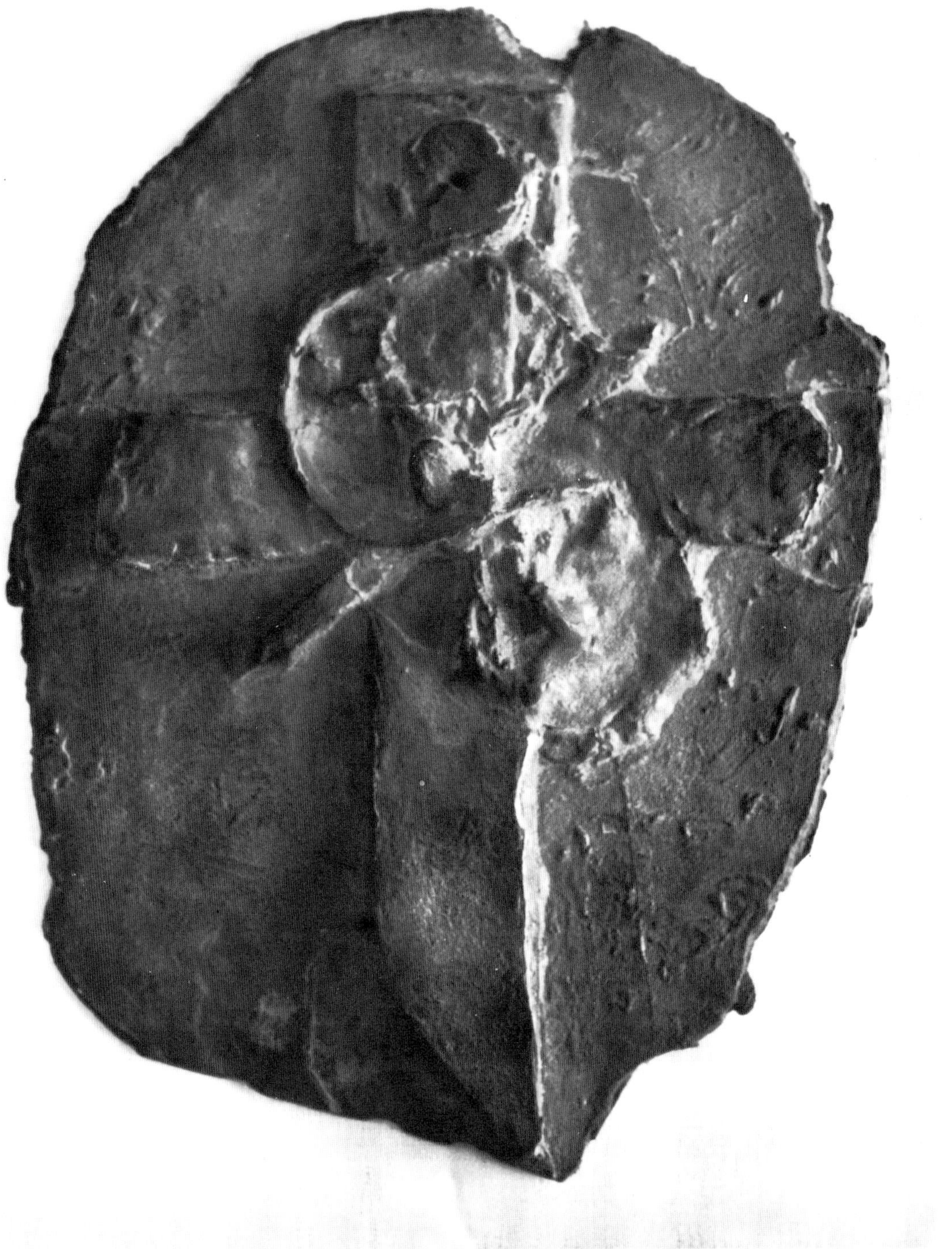



Pflockkreuz, 1952, Bronze, 34 cm hoch

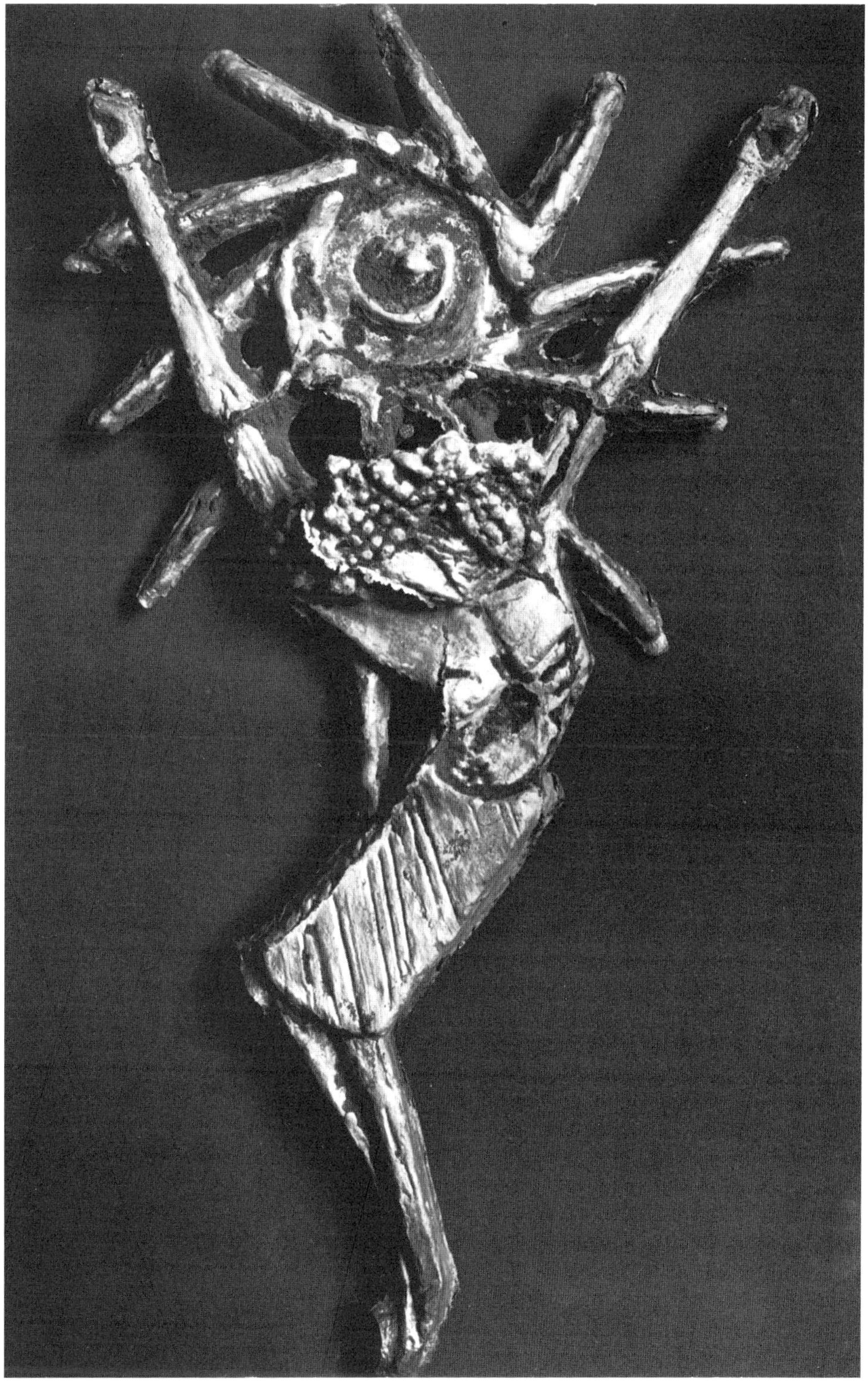



Sonnenkreuz, 1947/1948, Bronze, 36,5 cm hoch, Privatbesitz

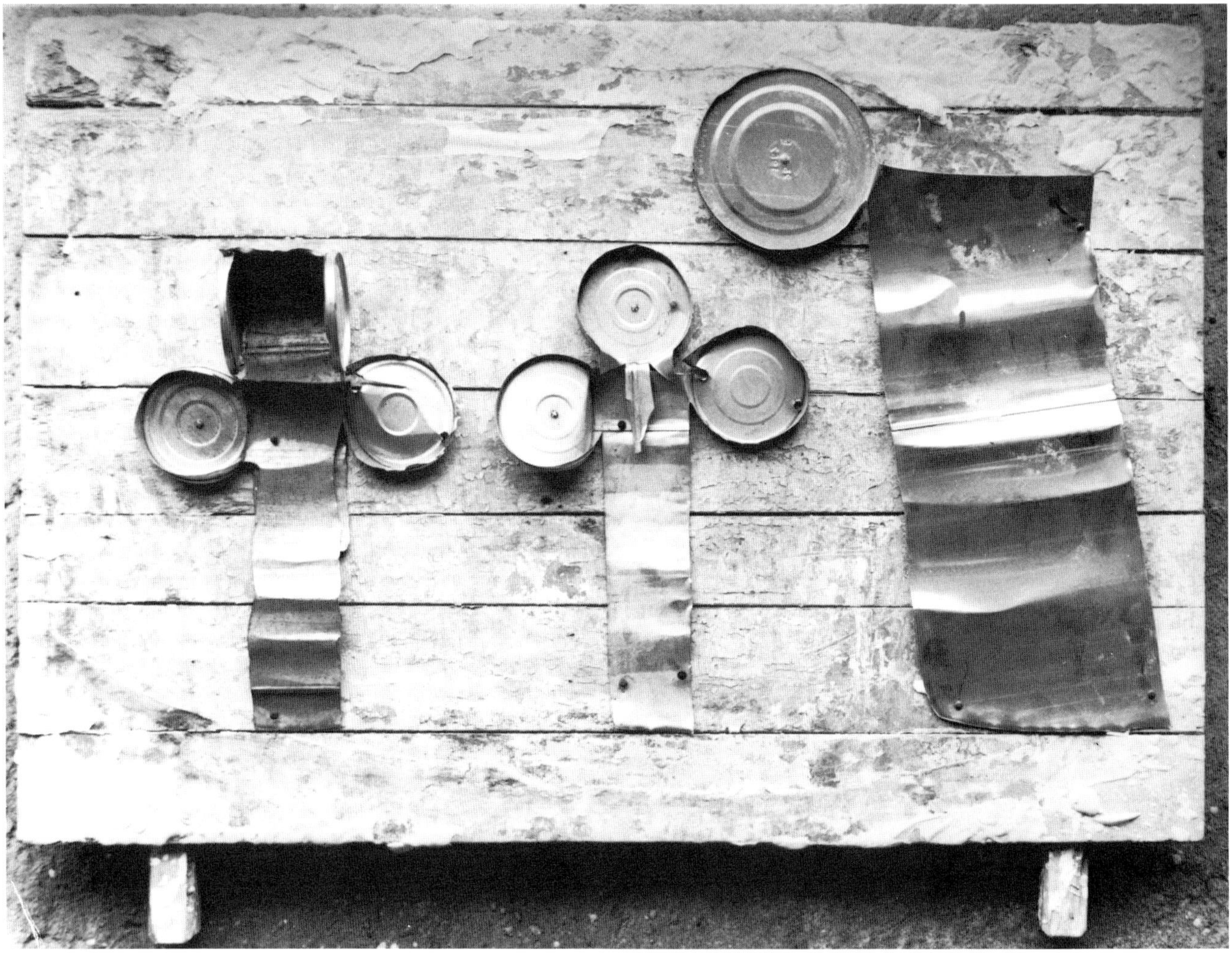



Drei Jurakreuze im Gebirge, 1962, Gips auf Holz, Weißblech, Nägel, 51,5 cm hoch, Privatbesitz

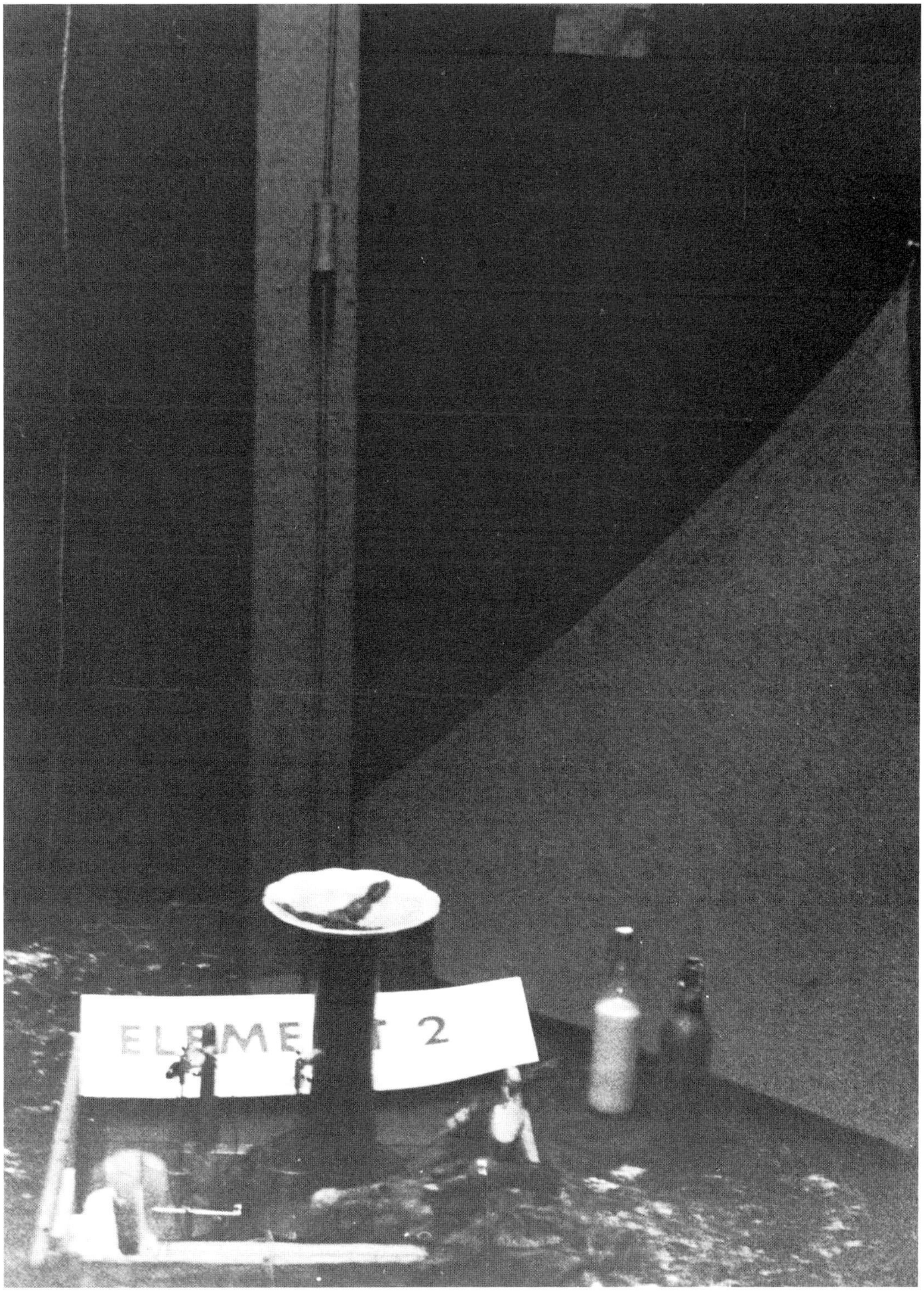


Aktionsphoto »Manresa«, 1966, unterschiedliche Materialien einer gespielten Szene in der Galerie Schmela, Düsseldorf

## Im Werk

Joseph Beuys, 1921 geboren, entstammt der niederrheinischen Tiefebene mit ihrer landschaftlichen Weite und dem hohen Himmel darüber. Der Himmelsraum ist für ihn als Kampfflieger im Krieg Lebens- und Aktionsraum geworden, die Weite der Landschaft hat sich ihm dabei bis zum Schwarzen Meer und bis hin in die südrussische Steppe ausgedehnt. Vertrautes und Fremdes mischte sich allerorten. Im grünen Tiefland zwischen Rinderkoppeln aufgewachsen, fand er sich bei den tatarischen Nomaden der Steppe zwischen deren Nutztierherden. Einzelgänger aus Neigung und in der Lagerung seiner Interessen, erlebte er dort die existentielle Isolierung des Aufsichgestelltseins bei jedem ihn betreffenden Zwischenfall am eigenen Leib. Nachdenklich aus dem Gebreitetsein in die Ebene und mit dem Bewußtsein für die Geschichtsträchtigkeit seiner Heimatregion ausgestattet, war er geöffnet für fremde Mythen, mit denen er sich konfrontiert sah. Der eigenen katholischen Riten bewußt, öffnete er sich den Riten und Prozeduren schamanischer Art. Im Ansatz, noch während der Kriegsjahre, Naturwissenschaften studierend, fand er hier einen Grundstock, aus kritischer Sicht und nach der ausschließlichen Hinwendung zur Kunst sich ein persönliches Weltbild von ausgedehnter Weite zurechtzudenken, eingebettet in die Literaturen und Philosophien, die ihm dazu den Stoff zu geben in der Lage waren. Wenn es so etwas wie ein universales Denken heute noch geben kann, ist es in ihm verwirklicht, und wenn er so oft Stein des Anstoßes zu sein vermag, hat das auch hier seinen Grund.

Das Studium in Düsseldorf bei Ewald Mataré legte im Lehrer-Schüler-Verhältnis zweier derart ausgeprägter und einander zum Widerspruch reizender Persönlichkeiten dann doch die Gemeinsamkeit des Bestrebens offen, durch die äußere Schicht des Sichtbaren zum Wesentlichen eines Wesens vorzudringen und für eben dessen Sichtbarmachung eine anschauliche Formel zu gewinnen.

Der allumfassende Blick: er weitet die eigene Erlebniswelt aus über die nördliche Hemisphäre, über Küsten und Schären, Flüsse und Sumpfauen, Steppen und Tundren, Katarakte und Geysire; in Gesteinsschichtung, Versteinerung, Kristallisation; in die Wirkkräfte der Erde und die des Kosmos, in Werden und Vergehen. Und er sieht Mensch, Tier und Pflanze diesem allem kreatürlich ausgesetzt und in einem gewissermaßen kreativen Reagieren darauf, im Entwickeln eigener Kräfte und in deren Akkumulation und dem Wecken, Aufnehmen, Speichern, Kondensieren und Aussenden der Kräfte und Energien, die von außen kommen. Das lebende Wesen nicht in satter Sicherung, sondern in der Notwendigkeit, sich zu behaupten und im Einssein, durch das dieses Sich-Behaupten möglich wird, die Spuren seines Sich-Behauptens am Lagerplatz und an der Feuerstätte nicht anders als in den Gräbern, die es sich schafft.

Die geschilderten Situationen sind existentielle, in der Einfachheit der Verrichtungen im Lebenslauf wie im Überschreiten dieser Einfachheit hin auf eine Meisterung durch geistige und magische Evokation von Kraft. Die jeweilige existentielle Situation ist dargelegt am Menschen wie am Tier. Beim Tier erfaßt diese Darstellung das Leben auf der Erde, im Wasser und in der Luft, frei von Exotik, frei von Buntheit stets, aber vom Größten bis ins Kleinste reichend. Drei Grundgegebenheiten werden dabei exemplarisch vermittelt: Staat, Rudel, Einzelgänger. Der Staat als ein großes Gefüge aus genau verteilter Ordnung, der Bienenstaat etwa mit der königinmütterlichen Präsenz für die Existenz alles Gewordenen, mit der arbeitsteiligen Gemeinverantwortung, mit dem schier unermüdlichen Einsammeln von Lebenssubstanz und mit planvollem Bauen. Das Rudel in der überschaubaren Hinordnung aller Zugehörigen zueinander, dem wechselseitigen Einstehen, der Ausrichtung auf ein Leittier. Der Einzelgänger als der Auf-Sich-Gestellte, der in jeder Situation auf Sicherung und Überlegen erst bedacht sein muß und sich nur auf die eigene Eignung verlassen mag mit Wachheit, Kraft und Beharrung und der rechten Einschätzung dessen, was ihn umgibt. Der Mensch ist fast stets als dieser Solitär aufgefaßt, über das Engbegrenzte zwischenmenschlicher Beziehung hinaus als Einzelner handelnd und oft genug als Einzelner bedroht. Eigene Überlebenserfahrungen mögen hier die Maßstäbe gesetzt haben: Unverzichtbarkeit von Nahrung, Wärme, Licht, die Notwendigkeit eines Vehikels, vorübergehende Festigung und dauerndes Sondieren. Die Beziehung zum Tier geht über das bloß Vergleichbare hinaus bis in totemartige Zuordnung. Die existentielle Situation, das ist, neben der Kraft, die man aktiv zur Wirkung bringen muß und kann, ebenso sehr und vielleicht noch mehr die Kraft zum Schmerz und die passive Kraft des Leidens, deren kreative Bedeutung Joseph Beuys in vielen seiner bildnerischen und verbalen Äußerungen beschwört.

Filz, Fett und Wachs, organische Stoffe und als Abschirmung, Wärmequelle, Nahrung organische Lebenshilfen, sind zugleich Materialien einer neuen Vorstellung des Plastischen: amorph, verformbar, auflösbar, streng zu bemessen, oder: ungestaltet, schmelzend, kristallin. Ausdrucksformen einer Substanzumwandlung, die der Wesenskern aller bildnerischen und überhaupt künstlerischen Arbeit ist. In Beuys' erweitertem Kunstbegriff wird aber jedes Tun, jede Entscheidung, jede Entwicklung zu einem plastischen Vorgang, und jeder Mensch ist Künstler vermöge seiner kreativen Anlage, unabhängig davon, ob das, was er tut und macht, die Form eines Kunstwerks nach bisherigem Verständnis annimmt oder Äußerung einer wie auch immer gearteten und ins Auge gefaßten Initiative ist. Eine Entgrenzung der künstlerischen und außerkünstlerischen Einzeldisziplinen gegeneinander wäre nur selbstverständliche Konsequenz, und es darf nicht verwundern, Joseph Beuys selbst, der seiner Ausbildung nach Bildhauer ist und seit 1961 einen Lehrstuhl für Bildhauerei an der Düsseldorfer Akademie innegehabt hat, in vielen künstlerischen Medien sich verwirklichen zu sehen. Der Ausdruck seiner Werke ist dabei intensiv, obwohl leise, umfassend, obwohl oft nur angedeutet, ergreifend, obwohl spröde, in Spannung versetzend, obwohl verhalten, offenbarend, obwohl verrätselt.

Er hat in dieser Weise so viel gezeichnet wie nur wenige, und obwohl die Zeichnungen weit davon entfernt sind, in eine feste, irgendwie normentsprechende Form gebracht worden zu sein, dürfen sie als der dichte Kern seines Werkes gelten. Auch die ausgehauenen oder beschnitzten, modellierten oder gegossenen Figuren variieren von der Definitivität bis zur Offenheit, von der Isolation bis zur Kombination, von monumentaler Botschaft bis zu intimem Handstück. Stets hat er aber auch, seit frühester Jugend, gemalt, und der Spannungsbogen reicht von Bildern klassischer Auffassung bis zur zeichenhaften Befrachtung eines Formansatzes mit Farbe. Die Kategorie der plastischen Bilder, in denen unterschiedliche Teile montagehaft zusammengefügt sind, vereint zeichnerische, malerische, plastische Gegebenheiten auf der Basis der Ausdrucksfähigkeit assoziativ erkannter Inhalts-Zusammenhänge. Die großen Szenen schließlich, in denen er selbst auftritt, erweitern das Arsenal der bildnerischen Möglichkeiten durch Handlung, Beweglichkeit, Klang und Wort. Die Zeichnungen sind ein immer wieder in Stille vollzogenes Überdenken, diskursiv und dialogisch da, wo sie sich, wie im Unterricht und im Vortrag, erläuternd an einen unmittelbaren Partner wenden; aber da, wo sie in den vielen Jahren frei und ohne anwesende Zeugen entstanden sind, waren sie so etwas wie ein ununterbrochener Monolog, der jeden Erkenntnisweg auch mit dem Zeichenstift abschritt. Auch die Bilder sind vom Monologischen ins Demonstrative hinausgetreten, von intimer Farbsättigung in zeichenhaftes Antragen. Die definitiven Skulpturen waren stets das am meisten Entäußerte im Werk von Joseph Beuys; alle konzentrieren sie den Ausdruck zur Botschaft, alle formulieren sie eine Formel der Darstellung, die nichts im Unbestimmten läßt. Im Vergleich dazu sind die Szenen in ihrer in sich versenkten Konzentration und in der Fülle angespielter Symbole am geheimnisvollsten, oft genug haben sie den Charakter eines Mysterienspiels. Der andere Weg freilich, unmittelbar an die Öffentlichkeit zu gehen, der der vielen Vorträge, Gespräche, Grundsatzdarlegungen der letzten Jahre, sucht gerade die Klärung und ihre Übertragbarkeit mit rückhaltloser Intensität: Klärung der Gedanken über ein sinnvolles Bewältigen der Welt und Übertragung von Erkenntnissen, die, vom persönlichen Suchen und Finden gelöst, allgemein hilfreich sein könnten. Entgrenzung und Universalität, sie machen bei Beuys nicht an den Rändern des Ästhetischen Halt; Kategorien, die nicht für alles überhaupt gelten können, werden zurückgelassen. Das

Denken als schöpferischer Prozeß ist mehr als ein Befaßtsein im Sinne des l'art pour l'art; allumfassend sieht es sich in der Verantwortung, die Bedingungen des Existierens in Problem und Lösung positiv weiterzuführen. Es ist nur andeutungsweise möglich, das Terrain von Beuys' künstlerischem und geistigem Tätigsein ganz abzuschreiten, und in einer wie auch immer als notwendig sich erweisenden Verkürztheit mag sich kaum eine Mitteilung ergeben, die geeignet ist, eine allgemeine Öffnung und Offenlegung zu bewirken.

Von den frühen künstlerischen Werken bis hin in seine heute vorgetragenen Gedanken und Erkenntnisse ist ein Grundzug deutlich, der religiös motiviert ist. Dem niederrheinischen Katholizismus entstammend, der Liberalität und Grundsätzlichkeit vereint, hat er um 1950 neben zahlreichen Zeichnungen einige Skulpturen geschaffen, die das Thema der Pietà und das des gekreuzigten und auferstehenden Christus neu formulieren. Soweit das für die Kirche geschehen ist, fühlte sich diese durch seine Bestrebung, das Obsolete äußerlich tradierter Erscheinung auf einen neu zu fassenden symbolischen Kern hin zu durchdringen, eher abgestoßen, und öffentliche Verwirklichungen dieses plastischen Anliegens haben sich nur auf dem Boden mehrerer privater Gräber und eines gemeindlichen Ehrenmals ergeben.

Vieles im späteren Werk dann, was mit Leiden, Tod, Begrabensein und Auferstehung zu tun hat, ist von der Gestalt Christi und seiner Totenklage nicht weit entfernt. Zumal im Bereich der Objektkunst ist beispielsweise in der Stuttgarter Golgatha-Figur und in den Jura-Kreuzen diese Bezogenheit offenbar, und die Münchner Rauminstallation »Zeige deine Wunde« ist die vielleicht eindrucksvollste Apologie des Leidens überhaupt. Die Szenen schließlich offenbaren dem Schauenden alle mehr oder weniger auch den unterschwellig religiösen Bezug. Deutlich tritt er hervor in »Der Chef«, Berlin 1964, wo der in ein Filztuch eingewickelt liegende Akteur die stumme Anwesenheit Gottes verkörpern mag; in »Wie man dem toten Hasen die Bilder erklärt«, Düsseldorf 1965, wo er mit vergoldetem Kopf, den toten Hasen in den Armen bergend, die lebendige Kommunikation mit dem Gestorbenen und dessen lebensvolle Ausstrahlung Pietà-haft ins Bild setzt; in »Manresa«, Düsseldorf 1966, wo in Anspielung an den Ort der konstruktiven Zurückgezogenheit des heiligen Ignatius, die die Gründung des Jesuiten-Ordens vorbereitet hat, ein Diskurs über die Dreifaltigkeit gespielt wird mit den drei Elementen der Ratio als des logisch-kristallinen Prinzips, der Intuition als des sensitiv-organischen und der Kreativität als einer aus beiden permanent sich speisenden, allumfassenden Potenz. In anderen Szenen ist in Kreuzteilung und Kreuzauffüllung die Vorstellung der Trennung und Vereinigung östlicher und westlicher Geistigkeit in diesem Zeichen gemeinsamer Orientierung gegeben. Die Aktion »Celtic«, Basel 1971, schließlich brachte mit Fußwaschung und taufender Überschüttung Reinigungs- und Erlösungsriten ins Spiel. Das Rituelle regt sich bei Joseph Beuys vielerorten; es war schon andeutungsweise davon die Rede, wie es sich mit dem Erlebnis des Schamanischen amalgamiert hat. Die Tiere, die Beuys wie Totemtiere auf sich bezogen hat – und sich auf sie –, Hirsch und Hase, sind auch in der christlichen Symbolik von großer Tragweite. Reliquienhaftes Einfügen in einen Schrein haben die Aktionsrelikte bei ihm immer wieder erfahren. Bezeichnender aber noch ist die Bezeichnung vieler Gegenstände mit einem Kreuz aus braunroter Farbe, nicht willkürlich, sondern im Bewußtsein seiner universellen wie auch seiner abendländischen Symbolhaftigkeit, das Belasten mit dem Kreuz, das Bannen durch es, die umwandelnde Aneignung, ganz persönlich und ganz allgemein.

# HORST EGON KALINOWSKI

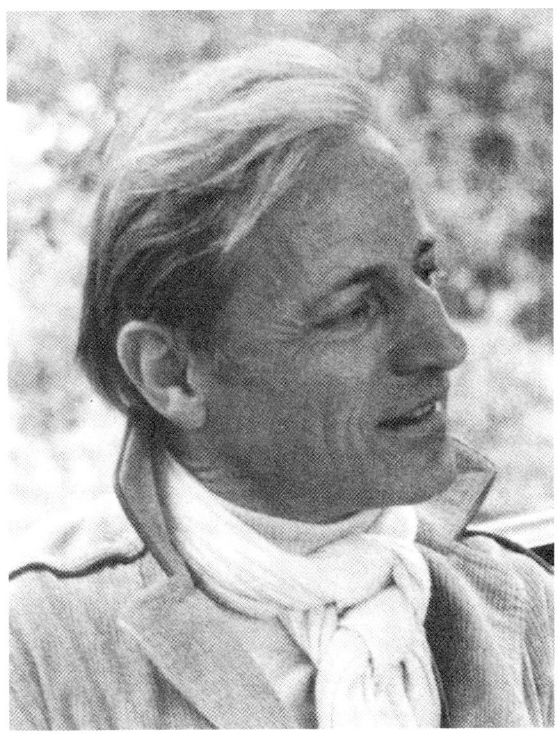

## Im Gespräch

Als Künstler stehen Sie in einer Beziehung zum Leben und zwar auch in seinen Tiefendimensionen. Das macht Sie religiös relevant für mich.
Sehen Sie selbst ihr Werk einer religiösen Deutung gegenüber offen?
*Horst Egon Kalinowski:* Es ist nicht leicht für mich, den Eindruck, den meine Arbeit auf den Betrachter macht, vorauszusehen. Die Wirkung, die ich auf Grund meiner Vorstellung erreichen möchte, bleibt eine Zielsetzung. Was aber effektiv beim Betrachter ankommt, ist ungewiß. – Was ich herstelle, geht von Voraussetzungen aus, die er nicht kennt. Im besten Falle kann die Arbeit Erinnerungen, assoziative Zusammenhänge bei ihm wecken. Diese sind von Mensch zu Mensch verschieden. Der Betrachter kann also Eindrücke von meiner Arbeit haben, die nicht unmittelbar und unbedingt vorgegeben oder präsent waren. Ihre persönliche Auffassung, meine Arbeit habe eine religiöse Relevanz für Sie, berührt mich. Eine religiöse Deutung halte ich infolgedessen für möglich. Ihre Einladung, mich an Ihrer Ausstellung zu beteiligen, kann von mir aus nur insoweit angenommen werden, als sich Ihrer Meinung nach in meiner Arbeit Interpretationsmöglichkeiten anbieten, die im Thema der Ausstellung liegen.

*Friedhelm Mennekes:* Der Betrachter und der Schaffende kommunizieren hier doch in einem geistigen Raum, z. B. des Verstehens oder der Deutung menschlichen Lebens. Würden Sie von sich aus in diesem Sinne sagen können, daß Sie in ihrer Arbeit mitpartizipieren an einer religiösen Grunddeutung des Lebens?
*H.E.K.:* Erfahrungen des Lebens, seine Vorstellungen davon, versucht wohl jeder Künstler auszudrükken. Bei dem Versuch um Ausdruck wird er allmählich dazu kommen, Unbekanntes zu formulieren. Er wird dafür eine Sprache erfinden, die für viele Menschen noch ungewöhnlich, ja mißverständlich ist. Diese brauchen eine Zeit der Eingewöhnung in diese neue Sprache. Langsam verstehen sie dann, was ihr Urheber wohl durch sie auszudrücken sucht, wovon er spricht. Es werden Dinge sein, die mit seiner Lebenserfahrung zu tun haben und darüber hinaus in der Verbindlichkeit mit jedermanns Leben stehen können. Über das Werkstück kann zwischen seinem Urheber und dem Betrachter eine Kommunikation entstehen, die zu einer Verständigung in dem von Ihnen gemeinten geistigen Raum führen kann. Sie kann eine aktive Teilhabe auch an einer allgemeinen religiösen Grundhaltung des Lebens möglich machen.

*F.M.:* Ein wichtiges ›Sprachelement‹ Ihres Werkes ist die Dimension des Leders. Also, daß Sie diesen Gebrauchsgegenstand aus seiner Alltäglichkeit befreien und ihn zu sich selbst wieder zurückholen. Dadurch wird er zu einem wichtigen Deuteelement.
*H.E.K.:* Jeder Mensch, so scheint es mir, hat ein Maß von Verletzbarkeit. Der Künstler hat es sehr wahrscheinlich in einem noch viel größeren Umfang. Es hängt mit seiner Beeindruckbarkeit zusammen. Er wird versuchen, dafür ein Mittel zu finden, durch das er ein Höchstmaß an Ausdruck gewinnt. Solcherart Mit-Teilung befreit. –
In meiner Arbeit habe ich seit langem dafür die »Dimension des Leders« verwandt. Wie ich es empfinde, hat es am Entschiedensten mit Haut zu tun. Ich sehe es also auch in Bezug auf die obengenannte Verletzbarkeit. Diese Verletzbarkeit ist für mich gleichbedeutend mit dieser schutzlosen Reaktion auf jede Art von Eindruck, wie wir sie durch alle unsere Sinne erfahren. Ich versuche also durch ein für mich unmißverständliches Material wie das Leder mitzuteilen, was mich »verletzt« hat.

*F.M.:* Nun gibt es ja doch zwei Grundfunktionen der Haut: einmal eine mehr aktive und eine mehr passive. Einmal hat die Haut durch das Tasten, den direkten »Hautkontakt«, die Hautnähe zum Leben; aber zum anderen hat Haut ja auch eine Schutzfunktion, eine Abfangfunktion.
*H.E.K.:* Ja, beide Funktionen sind natürlich in meiner Arbeit gegenwärtig; sie drücken Zustände aus: Gespanntsein, Bewappnung, Schutz einerseits; andrerseits Duldung, Ausgeliefertsein, Verwundbarkeit, Tod. Ein solcher Dialog ist in jedem Werkstück Thema.

*F.M.:* Kann man dann am Ende irgendwie sagen, der innere Charakter eines Menschen präge sich aus im Gesicht als einem Stück geformter Haut? Kann man Haut in Beziehung setzen mit dem Ich, mit dem Selbst?
*H.E.K.:* Sie erwarten von mir, daß ich meine Arbeit erkläre. Wie sehr ich mich auch darum bemühe, ich kann nicht alles erklären, obwohl ich doch weiß, daß es zum Verständnis dienen könnte. Ich arbeite nicht in irgendeinem dumpfen Impuls. Aber wenn ich etwas tue, wird häufig ein Zustand erreicht, in dem ich mir selbst völlig unbewußt bin. Ich tue ahnungsmäßig, was mich an einen Zielpunkt bringt. Dann stellt sich das Gefühl ein: so kann ich es lassen. – Sie fragen nach einer »Identitätsdimension« zwischen meinem bevorzugten Werkstoff und seiner Beziehung zum Ich, zum Selbst. Es gibt sicherlich eine solche, wiewohl dafür nicht ein unmittelbarer, erklärender, illustrierender Ausdruck in meiner Arbeit zu finden ist.

*F.M.:* Es gibt bestimmte Grundfigurationen in Ihrem Werk. Das, was mir zunächst am Stärksten aufgefallen ist und mir einen Zugang vermittelt hat, ist die Figur des Schächers, des »Larron«. Dieser Schächer akzentuiert ja nun doch einen bestimmten Aspekt des Lebens, nämlich den des Leidens, des Duldens, des Verfolgtwerdens. Was bedeutet der Schächer für Sie?
*H.E.K.:* Was mir der Schächer bedeutet, habe ich in einer gleichnamigen Arbeitsfolge darzustellen versucht, weil ich von seiner Geschichte bewegt war. Wir alle haben zu einer solchen Anteilnahme Grund. Wenn ich dieses Thema in meiner Arbeit vorübergehend verfolgt habe, auf der Suche nach einer immer besseren Aussage, dann, um mich von besonderen Lebenserfahrungen zu befreien. Aber ich betone, meine Arbeit illustriert diese nicht.

*F.M.:* Dieser Zusammenhang deutet auf ein anderes Thema Ihrer Arbeit, das in meinen Augen oftmals an der Grenze zwischen Entbergung und Verhüllung liegt.
*H.E.K.:* Das Bedürfnis zur Aussage durch künstlerische Arbeit umfaßt auch das Risiko, was Sie »Entbergung und Verhüllung« nennen. Die umfängliche Aussage ist selten. Es bleibt immer ein Rest, der unvermittelbar ist, Geheimnis vielleicht. Im Bewußtsein des Herstellungsprozesses ist etwas, was nur streckenweise, nur teilweise leitet, aber nicht ins volle Erkennen versetzt. Wenn die Arbeit getan ist, im nachhinein, zeigt sich, durch welches Abenteuer man gegangen ist. Dann läßt sich vielleicht feststellen, was gelang, was mißriet: was offen- und bloßgelegt, was verheimlicht, was verhüllt wurde.

*F.M.:* Das führt mich noch auf einen anderen Punkt, der mich im Zusammenhang mit Ihrer Arbeit betroffen macht, und das ist die sehr starke Dynamik, die von Ihren Werken ausgeht.
*H.E.K.:* Das besondere Ziel bleibt, daß meine Arbeit von erlebter Dynamik bewohnt wird. Längst nach ihrer Fertigstellung soll sie davon noch so bewegt sein, als ob sie im Zustand von Energieentladung stünde. Sie soll den Betrachter erregen und an ihrem Ausdruck teilhaben lassen.
– Hätte ich die Möglichkeit, mich mit dem Wort auszudrücken, würde ich mich auf das Wort beschränken. Die Materialien aber – Holz und Leder – die ich seit Jahren verwende, überzeugen mich immer noch, durch sie mich künstlerisch besser aussprechen zu können als durch alle Worte.

*F.M.:* Es gibt in Ihrem Werk eine Reihe impliziter und expliziter Anklänge an das Christusbild, so beispielsweise die eucharistische Thematik, die des Kreuzes. Gibt es für Sie die Thematik des Christusbildes?
*H.E.K.:* Wir haben 2000 Jahre christliche Geschichte und Christentum hinter uns. Wir sind alle davon mehr oder weniger geprägt. Die Symbole, wie sie durch den geschichtlichen Verlauf des Christentums auf uns gekommen sind, sind uns noch geläufig. Kenntnisse haben wir, die also in künstlerische Arbeit eingeführt oder mit neuen Formen ausgestaltet werden können. –

*F.M.:* Ich habe zuweilen den Eindruck, daß sich unserer Zeit das Christusbild entzieht. Wenn ich etwa an Grünewald oder Rouault denke, dann glaube ich nicht, daß es in unserer Zeit möglich ist, ein solches Christusbild zu gestalten, das auch von den Zeitgenossen als zeitgemäß verstanden wird. Das liegt vielleicht auch an der Situation des Christentums in unserer Gesellschaft. Es dominiert nicht mehr, und insofern hat die Gesellschaft auch gar kein Interesse an einem Christusbild. Vielleicht kann es überhaupt nur Ansätze zu einem Christusbild geben. Ist es nicht ein Ansatz, daß Sie sich gewissermaßen im Umfeld, also in einer geheimnisvollen und indirekten Berührung mit dem Thema aufhalten?
*H.E.K.:* Das Christusbild, das wir durch die Jahrhunderte in der Kunstgeschichte gesehen haben, diente dazu, diesen ungewöhnlichen, sendungsbewußten Menschen nahezubringen, anschaulich zu machen. Die Künstler entwarfen ein vorgestelltes, imaginäres Idealporträt. Eine solche »Illustrierung« genügt uns heute nicht mehr. Infolgedessen ist für mich eine bildhaft-erzählerische Christusdarstellung nicht machbar. Ich kann keinem zumuten, diesen außergewöhnlichen Botschafter in der Form meiner beschränkten bildnerischen Aussage anzuerkennen und als Meditationsgegenstand zu wählen. – Im besten Falle wären Zeichen dafür zu setzen, die die Vorstellung des Gläubigen nicht beeinflussen und nur Hinweise sind. Jeder sollte sich vielmehr auf seinen Glauben verlassen und in solchem Bewußtsein An-Schauung haben.

*F.M.:* Die Thematik des Christusbildes ist heute eng mit der des Bildes vom Menschen verbunden. Nun glaube ich, daß gerade Ihr Werk ein sehr aktueller und wichtiger Beitrag zum Menschenbild ist. Es ist das Bild des kämpfenden, bedrohten, des geschundenen, vielleicht gar geschlagenen, gefesselten Menschen. Aber in all dem ist es zugleich doch auch das Bild eines aushaltenden Menschen. Darum ist es für mich kein negatives Menschenbild, sondern ein Menschenbild, das Mut zum Widerstand vermittelt. Alle diese Formen von Kraft, diese Spannungen, diese Anstrengungen zeigen ja auf eine Kraft des Durchstehens und Durchhaltens und zeigen gewissermaßen auf Hoffnung.
*H.E.K.:* Es wäre mir gut zu wissen, wenn dieser Ausdruck in meiner Arbeit sichtbar ist. Der Künstler wird nicht müde durch sein Tun, wie bescheiden es auch sein mag, sein Ja zur Kraft der Lebensbewältigung zu beweisen. Es ist ein umfängliches Ja zum Hier und Jetzt, zu unserem Dasein.

*F.M.:* Die Kirche in unserer Zeit hat es nicht leicht, sich sozusagen als eine Schule der Lebenskraft genügend Verständlichkeit und Durchsetzung zu verschaffen. Es gibt vielfach die These, daß in diesen Leerraum die bildende Kunst eintritt. Würden Sie diese Auffassung teilen und die bildende Kunst in ihrer Funktion als Lebensdeuter sehen und zwar gerade in einer Zeit, die vielleicht – obgleich sie mehr Worte gemacht hat als jede Zeit zuvor – die Ohnmacht des Wortes offenbart. Hat nicht das Bild und die bildende Kunst eine ganz neue Bestimmung?
*H.E.K.:* Daß bildende Kunst in der Funktion als »Lebensdeuter« wirkt, glaube ich auch. Ob sie im Zusammenhang mit der Kirche als der »Schule der Lebenskraft«, wie Sie sagen, in gleichem Sinne wirksam werden kann, hängt von denen ab, die ihren zeitgenössischen Ausdruck mitbestimmen helfen; und nicht nur von denen, sondern auch von denen, die dem Bildwerk den Platz einräumen, der innerhalb der Kirche ist. Im allgemeinen ist der heutige religiöse Ausdruck sehr verschieden von *dem,* was sich der Kirchgänger erwartet. *Er* rechnet mit dem Andachtsbild herkömmlicher Form. Seine Erwartungshaltung bestimmt für ihn schließlich, was er für christliche Kunst hält. Er bejaht dabei nur, was bildkünstlerisch von der Tradition und manchesmal sehr zweifelhaft geprägt worden ist. Es beruhigt ihn. Er will nichts von *dem* wissen, was er aus seinem Alltag hinlänglich schon weiß. Dem Künstler aber kann man nicht verdenken, daß er so, wie er das Leben erfährt, es auch deutet und dies ungeachtet aller Widerstände, Angriffe, Ablehnungen – auch seitens der Kirche, immer wieder tut. Ungebräuchlichem Ausdruck für ewige Wahrheiten ist es bis auf den heutigen Tag so ergangen. Es liegt m. E. an der Wachsamkeit der Kirche, für die ungewohnten, schöpferisch-bildnerischen Kräfte in ihr Raum zu schaffen und diese zu Wort und zu Bild kommen zu lassen. Den Widerstand gegen träge Erwartungshaltung und Anschauung sollte sie mit den Künstlern teilen und erfolgreich führen. Bild und bildende Kunst sind sich zu allen Zeiten treu geblieben im Sinne einer »ganz neuen Bestimmung«.

*F.M.:* Sie sind Lehrer an einer Hochschule für Bildende Künste. Was wünschen Sie den jungen Theologen und anderen Betrachtern, wenn sie sich – soweit sie sich – den Werken in den vielfältigen Aspekten stellen?
*H.E.K.:* Ich wünsche ihren Theologiestudenten wie jedem anderen Besucher besondere Aufmerksamkeit für diese Ausstellung, die in der Beschränkung des Rahmens wie der Wahl der Künstler zeitgenössische Werkbeispiele mit religiöser Grundhaltung vorstellen will. Was an Kontaktnahme mit ihnen möglich sein wird, muß man den Umständen überlassen. Ich hoffe, es stellt sich eine Dialogsituation ein, auch in persönlichen Gesprächen mit den Künstlern; denn man kann nicht erwarten, daß jemand, der zufällig die Ausstellung besucht, in wenigen Augenblicken alles das erkennt, wozu – wie in meinem Falle – ich immerhin eine Reihe von Jahren gebraucht habe. Die gezeigten Stücke können unter Umständen so etwas wie einen Atelierbesuch ersetzen. Sie gewähren einen begrenzten Einblick, was im Sinne des Ausstellungsthemas vorzeigbar erschien. Vielleicht kann das die Besucher überzeugen. Ich wünsche es sehr.

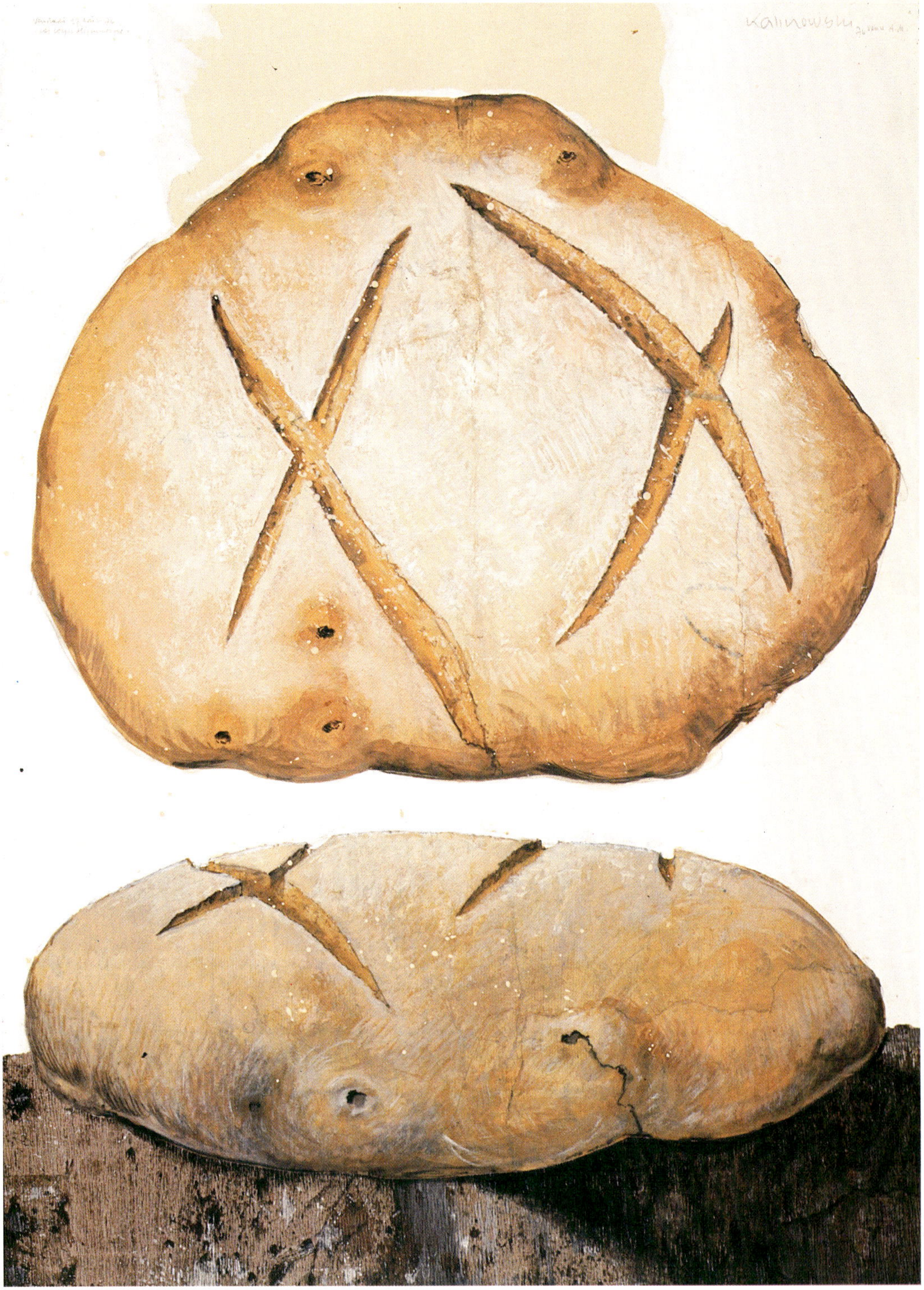


»Les corps stigmatisés« – Leiber und Wundmale, 1976, Pinsel, Tempera, Tusche, Pack- und Kreppapier bemalt, auf weißen Karton geklebt, zum Teil abgerissen (Lacérage), Galerie Rothe, Heidelberg

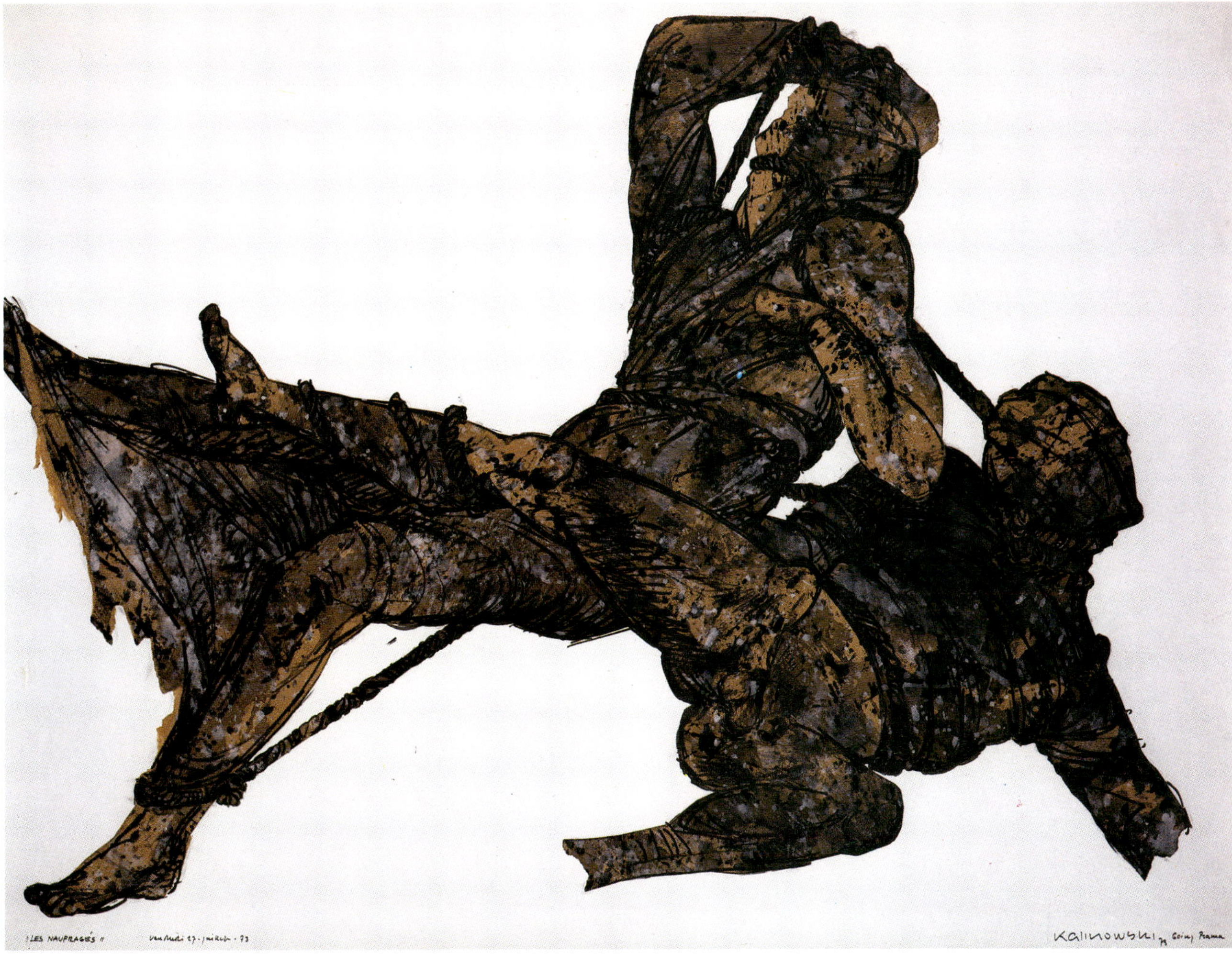


 »Les Naufragés« – Schiffbrüchige, 1973, 75 × 100 cm, Sammlung Kunstmuseum, Düsseldorf

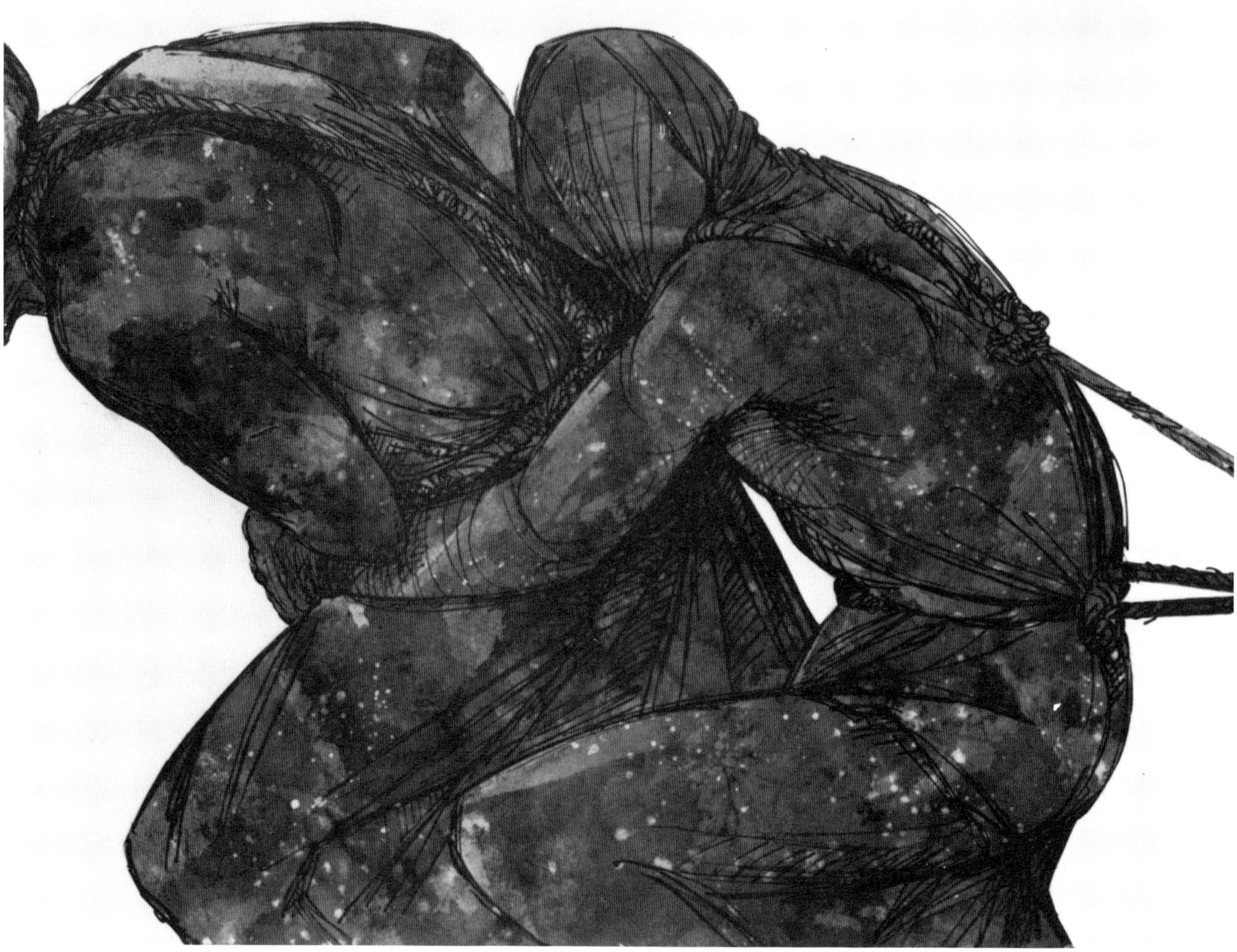



»Les Ôtages« die Geiseln, 1973, Zeichnung, collagiert, 75 × 100 cm

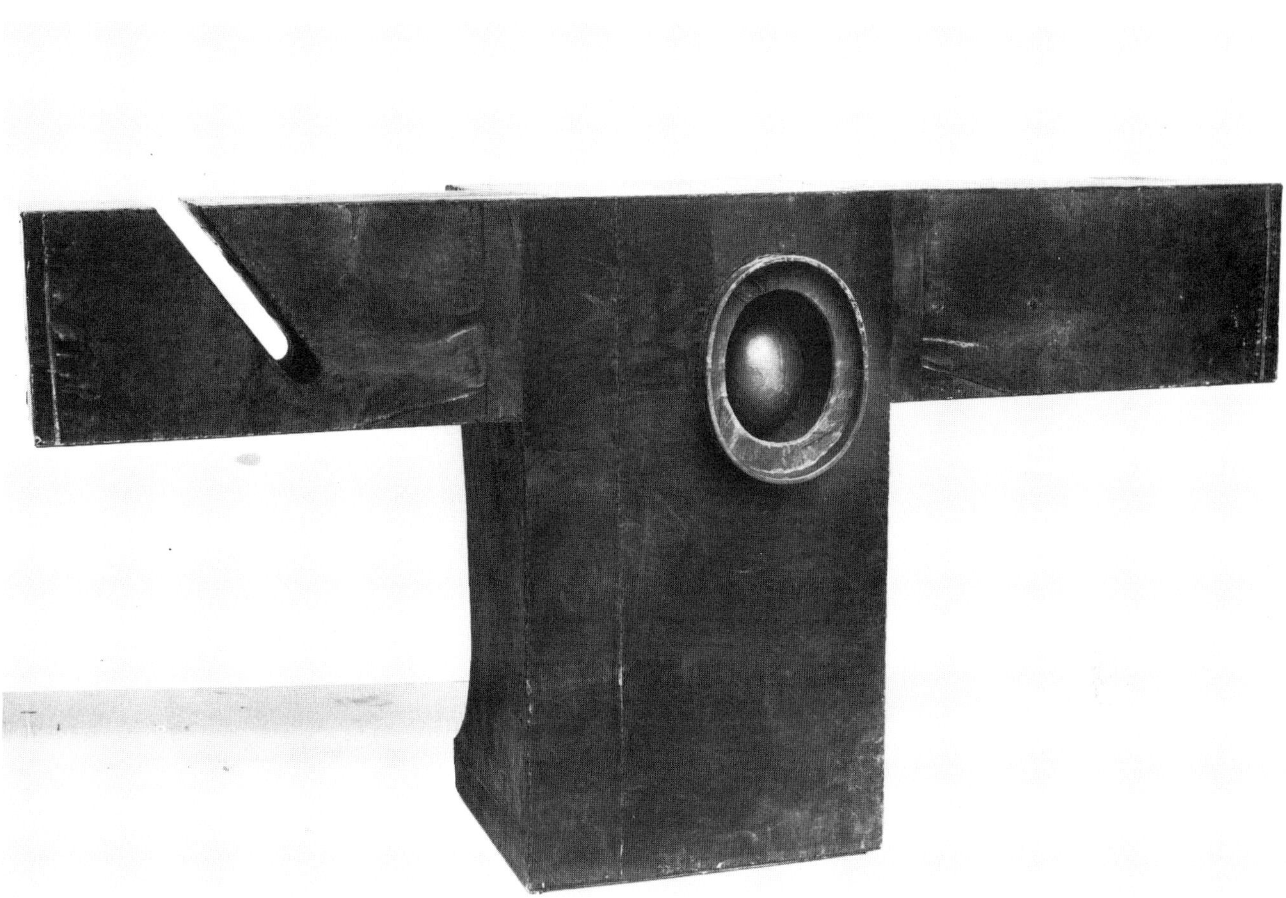

135 Caisson »Golgatha«, 1969, Leder dunkelbraun, Holz, 60 × 52 × 104 cm/203 × 30 × 32 cm

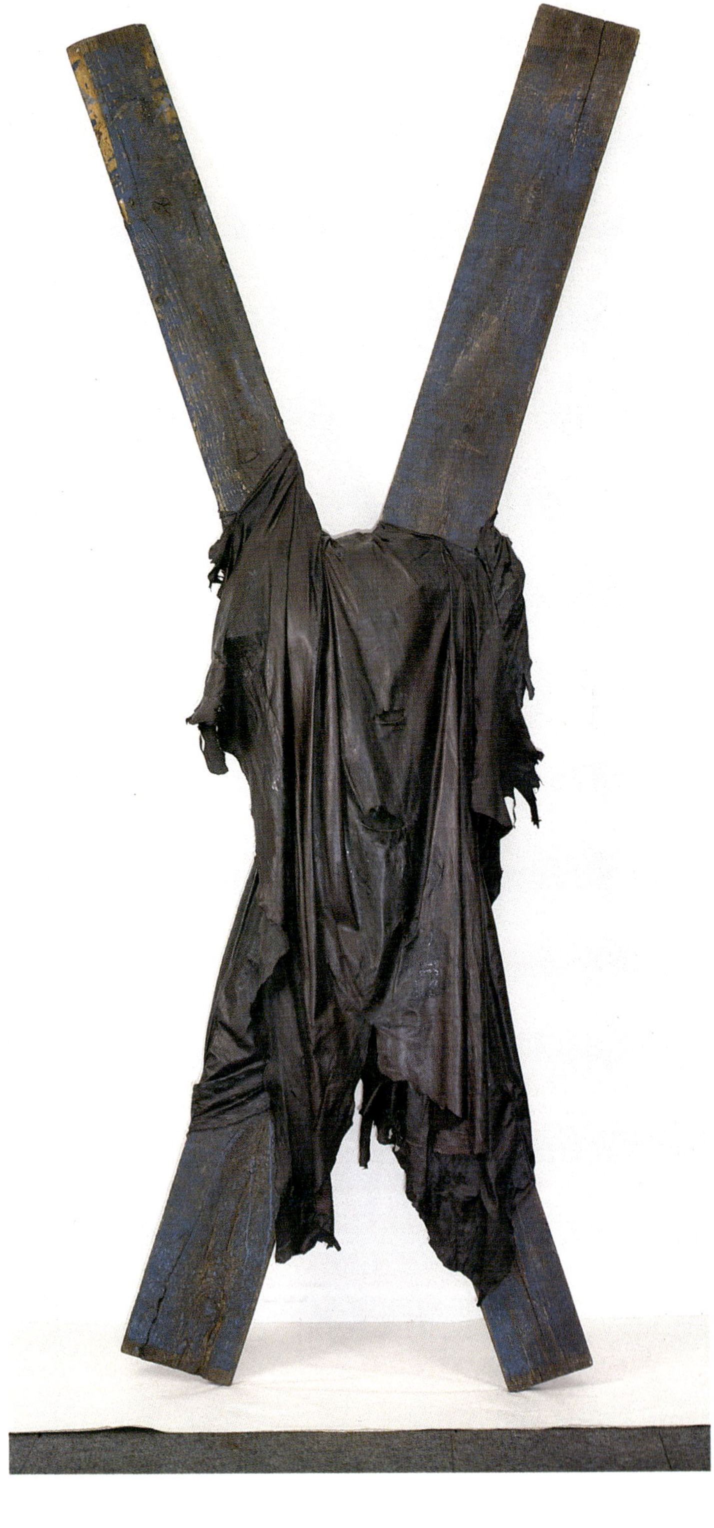

136 »Penitent« Büßer, 1978, Holz, schwarzes Leder, 275 × 100 × 40 cm, Hessisches Landesmuseum, Darmstadt

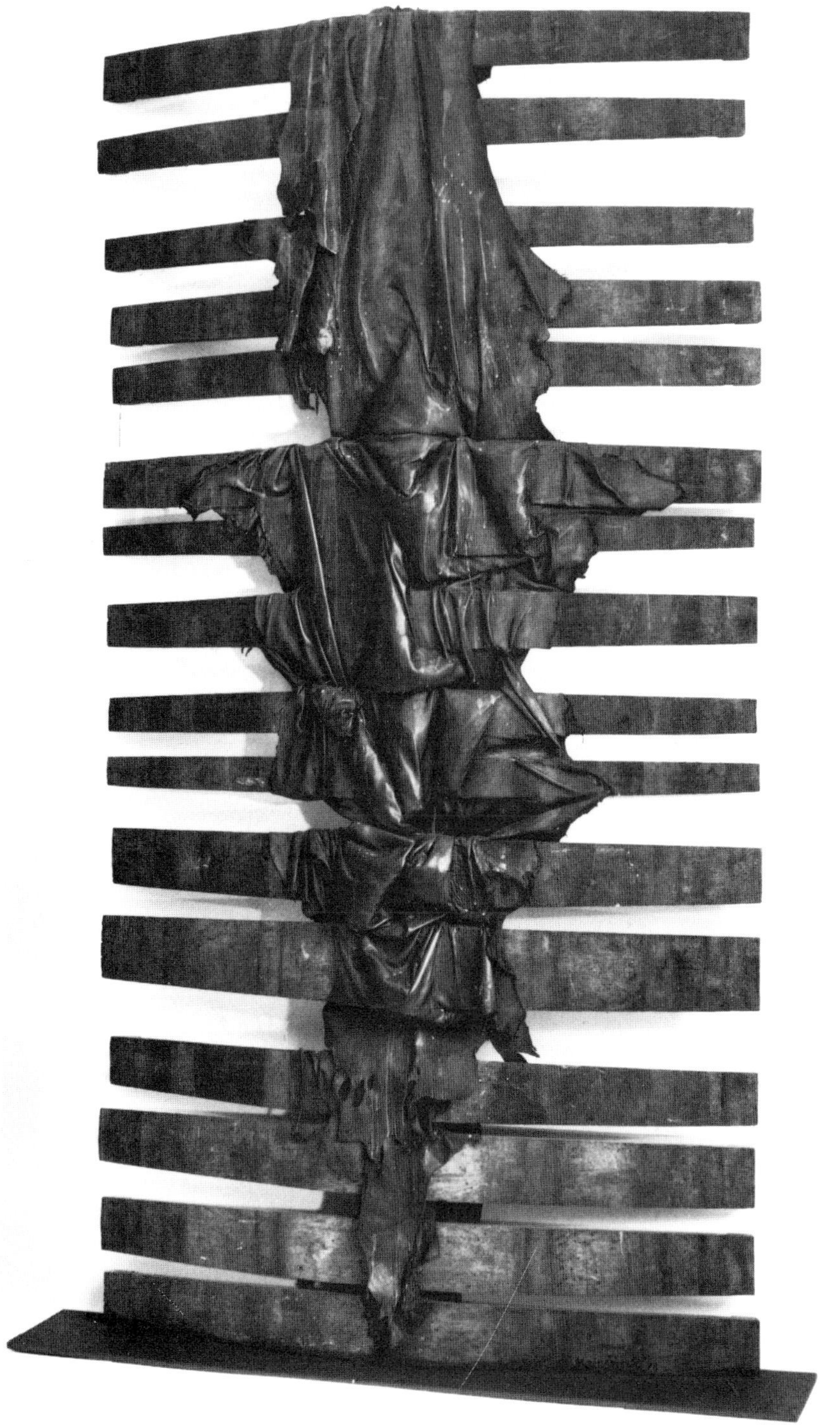



»Thorax«, 1978, Holz, Schwarzes Leder, Eisenplatte, 237 × 120 cm/145 × 25 cm

## Im Werk

Horst Egon Kalinowski, geboren 1924 in Düsseldorf, verbindet in sich Östliches und Westliches: die Liebe zu tiefem Denken und das Streben nach klarer Form. Nach einigen Studienjahren in Düsseldorf wandte er sich schließlich, über Rom und Venedig, nach Paris, wo er bei Jean Dewasne ungegenständliche Malerei studierte. Paris ist sein Wohnort geblieben; seitdem er eine Professur an der Kunstakademie in Karlsruhe innehat, teilt er seinen Aufenthalt zwischen diesen beiden Städten, abgesehen von den Zielorten seiner oft weitgespannten Reisen.

Die zuchtvolle malerische Schulung, welche Logik und Ausdruckskraft zusammenfaßt und auch das ungegenständliche Bild nie ohne einen Titel entlassen würde, der inhaltliche Assoziationen weckt, hat vor allem Frucht getragen in einem umfänglichen, auch farblich reichen druckgraphischen Werk – Radierungen und Lithographien. Aber mit einem ausgeprägten geschmacklichen Instinkt für Form-, Farb- und Struktur-Akkorde ist seit 1956 der malerisch-bildhafte Bereich überschritten worden auch ins Taktile, mehr und mehr Dreidimensionale und schließlich Raumbeherrschende: über Collagen und Materialbildschreine hin zu freistehenden Stelen und allem, was daraus folgen mochte. Bildhauerei im klassischen Verständnis dieses Metiers ist dabei selten entstanden, der gelegentliche Metallguß tritt ins Konzert der kombinierten Materialien lediglich mit ein, seine Öffnung hin zur Vervielfältigung bleibt gänzlich außer Betracht. Und Holz wird zum Ganzen gefügt, aber im einzelnen nicht beschnitzt.

Die Materialien haben ihre eigenen Ausdruckswerte, und eher diese als eine für jeden schon vorstellungweckende Vorgeformtheit bestimmen deren Wahl. Nicht erhält ein gefundenes Objekt die Freigestelltheit des objet trouvé, es ist, wie gewichtig es auch für sich sein mag, nur Werkstück, das einem künstlerischen Organismus sich einfügen lassen muß, um mit Fug und Recht seine Kräfte ins Spiel zu bringen. Bild ist Bildwerk: gebildet, das heißt bewußt geformt. Es sind organische oder gewissermaßen zu organischen gewordene Stoffe, die verwendet werden, Stoffe, die ihr Leben gelebt haben und ihre Lebens-Spuren an sich tragen, fern von allem Nicht-Altern-Können des Allzu-Künstlichen, das vielleicht gerade deshalb banal bleibt. Horst Egon Kalinowskis Materialien sind trächtig, sie sind so sensibel wie er, mag sich unmittelbar ein Rapport eingestellt haben zwischen ihm und ihnen, oder mag er sie durch seine Wahl sensibilisiert haben, weil er sie als sensibilisierbar erkannte: Leben um Leben, gehabtes Leben und wiedergewecktes in den Augenblick intensiven Seins eingeschmolzen zu erhöhtem Dasein.

Die Materialien denn nun: Garn, Schnur, Gewebe in ihrem weichen Fall; Stroh, Rohr, Geflecht in spröderer Sperrung; Pappe und Papier in ihrer Empfänglichkeit für die Kennzeichen von Gebrauch und Abnutzung in Bedruckung, Rissen, Knitterung und Brand; Fell, Leder, Schlangenhaut mit den Stigmata ihrer Verletzungen; Holz als Folie, Span und körperhaftes Stück; Eisen in Rost und Verbogenheit; die verwitterte Pflanze in der Auflösung ihrer Fasern und der mumifizierte, eingetrocknete Tierrest. Sind die frühen Collagen und Montagen im morbiden Glanz gespinsthafter Dichte und aus der Fülle vermeintlicher Kostbarkeit Reliquienschreinen vergleichbar, wie diese die Kräfte des Numinosen vergegenwärtigend, so entwickelt sich der spätere Teil dieses Werkbereichs zu einfacherer Strenge und lapidarer Beschränkung, ohne daß die Fülle der Ausdrucksqualitäten preisgegeben worden wäre: die anziehende und bergende Kraft sonorer, farblich warmer Töne und Zusammenklänge und die Spannung aus dem wohlgefügten Gegensatz von aufgelöster und strenger Form, von Riß und Schnitt, Rauhheit und Einebnung.

Das plastische Werk dann schließlich, ganz auf die nachmodellierende Wirkung durch das Licht gestellt, folgt in den freistehenden Figuren mit Konsequenz dem idealen Erfordernis der Allseitigkeit. Auch hier die bildnerische Logik: was die Fläche fordert, muß ihr gegeben werden, was aber der Raum beansprucht, ist vorab und ohne Ausflucht zu erfüllen. Daß darüber hinaus Statuarik und Ausdrucksgeladenheit sich vereinigen, ist vor allem dem lebendig-aussagefähigen Material zu danken: konstruktiv das Gefüge, expressiv seine Hülle. Es waren gewissermaßen geschlossene Schreine, die um 1960 die offenen abzulösen begannen: Holzkonstruktionen, mit Leder überzogen. Inhaltsträchtig scheinen sie schon als Körper, ihre Oberfläche erscheint gespannt in ihrer knapp umfassenden Bemessenheit. Man spürt die Höhlung, auch wenn sie nicht – wie manchmal – durch eine Öffnung sichtbar gemacht ist, man meint ein lebenbezeugendes Vibrieren wahrzunehmen nicht nur bei vereinzelten der Werke, die durch einen inneren Mechanismus wirklich wahrnehmbar pulsieren. Leder als Haut mit ihrer Faltenbildung, mit den Spuren des Alterns und angreifenderer Widerfahrnisse, mit Löchern und Schründen, Rändern und Überlappungen, dem Körper anliegend und doch nur, wie dicht auch immer, über ihn gebreitet: nach innen wirkend macht es das, was es bedeckt, zu Skelett, Sehnenhalt und Muskelspannung. Die Figur, wie sehr auch immer ein entrücktes, ins Allgemeingültige gehobenes Zeichen, scheint individuellen Lebens teilhaftig geworden. Aber ist nicht jeder Künstler Pygmalion, jeder nicht wenigstens potentiell? Alle Kunst ist ein Ins-Leben-Rufen; hier aber, in den Figuren von Horst Egon Kalinowski ist es durch das Incorporieren in überlebende Stücke abgelebten Lebens dem Lebendigen besonders nah, Leben suggerierend selbst im Tasterlebnis.

Leder und Holz im Kontext, Eisen zuweilen als Gegenkraft: das sind die Elemente dieser plastischen Arbeit. In sich ist sie variabel und erfuhr im Lauf der Jahre Variation. Dem festen Körper fügte sich 1968 die Beutelung hinzu, die, gestrafft oder in Schlaffheit, zum festüberspannten Körperstück und Auswuchs den Gegenpart bilden konnte, und aus diesem Widerspiel haben sich, neben den statuarisch freistehenden Plastiken, Reliefs entwickeln können, die aus dieser Spanne ihre innere Spannung beziehen. Freihängende Beutelungen in Fesselung und Verdrehtheit, von Fremdkörpern durchquert oder von solchen eingezwängt, bilden seit 1972 im Arbeitsprozeß den Kontrast zu pfahlartig starren Stelen. Das plastische Werk im ganzen schließlich erfuhr seitdem eine eigene malerische Reflexion, die, im Bewußtsein von Monumentalität, die bildnerische Körpererfahrung losgelöst von den dort benützten Materialien mit Papier, Farbe und Leinwand in die Fläche übersetzt und die Lebensspuren der Häute transponiert in Handschriftlichkeit.

Wer den Spuren des Erleidens, wie sie sich in die Hülle des Lebens eintragen, folgt, kann der Passion, wie immer sie in Erscheinung treten mag, nur geöffnet begegnen. Motivation des Werkes von Horst Egon Kalinowski ist, sei es in mythologischer Anspielung, sei es im fast nüchternen Beschreiben dessen, was im Bildwerk als Geschehen sich manifestiert, oft und in vielfacher Form das Erleiden und das überdauernde Bewältigen einer Lebenssituation vom Betroffenen her. Man könnte die Haltung, die sich hier ausspricht, heroisch nennen, wenn vorab geklärt ist, daß nichts vom vordergründigen Heroismus der Tat im Spiel ist, des zufügenden Tuns und seiner Bravour, sondern daß die Kraft gemeint ist, die evoziert wird im Widerfahren und Hinnehmen, und die sich und ihre Niederdrückung schließlich transzendierend übersteigt. Die Kraft des Leidens ist die, die die Welt trägt und weiterträgt. Im Grunde sind die Figuren von Horst Egon Kalinowski allesamt anthropomorph, durch die Vorstellung von Schicksalhaftigkeit, aber auch durch ihre Bekleidung mit Haut. Was widerfährt, wird hier als einem Lebenden widerfahren gefühlt. Er setzt sich aus, er nimmt hin, er hält stand. Es ist die beharrende Vitalität, die die Spur der Gewalt assimiliert und als überstandene präsentiert. Dasein schon in seiner Einfachheit ist Ausgeliefertsein, aber in seinem Verharren akkumuliert sich Kraft: das sanfte Gesetz und seine Würde. Wer spricht von Siegen, Überstehen ist alles, hat Rilke gesagt. Überstehen ist auch: Zeugnis geben, und Zeugenschaft hebt aus alltäglicher Verfallenheit heraus. Überdauernde Zeugnisse sind allemal die dessen, was dem, der zeugt, widerfahren ist, bis in die Frühzeit von Leben, bis in die Erdschichten; auch das Fossile ist Bezeugung von Leben in seiner Spur.

Das Erleiden, im Werk von Horst Egon Kalinowski manifestiert es sich nicht nur in der überdauernden, unbeirrbaren Haltung der statuarischen Figuren, nicht nur in der Kraft und Gespanntheit ihrer wie auch immer versehrten Hülle mit ihren Buckeln und Brüchen. In den Beutelungen vielmehr führt es zuweilen in die Situation der Gequältheit selbst: Fesselung und Verkettung, schmerzhafte Torsion und würgendes Abschnüren teilen sich mit, das Quetschende der Zangenbewegung, die Durchstoßung mit scharfkantigem Eisen wie mit einer Lanze, das Aufgebrochensein des Marks beim Durchknikken des Lebensschaftes, das gewichthafte Hängen, das sich selbst zur Last gerät, die Ausgesetztheit über allem, wehrlos, geschunden und preisgegeben. Grausamkeit freilich ist bei der Darstellung nicht im Spiel, sie ist getragen von einer innerlich beteiligten Distanz, die nicht Abscheu, sondern in Betroffenheit Mitgefühl wecken mag, nicht zum einzelnen Ding, das ja, in diesem Sinne nur Gleichnis ist, sondern zu kreatürlichem Dasein und Hingegebensein überhaupt.

In manchen der Werke von Horst Egon Kalinowski ist eine unmittelbare Anspielung auf Christus nicht zu übersehen: wenn beispielsweise ein tektonisch gestreckter Torso mit offengelegter Herzgrube Golgatha heißt oder Brote mit kreuzweiser Kerbung als die stigmatisierten Körper bezeichnet sind. Im ganzen verschließt sich der Künstler der Darstellung Gottes, weil er sie für sich selbst, seine Erkenntnis und seine Mittel nicht möglich sieht. Es ist vor allem Scheu, die ihn statt dessen die Identifikation mit dem Schächer eher nachvollziehbar erscheinen läßt. Der Schächer als der Mitgekreuzigte, als der in Schuld Geschundene, der, an dem demonstriert wird, was Hinrichtung ist, und als der, der in dieser äußersten Situation die Möglichkeit zur Würde gegeben erhält, jenseits aller sichtbaren Bravour. Das Schaffen ist das eine, auf Wegen, die nicht auf ganzer Strecke für den, der sie schaffend geht, überschaubar sind, das Schaffen und das geschaffene Werk. Das andere ist die Offenbarung, die es, vielleicht, zu vermitteln vermag. Der Künstler selbst ist sich des Geheimnisses der wirkenden Kräfte bewußt. Er nimmt für die Darstellung des Erleidens und der Erleidensspur sein Vermögen zu apollinisch-romanischer Klarheit in den Dienst ebenso wie die Dunkelheit des eigenen Untergrundes. Er leitet die zum Ausdruck drängende Energie durch die geistige Instanz seines Formbewußtseins hindurch, kritisch gegen sich selbst, aber hingegeben an kreatürliches Wesen und Sein.

# WALTER ZACHARIAS

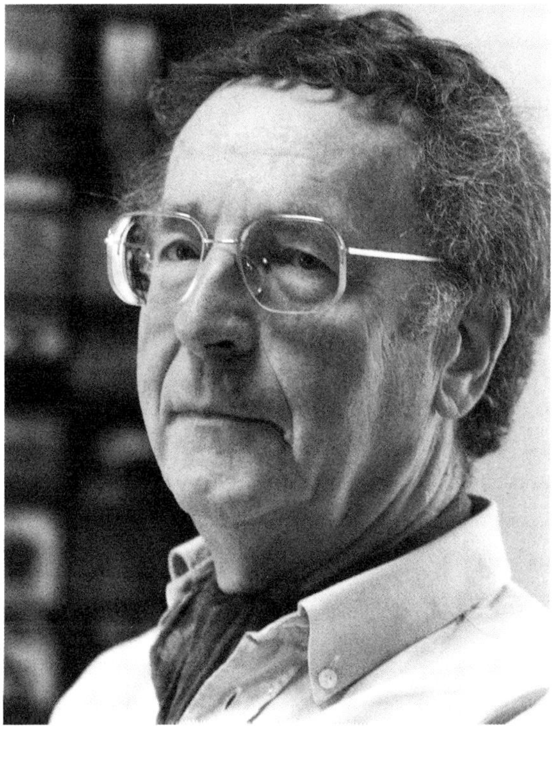

## Im Gespräch

Walter Zacharias ist ein Künstler, bei dem vor allen Dingen der Bezugspunkt zu seiner Lebenswelt wichtig ist. Er lebt und arbeitet in Regensburg und auf einem alten Bauernhof am Rande des Bayerischen Waldes. Seit vielen Jahren sammelt er auf den Bauernhöfen seiner Heimat Material: Holz, Werkzeuge, Steine, elementare Spuren der Vergangenheit. Er entstammt einer alten Künstlerfamilie, die sich erst in der letzten Generation von der Malerei auf die Fotografie verlegt hat. Dem Zwang, den väterlichen Fotobetrieb zu übernehmen, unterwarf sich Walter Zacharias zwar aus Familienraison, aber nur unter der Bedingung, daß er zuvor ein »ordentliches Studium« an der Kunstakademie absolvieren durfte. Er erhielt seine künstlerische Ausbildung in München, ging aber schon sehr früh zu dem Regensburger Maler Otto Baumann, wo er Aquarellmalen, Holzschnitt und Radierung lernte.

Von Kind auf hatte Walter Zacharias ein ungebrochenes Verhältnis zur Volkskunst und zur Volksfrömmigkeit, die sich weniger an klaren theologischen Dogmen, als an einer bodenständig natürlichen Frömmigkeit in christlichem Gewand ausrichtet. Natur, bäuerliche Lebensart und Volksfrömmigkeit bildeten die Grundlage seiner gesamten menschlichen wie künstlerischen Entwicklung.

Diese Bezüge blieben für ihn auch dann ungebrochen, als er jahrzehntelang zwei Berufe bewältigen und in der realen, harten wirtschaftlichen Welt bestehen mußte. Im folgenden Gespräch geht es um seine Bindung zu dieser bäuerlich-ländlich-bayerischen Lebenskultur, die für ihn ein starker Bezugspunkt seiner Kunst geworden ist.

Wir sind hier im Bayerischen Wald, in der Nähe von Regensburg, auf Ihrem alten Bauernhof, den Sie seit 25 Jahren bewohnen. Sie leben hier mit sehr viel alten Dingen, stark einbezogen in die Landschaft und die Bevölkerung. Das Bäuerliche spielt in Ihrer Kunst eine große Rolle...
*Walter Zacharias:* Ja, im Bäuerlichen spüre ich am meisten noch die Urkraft der Natur des Menschen. Wenn auch heute beim bäuerlichen Menschen bereits sehr vieles durch die Medien und andere Umstände verdrängt ist, hat er für mich noch viel Archaisches in sich, nicht zuletzt auch in der Volksfrömmigkeit, die sich in der barocken Geste gibt.

*Friedhelm Mennekes:* Dann ist also die Grundquelle dieser bäuerlich-ländlichen Lebenskultur die Natur.
*W.Z.:* Ja, Natur, vor allem Urgrund, d.h. das Fühlen der letzten Quellen, die wir als Mensch erfassen können. Nicht vom Intellekt her, sondern vom Unbewußten.

*F.M.:* Was verstehen Sie unter den ›letzten Quellen‹?
*W.Z.:* Das Gespür aller Gefilde des Archaischen, also frühe bildhafte Formen des Menschen, uralte Erfahrungen.

*F.M.:* Können Sie das noch näher illustrieren?
*W.Z.:* Wer das Gespür für dieses Archaische in sich hat, es ist wahrscheinlich ein Reflex unterbewußter Erfahrung vieler Generationen, der entdeckt in seiner alltäglichen Umgebung, vor allem aber im bäuerlichen Bereich auch heute noch viele Quellen: in Haus und Hof, beim arbeitenden und feiernden Menschen, wenn er erzählt oder singt, in seiner derben Erotik wie in seiner Frömmigkeit.

*F.M.:* Viele überkommene Gegenstände hier in Bayern sind nicht nur bäuerlich, sie entstammen weitgehend einer bestimmten originalen oder nachempfundenen Kunstrichtung, dem Barock.
*W.Z.:* Ich sehe im Barock nicht so sehr eine Kunstrichtung als vielmehr eine Lebensform. Im Barock hat der bayerische Stamm seinen Höhepunkt erreicht.

*F.M.:* Der Barock fördert doch bestimmte Elemente und vernachlässigt andere. Würden Sie sagen, daß der Barock die Form ist, die Mut hat zu den archaischen Zeichen?
*W.Z.:* Zu den archaischen Zeichen eigentlich weniger, aber die Mut hat, die Sinnlichkeit und die Fröhlichkeit zusammenzufassen. Für den barocken Menschen gehören Tod und Leben, Himmel und Hölle praktisch zusammen; sie bilden eine Einheit.

*F.M.:* Kann man nicht auch sagen: wichtig am Barock ist sein integratives Element, nicht das pluralistische. Daß also der Barock das Heidnisch-Archaische christlich aufhebt.
*W.Z.:* Auf jeden Fall. Der moderne Mensch sucht den Gegensätzen im Leben aus dem Wege zu gehen. Wir dagegen kennen keine Furcht vor Gegensätzen. Wir taufen uns alles! Deswegen fühlen wir uns auch weniger gebrochen. Wir sind naiv. Aber diese Naivität ist für das künstlerische Schaffen eine ganz wesentliche Sache. Geht es mit der modernen Kunst nicht deshalb so schwierig weiter, weil die meisten Künstler eben zu überfrachtet sind vom Intellekt und so wenig Naivität besitzen. Das ist natürlich im wahren Sinn verstanden, nicht gekoppelt mit Unwissen, bzw. mit Schwachsinn.

*F.M.:* Der Barock hat ja eine wahre Leidenschaft für das Ausgestalten.
*W.Z.:* Ja, für das Gesamtkunstwerk. Eine Barockkirche in Süddeutschland ist ja ein Gesamtkunstwerk, wo Malerei, Plastik, Architektur, Raum an sich, Musik, Predigt und Kult vorhanden sind...

*F.M.:* ...und der jesuitische Beichtvater! Der barokke Mensch lebt sich aus bis ins Dionysische. Aber er läßt sich durch die Theologie und die Predigt zur Raison bringen. Ist damit der Barock nicht imgrunde eine dialektische Lebenskultur?
*W.Z.:* Ja, soweit sich die beiden Pole nicht bekämpfen, sondern aufeinander einlassen. Da haben Sie recht.

*F.M.:* Herr Zacharias, Sie verwenden in Ihren Arbeiten sehr stark altes Holz. Was bedeutet das, Holz?
*W.Z.:* Holz ist hier in unserer Gegend das Element Nummer eins, ähnlich vielleicht wie in Italien der Ton. Hier sind die Ausläufer des Bayerischen Waldes. Und Wald ist Holz. Das ist unser Element. Und dadurch, daß wir viele Wälder haben, und die alten Gehöfte auch primär aus Holz gebaut sind oder waren, ist das Holz das Material zur Verarbeitung schlechthin. Außerdem ist auch Stein schwer zu verarbeiten. Und außer Holz und Stein gibt es hier keine ursprünglichen Materialien.

*F.M.:* Damit ist das Element Holz auch sehr stark verbunden mit dem Hausmotiv.
*W.Z.:* Ja, die alten Häuser haben früher sogar Holzschindeldächer gehabt, also ganz dünne Holzplatten, die aufeinander liegen und dann mit Steinen beschwert worden sind. Holz ist einfach unser Gestaltungselement. Holz ist für mich etwas schlechthin Vegetatives. Das Gewachsene. Das Gewachsene kommt im Holz am meisten heraus, vielmehr als in Stein oder Ton. Sehen Sie nur die verschiedenen Formen: die Wurzel, der Ast, der Zweig, das Brett mit der Maserung...

*F.M.:* ...der Balken.
*W.Z.:* Ja, Holz bedeutet Kraft, Schwere; es steht für Architektur. Meine Objekte sind ja fast durchweg gebaut. Da ist immer ein gewisses Architekturmoment dabei.

*F.M.:* Es gibt verschiedene Formen, die in Ihren Sammlungen dominieren, zum Beispiel die Deichsel.
*W.Z.:* Ich möchte sagen: solche Holzformen, die der Mensch bereits bearbeitet hat. Wenn ich ein Objekt bearbeite, dann müssen drei, vier oder fünf Formen so zueinander stimmen, daß sie eben eine neue Situation geben, und zwar nicht nur formal, sondern auch von der inneren Struktur her, von ihrer Ausstrahlungskraft.

*F.M.:* Können Sie das noch ein wenig verdeutlichen: die Aspekte, unter denen Sie einzelne Holzelemente zusammensetzen.
*W.Z.:* Meistens gehe ich so vor, daß mir eine bestimmte Form ins Auge sticht. Dann suche ich mir eine zweite Form dazu. Dann stellt sich bereits eine Idee ein. Dann brauche ich vielleicht noch eine dritte oder vierte Form. Manchmal verändere ich auch was mit dem Schnitzmesser, oder auch mit dem Pinsel.

*F.M.:* Nach welchen Formvorstellungen kombinieren Sie denn die einzelnen Elemente?
*W.Z.:* Nicht nach einem bestimmten reflexen Kanon, sondern nach dem Unterbewußten. Ich gehe nicht mit einer bestimmten Zielvorstellung an die Arbeit, also etwa eine Auferstehung oder ein Kreuz oder etwas anderes, – aber alles das kann vielleicht daraus werden.

*F.M.:* Sie trauen also sehr stark Ihrem inneren natürlichen Empfinden im Unbewußten?
*W.Z.:* Absolut. Das ist einfach eine Riesensammlung angestauter Formempfindungen, die man ein Leben lang aufgestaut hat. Denn ich habe Zeit meines Lebens gezeichnet, zum Beispiel auf Wanderungen, und zwar nicht nur Landschaften, sondern auch Formen, Häuser oder Kirchen oder irgendetwas. Und ich habe auch fotografiert. Ich habe ständig Formen gesammelt, oder auch Empfindungen.

*F.M.:* Sakral und archaisch, ist das für Sie identisch?
*W.Z.:* Nicht ganz, aber fast. Den Unterschied kann ich nicht aufzeigen. Sakrale Dinge laufen bei mir fast immer auf das Archaische hinaus.

*F.M.:* ›Sakral‹ und ›archaisch‹ – was bedeutet das eigentlich? Ist das eine bestimmte Kraft, die von einem Element ausgeht?
*W.Z.:* Es ist eine Aura, die strahlt. Das Archaische strahlt für mich ein sakrales Empfinden aus.

*F.M.:* Erzeugt eine solche Ausstrahlung vielleicht ein bestimmtes Empfinden, – etwa Ruhe?
*W.Z.:* Nicht unbedingt Ruhe. Vielleicht gerade das Gegenteil.

*F.M.:* Glauben Sie, daß vom Umgang mit den archaischen Formen etwas Bedeutendes für die moderne Lebenswelt ausgehen kann?
*W.Z.:* Das glaube ich mit letzter Sicherheit, sonst würde ich das nie machen. Ich arbeite nicht nur für mich, ich möchte meine Stücke schon weitergeben. Ich glaube sogar, daß die archaischen Formen eine wichtige Lebenshilfe darstellen. Ich glaube, daß gerade dieser Weg vielen Menschen ihre Lebensangst nehmen kann. Ich stelle immer wieder bei jungen Leuten, vor allem auch bei sehr einfachen Menschen, aber auch bei Intellektuellen, ein großes Interesse an meiner Arbeit fest. Nur sagen viele, man sollte halt mehr Zeit haben, sich damit auseinanderzusetzen. Und das ist von vornherein schon eine Eingrenzung: die Menschen spüren, um was es geht, aber sie nehmen sich nicht die Zeit, diesen Weg zu gehen.

*F.M.:* Wenn sie sich nicht die Zeit nehmen, ist das eine Form ihrer Hilflosigkeit?
*W.Z.:* Ich glaube, daß der heutige Mensch im Wesentlichen daran leidet, daß er nicht mehr die innere Fähigkeit besitzt, das herauszukristallisieren, auf was es für ihn ankommt. Wo der Weg geht, der ihn retten könnte.

*F.M.:* Der eigentliche Weg, der ihn retten könnte – das wollen Sie sagen – liegt in ihm selber, er liegt in diesen archaischen Formen, die in ihm sind?
*W.Z.:* Auf jeden Fall. Ich bin jedenfalls diesen Weg gegangen.

*F.M.:* Sie haben ja lange Zeit, wenn man so will, ein verfremdet-modernes Leben geführt und haben in Ihrer Kunst zu sich selbst gefunden.
*W.Z.:* Das ist so. Ich bin ja bis vor vier Jahren sehr integriert gewesen im modernen wirtschaftlichen Leben. Mir sind die Probleme des heutigen städtischen Menschen in keiner Weise fremd.

*F.M.:* Nun hat doch gerade der moderne Mensch eine auffallende Wertschätzung für das Antike, für die bäuerliche Kunst, für alles Alte. Kommt das Ihrer Arbeit entgegen?
*W.Z.:* Nein. Denn ich glaube, daß das nur eine äußere Wertschätzung ist. Die Mode mit der Antike geht am Sinn für das Archaische vorbei.

*F.M.:* Unter Ihren Arbeiten habe ich eine ganze Reihe von religiösen Formen gesehen: das Kreuz, die Dreiheit, das eucharistische Motiv, das Tor-Motiv. Das ist eine starke Christussymbolik.
*W.Z.:* Das Altar-Motiv gehört noch dazu und gewissermaßen auch das Grabmotiv.

*F.M.:* Gibt es Vorbilder für diese Arbeiten?
*W.Z.:* Mein Christusbild ist herausgewachsen aus der Volksfrömmigkeit. Aus dem religiösen Alltagsleben der Menschen, wie sie hier leben.

*F.M.:* Dabei dominiert zahlenmäßig das Leidensmotiv: die Pietà, das Wegkreuz, die Martersäule... Woher rührt das?
*W.Z.:* Der Anlaß war immer wieder die Volksfrömmigkeit mit ihren christlichen Motiven. Im Vordergrund steht dabei die Leidensthematik. Christus an der Martersäule, dieses Motiv ist hier sehr stark verbreitet. Das lag im Sinn der Barockzeit: den Übermut zu dämpfen, diese grausame Szene zu betonen. Das ist ganz typisch. Gerade der einfache Mensch mag nicht das Leichte und Seichte; er braucht eine kräftige Kost. Und das ist Christus an der Martersäule. Darin liegt freilich auch eine gewisse Freude am Gegensatz und an der Kraft.

*F.M.:* Sicher stehen doch diese Motive auch im Zusammenhang mit den alltäglichen Lebenserfahrungen, mit dem harten Leben, das bewältigt werden muß.
*W.Z.:* Freilich, aber es waren nie kraftlose Sachen. Auch die Engel haben Kraft gehabt. Mir hat einmal ein alter Maler erzählt, der hier lange als Kirchenmaler gearbeitet hat, wie er ein Bild mit den armen Seelen im Fegfeuer hat ausbessern müssen, und wie der Pfarrer darauf geachtet hat, daß die Verdammten nur ja »fest brennen«. Nur ja nicht zu wenig!

*F.M.:* Eine Vorliebe für starke und übersteigerte Formen...
*W.Z.:* Ja, und extrem auch in der Grausamkeit. Nitsch zum Beispiel hat die Konsequenzen der Grausamkeit noch gesteigert. Das hat er aus dem Barock. Die grausamsten Szenen aus dem Barock hat man ja im vergangenen Jahrhundert vernichtet. Es ist fast nichts mehr überkommen von diesen Dingen. Manchmal sieht man noch Darstellungen von Christus an der Martersäule, wo die Fleischfetzen am ganzen Körper weghängen, wo dann das Blut rausrinnt. Also scheußliche Dinge. Doch die haben in ihrer Zeit das Gefühl des Erbarmens hervorgerufen.

*F.M.:* Man könnte sagen, daß der barocke Mensch sich dadurch von uns unterscheidet, daß er den Mut hatte, seine Grausamkeit nach außen heraustreten zu lassen...
*W.Z.:* ...und sie noch zu steigern. Der Barock hat ja diese Fähigkeit zur Übersteigerung besessen, bis zum Exzeß manchmal.

*F.M.:* Gibt es für Sie Orientierungen in der zeitgenössischen Kunst oder in der Kunst dieses Jahrhunderts, was Christusbild und Christusmotiv betrifft? Gibt es Bilder, die Sie beeindrucken?
*W.Z.:* Was das Christusbild betrifft, so haben mich vor allem die romanischen Christusbilder beeindruckt, vor allem die Malerei von Cimabue und Giotto; auch die romanischen Plastiken, von denen es ja eine große Anzahl in Bayern und in Deutschland gibt. Aber sicherlich auch die barocken Christusdarstellungen.

*F.M.:* Die Figur des Kreuzes, wofür steht die bei Ihnen? Ist es die Auseinandersetzung mit dem eigenen Tod?
*W.Z.:* Nein. Mit dem eigenen Tod hat das nichts zu tun. Es ist die Auseinandersetzung mit dem Leben überhaupt, das den Tod einschließt.

*F.M.:* Das Christliche ist dann für Sie imgrunde mit dem Menschlichen identisch?
*W.Z.:* Ganz selbstverständlich. Es ist nicht losgelöst. Es steht nicht gegeneinander.

*F.M.:* Sie halten sich in Ihren Arbeiten stark an überkommene und vorfindbare Grundformen: diese alten, ausgewaschenen, zerfurchten, zerfallenden Holzelemente; ein verrostetes Metallstück, gebogene Nägel, und in all dem die uralten Formen. Aber dann kommt doch etwas ganz anderes hinzu. Dann kommt das Neue.
*W.Z.:* Dann kommt die neue Form.

*F.M.:* Wenn ich Sie richtig verstanden habe, würden Sie sagen: die neue Form ist eigentlich auch eine alte Form.
*W.Z.:* Nein. Die Aura des Materials ist wieder was anderes als die Aura dessen, was ich neu daraus mache. Das sind zweierlei Empfindungsebenen. Ich will aber, daß die Aura des Materials selbstverständlich erhalten bleibt.

*F.M.:* Aber die Form, die Sie aus sich heraus finden, sozusagen aus der Empfindung, ist die nicht auch etwas Archaisches, Altes?
*W.Z.:* Ja, das hoffe ich. Sonst würde das Ganze überhaupt nicht stimmen. Denn wenn ich es mit dem Intellekt machen würde, dann ginge die Rechnung nicht auf.

*F.M.:* Walter Zacharias als Konstrukteur des Archaischen, oder als Rekonstrukteur des Archaischen...
*W.Z.:* Nein, das kann man nicht sagen. Im Gegenteil. Ich glaube, daß meine Neuschöpfung absolut ein Moment unserer Zeit ist und mit der Aura unserer Zeit behaftet ist. Es geht nicht um die Wiederentdeckung einer alten Aura. Ich sehe die Aura des Materials als die alte Aura an, aber das, was ich daraus mache, das ist eine moderne Aura. Die Aura unserer Tage. Das Ausschlaggebende an meinem Werk ist aber, daß es eine Aussage unserer Tage ist. Ich rekonstruiere nicht etwas, was vorher schon existiert hat.

*F.M.:* In Ihnen hat also das Archaische einen modernen Gestalter gefunden. In welchem Zusammenhang stehen Sie zu dieser zeitgenössischen Kunstrichtung, den »Spurensicherern«?
*W.Z.:* »Spurensicherer« gibt es seit gut 10 Jahren. Sie haben einen ähnlichen Ausgangspunkt wie ich und man hat mich vielfach dieser Eingrenzung zugerechnet. Ich glaube, daß ich im Sinne der Rettung und Sicherung alten Materials ein Spurensicherer bin, aber nicht mehr ganz in meiner Neuaufbereitung. Gemeinsam ist auf jeden Fall auch die anthropologische Sicht des ganzen Arbeitsverlaufs.

*F.M.:* Und wodurch unterscheiden Sie sich von ihrer Arbeit?
*W.Z.:* Die Spurensicherer bereiten aus anthropologischer Sicht ihr gefundenes Material auf und erzeugen auf diese Weise ihre neuschöpferische Aura. Ich »sichere« ebenso altes Material; durch die gestaltete Neuaufbereitung erzeuge ich aber etwas Neues. Beide Wege haben einen anthropologischen Grundgedanken.

*F.M.:* Das Moderne an Ihnen ist, daß Sie mit den alten Dingen umgehen und etwas Neues daraus machen. In welchem Verhältnis steht nun das Neue zum Alten?
*W.Z.:* Das alte Material kann ästhetisch sein. Es hat eine Material-Aura, während das, was ich daraus mache, die Material-Aura und die Aura eines neuen Werkes hat. Und doch müssen beide zueinander passen.

*F.M.:*Wenn ich Sie recht verstehe, haben Sie zwei Quellen zur Archaik: das Material und die innere Form. Und wenn beide sich treffen, dann gibt es das neue Werk. Und darin besteht dann auch, daß es alte Wahrnehmungsschemata wiederentdeckt und lebendig werden läßt, soweit der Mensch es noch in sich hat.
*W.Z.:* Den einen, den kann man schütteln, und es kommt doch nichts mehr heraus, beim anderen ist noch ein glimmender Stengel da, und beim Dritten ist vielleicht noch alles lebendig.

*F.M.:* Ich denke, daß es um diese Dreipoligkeit geht: die vorgefundene Form des Materials, die neue Form, die der Künstler schafft und die Verstehensform des Betrachters, drei Formen, die im Bezug zur Archaik ihren Kommunikationsgrund haben.
*W.Z.:* Ja, das ist es. Ich möchte noch sagen, daß mein künstlerisches Schaffen eingebettet ist in eine Gesamtaffinität der Dinge, und zwar ganz im Sinne Teilhard de Chardin's, der in meinem Denken eine große Rolle spielt. In seiner Theologie sehe ich die Bestätigung dessen, was ich vorher vage gefühlt habe. Dieser große Theologe und Anthropologe hat alles Organische und Gewachsene mit dem Christlichen zu einer Einheit zusammengebracht. Und er hat gesagt, man solle im Leben dahin kommen, daß nichts mehr profan ist. An diesen Satz muß ich oft denken. Es ist ein Weg.

*F.M.:* Man könnte auch sagen: das Moderne, die gesellschaftliche Relevanz Ihrer Kunst besteht darin, aus einem profanen Lebensgefühl heraus Wege zum Archaisch-Sakralen zu entdecken, die immer schon da sind. Und damit kommt der Prozeß in Gang, daß der profane, sich entfremdete und ohne Bezüge lebende Mensch neue Anknüpfungen findet zu dem, was in ihm selber ist.

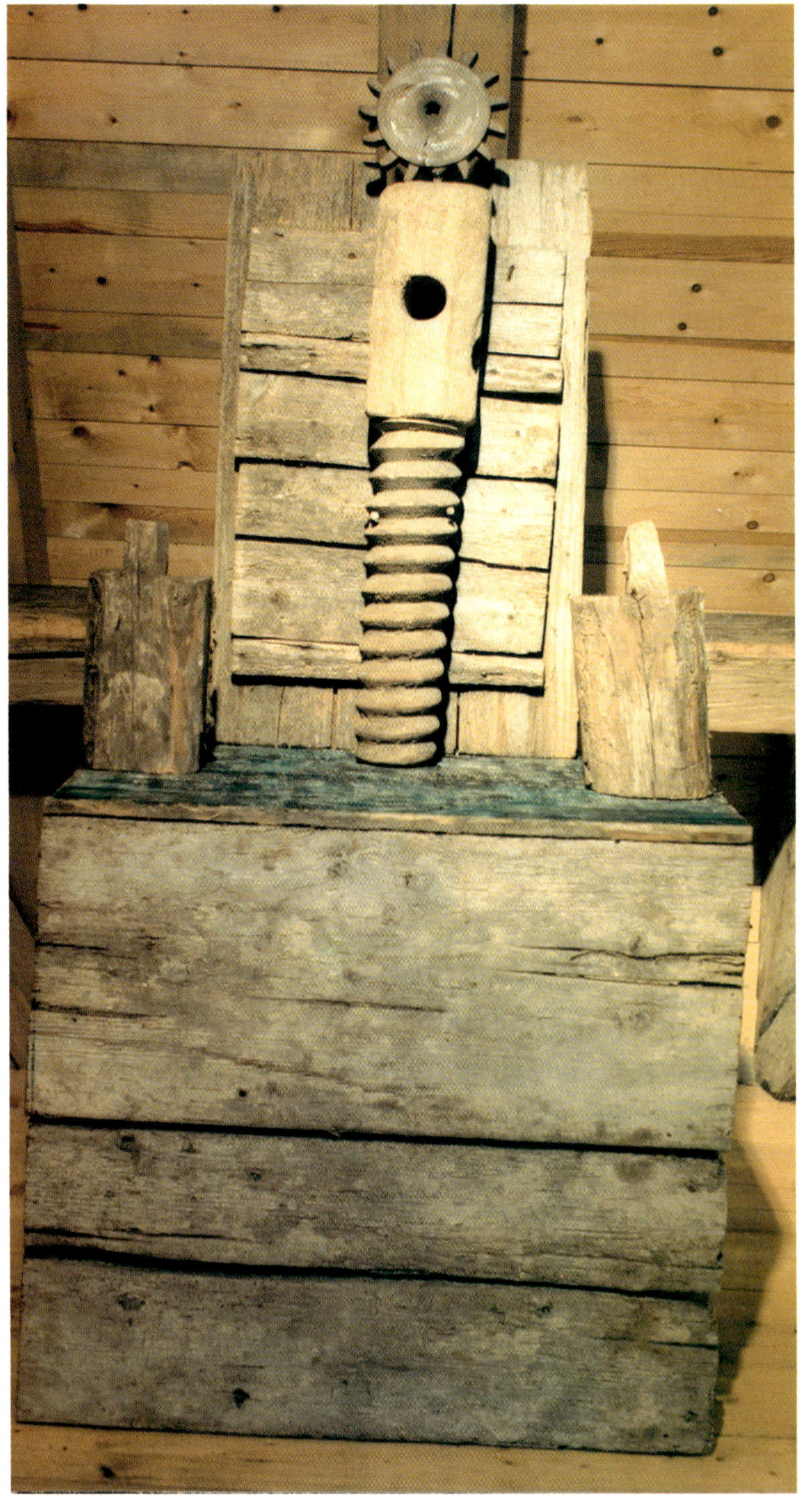



»Altar«, Holz, 110 × 90 cm

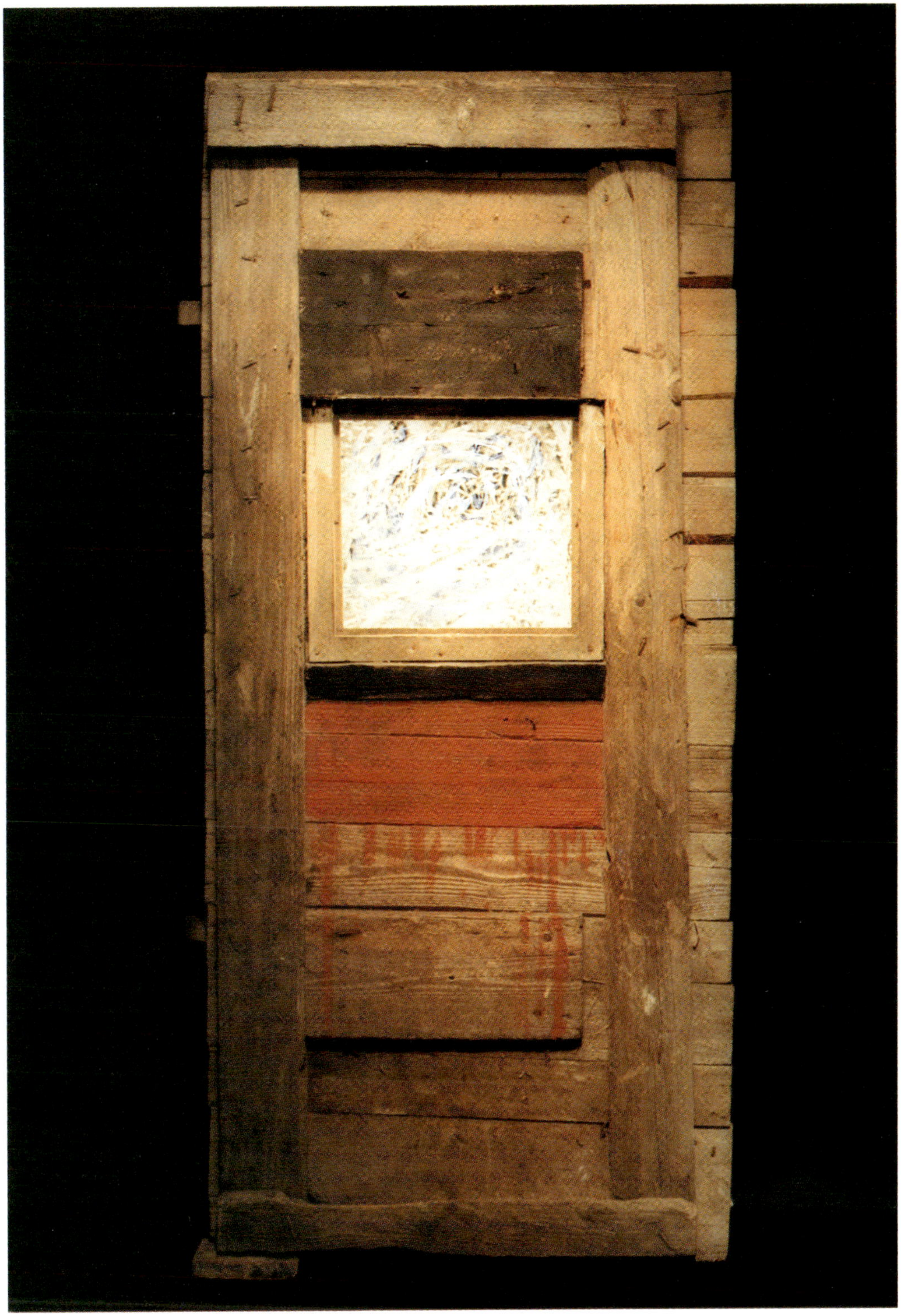



»Licht in der Dunkelheit«, altes Holz, Stanniol, 80 cm hoch

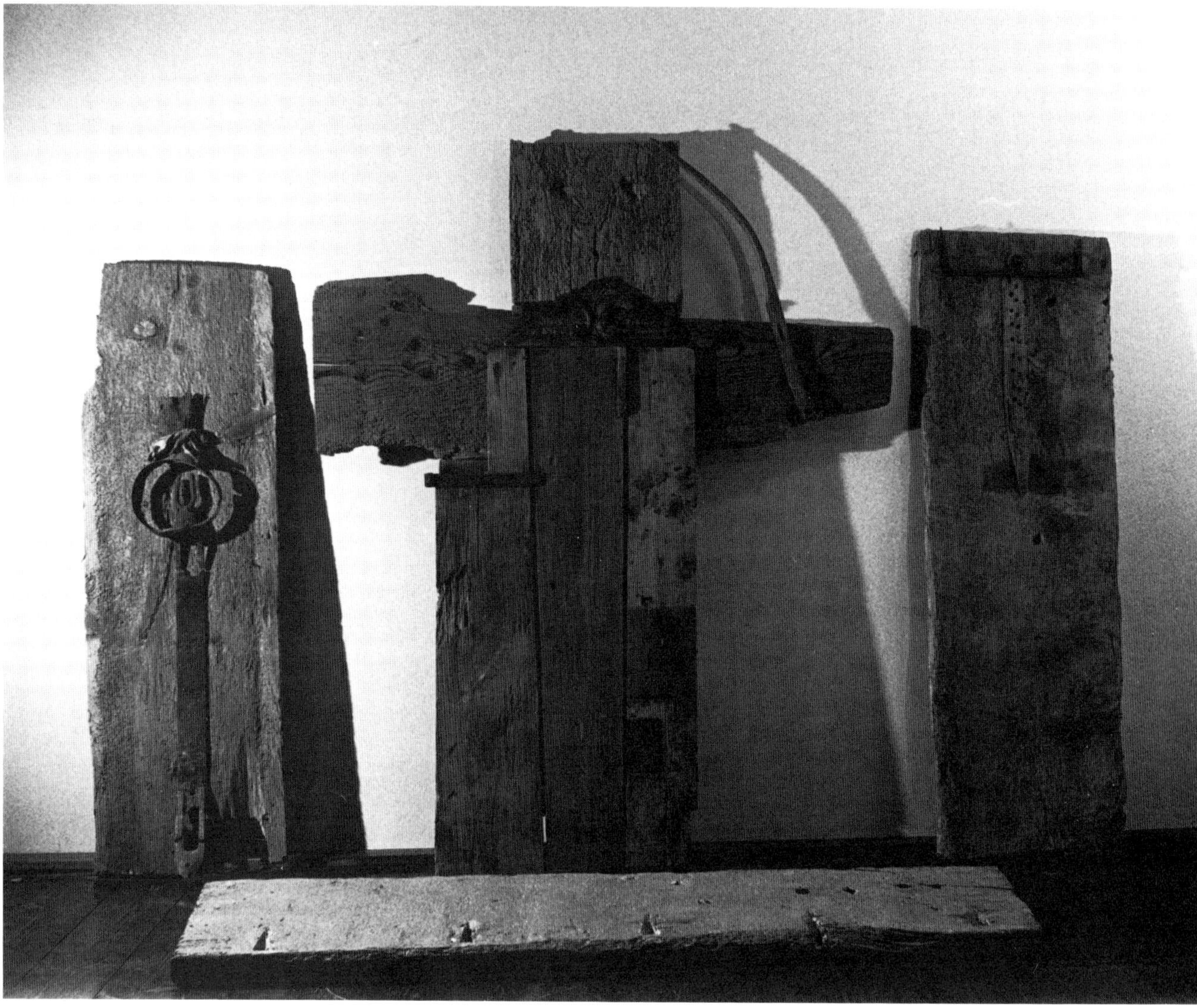



»Kreuzigungsgruppe«, altes Holz, mit Fundstücken, wenig bemalt, Mittelstück: 150 × 180 cm

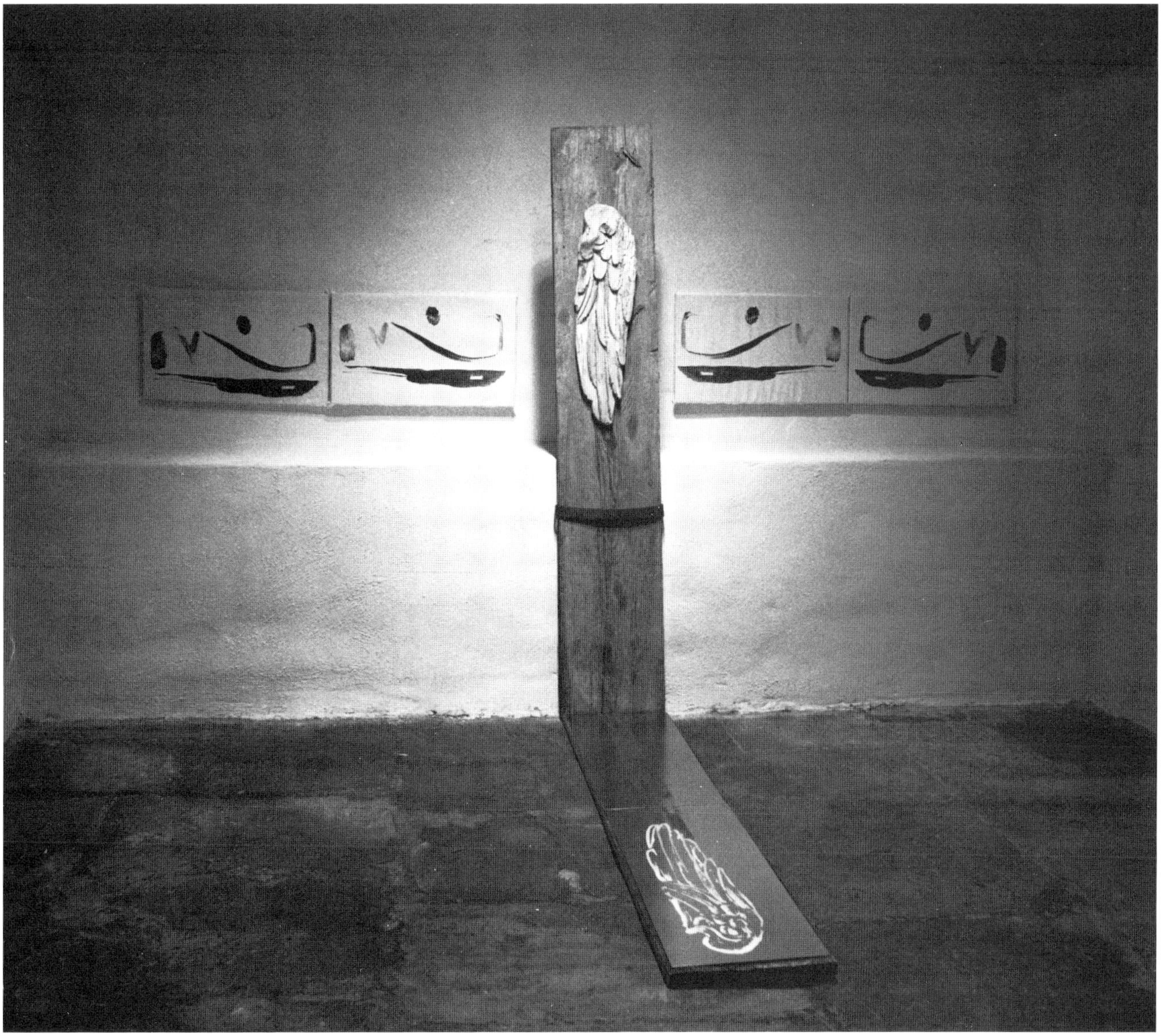

151 »Engelsflügel«, Environment, altes Holz, barocker Flügel, Metall, Repros auf Fotoleinen, Raumbreite 7 m

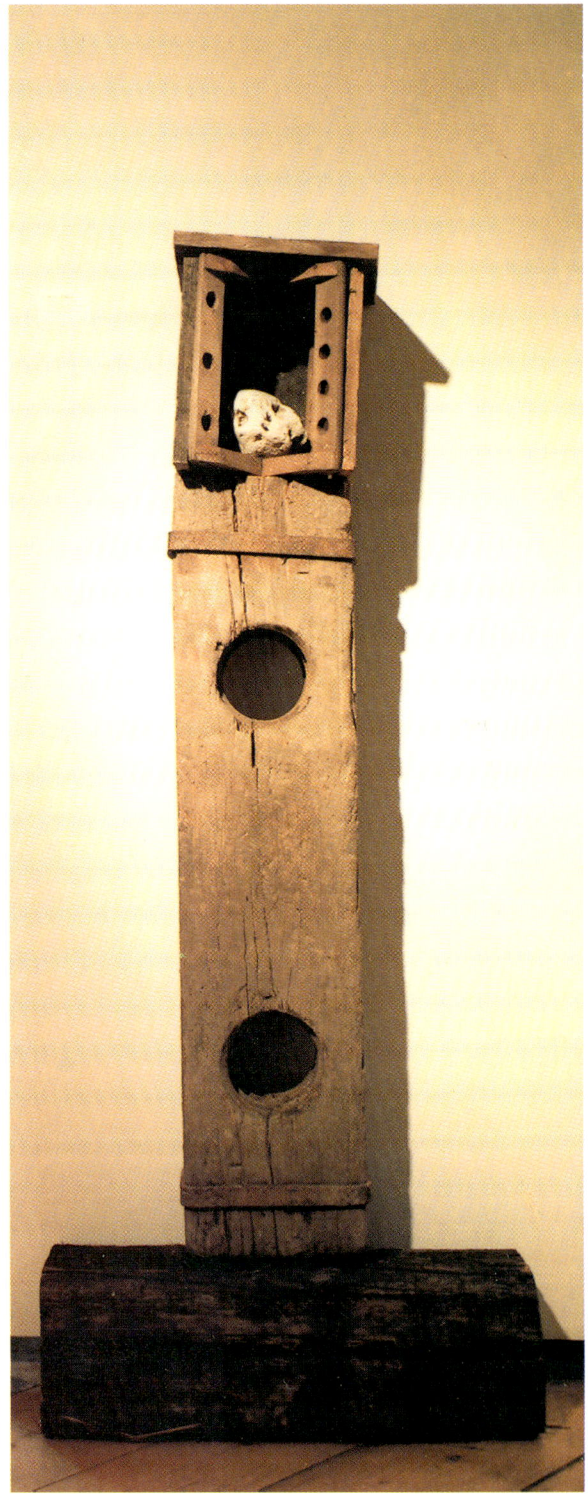

»Totenleuchte«, Holz, Eisen, Stein, 150 cm hoch

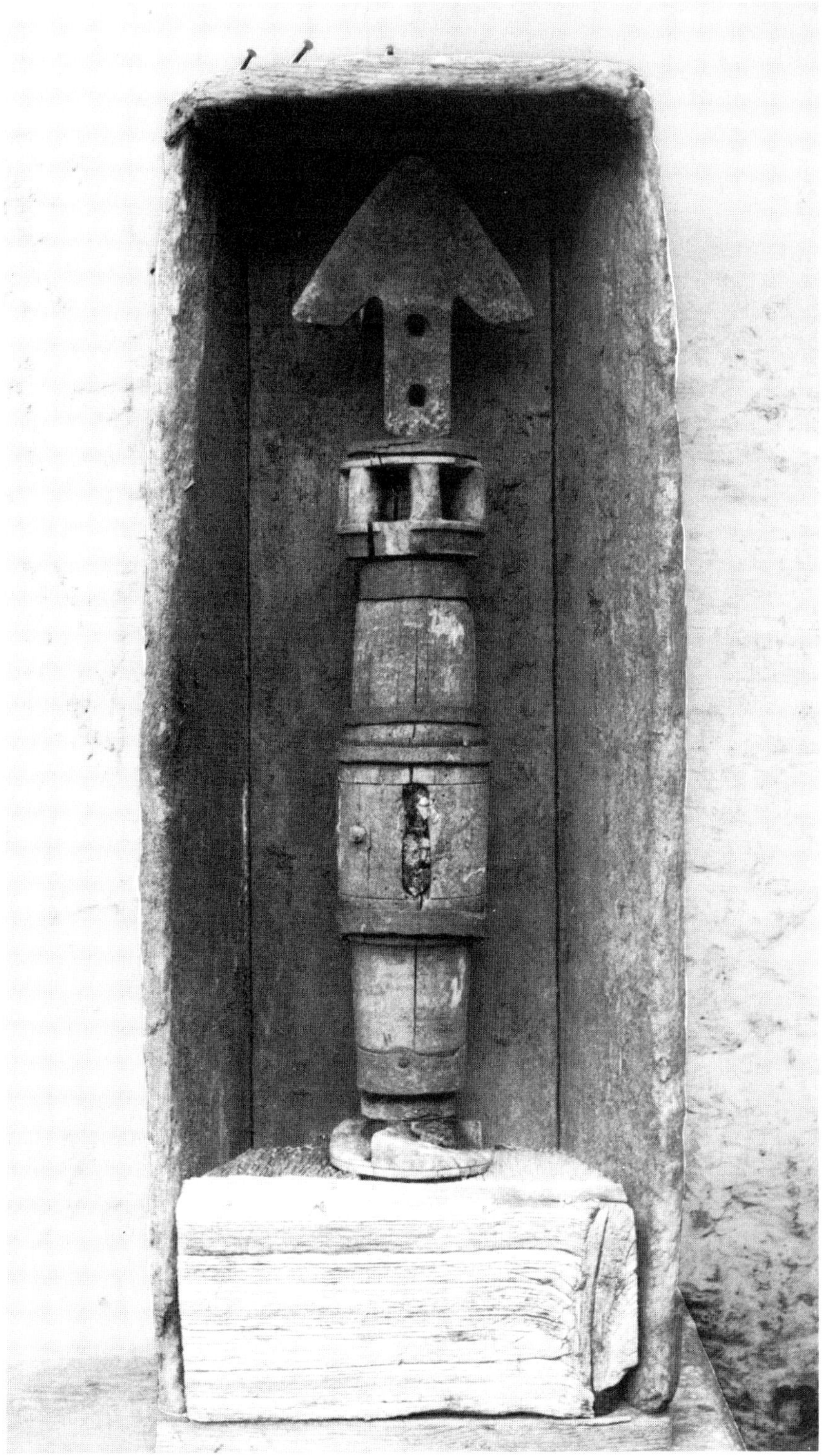



»Hl. Josef«, Alte Fundstücke, Holz und Metall, 90 × 35 cm

## Im Werk

Walter Zacharias, 1919 in Regensburg geboren, hat nach dem zweiten Weltkrieg an der Münchener Akademie studiert, war dann aber genötigt, über Jahrzehnte hinweg seine Kraft zwischen künstlerischem Tun und der Leitung eines ererbten kaufmännischen Betriebs zu teilen. Erst mit seiner Herauslösung daraus, als dies Erbe von Kindern fortgesetzt werden konnte, wurde es ihm möglich, mit seiner ganzen Kraft künstlerisch tätig zu sein. Nach einer kontinuierlichen Bezeugung seiner vorherigen Lebensstrecke mit Malerei waren es in den letzten zehn Jahren zwei Bereiche, in denen er vor allem tätig war: der der kalligraphischen Zeichnung und der der Objektmontage.

Der innere Fundus für beides, der auch beider Eigenart bestimmt, ist außen und innen von lange her angelegt. Innen durch ein ausgeprägtes Geschichtsbewußtsein, das ihn seine Landschaft nicht nur als die gegenwärtige erleben läßt, aber auch nicht nur als diejenige, in der das und jenes sich ereignet hat, sondern als eine Zone tiefster geistiger Wurzelverflechtung, des Sichkreuzens von Lebenslinien weither und weithin. Geschichte nicht als das, was von den dazu Ermächtigten im großen getan wird und sich wieder verlieren muß, als das vielmehr, was kontinuierlich anonym von vielen getan wurde und der Landschaft ihren Ausdruck gegeben hat auf größere Dauer. Geschichte als Lebensspur, als Spur von Denken und Fühlen, von Hoffen, Fürchten und Vertrauen, von freiem und notgedrungenem Tun. Daß sich dies gerade in Regensburg seit sehr alter Zeit ins Große und Bedeutende mischt, in der Kaiserstadt zu den Zeiten Roms wie zu denen des alten deutschen Reiches, macht das Ganze vielfältiger, ohne ihm die einfache Vitalität zu nehmen. Zeugnisse hiervon sind es, aus dem urbanen wie aus dem rustikalen Bereich, die Walter Zacharias' äußeres Angelegtsein auf seine Arbeit hin wesentlich geformt haben. Sammler aus Respekt vor den Hervorbringungen dessen, was man Volkskunst nennt, und aus Leidenschaft des Besitzens und Umsichhabens, hat er neben äußerlicher Sachkenntnis vor allem ein differenziertes Wissen von den Motivationen der Dinge gewonnen. Das Geräthafte erklärt sich selbst, aber alles, was darüber hinausreicht ins Nachdenken, ins Wünschen, Abwehren und Sichfügen und in jederlei Beeinflussung dessen, was einem bestimmt sein mag, öffnet Abgründe des Geheimnisses und der Kräfte, und auch das Rätselhafte von Amuletten gibt oft eine Direktheit preis, die von Leben prall ist. Die Einfachheit des Selbstverständlichen, die Selbstverständlichkeit des Einfachen, beide eindringlichster Befragung wert im Bewußtsein ihrer Vielschichtigkeit, sie geben der künstlerischen Arbeit von Walter Zacharias Maß und Ziel.

Neben den gesammelten Zeugnissen überkommener Lebensart sind die nur aufgehobenen da, und die letzteren sind es, die in die kalligraphischen Collagen oder in die montierten Materialgebilde einverleibt werden, in der Portionierung, die sich in der geduldigen Kultur des Zuwartens als bildfördernd zu erkennen gibt. Und es ist die persönliche Aufmerksamkeit, fern von etwaigem äußerem Glanz der Dinge, auf das gerichtet, was sich im Lauf von deren Existenz als Sinnspur, Gebrauchsspur, Erleidensspur in sie eingetragen hat.

In die Collagen sind aus dieser Sicht integriert Fragmente alter Graphiken oder neuerer Photographien, Reklame-Bruchstücke und Buchdruckproben, Notenblätter und Briefreste, beschriebene Seiten aus alten Kontobüchern oder Urkundenfaszikeln, Stempelpapier mit Siegelspuren. Aber deren Reize, je allein oder in Kombination, genügen sich hier nicht selbst, sondern ihre Innenstruktur wie die jeweiligen Verläufe ihres Umrisses werden von den knapp zeichenhaften Linien, Kurven, Punkten einer leicht farbigen Pinselführung akkompagniert, zusammengezogen, in Spannung versetzt. Die kalligraphische Qualität dieses malenden Zeichnens ist in Japan durch Verleihung eines Preises honoriert worden, wie überhaupt diese Arbeiten eher außerhalb Deutschlands eine gewisse Publizität erlangt haben.

Die Spannung in der Fläche und in einem quasi kammermusikalischen Format hat ihre größere Entsprechung in den Objektmontagen und ihrer Zueinanderordnung zu Environments. In den kleinen Objekten dieser Art sind in den Umriß von Brett oder Lade Äste, Knochen, Steine, Eisenteile, Draht in einer Weise eingesetzt, die der Schreibgeste der Bilder verwandt ist. Oft ist das körpernah, selten physiognomisch. Die großen Arbeiten, sind sie je auf sich gestellt, spielen oft aufs Sakrale und Devotionale an. Ihre Monumentalität ergibt sich nicht nur aus der Bemessenheit, ebenso vielmehr aus einer archaischen Verpflichtung aufs Einfachsein und aus der Kraft urtümlich geschlossener Form und einer hinter der sprechend spurenreichen Oberfläche sich verschließenden Geballtheit. Holz und Eisen vor allem, meist in ihrer Eigenfarbe, aber manchmal auch gefärbt oder bemalt, kaschieren im Zusammenspiel ihre Herkunft und ihren Gebrauchssinn nicht, aber in der Vereinigung haben sie Qualitäten mit auszuspielen, die man physiognomisch nennen könnte. Was da ist, steht und richtet sich auf und reckt sich, feierlich und reserviert. Spielerisch ist es nirgends, seine Dramatik genügt sich in mächtigem Anwesendsein. Es ist die Feierlichkeit und Würde des Einfachen, wenn es in seinem Eigenwert sich zeigen kann. Stelen und Altäre sind, wenn man vergleichende Bezeichnungen sucht, die häufigste Form; die Stelen sind oft in Dreiheit geheimnisträchtig verstärkt, die senkrechten Formen erheben sich nicht selten aus einer horizontalen Sockelschichtung. Häufig genug schließlich, in den großen Environments, entsprechen den aus dem Raum aufs stehend Aufgebaute hinleitenden Gebilden andere, die hinter der Gruppe an der Wand so etwas wie eine auch inhaltlich hinterfangende Folie bilden. In dieser treffen dann oft das Skulpturale und das Kalligraphische zusammen. Alles erscheint gleichsam wie gewachsen; die Spur des Künstlers und sein Planen gleichsam die letzte Stufe im Wachsen zueinander und zu einem Ganzen.

Als verbindendes Zwischenglied zwischen allem, was Walter Zacharias schafft, sind ganz lapidare Pinselzeichnungen anzusehen, die die Vorberge des Bayrischen Waldes, in deren Bereich er vor allem arbeitet, in knappster Erfassung als Körperlandschaften interpretieren. Das gibt Aufschluß über seine Gedanklichkeit, die das Große im Kleinen und das Kleine im Großen quasi spiegelbildlich vergegenwärtigt sieht, spiegelbildlich vor allem in seinem jeweiligen inneren Sinn.

Brächte man die Weltsicht von Walter Zacharias auf eine Formel, wie er selbst in seiner auf sich allein gestellten Nachdenklichkeit sie zu formulieren sich nicht scheut, so erweist sie ein Gerichtetsein des Blicks – außen wie innen – auf das Vitale, das Magische und das Sakrale, und es sind hier nicht drei Blickrichtungen gemeint, sondern eine einzige. Äußerlich gesehen ist er kein Spurensicherer – allenfalls als Sammler, nicht als Künstler –, weil ihm die Dinge nur Material zu eigener Weltklärung sind; innerlich auch scheint er sicher, daß die Spuren des Mythisch-Vitalen, das Bewußtsein von den Kräften und das Verlangen nach dem Sakramentalen stark und stärkend genug sein könne, alle Veräußerlichung und Verdiesseitigung zu überdauern. Das Vitale in der ewigen Gültigkeit seiner Zeichen, so katholisch wie heidnisch und in einem vom Barock geprägten Katholizismus – das Land um Regensburg ist der Wirkbereich der Brüder Asam – unteilbar und unangefochten lebendig, ist gewissermaßen die Komponente der Lebenskraft, nicht triebentfremdet, nicht der erotischen Faszination verlustig. Das Magische äußert sich in Formen der Beschwörung und einer Vergegenständlichung des Abdekkens von Dankesschuld: Zeichen haben ihre Kraft schon deshalb, weil sie Zeichen sind und weil sie in Anspannung gegeben werden, um Zeichen zu sein.

Was amorph ist und in seiner ungreifbaren Formlosigkeit bedrohend sein kann, wird – nicht nur magisch, sondern eigentlich auch in jedem Kunstwerk – in Schranken gewiesen durch die Errichtung von Form, denn Form ist die Kraft, die geistig ist, und es ist der Geist, der letztlich herrscht. Das Sakramentale ist die ausdrücklich religiöse Komponente dieser dreifachen Kraft. Ritus und formaler Vollzug, der Ort des Segens und der Ort, den Segen herabzurufen, die Initiation für Kräfte, die von Gott sind und nicht vom Menschen sein können, es sei denn, er gäbe sich Gott hin – in allem eigentlich das genaue Gegenteil der heutigen Beliebigkeit auch in der katholischen Kirche –, das ist das, was das religiöse Lebensgefühl von Walter Zacharias trägt, und er ist des Glaubens und der Hoffnung, daß es nicht nur sein persönliches ist, sondern ein für alle tragfähiges.

# THOMAS LEHNERER

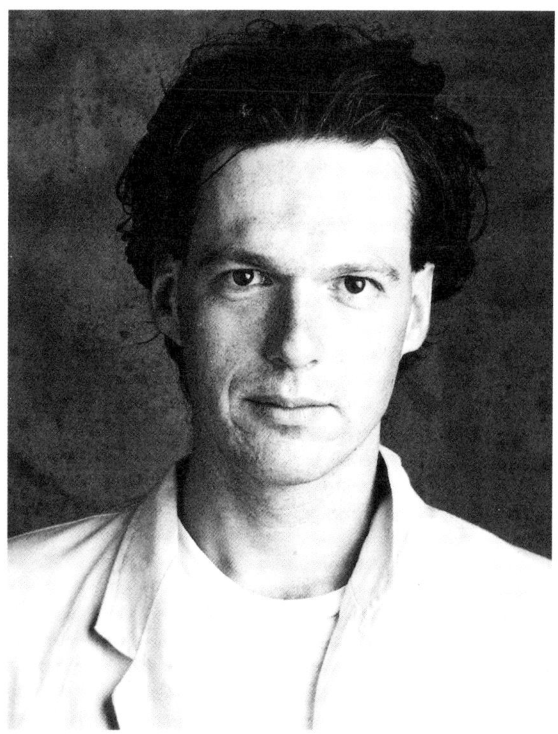

Kunst, einen Zugang zur Kunst Menschen zu erschließen, die nicht gerade alltäglich damit umgehen, das legt mir den Weg nahe, der über den Künstler geht, über seine Biographie, über seine Lebenserfahrungen, denn das wäre doch etwas Gemeinsames, das den Schaffenden und den Betrachtenden verbindet. Obwohl ich weiß, daß Dir an der Objektivität Deiner Kunst liegt, möchte ich Dich bitten, etwas über Dich zu erzählen, wer Du bist, wie Dein bisheriger Lebenslauf war.
*Thomas Lehnerer:* Du fragst mich, wer ich bin, Du fragst nach meinem Leben, meiner Biographie? Da möchte ich zunächst einmal sagen, daß es heute selbstverständlich erscheint, die Kunst nur als ein Mittel zu betrachten, durch das sich der Künstler ausdrückt und zu verstehen gibt. Daraus folgt mit Konsequenz, daß man nicht nach der Kunst, sondern sozusagen den Weg abkürzend gleich direkt nach dem Menschen fragt, der dahinter steht. Die Selbstverständlichkeit dieser Fragerichtung verschleiert aber zwei Dinge: Erstens war diese Art von Fragen nicht immer selbstverständlich. Es ist ein langer geschichtlicher Prozeß gewesen, durch den sich der Künstler aus seinem Handwerkerdasein zum selbständigen Künstlerindividuum emanzipiert hat. Das Renaissancegenie mag da als ein vorläufiger Höhepunkt gelten. Vasari schreibt die erste Kunstgeschichte im 16. Jahrhundert, die sich streng an den Künstlerviten orientiert. Hier beginnt das Werk hinter dem Werkmeister, hinter dem Genie zu verschwinden. Aber erst Schleiermacher (einer der wichtigsten romantischen Kunsttheoretiker) hat diese Sache auf den Begriff gebracht: Kunst ist für ihn nur noch die Selbstmanifestation des Künstlers. Daß man also nach dem fragt, der die Kunst gemacht hat, hat erst in der geschichtlichen Epoche Sinn, in der die Kunst selbst als Ausdruck individueller Selbstverwirklichung gedeutet wird. Und in dieser Epoche stehen wir auch heute. Nur daß man da – und das ist der zweite Punkt – klarer sehen und unterscheiden muß. Gerade weil das Künstlersubjekt wesentlich geworden ist für das Verständnis seiner Werke, ist das Verhältnis von Künstler und Kunst selbst in die Bedeutung und den Sinn der Kunst eingegangen. Das ist an einem Beispiel zu verdeutlichen. Einer expressiven Kunst geht es wesentlich darum, die Emotionalität und animalische Struktur des Menschen zum Ausdruck zu bringen. Daher ist es klar, daß man nach der Gefühlswelt des Künstlers zurückfragen muß. Entsprechend hat es surreale Kunst mit unterbewußten Strukturen menschlichen Lebens zu tun. In der Popart dagegen kommt – um ein anderes Beispiel zu nennen – der Biographie des Künstlers ein grundlegend anderer Stellenwert zu. So gut wie keine Bedeutung scheint sie in der Conzeptart zu besitzen. Kurz: man könnte die ganze neuere Kunstgeschichte nach diesem Verhältnis (Künstler-Werk) rekonstruieren. Und das ist nun der Grund, der mich scheu macht, unbefangen von Thomas Lehnerer, seinen Sorgen, Ängsten, Bindungen und sonstigen Eigenheiten zu erzählen. Weil meine künstlerischen Arbeiten zumindest intentional nicht an irgendwelche tiefen oder vorbewußten Schichten meines Lebens gebunden sind, sondern weitgehend auf Vorstellungen und Gedanken beruhen, die Allgemeingut sind, spielt meine Biographie eine in bestimmter Weise untergeordnete Rolle. Sie spielt insofern eine Rolle, als ich durch vielfältiges Studium Erfahrungen gesammelt habe. Und je mehr es mir gelingt, diese Erfahrung – gemeint ist die kollektive Erfahrung auch vergangener Jahrhunderte – zur anschaulichen bildnerischen Gegenwart werden zu lassen, desto mehr trete ich selbst dahinter zurück.

*Friedhelm Mennekes:* Bei allem Respekt diesen Vorbehalten gegenüber, das biographische Element im Kunstschaffen nicht überzubewerten, stellst Du aber doch gewissermaßen die Realisation dessen dar, was wir mühsam zu erringen suchen, nämlich Theologen und christlich orientierten Zeitgenossen den Zugang zur Gegenwartskunst zu eröffnen. In Deiner Biographie fallen diese beiden Bereiche zusammen. Es legt sich die Frage nahe, welche Umstände, welche Begegnungen, welche Interessen haben dazu geführt, daß bei Dir diese beiden Bereiche von Kunst und Religion nicht auseinandergefallen sind. Das sind doch wohl keine ›objektiven‹ Gründe, das muß doch mit Dir selbst etwas zu tun haben.

*Th.L.:* Gut. Zu mir selbst. Aufgewachsen bin ich im Raum Mannheim-Ludwigshafen, also extremes Industriegebiet. Mit der Kunst kam ich einerseits durch meinen Vater in Berührung. Er sammelt alte Kunst. Und andrerseits durch den Bildhauer Erwin Wortelkamp, der damals in Frankenthal die international bekannte Informationsgalerie NW8 leitete. Seit 1974 bin ich in München und habe hier zunächst Theologie, Philosophie und später dann auch Kunstgeschichte studiert. Auf der Kunstakademie war ich von 1977 bis 1983 und arbeitete dort mit Waggi Herz und Stephan Huber zusammen. Wichtig war für mich der Schritt, meine philosophisch-theologischen Erfahrungen mit der künstlerischen Arbeit zu verbinden. Denn nicht nur, daß ich für diesen Schritt keine Vorbilder hatte: ich kenne bis heute so gut wie keinen zeitgenössischen Künstler, der philosophisch-theologische Fragestellungen inhaltlich (also auch ikonographisch) in die Kunst einbezieht. Auch was die allgemeine ›Stimmung‹ – fast möchte ich sagen – der ganzen Moderne betrifft, ist ein solches Vorgehen anrüchig. Eine Kunst – damit meine ich die Kunst der Moderne – die ihre in der Neuzeit gewonnene Autonomie dadurch meint füllen zu können, daß sie auf ihre konstitutiven Bedingungen auch inhaltlich Bezug nimmt (z. B. Form, Farbe, Lineatur, Materialität; aber auch alle subjektiven Bedingungen des Schaffensprozesses), kann mit Vorstellungen der Religion nichts anfangen. Man könnte diese Kunst höchstens selbst Religion nennen. Eine solche Kunst aber hat sich m. E. überlebt. Die Postmoderne besitzt darin ihren tiefsten Definitionsgrund, daß sie auf die Auslotungen aller Formprinzipien der Kunst nur so zurückgreift, daß sie sich ihrer bedient. Man bedient sich der künstlerischen Formen, um etwas anderes, nämlich Inhalte, Vorstellungen und Phantasmen von der Welt (nicht von der Kunst) künstlerisch (nicht wirklich) auszuleben. Das ist sehr gedrängt, was ich jetzt gesagt habe. Aber darin lag irgendwie die Hemmschwelle, in meine künstlerische Arbeit religiöse und theologische Inhalte einzubeziehen. Dazu kommt natürlich, daß Religion überhaupt, vor allem wenn sie sich, wie im 20. Jahrhundert in Deutschland, auf ein vorgeblich religionsfreies ›Glauben‹ zurückzieht, einen gewissen faden Beigeschmack besitzt.

*F.M.:* Die Frage nach der Religion in unserer Gesellschaft steht jetzt im Raum. Ihre Stellung ist problematisch geworden. Sie hat keinen selbstverständlichen Ort mehr. Man muß sich ihn gewissermaßen erst selbst erringen. Welchen Begriff hast Du von der Religion und welche Stellung nimmst Du ihr gegenüber ein?
*Th.L.:* Du wirst verstehen, daß ich auch diese Frage nicht unbefangen beantworten kann. Und zwar nicht nur deshalb, weil ich darüber zuviel gelesen und nachgedacht habe. Das Nachdenken über Religion macht sie für mich im Gegenteil immer faszinierender. Sie ist eine große ›Geistmaschine‹, die nicht nur in archaischen und feudalen Kulturen, sondern auch und gerade in der Neuzeit ihre Bedeutung nicht verloren hat. Wie das zu bewerten ist, ist eine andere Frage. Aber meine Scheu, auf Deine Frage zu antworten, hat noch einen anderen Grund. Daß Du nach *meiner* Stellung zur Religion sinnvoll fragen kannst, ist – ähnlich wie vorhin bei der Frage nach der Künstlerbiographie – das Resultat einer geschichtlichen Bewegung. Erst in der Neuzeit, meinetwegen seit der Reformation oder den darauffolgenden Religionskriegen, ist es für den göttlichen Heilsplan entscheidend, daß jeder einzelne an Gott und Christus glaubt. Mit dieser Wendung der Religionsgeschichte, um nicht zu sagen: Weltgeschichte, wird die Religion selbst zur Entscheidungssache. Du bist frei, religiös zu sein oder nicht. Dieser Gedanke ist in den bürgerlichen Verfassungen sanktioniert. Er macht, wenn man will, die uns selbstverständlich gewordene ›Verfassung‹ des neuzeitlichen Menschen aus. Jetzt erst kann jeder einzelne gefragt werden, ob er sich selbst als religiös, als gläubig versteht, und weiter kann man ihn fragen, warum er dies tut. Um dieses Warum auch in der Situation technisch-rationalen Weltumgangs noch beantworten zu können, leistet sich das neuzeitliche Christentum seinen eigenen, wissenschaftlich arbeitenden Apparat: die Theologie. Ich kann die Zusammenhänge hier nicht im einzelnen ausführen. Das findet man heute ausführlich bei Habermas, Luhmann, Berger, Luckmann oder schon bei Max Weber oder Parsons.
*F.M.:* Die Namen stehen weitgehend für eine funktionale Religionsanalyse. Im Rahmen der Ausbildung der modernen Gesellschaft in immer mehr voneinander unabhängige Teilbereiche (Wirtschaft, Politik, Kultur) versieht die Religion das ›Geschäft‹ der letzten Welterklärung. Das Problem ist nun dies, daß ihr selbst dieser Posten von anderen ›Erklärungssystemen‹ streitig gemacht wird: Philosophie, Wissenschaftslehre, Kunst. In der modernen Gesellschaft besteht nicht nur vieles gewissermaßen unabhängig nebeneinander; es wird auch in verschiedenen Formen ›erklärt‹, legitimiert, ›symbolisch verpackt‹. Ein Stichwort ist die ›Autonomie der Kunst‹. Und die ›Freiheit der Religion‹ meint ja streckenweise das Gleiche. Wie gehst Du denn mit diesen Unabhängigkeiten um? Zerreißt Dich das nicht? Oder gelingt es Dir, beide Bereiche miteinander zu vermitteln?
*Th.L.:* Ich glaube, daß die Religions- und die Kunstgeschichte der Moderne ganz deutlich strukturelle Parallelen aufweisen. Dies hat Gründe, die man eigens untersuchen müßte. Einer davon ist sicher der genannte, daß es sowohl in der Religion wie auch in der Kunst der Neuzeit auf die Eigenleistung und Eigenverantwortung des Individuums ankommt. Gesamtgesellschaftlich wirkt sich das so aus, daß sich Kunst und Religion zu Bereichen ausdifferenzieren, die einer gewissen Eigengesetzlichkeit folgen: sie sind autonome Bereiche. Um aber diese Autonomie zu begründen und zugleich materialiter zu füllen, bezieht man sich in der Religion wie in der Kunst auf das, was ihnen im Unterschied zu allen anderen gesellschaftlichen Phänomenen eigen ist. Dieses Denkverhalten beginnt im 18. Jahrhundert. Für die Kunst nenne ich da das Datum 1750: Baumgarten legt die erste philosophische Ästhetik vor. Für die Religion mag Semler stehen. Durchgeführt wurde dieses Programm für den Bereich der Religion aber erst von Schleiermacher. Er gilt daher als der Begründer der neueren Theologie. Und im Bereich der Kunst nenne ich den heute viel zu wenig bekannten Konrad Fiedler, dann aber auch Wölfflin und Riegl. Um es abzukürzen: die Moderne suchte die Autonomie bestimmter gesellschaftlicher Teilgebiete dadurch zu etablieren, daß sie die Bedingungen künstlerischen Schaffens, bzw. religiösen Lebens, zu den Inhalten dieses Tuns selbst machte.

Dieser Prozeß ist und war zwar durchaus notwendig, aber er ist, aufs Ganze gesehen, tautologisch. Was bleibt, sind nur immer neue, immer langweiligere Grenzüberschreitungen. Was bleibt, ist – in der Kunst wie in der Religion – die subjektive Haltung. Gelte ich erst einmal als Künstler, so ist alles, was ich mache Kunst, gelte ich als Gläubiger, so ist alles religiös.
Dies ist nun, um auf Deine vorige Frage zurückzukommen, der Grund, warum mir selbst meine persönliche Haltung nicht das Wichtigste ist. Was mich – um meine Haltung zu charakterisieren – *fasziniert*, das sind die Inhalte und Vorstellungen religiösen Lebens. Hier haben die Menschen, wie auch immer verschlüsselt, ihre Utopien, Nöte, Geschäfte und Weltbilder festgehalten. Wenn Marx sagt, Religion sei das Opium des Volkes, so ist damit ja auf die Doppelwirkung von Opium abgehoben. Es vernebelt einerseits den klaren Blick für die Ursachen bestehender Not, aber es macht diese Not zugleich erträglich. Aber das Opium bewirkt zugleich noch mehr, und darauf kommt es mir an. Es bringt die Menschen in einen Rausch; als Religion verursacht es große, Generationen umspannende Phantasmagorien. In diesen aber bleiben all die Nöte und Wünsche, Wahrheiten und Geschäfte symbolisch erhalten, die dem Menschen in ihrer Wirklichkeit unerträglich sind.
Also, um das noch einmal zusammenfassend zu sagen: die Ausdifferenzierung der Gesellschaft ist heute so weit fortgeschritten, daß es nicht nötig ist, um die Autonomie der Kunst zu kämpfen. Die Grenzüberschreitungen, die die Künstler in den sechziger Jahren mit dem Slogan ›Kunst ist Leben‹ unternahmen, lese ich gerade umgekehrt als die Konstitution einer radikal autonomen Kunst. Gut, diese Autonomie ist heute unbestritten. Der Teilbereich Kunst ist fest etabliert. Das ist die Basis, das ist die Prämisse, von der meine künstlerische Arbeit heute ausgeht. Das andere, und das hängt damit zusammen, ist dies, daß ich mich, grob gesagt, nicht mehr nur mit der künstlerischen Form als einem Inhalt beschäftige. Um was es mir geht ist, die Welt religiöser Vorstellungen inhaltlich in die Kunst aufzunehmen, also als ästhetisch zu setzen. ›Inhaltlich‹ heißt für mich hier dies, daß ich die religiösen Vorstellungen nicht so zum Ausdruck bringe, wie sie auf mein Gefühl wirken. Das hat z. B. der späte Nolde gemacht. Sondern daß ich sie in ihrer eigenen Logik zu (ästhetischer) Geltung bringe.

*F.M.:* Kannst Du diese Inhaltlichkeiten etwas näher verdeutlichen, vielleicht an bestimmten Geschichten oder Gestalten, vielleicht sogar an der Figur Christi selbst?
*Th.L.:* Ja. Was mich *nicht* interessiert ist Jesus als Identifikationsfigur: so zu leben, so an Gott zu glauben, so zu leiden. Dieser, religiös gesprochen, *irdischen* Gestalt mag allerlei Besonderes angedichtet worden sein. – Pietismus und Aufklärung haben dazu jeweils das Ihre beigetragen. – Aber was Jesus zu einer der Zentralgestalten der Weltgeschichte macht, ist die Tatsache, daß dieser mehr oder weniger herausstechende Mensch als Gott gilt, und zwar nicht als irgendein Gott unter Göttern.
Der totalitäre Gedanke einer monotheistischen Gottesvorstellung wird im Christentum vielmehr radikalisiert und zugleich total preisgegeben. Der *eine* Gott wird als sterblicher Mensch vorgestellt. Damit hat die Religion sich selbst zum Gegenstand. An was der Christ glaubt, ist ein Gott, der zu sich selbst in einem menschlichen und religiösen Verhältnis steht. Ich will diese Überlegungen nicht auswalzen. Aber daran wird deutlich, was mich interessiert. Auch mit Franz von Assisi, dem wohl beliebtesten Heiligen der Christentumsgeschichte, habe ich mich viel beschäftigt. Nicht daß ich mich mit ihm identifiziere. Was mich an Franziskus interessiert, ist die Tatsache, daß er das religiöse Verhalten als erster radikal subjektivierte. Leben, fühlen, ja, sein wie Christus war sein Ziel. Eine derartige Identifikation mit der Leitfigur ist eine Zumutung an die eigene Person. Der Verlust eigener Subjektivität ist dabei allerdings nur scheinbar. Denn diese Zumutung konnte Franziskus nur dadurch auf sich nehmen, daß er sich, also seine eigene physisch-psychische Konstitution, genau kannte. Immer wieder also der Gedanke: durch Selbstverlust zur Konstitution des Selbst.

*F.M.:* Wie setzt Du denn solche Überlegungen in Deinem künstlerischen Schaffen um?
*Th.L.:* Darauf eine allgemeine Antwort zu geben ist schwer. Ich will es an Beispielen deutlich machen. 1982 habe ich im Kunstforum der Lenbachgalerie in München die Installation ›Licht der Welt‹ gezeigt. Dazu gibt es einen kleinen Katalog. An der Wand eines riesigen Raumes hing ein winzig kleines Bild: eine aus dem 17. Jahrhundert stammende Temperamalerei. Dargestellt ist Christus, wie er, auf einem Boot stehend, vom See Genezaret aus zum Volk predigt. Dieses (zweidimensionale) Motiv habe ich nun dreidimensional wiederholt, indem ich ein echtes, gebrauchstüchtiges Boot in die Mitte des Raumes stellte. In dieses Boot montierte ich einen Scheinwerfer, der auf das kleine Bild gerichtet war. In dem total abgedunkelten Raum konnte man so nur diesen Lichtstrahl sehen, der das alte religiöse Bild und das wirkliche Schiff miteinander verband. Auf diese Weise entstand eine Art geschlossener Regelkreis. Das wirkliche Licht des Scheinwerfers (das Licht dieser Welt) machte das alte religiöse Bild überhaupt erst sichtbar. Umgekehrt bekam das wirkliche Licht und das wirkliche Boot erst dadurch einen Sinn, daß man die Christusdarstellung erkannte (Christus, das Licht der Welt). So beleuchteten sich ideelles und reales Licht gegenseitig, und keines konnte ohne das andere sein.
Einfacher und prägnanter, aber keineswegs weniger anspruchsvoll war die Installation ›Doppelnatur‹, die ich in der Ausstellung ›actuell 83‹ in München zeigte. Ich ließ eine fast lebensgroße barocke Christusfigur aus Gips herstellen und plazierte diese Figur umgedreht, also mit dem Kopf nach unten, auf einem riesigen Spiegel. In diesem Spiegel war die umgedrehte reale Figur nun als freischwebendes Abbild noch einmal zu sehen. Die im kirchlichen Dogma formulierte Doppelnatur Christi ist so übertragbar auf die räumliche Situation der Installation. Im einzelnen gäbe es darüber natürlich noch viel zu sagen. Aber darauf kommt es nicht allein an. Wichtig ist, daß diese Gedanken zu lebendiger Gegenwart werden, wenn man die Installation anschaulich und sinnlich so vor sich hat.
Dies gilt auch und besonders für die Installation »Ecce homo«, die ich 1983 zum ersten Mal in Allessandria (Italien) und 1984 in der Dany Keller-Galerie gezeigt habe.
Im Zentrum dieser Installation steht ein teilweise zerstörtes Ölgemälde aus dem 17. Jahrhundert. Es zeigt Christus, geschunden und verletzt: ecce homo. Bei der Installation selbst ließ ich mich leiten von dem (ikonographischen) Sinn dieses Bildes: Christus wird verhöhnt, verspottet, geschlagen und physisch zerstört. So wird er vor das Volk geführt und ausgestellt. Und doch glauben die Christen, daß ihr Gott gerade so in seiner Wahrheit erscheint. All diese Bestimmungen wiederhole ich auf der »Kunstebene«. Das Bild ist als materielles Objekt geschunden und zerstört. Es wird, an einer Bühnenwand hängend, ausgestellt und grell mit einem Scheinwerfer bestrahlt. Und gerade so bewahrt es über alle Zerstörung hinaus, bzw. gerade in der Zerstörung seinen geistigen Sinn.
Daß ich in meine Installationen stets alte Kunstwerke, Antiquitäten integriere, hat einen guten Grund: die Kunst des Mittelalters, aber auch noch die des 16. und 17. Jahrhunderts war im Wesentlichen religiös bestimmt. Durch die Integration alter Kunst mache ich also innerhalb meiner Arbeit bestimmte kunstgeschichtliche Traditionslinien fest. Zugleich geht so wie von selbst die religiöse Ikonographie in ein zeitgenössisches Ambiente ein. Und dadurch, daß die alten Werke in ganz bestimmter Weise zueinander in Beziehung gestellt werden, dadurch daß sie mit der gegenwärtigen Umwelt in genau kalkulierter Weise konfrontiert werden, entsteht ein Sinngefüge, das durch seine Geschlossenheit völlig neue Bedeutungen, aber auch ungekannte Assoziationen und Gefühle frei-läßt.

*F.M.:* In Deinen Installationen knüpfst Du ausdrückliche Bezüge zur alten Kunst. Wie steht es denn mit den Zeichnungen? Wie ich weiß, zeichnest Du oft und viel. Wie gelingt es Dir, Deine Konzeption in den Zeichnungen umzusetzen?
*Th.L.:* Ja, die Zeichnungen haben daneben eine gewisse Eigenständigkeit. Kommt es bei den Installationen zunächst wesentlich auf die Konstellation der Vorstellungen an, und sind die Sinnbezüge daher in ihnen klar nachvollziehbar, so gilt dies für die Zeichnungen in dieser Weise nicht. Sie haben mehr mit dem zu tun, was ich gerade Assoziation und Gefühl nannte. Dadurch, daß ich fast jeden Tag zeichne, entsteht eine Unmenge an Material. Was ich davon zeige, ist nur ein kleiner Bruchteil, den ich genau auswähle. Durch die Kontinuität beim Zeichnen entsteht eine Art Automatismus: ich beschränke mich auf wenige, allerdings höchst bedeutungsgeladene Chiffren: den nach oben weisenden Finger, die Kirche, die Burg, das Auge, das Ohr etc. Außerdem beschränke ich mich auch, was die Machweise betrifft, auf wenige Elemente: Bleistift, Lokalfärbung durch Kaffee oder caput mortuum, Zentrierung des Bildgegenstandes auf einer großen weißen Fläche. Durch diese Beschränkungen und durch die ständige Übung ist es möglich, daß ich mich beim Zeichnen fast selbst vergesse. Ich will damit sagen: es ist keine bestimmte Idee oder Konzeption, die mich leitet, sondern die Materialität des Strichs, die Aufteilung auf dem Papier, die Einfärbung sind für den Weg, den die Entstehung einer Zeichnung nimmt, genau so entscheidend wie die Semantik der jeweiligen Chiffren. Um es zu präzisieren: ist eine Zeichnung linkslastig, bedarf es also eines Ausgleichs auf der rechten Seite, so kann dies durch eine entsprechende materiale Bearbeitung dieser Seite vorgenommen werden; es kann aber genau so gut auch durch den Blick geschehen, den eine auf der linken Seite stehende Figur nach rechts wirft. Mir ist die genaue Rekonstruktion derartiger Vorgänge so wichtig, weil dadurch die Meinung Kants widerlegt ist, nur begriffslose Elemente, also Elemente ohne semantische Qualität, seien geeignet, ästhetische Formverhältnisse aufzubauen. Auf dieser, m. E. unzutreffenden Meinung beruht ein Großteil der abstrakten und konkreten Kunst der Moderne. In Wahrheit verhält es sich anders: Form und Semantik lassen sich in einem gelungenen Werk nicht trennen. Und zwar deshalb nicht, weil Inhalt und Vorstellungen als solche schon ästhetische Qualität besitzen. Dies ist, wenn Du willst, die Kraft, aus der meine Kunst schöpft, der sinnliche Reiz, den die Vorstellung als solche schon besitzt, nicht erst in ihrer äußerlich wahrnehmbaren Gestalt.

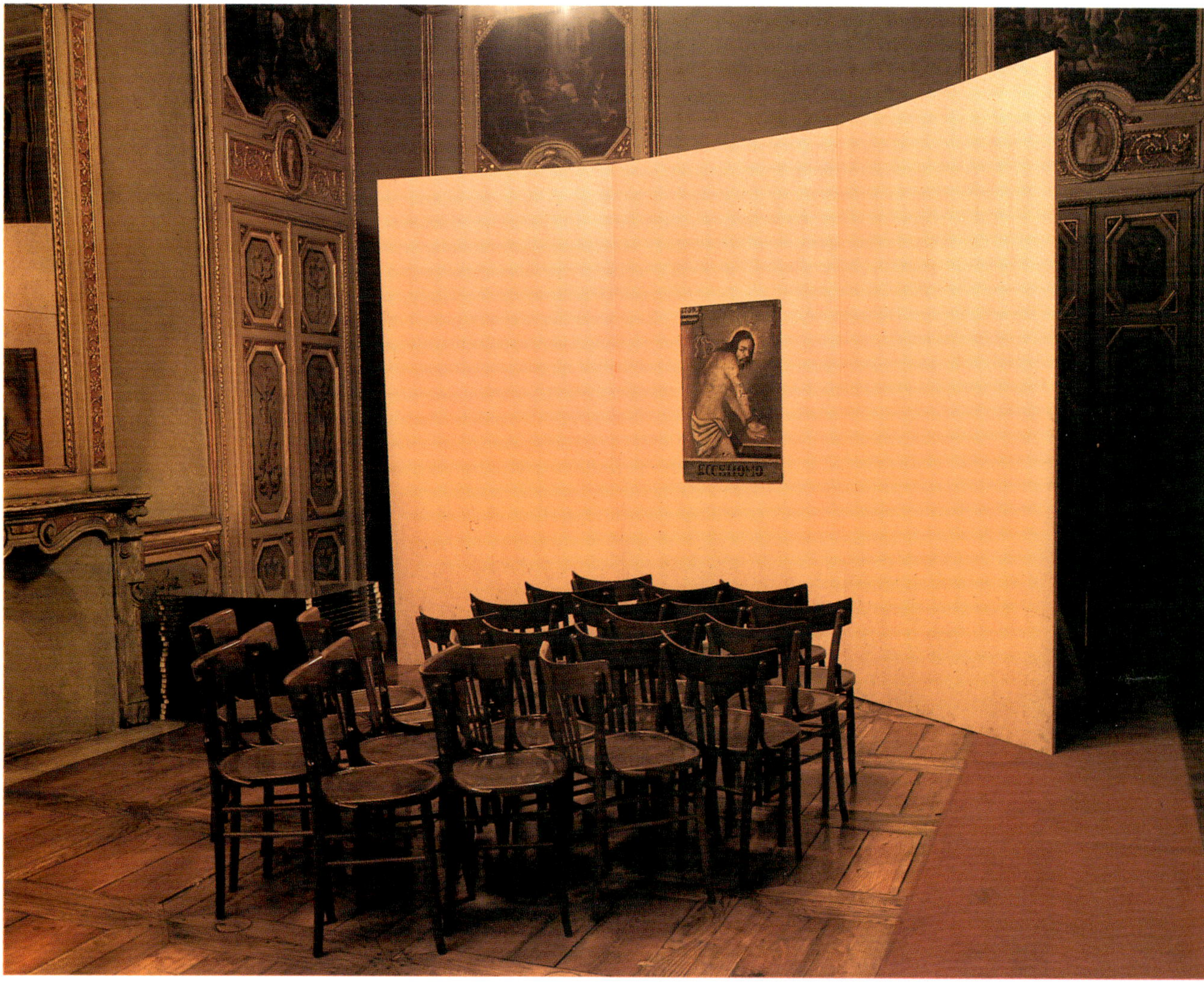

Ecce homo, 1983, Ölgemälde, 17 Jh., beschädigt, Stühle, Spiegel

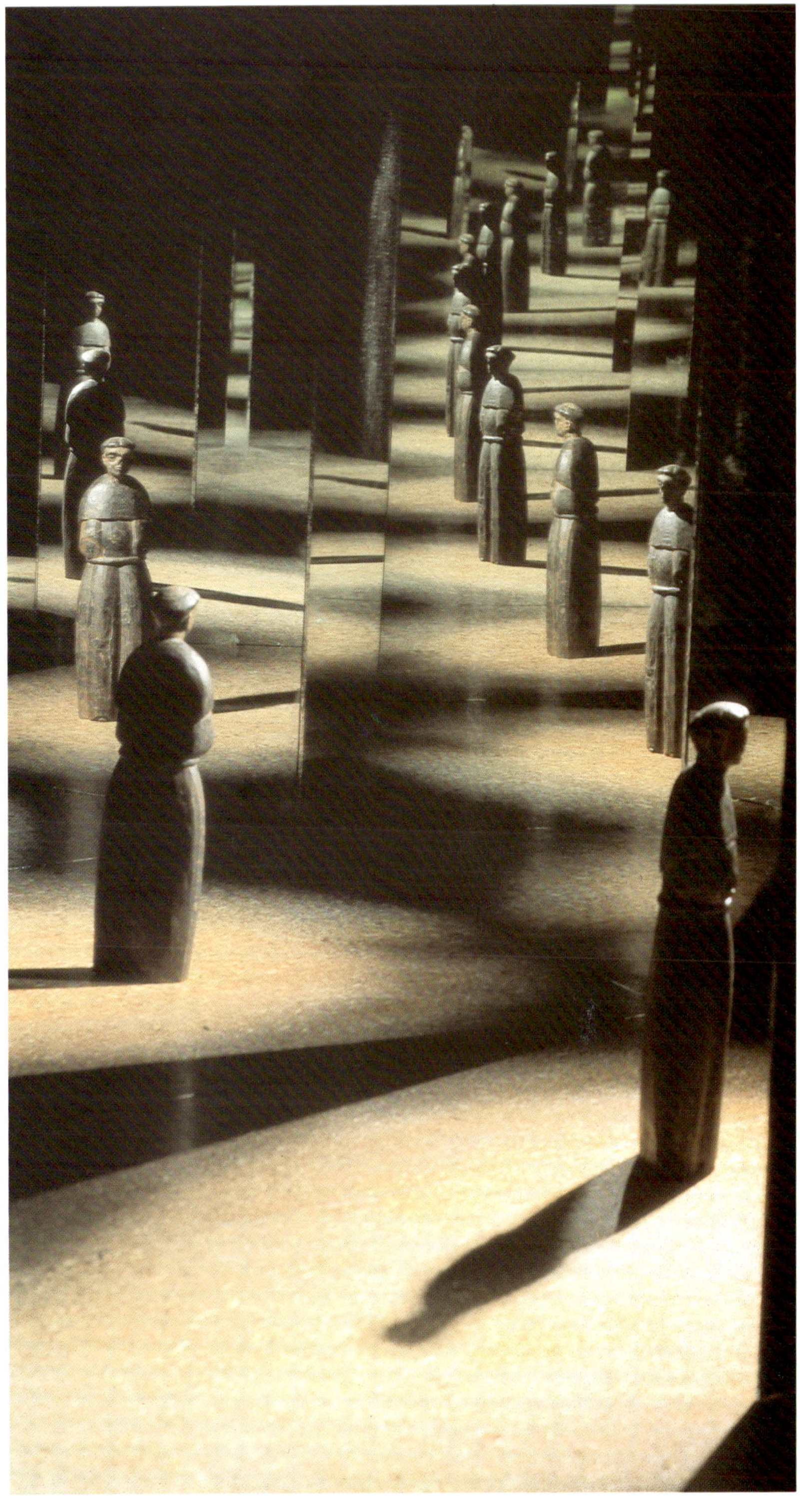



Zeitform der Heiligen, 1984, Holzfigur 17. Jh., Spiegelspirale, 35 cm hoch

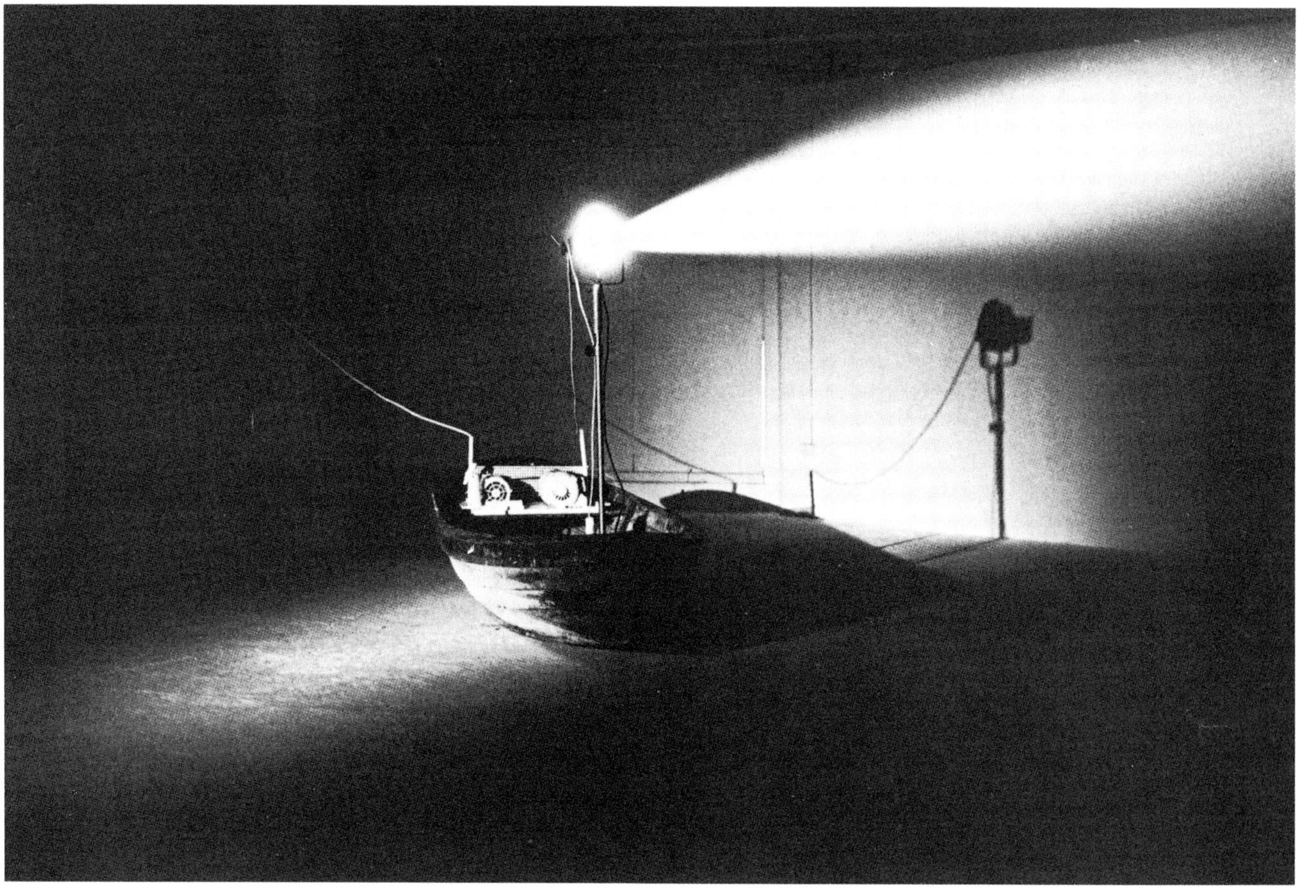



Licht der Welt, Installation, 1982, Detail: Der Kahn

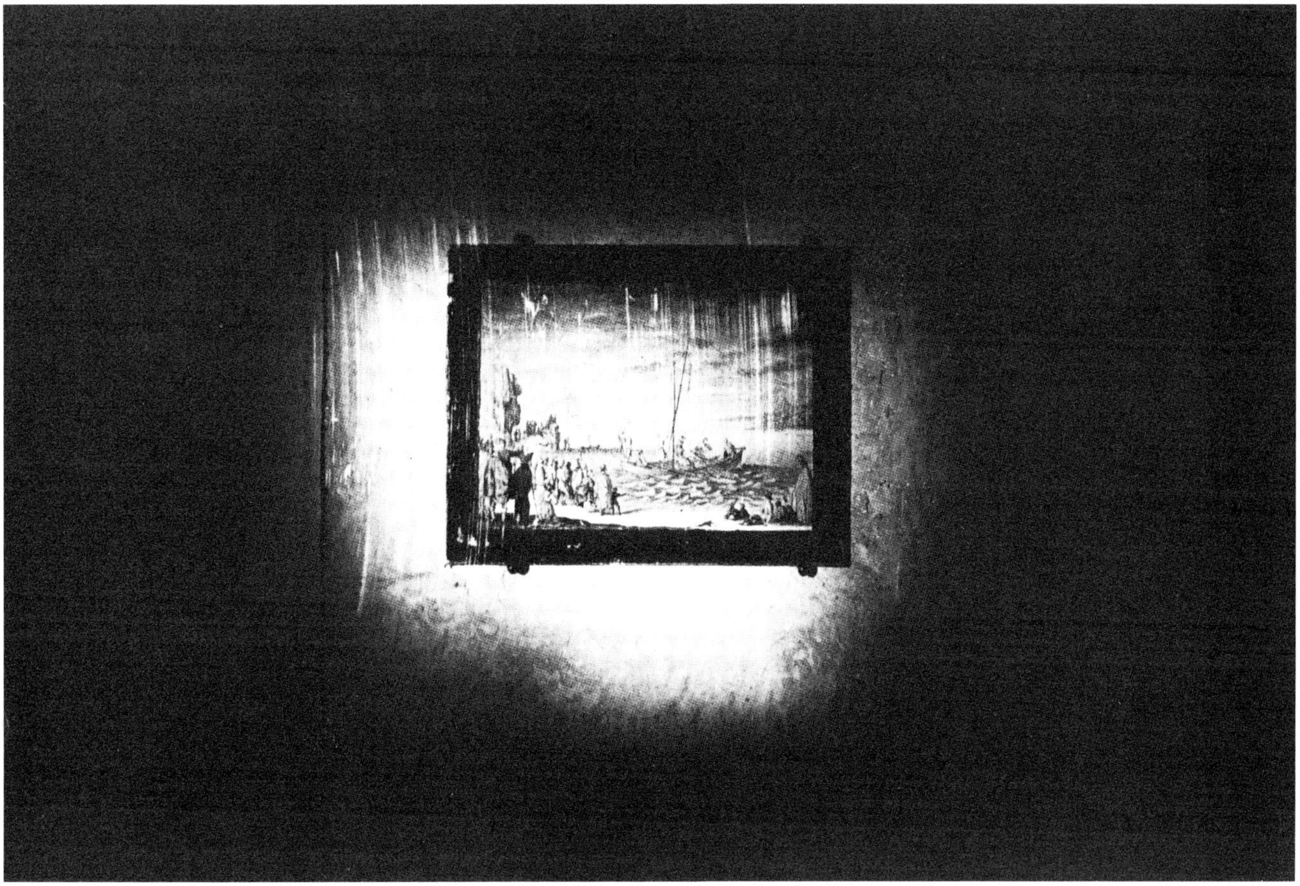



Licht der Welt, Installation, 1982, Detail: Das Bild (von Joseph Soll, 1734–1798)

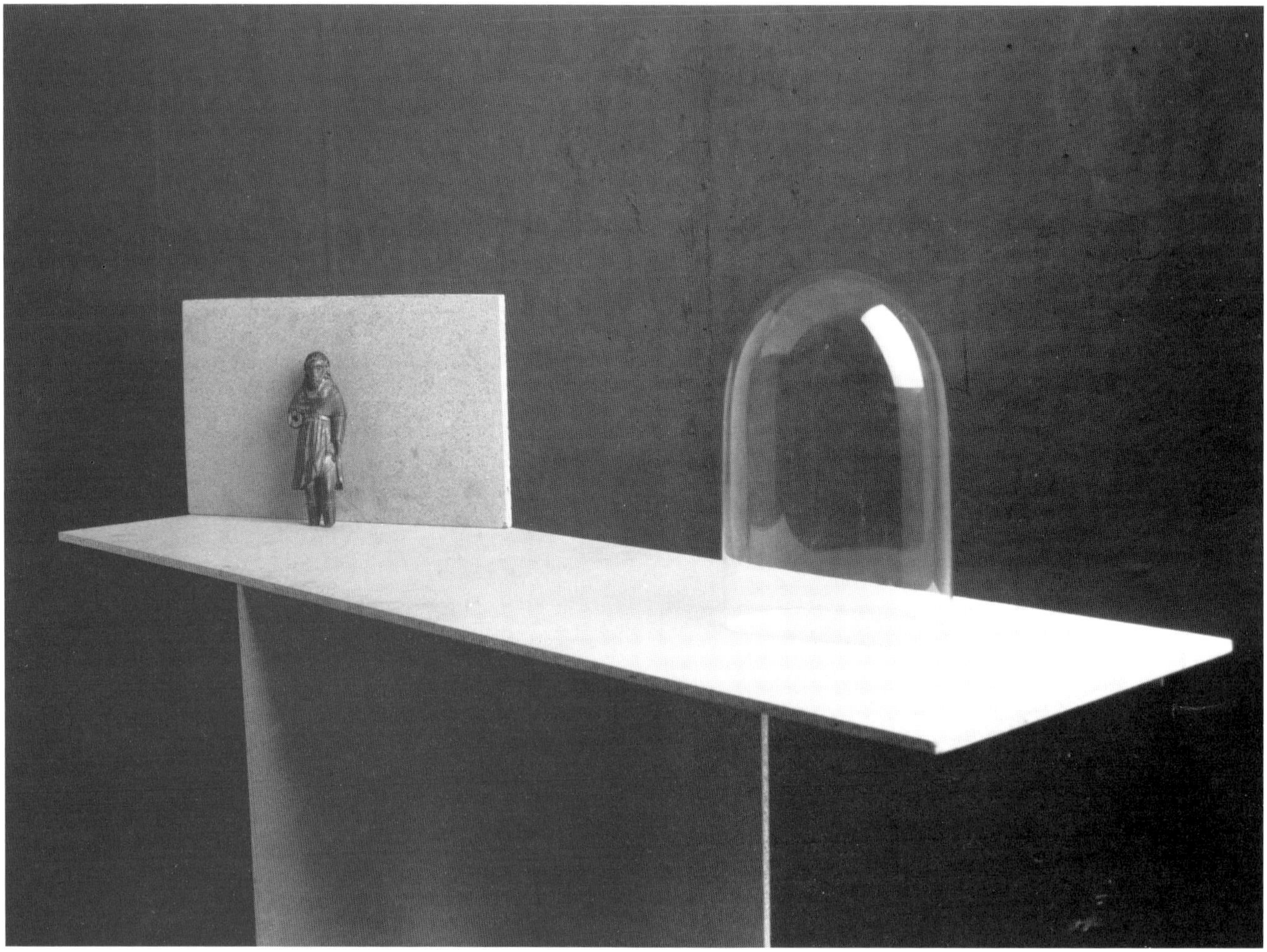



Hl. Rochus, Objekt, 1983, Holz und Glas

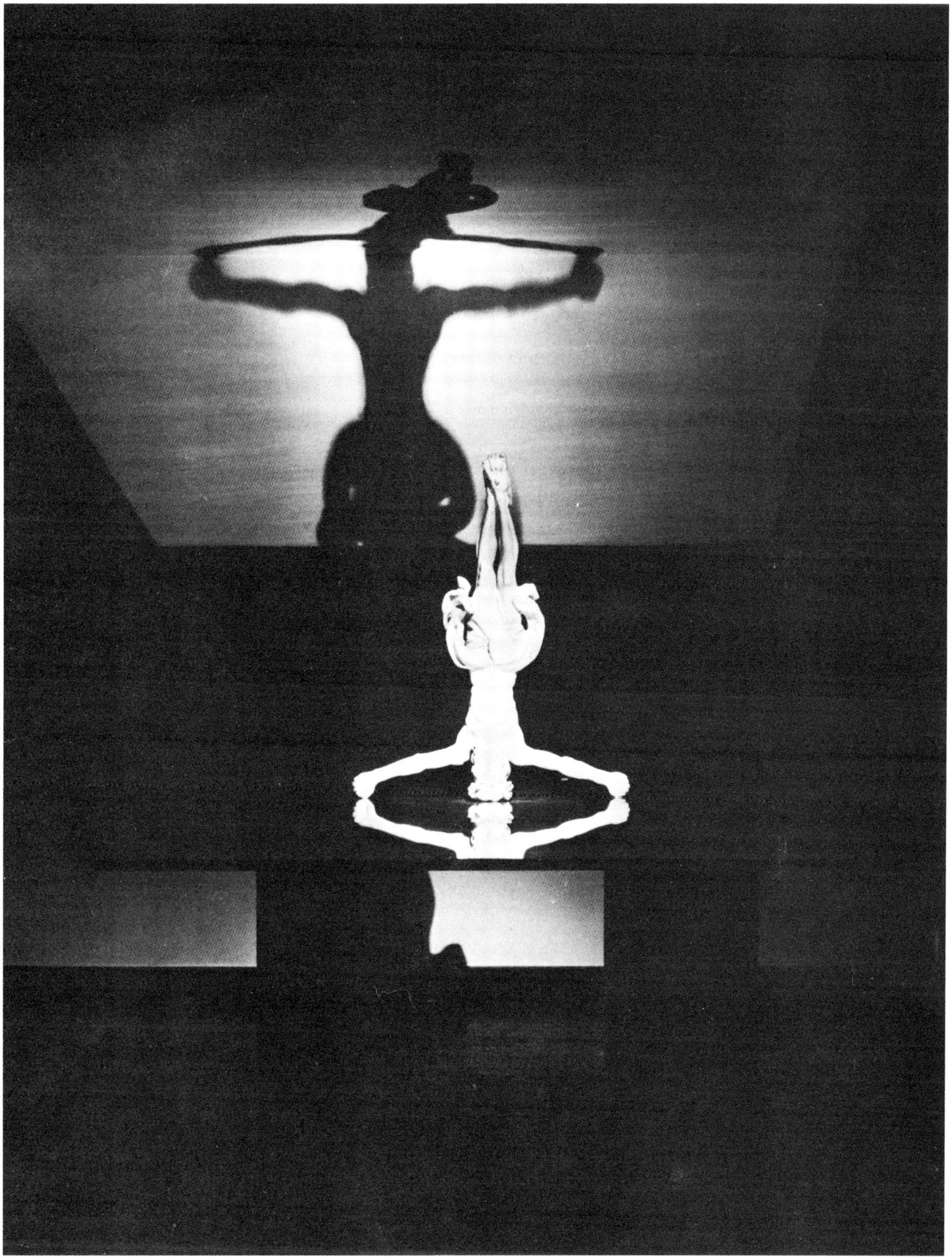



»Doppelnatur«, 1983, Gipsfigur, Spiegeltisch, Licht, 110 × 80 cm

## Im Werk

Thomas Lehnerer, 1955 in München geboren, hat dort einerseits evangelische Theologie, andrerseits Kunst studiert. Sein Verhältnis zu beiden ist ein vor allem intellektuelles, wenn auch sein Temperament nicht zuläßt, daß es bloß sachlich wäre; selbst Versuche eines systematischen Überdenkens ziehen die Probleme eher wunschgemäß zusammen. Vermittlung von Botschaft durchs Bild, Heilsbotschaft, religiöser Botschaft, ist ein Tatbestand – ob bestätigt, ob in Frage gestellt – der ihn ernsthaft beschäftigt. Zwar mit Bildern aufgewachsen, zwar früh selbst zeichnend und malend, hat er im religiösen Umfeld die Vertrautheit der Bilder – jedenfalls in der selbstverständlichen Anwesenheit an diesem Ort – nicht gekannt. Daß etwas Geschichte sei und in seiner Aussagefunktion geschichtlich, ist davon unberührt. Religiöse Kunst, Kunst, die aus den Impulsen entsteht, eine wie auch immer transzendente Gegebenheit zu verbildlichen, autonom für sich selbst, aber mit möglichem Botschaftscharakter, wie ihn alle Kunst haben kann, begegnet bei ihm nicht unbedingt dem Glauben, sie sei bedeutend. Andrerseits ist für ihn die eigene bildhafte Formulierung letztlich ein Mittel der Verkündigung. In der Polarität von Idee und Form, die nun einmal, mag man historisch orientiert oder avantgardistisch gesonnen sein, die ganze Spannung künstlerischer Arbeit ausmacht, ist Thomas Lehnerer geneigt, der Idee den Vorrang zu geben.

Die Aussage braucht ihre Mittel, aber auch deren Verhältnismäßigkeit. Die Verhältnismäßigkeit beider zueinander und vor allem der letzteren zur ersteren ist nicht aufzurechnen, es sei denn nur in einem der Bereiche allein. Und eher kann die Form sich genügen, als daß die Idee sich bescheiden könnte. Nur das ganz Einfache ist selbstverständlich, aber als der Zusammenfall komplexester Bedingungen in die eine Gegebenheit die – ausgeglichen – alles enthält, kann es kaum mehr sein als Wunschbild und Ziel, und künstlerisch ist es ja keineswegs von Bedingungen freigestellt: auch die Weisheit des Einfachen dürfte der übertragbaren Geklärtheit nicht ermangeln. Auch die Sprache der Bilder ist eine Sprache. Ihre Regeln außer acht zu lassen, müßte das für sich haben, daß es die Möglichkeiten dieser Sprache, sich auszudrücken, erweitert.

Bei Thomas Lehnerer geschieht dies – wie auch immer – im Bereich der räumlichen Installationen. Die Zeichnungen auf Papier, wie ausdrucksgerichtet sie auch sein mögen, bleiben eher demonstrativ, als daß sie Beiträge zu einer Zeichenkunst im – wie auch immer – autonomen Sinne werden wollten und könnten. Im Großformat der Leinwände gewinnt ihre Isolation oft ein geradezu tragisches Maß isolierten Ausgesetztseins. Immer denn auch, und dagegen läßt sich ja von Seiten des Inhalts nichts sagen, sind es nicht Striche, die um der reinen, eigenwertigen Aussagequalität des Strichs willen gezogen worden sind, sondern jeder der Striche ist primär eher als Umriß und Binnenzeichnung einer sich ernst nehmenden Aussage gesetzt, welch letztere sich freilich ja der energetischen Kräfte eines aus sich selbst geführten Linienduktus nicht durchaus bewußt sein muß. Das Nichtrelationale, das Außerachtlassen der bildnerischen Beziehungen im Bild, die alles zu allem ins Verhältnis setzen, ist eine allgemeinere neue Erscheinung, mit der ästhetische Wertvorstellungen sich noch schwer abfinden.

Relationaler sind Thomas Lehnerers Raum-Installationen. Sie lassen den Raum nicht nur als erfahrbaren und aus gehabten Erfahrungen vertrauten Lebensraum wirksam bleiben, in dem schon eigenes Körpermaß und eigene Körpererstreckung koordinatenhafte Halterung bewirken. Auch das in den Raum Eingebrachte weckt vielmehr durch vertraute Gegenstände und mindestens irgendwie schon einmal wahrgenommene Bildtatbestände eine Neugier, die nicht unbeteiligt bleibt. Zum Signal wird das gewohnte und durch Gewöhnung stumpf gewordene Bild im Raumzusammenhang durch Isolierung, durch ein Sich-Spiegeln, durch die Distanz, die nur eine Linse aufheben kann, durch das Herumscharen leerer, aber in ihrer dichten Gruppierung unbenutzbarer Stühle, durch Licht und Schatten. Anstöße, die man irgendwo erhalten könnte und die hier exemplarisch vorbereitet sind; Überraschungseffekte der eigentlich alltäglichen Art, jedenfalls für den, der impressibel ist, und der angesichts ihrer Vorführung auf vertraute und verschüttete Erlebnisse zurückverwiesen wird. Was sich vollzieht, ist ein Akt der Bewußtwerdung; er ist das Angestrebte, er auch ist gelenkt auf eine Aussage hin, die jeder für sich selbst ohne Ausflucht anzunehmen bekommt, es sei denn, er wendet sich weg.

Man könnte jede dieser Raum-Einrichtungen eine Predigt nennen, denn sie sind in Zielrichtung und Konklusion eindeutig. Die konkreten Mittel, deren sie sich bedienen, sind – das Moment des Überraschenden eingerechnet – sinnfällig, die Zusammenhänge einfach nachvollziehbar. Der Nothelfer beispielsweise, der seine eigene Zerstörung zeigt, tut dies in zweierlei Hinsicht: St. Rochus weist in allen seinen Darstellungen auf seine Pestwunde. Eine Figur des 17. Jahrhunderts, weit isoliert in großem Raum, nur mit dem Fernrohr wirklich zu beaugenscheinigen, zeigt darüber hinaus die Versehrungen, die ihr selbst widerfahren sind im Lauf der Jahrhunderte ihrer Existenz als Figur. Der in der Überwindung des Leidens auch für andere und über die Zeitläufte hinweg Hilfreiche überdauert als geistige Gestalt alles, was ihn äußerlich vernichten könnte. Oder eine Lichtbahn, aus einem realen Boot heraus geworfen, beleuchtet ein kleines altes Bild von Christi Seepredigt an der Wand, und dieses strahlt in die wirkliche Welt zurück. Oder ein altes Bild des Schmerzensmannes, auch als Bild mit Verletzungen behaftet, ist von einem Rudel leerer Stühle umgeben, auf die man sich setzen könnte, um den zu begaffen, der in seiner Erniedrigung zur Schau gestellt wird – »Ecce homo« –, oder ihn in Betroffenheit zu betrachten. Die Installation »Doppelnatur« stellt eine Figur des Gekreuzigten mit dem Kopf auf eine spiegelnde Platte, so daß erst in dieser die Gestalt in der richtigen Dimension erscheint. Zugleich aber werden Bild und Spiegelbild per Licht und Schatten in den Raum projiziert, so daß zur reellen und virtuellen Anwesenheit die reflektierte hinzukommt, die sich in die Sphäre dehnt.

Denkbilder das alles, mehr als Bilder selbst. Anregungen, sich, von einem optischen Eindruck betroffen, selbst ein Bild zu machen. Thomas Lehnerers Installationen setzen den Betrachter ins Bild, in mehrerer Hinsicht, und ganz gezielt.

# JÜRGEN BRODWOLF

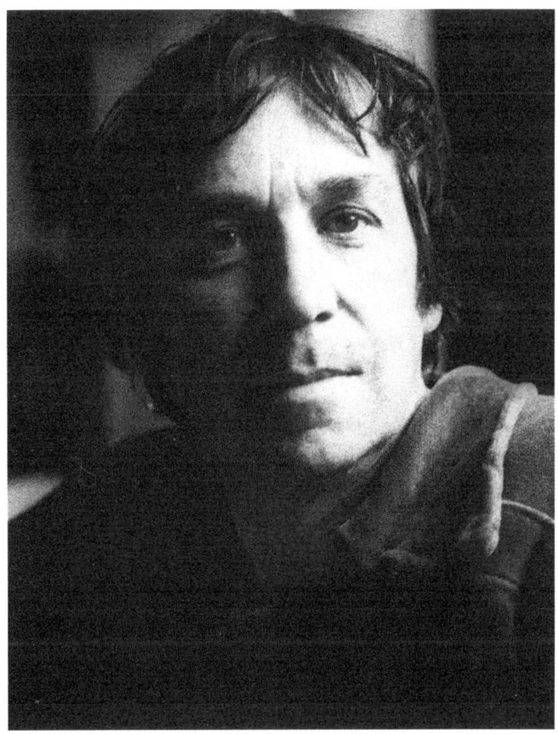

## Im Gespräch

Jürgen Brodwolf, Sie sind in Zürich geboren...
*Jürgen Brodwolf:* ...in Dübendorf bei Zürich. Ich lebe aber seit 1954 in Süddeutschland.

*Friedhelm Mennekes:* Aber aufgewachsen sind Sie in der Umgebung von Zürich?
*J.B.:* Nein, eigentlich bin ich in verschiedenen Kantonen aufgewachsen. Dadurch ist mir auch eigentlich das Bewußtsein für ›Heimat‹ abhanden gekommen. Mit 20 Jahren bin ich nach Paris gegangen, um Künstler zu werden. Ich kehrte noch einmal kurz zurück in die Schweiz, habe mich aber dann endgültig in Deutschland niedergelassen, wo auch väterlicherseits meine Vorfahren herkamen.

*F.M.:* Ihr Vater hatte auch schon mit Kunst etwas zu tun?
*J.B.:* Nein, er war eigentlich völlig amusisch. Als Flugzeugmechaniker arbeitete er auf einem kleinen Militärflugplatz, der kurz vor Kriegsausbruch in einer noch abgelegenen Gegend im Kanton Zürich angelegt wurde. In dieser Abgeschiedenheit mußte ich mich meistens mit mir selbst beschäftigen, da Geschwister und Spielgefährten fehlten.
Ich habe mir damals gewissermaßen als Ersatz kleine Spielfiguren aus Stanniolpapier, Ton und Hölzern geformt. Diese Figuren sind dann 20 Jahre später in verwandelter Form als Tubenfigur in meiner Arbeit wieder aufgetaucht.

*F.M.:* Dieses Bilden von Figuren hat Sie schließlich auch zu dem Entschluß geführt, Künstler zu werden?
*J.B.:* Ich weiß es nicht, jedenfalls war ich eines Tages entschlossen, Künstler zu werden. Meine Eltern waren davon nicht gerade erbaut. So habe ich zunächst eine Grafikerlehre gemacht und bin so erst spät mit Bildern in Kontakt gekommen. Die ersten Anstöße für die Kunst vermittelten ungewollt die Eltern, als sie mir eines Tages ein Buch von van Gogh schenkten. Das hat mich unheimlich fasziniert.

*F.M.:* Und nach der Grafikerlehre sind Sie nach Paris gegangen?
*J.B.:* Ja, ich habe einen Tag die Académie de la Grande Chaumière in Paris besucht, es war in der Gegend vom Mont Parnasse, die damals noch der klassische Bezirk der Künstler war.

*F.M.:* Aber Sie waren nur einen Tag an der Akademie?
*J.B.:* Ja, ich fühlte mich sofort isoliert dort. Ich fühlte mich bedrückt und nicht wohl. Ich habe mich dann viel in den Museen aufgehalten und habe die Menschen auf der Straße beobachtet. Ich mietete mir ein kleines Atelier im Universitätsviertel und habe dann dort eigentlich autodidaktisch gearbeitet. Es dauerte ein knappes Jahr, bis das Geld ausging.

*F.M.:* Und Sie sind dann wieder in die Schweiz zurückgegangen?
*J.B.:* Ja, ich habe dann wieder Geld verdient in meinem Beruf. Vielleicht war die Rückkehr in die Schweiz ein Fehler von mir. Ich hätte besser gleich nach Deutschland, nach Berlin oder München gehen sollen. Das wäre damals für mich besser gewesen. Später, ab 1960 etwa, bin ich jedes Jahr nach Berlin gegangen. Das war für mich sehr wichtig. Berlin hat für mich eine große Bedeutung gewonnen, zumal ich in einem einsamen kleinen Dorf im südlichen Schwarzwald wohne. In Berlin ergaben sich Freundschaften mit Künstlern, Schriftstellern, Theaterleuten, die für mich bedeutend wurden.

*F.M.:* Wann hatten Sie die erste Resonanz, den ersten Zuspruch zu Ihrer Arbeit?
*J.B.:* Das war so um 1969/70. Damals hatte in der Kunstszene die Objektkunst eine starke Aktualität. Ich hatte Fundstücke in Objektkästen ausgestellt und suchte diese Dinge mit meiner Figur in Verbindung zu bringen. Für mich waren vor allem Fundstücke wichtig, die mit dem Menschen zu tun haben. Und dann kam es sehr bald zu Gruppen- und Einzelausstellungen. Ein erster Höhepunkt war meine Beteiligung am Ausstellungszyklus »14 mal 14« in der Kunsthalle Baden-Baden. Damals haben die Künstler 14 Tage in der Öffentlichkeit gearbeitet und ihre Projekte realisiert. Das war 1972. Dort erhielt ich meine erste starke Resonanz.

*F.M.:* Sie verwenden, genau besehen, eine ganze Reihe von Materialien: Leinen, Tuch, Teer, Blei, Zinn, Holz; aber es ist eigentlich relativ leichtes Material.
*J.B.:* Ja, früher war das Material noch umfangreicher, als ich in den Objektkästen beispielsweise diese Art Abfall der Zivilisation präsentierte. Aber das hat sich jetzt geklärt. Wenn ich jetzt etwas Vorhandenes verwende, dann muß ich es als Material mit meiner Hand formen können. Ich muß es auch tragen können. Ich mache eigentlich nie etwas Schweres, das ich nicht tragen kann.

*F.M.:* Wenn ich Ihre Arbeit sehe, dann vermute ich, daß Sie auch nicht zu sehr angewiesen sind auf Werkzeuge. Ihre Arbeit ist in einem buchstäblichen Sinn Hand-werk.
*J.B.:* Ja, ich brauche relativ wenig Werkzeuge, alle Figuren mache ich mit meinen Händen, wobei ich mir über den tieferen Sinn des fast zwanghaften Formens, Bandagierens und Einhüllens meiner Figuren im unklaren bin.

*F.M.:* Es besteht also zwischen Ihnen und Ihren Objekten eine direkte und unmittelbare Beziehung.
*J.B.:* Hin und wieder wollte man mich dazu bringen, die eine oder andere Figur in Bronze gießen oder in Marmor hauen zu lassen. Aber ich habe mich da immer geweigert. Es ist für mich bedeutungsvoll, daß die Figuren, die ich geformt habe, etwas Einmaliges sind.

*F.M.:* Diese Formbarkeit mit der Hand bewirkt auch eine leichte Verletzbarkeit Ihrer Figuren, und an sich so auch ein Stück verletzbares Leben.
*J.B.:* Ja, so ist es.

*F.M.:* Nun spielt ja in Ihrem Werk nicht nur die Figur eine Rolle, sondern auch ein Raum, der ihr zugeordnet ist. Was bedeutet Ihnen der Raum?
*J.B.:* Die Räume, die ich beispielsweise in den frühen Guckkästen gemacht habe, die waren für mich sehr wichtig. Es waren künstliche Räume. Diese künstlichen Räume symbolisierten für mich wichtige Erfahrungen. Ich brachte sie in Verbindung mit Platzangst, mit Raumangst, also z. B. Wandelgänge oder Spitalräume.

*F.M.:* Der Raum bedeutet also für Sie etwas Eingrenzendes?
*J.B.:* Ja, früher schon, aber heute hat sich das gewandelt. Heute gibt es nicht mehr diese bestimmten Räume, wie Waschraum, Baderaum, Isolierstation.

*F.M.:* Nun hat ein Raum aber doch verschiedene Funktionen: er kann freisetzen, er kann bergen, er kann schützen, er kann mir meinen Ort geben. Er kann mir meine Stelle zuweisen. Er hat also in jedem Fall eine Bezugsfunktion.
*J.B.:* Ja, ja, es gibt den Raum, den plastischen Raum, es gibt den Raumbezug, d. h. unsere Bezüge zum Raum. Der Raum hat bei mir eine zentrale Funktion. Ich schaffe Räume, Kammern, Zimmer, Gänge, die tauchen in meiner Arbeit immer wieder auf, mal in bedrohender und mal in schützender Form. Und dann gibt es natürlich auch die grabähnlichen Räume, die Schreine, oder Situationen, die man dem Grab gleichstellt.

*F.M.:* Die Grabthematik hat doch sicher auch mit den Figurentüchern zu tun, die mich an Leichentücher erinnern. Auch wenn ich an die Binden denke, die lassen doch an Totenbinden denken.
*J.B.:* Ja, das ist diffizil, das ist nicht eindeutig festzumachen. Meine Kunstfigur besteht ja eigentlich nur aus einem Torso, also ohne Arme. Es ist eine Figur, die am besten funktioniert, wenn sie liegt. Wenn sie liegt in dieser prägnanten Form. Mir ist nicht klar, warum ich diese Grundform gewählt habe. Aber sicher besteht da eine Verbindung zu einer Totenfigur. Ich bezeichne ja auch meine Arbeiten oft als ›nature morte‹. Es sind tote Dinge, stille Dinge. Was mir wichtig ist in meiner Arbeit: daß es stille Werke sind, ohne Gestik und Pathos. Ich bevorzuge diese Stille, diese Anonymität.

*F.M.:* Darum erinnern Ihre Figuren auch sehr stark an die Mumie.
*J.B.:* Ja, die Mumie hat mich immer schon fasziniert, weil dort die Distanz zum Toten erreicht wird. Normalerweise erschreckt der tote Mensch. Aber bei der Grabthematik gewinnt man eine Art Gewöhnung an diese Realität. Ich denke, ich bin auf dieses Thema durch meine Tätigkeit als Restaurator gekommen. Denn dort mußte ich oft auch in alten Kirchen arbeiten, wo man beim Freilegen von Fundamenten öfters auf Gräber stieß. Auch das Suchen nach alten Funden hat mich immer angezogen.
So habe ich mir über diese Zugänge meine eigene Welt geschaffen. Und später, als ich im Britischen Museum in London die ersten ägyptischen Mumien sah, da hat mich das immer ganz besonders angezogen. Ich war fasziniert von diesen ganzen toten Menschen. Das waren keine Toten mehr, vor denen man Angst hatte. In diesen ägyptischen Mumien ist ein Mensch durch die Zeit hindurch Figur geworden, Plastik. Hier ist die Mumie zu einer Kunstfigur geworden.

*F.M.:* Und von diesen Mumien führt die Linie direkt zu Ihrer Plastik?
*J.B.:* Ja, ich kann in diese Figuren den Menschen hineindenken. Es ist gewissermaßen das Abbild eines Menschen. Freilich, nur eine Spur davon. Einige haben meine Arbeiten mit Christus in Verbindung gebracht, was ich natürlich ablehne. Ich mache nie eine Figur, um Christus darzustellen, obwohl mich natürlich diese Figur auch künstlerisch interessiert hat. Aber mancheiner sieht vielleicht diese Verwandtschaft. Es gibt entsprechende Parallelen in der stilistischen Haltung. In den frühchristlichen Darstellungen gibt es ja auch diese Bewegungslosigkeit, was mir wichtig ist.

*F.M.:* Diese Grabthematik führt dann doch auch zu ausgesprochenen Eingrabungen Ihrer Objekte.
*J.B.:* Ja, das ist etwas, was mich sehr stark angeht: Dinge einzugraben, sie wieder auszugraben, ganz so wie gewisse Rituale in der Kindheit. Auch dort war es bedeutungsvoll, daß man seine Verstecke hatte, wohin man dann die dazu auserwählten Dinge hineinverstecken konnte. Wenn es dann an der Zeit war, dann konnte man sie wieder ausgraben. Und so grabe ich öfters meine Figuren im Keller ein, lasse sie dort ein paar Wochen oder Monate und grabe sie dann wieder aus und bin dabei immer sehr gespannt, was sich dabei verändert hat.

*F.M.:* Sie haben eine Vorliebe für verwitternde Dinge?
*J.B.:* Ja, sehen Sie, meine Objekte haben eigentlich keine künstliche Patina, sondern ich warte erst die Verwitterung ab. Ich mag diese verwitterten Dinge.

*F.M.:* In wieweit spielt bei Ihrer Arbeit das eigene Sterben-müssen eine Rolle? Wie stehen Sie zu Ihrem eigenen Tod?
*J.B.:* Darüber kann ich eigentlich schwer etwas sagen. Um hier etwas äußern zu können, müßte man eigentlich als Mensch diese Situation schon mal mitgemacht haben. Aber ich glaube, wenn man sich mit dem Leben auseinandersetzt, dann setzt man sich auch mit dem Tod auseinander. Und man erarbeitet sich ja auch ein Stück Auseinandersetzung mit seinem eigenen Tod.

*F.M.:* Jürgen Brodwolf, in wieweit haben Sie früher als Kind oder als Jugendlicher die Bibel studiert?
*J.B.:* Also die Geschichten der Bibel haben mich immer schon fasziniert. Ich finde sie bis heute interessant, ohne daß ich sehr religiös sein muß. Aber eine intensive Auseinandersetzung über die Zeit der Konfirmation hinaus hat es nicht gegeben.

*F.M.:* Hat sich denn von diesem Kontakt an ein bestimmtes Christusbild herausgestellt? Gibt es bestimmte Geschichten, die Ihnen an Jesus gefallen haben, gibt es für Sie bestimmte Grundfigurationen: Jesus als Prediger, als Rabbi, beim Abendmahl oder am Kreuz . . .?
*J.B.:* Das kann man so generell nicht sagen. Ich kann auch meine Beziehungen zu den einzelnen Geschichten in der Bibel nicht auf einen Nenner bringen. Dazu ist das Ganze viel zu vielfältig. Früher war die Beziehung für mich sehr subjektiv, sehr intensiv dem Religiösen gegenüber. Aber das ist später dann gewichen. Später war dieses Gegenüber nicht mehr da. Für mich hat sich dieses Gegenüber mehr auf die Menschen verteilt. Wenn ich jetzt etwas zu Jesus sagen sollte, dann würde ich sagen: er ist für mich eine zentrale Figur, aus dessen Leben sich fast alles für unsere Zivilisation und Kultur erklärt. Und an ihm können wir ganz klar entscheiden, wovon wir unser Leben in unserer gefährdeten Zivilisation trennen und ablösen müßten. Er steht für vieles da, er nimmt Stellung und Partei für Minderheiten, für einzelne Menschen und für solche, denen Unrecht geschehen ist.

*F.M.:* Nun könnte man doch unterscheiden zwischen einem ausdrücklichen Christusbild und vagen, umrißhaften Vorstellungen von dieser Gestalt. Ein Mönch, denke ich, hat ein ausdrückliches Christusbild, lebt aus dem Evangelium und dem religiösen Antrieb und findet zu einem ganz bestimmten Grundbild von Jesus. Dem gegenüber gibt es, zumal in unserer Zeitphase, viele Menschen, die zwar eine christliche Sozialisation durchlaufen haben, sich aber später dann davon distanzierten. Das Christusbild rückt wieder in die Ferne. Es reduziert sich gewissermaßen auf bestimmte Aspekte, Aspekte – sagen wir mal – des Menschenbildes. Hat eine solche Unterscheidung für Sie eine Bedeutung?
*J.B.:* Als Kind bin ich mit einer gewissen Naivität an die Religion herangegangen. Und diese Naivität habe ich dann eigentlich sehr lange bewahrt. Ich hatte eine unmittelbare Beziehung zu all diesen Dingen und vielleicht auch zu dem, was Sie ansprechen. Dann aber begegnete ich einem Theologen, der eigentlich die gleiche Naivität besaß, aber ich habe an ihm gemerkt, daß es so einfach nicht geht. Daß es so nicht gehen kann. Daß das Verhältnis zu Christus einen größeren Bogen haben muß. Daß ich das nicht einfach so familiär verstehen darf, und daß all diese Dinge wie Tod, Auferstehung, – daß das nicht einfach dinghafte Gegebenheiten sind. Ich habe schon eine gewisse Bewunderung dafür, wenn Menschen auf diese Weise in ihrer Welt leben. Mir selbst ist diese Unmittelbarkeit verloren gegangen. Natürlich sehe ich irgendwo Berührungspunkte von alledem in meiner Arbeit, und schließlich spielt ja auch die Kunstgeschichte bei mir eine gewisse Rolle. Auch bin ich immer für Auseinandersetzungen mit Theologen. Aber die ganze Welt des Religiösen hat bei mir eine weitere, tiefere, aber auch komplexere Dimension bekommen.

*F.M.:* Haben Sie sich denn jemals an einem Christusbild versucht?
*J.B.:* Ja, ich habe ein Kruzifix gemacht für eine Kapelle. Ich habe es aus einer Blechkonserve gemacht. Aber es mußte dann wieder aus der Kapelle entfernt werden.

*F.M.:* Wie sah das aus?
*J.B.:* Ich habe den Christus ganz einfach so aus Konservenbüchsen zusammengelötet. Er wurde dann aufgehängt, aber ich mußte ihn dann sehr bald aus der Kapelle herausholen. Der Pfarrer und die Kirchengemeinde und auch die bürgerliche Gemeinde haben dagegen protestiert. Heute gibt es davon nur noch den Kopf.

*F.M.:* Gibt es Einzelheiten, die Sie am Leben Christi besonders beeindrucken?
*J.B.:* Ich weiß imgrunde gar keine Einzelheiten. Ich weiß nur, daß er irgendwie für mich und mein Leben und ganz allgemein wichtig ist; wichtig war, was er gesagt hat und wichtig war, wie er sein Leben erduldet hat. Natürlich ist die Bergpredigt für mich von großer Bedeutung. Aber wenn ich ihn wirklich so ganz nackt sehe, wenn ich alles weglasse, was man so um ihn herumgelegt hat, dann beeindruckt mich eigentlich am stärksten die Passionsgeschichte. Es gibt doch viele bedeutende wie einfache Menschen, die von ihm ganz entscheidende Dinge für ihr Leben und Arbeiten ableiten und entnehmen. Ich glaube, er ist eine große Herausforderung zum ›richtigen‹ Verhalten. Das ist für mich der wichtigste Aspekt an Jesus. Er gibt Mut für das Leben und Kraft, die wichtigen Entscheidungen für das eigene Leben zu treffen. Darin sehe ich seine große Aktualität. Und ich habe den Eindruck, diese Aktualität wird gegenwärtig stärker. Aber es gibt freilich auch andere Dinge, mit denen ich sehr wenig anfangen kann. Also z. B. mit dem Leben nach dem Tod, oder mit der Auferstehung oder Ähnlichem.

*F.M.:* Nun, wenn er den Menschen Kraft zur Entscheidung und Bewältigung ihres Alltags und zur Entfaltung ihrer Freiheit gibt, dann klingt indirekt das Thema Auferstehung an. Aber ich denke, wir sollten in diesem Zusammenhang noch offen bleiben.
*J.B.:* Ja, diese Offenheit ist mir wichtig. Ich glaube, ich hätte mich an dieser Ausstellung nicht beteiligt, wenn ganz bestimmte Dinge oder Bekenntnisse von mir erwartet worden wären. Man kann das Christusbild nicht so einfach aus der Tasche ziehen. Das ginge nach meinem Verständnis auch am Bild vorbei. Für mich wäre es unmöglich, ja undenkbar, im Augenblick ein Bild von Christus zu malen. Dazu ist die Sache viel zu schwierig und riskant. Ich kann mir nicht einfach eine Christusvorstellung machen.
Es käme nur ein falsches Bild dabei heraus. Mit dem Christusbild muß man sehr viel Geduld haben. Irgendwann einmal taucht ein Bild, eine Anregung auf, und dann hat man einen Lichtblick.

*F.M.:* Ja, mir ist es seltsamerweise so gegangen: ich habe seit etwa 15 Jahren ein altes bayerisches Bauernkruzifix in meinem Besitz. Es ist vielleicht 250 Jahre alt. Es hing früher auf einem bestimmten Bauernhof immer im sog. Herrgottswinkel. Ich hatte es im Eßzimmer aufgehängt. Irgendwann neulich gab es einmal Ärger mit Jugendlichen in der Gemeinde, in der ich arbeite. Es waren rauhe und grobe Jugendliche. Sie wollten gegen irgendetwas protestieren. Es war eine sehr unruhige Versammlung. Plötzlich bin ich herausgerufen worden und war dann sehr betroffen, als ich zurückkam: einer der Jugendlichen hatte wohl eine falsche Bewegung gemacht und dabei das Kreuz gestreift. Es war heruntergefallen. Der Corpus war abgefallen, die Arme hatten sich losgelöst und es hatten sich Farbschichten abgeblättert. Die Betroffenheit war übrigens nicht nur bei mir, sondern auch bei den Jugendlichen groß; sie wußten, daß mir dieses Kreuz sehr viel bedeutete. – Was ich in diesem Zusammenhang sagen möchte, ist dies, daß ich es bis heute nicht fertiggebracht habe, dieses Kreuz zusammenzukleben. Gerade durch die Zerstörung ist das Kreuz auf eine neue Weise zu meinem Kreuz geworden. Es zeigt Spuren von Menschen, die mir sehr wichtig sind, trotz der Zerstörung. Und nach einer Zeit der Distanzierung habe ich für mich einen ganz neuen Christus entdeckt. Das Kreuz hängt jetzt an der Wand und der Torso liegt darunter. Im Torso des Christus sehe ich sogar manche Berührungspunkte mit Ihren Figuren.
*J.B.:* Ja, ich kann das verstehen. Da ist etwas passiert, da wurde etwas verändert. Da wurde eine neue Figur.

*F.M.:* Ja, es war ein neues Kreuz ... ein neuer Christus.

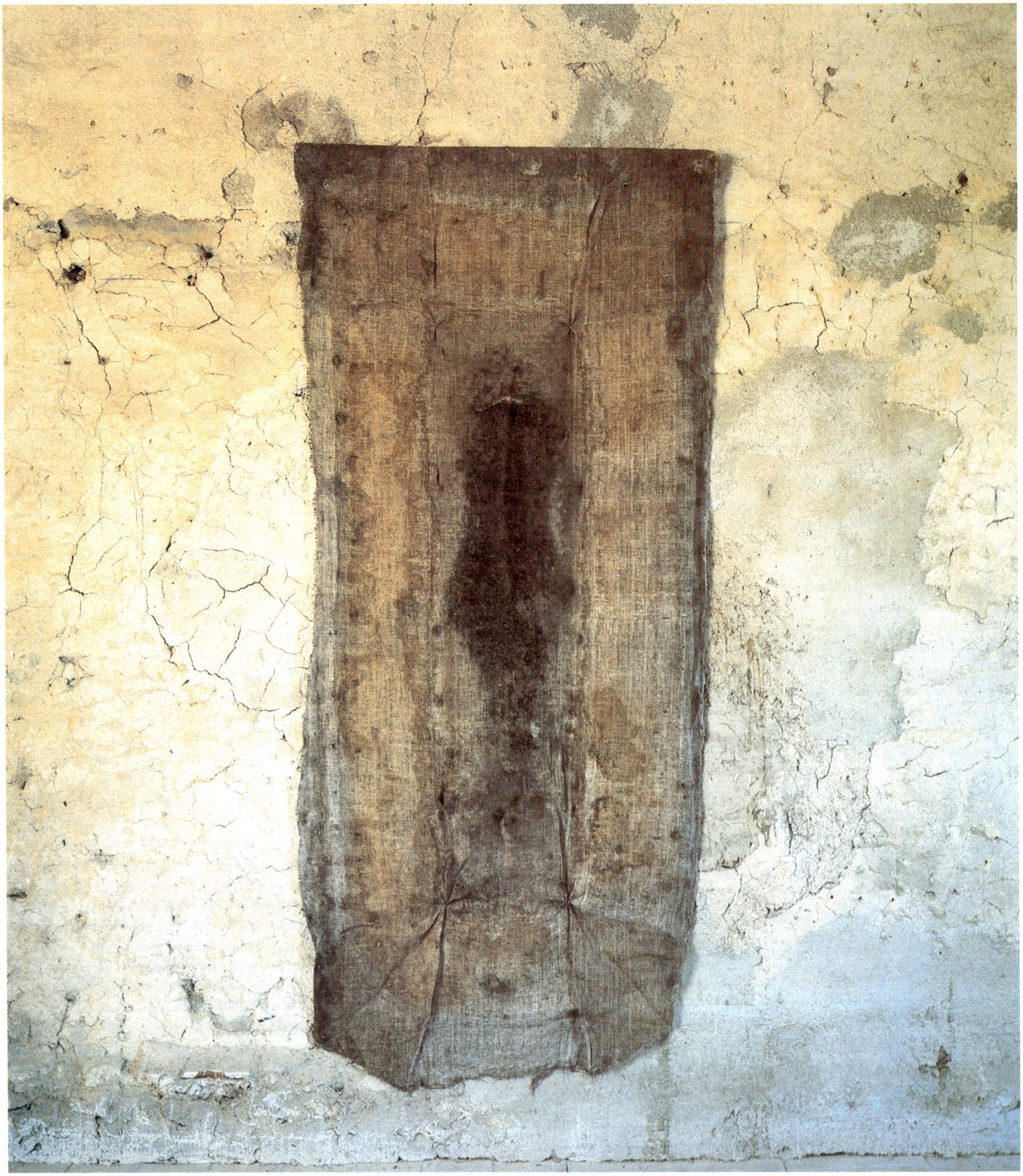



»Figurentuch I«, 1976, Sackleinwand, Bleioxydation, Erdverfärbungen, 200 × 120 cm

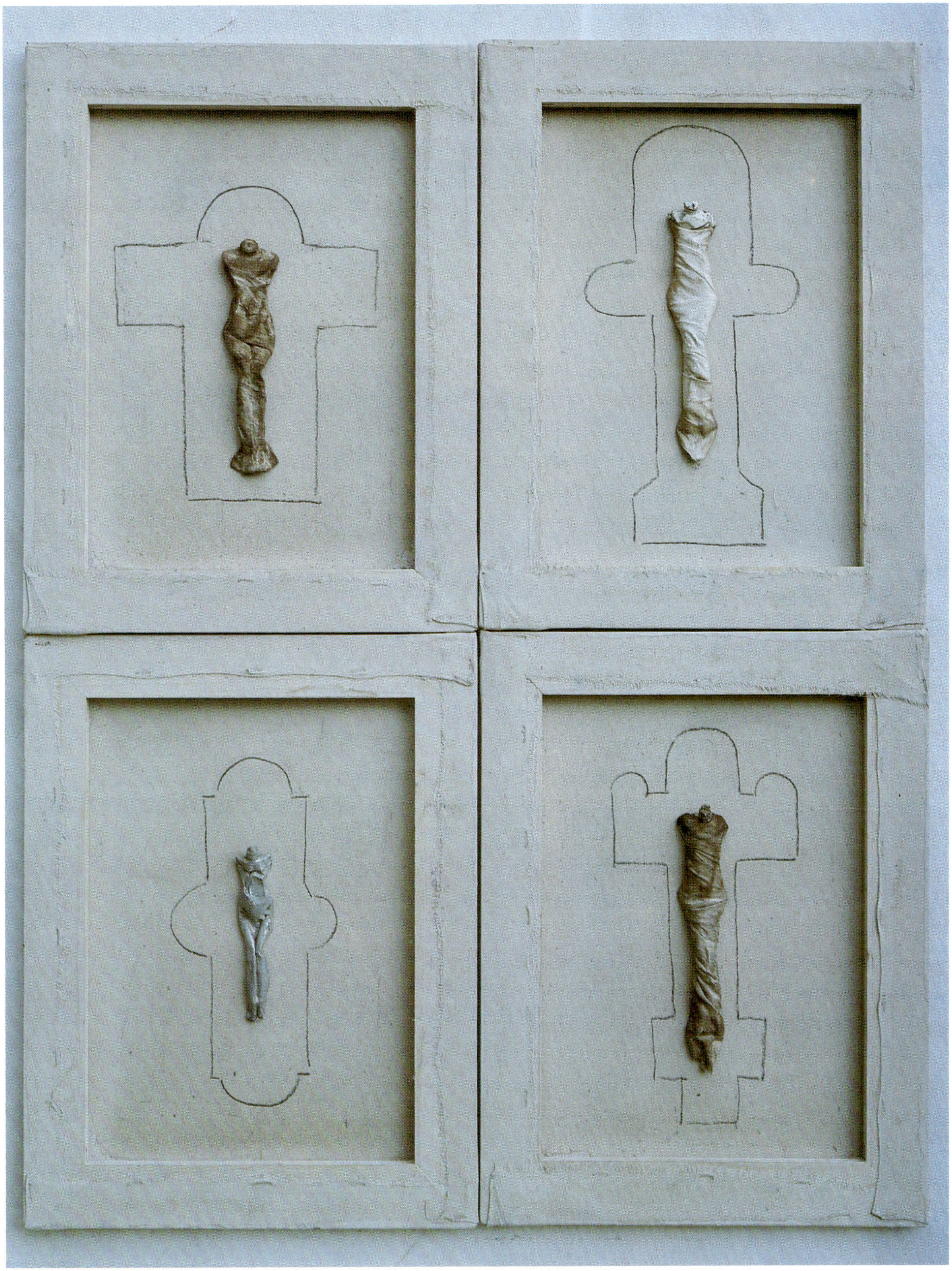

»Architekturmaß – Figurenmaß«, 1982, Keilrahmen, Nessel, collagierte, in Wachs getränkte Kirchengrundrisse, mattierte Tubenfiguren, 45 × 35 × 9 cm

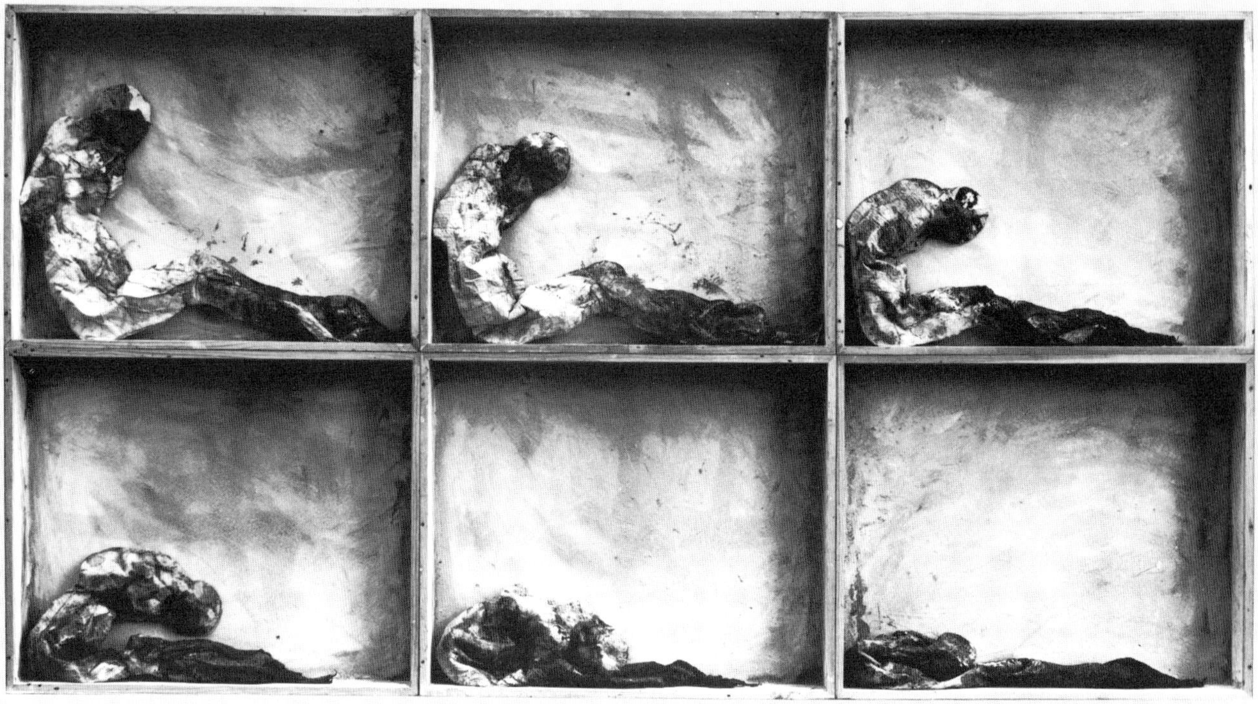



»Figurenbeugung« – 6teiliger Figurenschrein, 1982, Holz, Pappmaché, Erdfarben, 125 × 230 × 8 cm

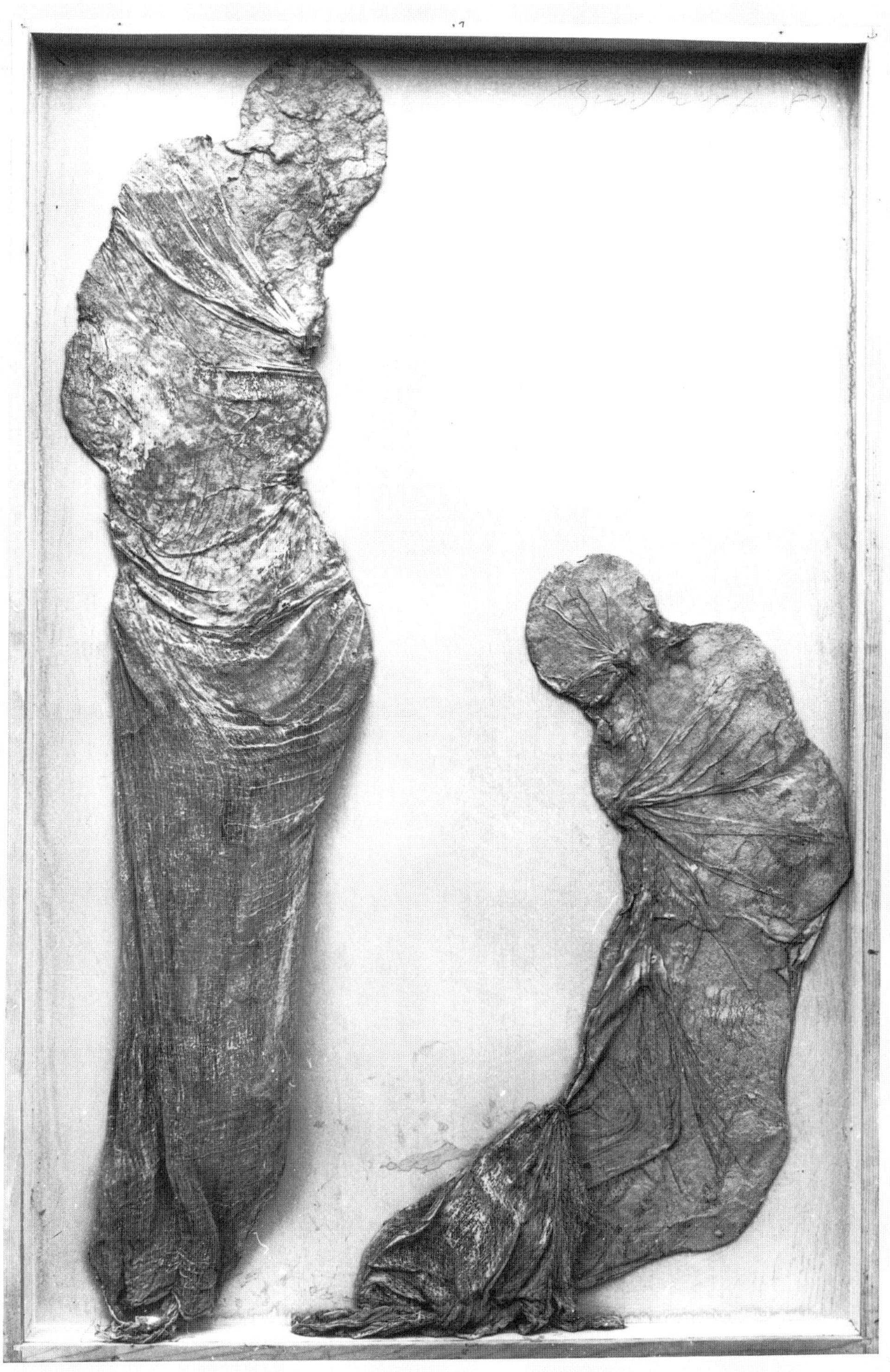

»Stehende und Kniende« – Figurenschrein, 1982, Holz, Pappmaché, Gaze, Kreideschlemme, Teer, 152 × 102 × 8 cm

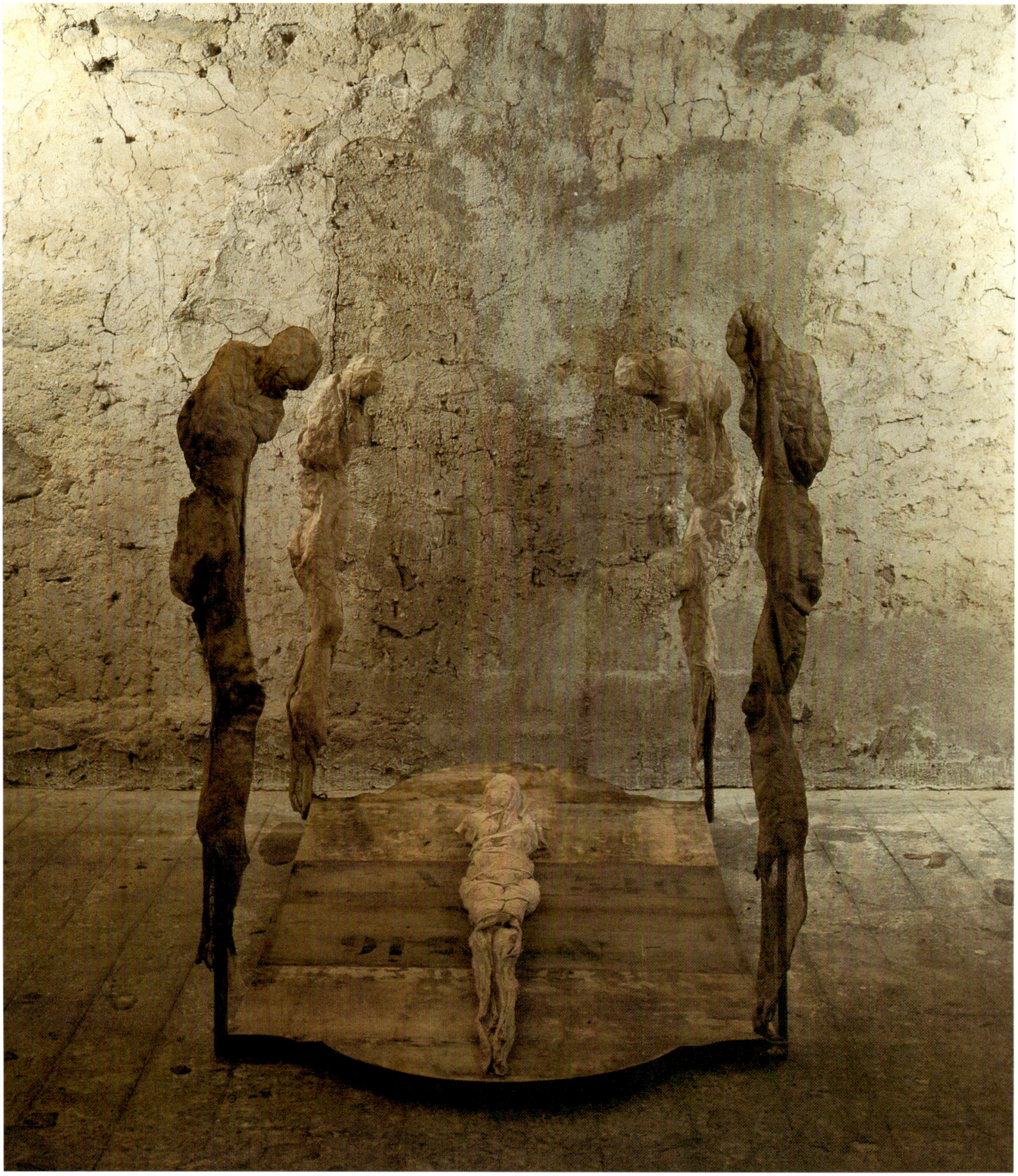



»Bettlade«, 1984, Holz, Pappe, Gaze, Kreide, Schlemme, Teer, 150 × 100 × 200 cm

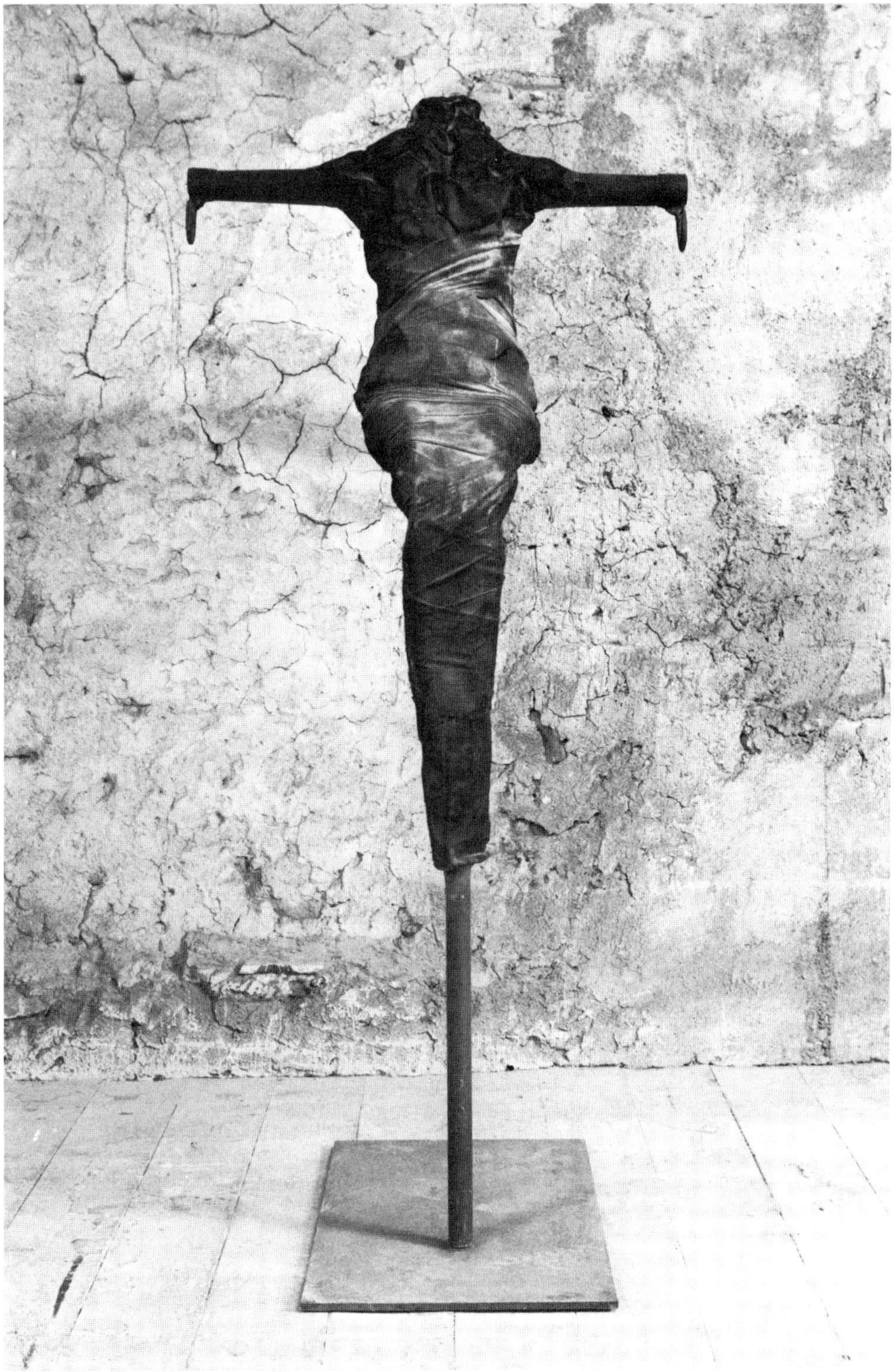



»Große Sitzende« – Skulptur, 1983, Eisen, Blei, Leinen, Holz, Teer, 170 cm hoch

## Im Werk

Jürgen Brodwolf, geboren 1932 in Dübendorf bei Zürich, hat seine künstlerische Entfaltung auf das Doppelfundament einer handwerklichen und einer künstlerischen Ausbildung gestellt, der handwerklichen als Zeichner – Lithograph in einer Kunstanstalt, der künstlerischen als Graphiker an einer Kunstgewerbeschule. Alles übrige hat er daraus entwickelt. Seine Heirat 1956 mit Adelheid Überwasser aus Basel gab seiner Entfaltung zwei weitere wesentliche Impulse: die restauratorische Berufstätigkeit seiner Frau bezog ihn, der handwerklich und künstlerisch gleichermaßen ausgestattet war, in die Arbeit der Sicherung und Wiederherstellung alter Fresken ein, und neueren Ausstattungsaufgaben floß die gewonnene konkrete Raumerfahrung mit zu. Eine Raumerfahrung im übertragenen Sinne vermittelte ihm die Begegnung seines Schwiegervaters Walter Überwasser, der als Kunsthistoriker seinen eigenen Spürsinn auf die Fährte offenbarer und verborgener harmonischer Maße in Architektur, Bildwerk und Bild angesetzt hatte. Daß das Menschenmaß in allem Geistigen und durch Form geistig Erfahrbaren bestimmend sei, mag Jürgen Brodwolf hier erfahren haben, und seine Klappbücher mit dem Titel »Architekturmaß-Figurenmaß«, die die von Walter Überwasser hergestellten Grundrißzeichnungen romanischer Kirchen mit der für Brodwolf charakteristischen menschlichen Figur jeweils interpretierend in einen festen Zusammenhang bringen, sind ein Denkmal für den anregenden Älteren ebenso wie ein Markstein für die auf sich und aufs Ganze gestellte Apperzeption des Jüngeren, ein Zeugnis schließlich auch für ein persönlich gewonnenes, aber als allgemein tragfähig erkanntes Kulturbewußtsein überhaupt. Jürgen Brodwolf ist so progressiv, wie er rückwärtsgewandt ist, er erhebt sich im Kontext heutiger künstlerischer Botschaften so hoch, wie er in Tiefen dringt. Das Bewußtsein vom eigenen Wurzelstock ist es, das die Breite der Aussage trägt. Immer ist alles Zeichen gewesen, und die Mittel des Zeigens sind äußerlich beliebig, sieht man sie in Bezug zu dem, was in ihnen bezeugt werden soll. Im Innenverhältnis freilich sind sie das, was einem neuen Kunstwerk seine eigene Lebensfähigkeit gibt.

Die Erstreckung in die Tiefe, sie vollzieht sich in seinem alten Haus in Vogelbach vom Dachgeschoß, in dem die Zeichnungen, Bilder, Objektkästen entstehen, und wo die verhalten sich färbende Masse angesetzt wird, die dann körperbildend in die tragenden Leinwandflächen sich einbindet, bis in den Gewölbekeller, in dem die großen Figuren ruhen wie in einer Krypta. Aber auch inhaltlich ist das Werk im ganzen ein Gang in den Wirkbereich von Vergänglichkeit und überdauerndem Zeugnisgeben. Lange bevor Jürgen Brodwolf in die Präsentation einer um 1970 neu erkannten Stilströmung, die man ›Spurensicherung‹ nennt, einbezogen wurde, hatte sich ihm die Figur offenbart, die gewissermaßen zum Archetypus seiner ganzen weiteren Arbeit geworden ist, und die in ihrer Ausstrahlung einer quasi reliquienhaften Ehrwürdigkeit so zeitlos erscheint, daß sie das Vergänglich-Vergangene ebenso zu verkörpern vermag wie die akute existentielle Situation oder das fanalhafte, mythisch rituelle Zukunftszeichen. Zentrum allen Anschauens und aller Verbildlichung ist der Mensch. Die Wahrnehmung des menschlichen Körpertorsos in einer halbausgedrückten Farbtube war 1959 der Augenblick entscheidender Gewahrwerdung. Die eigene weitgesteckte Bildung und das geschulte zeichnerische Vermögen gaben der Grundfigur einen im spirituellen Sinne spekulativen Hintergrund von unerschöpflichem Ausmaß. Die Grenzüberschreitung des Bildes hin ins Plastische, das in den Kästen nur mäßig räumlich, in den Figurengruppen aber im großen raumgreifend ist, spannte den Künstler zwischen die Pole von Herkommen und Neuland, und es ist bezeichnend für diese Spannung, daß Jürgen Brodwolf nach sechs Jahren der Leitung einer Zeichenklasse – an der Hochschule in Pforzheim – 1982 auf einen Lehrstuhl für Bildhauerei – an der Akademie in Stuttgart – berufen worden ist. Zeichnen und Zeichensetzen gehen in eins, in der Fläche wie im Raum.

Jürgen Brodwolfs Tubenfigur ist zugleich anonym und, jede für sich, individuell; sie ist ausdrucksgeladen, obwohl sie sich verschließt; in Haltung und Gestus ist sie außerordentlich variabel. Sie beweist, daß schon der Körper an sich, ohne das Antlitz, ohne die Beredtheit der Hände, zu jeglicher Mitteilung fähig ist und zur Weckung mitfühlenden Angesprochenseins. Monumental in sich wie jeder Körper, der Intensität ausstrahlt, ist sie an kein Maß gebunden, die Umgebung vielmehr gibt ihr das Gewicht, das sie der Umgebung gibt. Inszenierung ist das nur in dem Sinne, in dem alle bildnerische Versinnlichung ein Inszenieren ist: wenn sie berechtigtermaßen erschüttert, dann durch ihre Distanziertheit; keine Wärme, nichts Vertrauliches, sondern das in sich verschlossene Verhaltensein, das man in der Realität schicksalhaft nennen würde.

Die Tube, kopflos-deckellos, mit offenem Hals, mit betonter Schulter, wie sie die Öffnung mit dem Hohlkörper verbindet, und mit den Biegungen, Stauchungen, mit Verengtheit und Flachgedrücktsein, erlaubt eine vielfältig modulierende Modellierung des Körpers, für den sie stehen soll. Stets hat er etwas von Relikt; spielt er lebende Rollen, dann fast wie ein Wiedergänger, der in sein Tun verstrickt ist ohne Lösung, und dessen Verstricktheit durch das torsohaft Unvollständige seines Körpers umso auswegloser scheint.

Die Szenen, da, wo sie ein eher intimes Maß haben, sind zunächst oft nicht ohne Skurrilität, aber sie ist so, wie die alten Totentänze des Pittoresken nicht entraten mochten: die Einzelfigur oder die wenigen Figuren sind einer Situation ausgesetzt, die ihr Vermögen, sich abzusetzen, übersteigt. Wird diese aber, durch Schließung des Raumes bis auf einen gewissermaßen kontrollierenden Einblick und durch spiegelhafte Scheinausweitung nach innen, zum ausweglosen Erlebnis einer größeren Menge Betroffener, dann mag die Atmosphäre beklemmend werden wie oft in der Gegenwartskunst, wenn das Reale überschlägt ins Surreale, bei den Tunnelzeichnungen von Henry Moore aus dem Londoner Bombenkrieg etwa oder in Filmen von Luis Buñuel. Situationen, Räume und das Ausschreiten ins Weite, das die Szene ins beschreitbar Große wendet, mit simulativ aus Bleiplatten geformten großen Figuren des Tubentypus, lebensgroß sich konfrontierend und so den Betrachter von gleich zu gleich einbeziehend, das sind Schritte nicht nur in der bloßen Wahl des Formats, sondern vor allem im Grad der Vergegenwärtigung, deren letzter sich vollziehen ließ in den Bildhauersymposien der letzten Jahre, mit dem hierarchischen Ensemble von Grab, Pyramide und Thron in Freiburg 1979, dem dryadisch bevölkerten Figurenwald auf dem Freiburger Schloßberg 1983 und der Insel mit gewissermaßen gestrandeten Figuren in Gengenbach 1984.

Wenn, wie es hier oft geschieht und auch bei den beiden letzterwähnten großen Ensembles geschehen ist, die Figuren mit Mull- oder Leinenbinden umwickelt werden, so halten Entziehung und Annäherung einander die Waage, die Gestalt wirkt verwundbarer und damit lebendiger, und in diese Verwundbarkeit schließt sie – wie auf dem Freiburger Schloßberg den Baum – dasjenige vermenschlichend mit ein, an das sie gewickelt worden ist. Die bandagierte Figur, das ist meist der schon definitiv Behandelte, der dem Grab Anheimgegebene und aus dem Grab Erhobene, wie in der Manifestation »Plätze der Macht – Orte der Kraft« in der Lüneburger Heide 1976. Hier verbinden sich begräbnishafter Ritus und archäologisches Freilegen in gemeinsamer Pietät, und es ist kein weiter Schritt zu den Mumienschreinen. Ort gedenkender Verehrung, Fundort, Ort der Bergung, inhaltlich sind sie einander im Wert gleich. Es ist die Sicherung einer selbstangelegten Spur, aber der Impuls, sie anzulegen ist es, der im Bewußtsein sich aus Weite und Frühe herleitet.

Ein gewissermaßen archäologisches Moment, das innere Wissen um Geschichtlichkeit und ihre weite und tiefe Dimension für alles Menschliche: es äußert sich faszinierend in reliefhaften Variationen von Bildern der italienischen Renaissance, in denen die Gestalten mit unbekleideten und in Tücher drapierten Tubenfiguren nachgestellt erscheinen und unbedeckte Körperlichkeit und die Bewegtheit des Tuchs vor kargster Raumandeutung das bildhaft überlieferte Geschehen dramatisieren. Die Spiegelung des Verlangens nach Klarheit in der Renaissance, welches doch nicht vermochte, das unterschwellig gärend Dramatische des damaligen Zeitgefühls, der ersten Regung dessen, was man die Neuzeit nennt, harmonisierend abzudecken. Ähnliche Rückbindung vollzieht sich in den Büchern, vor allem da, wo die menschliche Gestalt dem Grundriß alter Kirchen eingefügt ist. Architektonisches Maß hat sich von alters her als menschliches Körpermaß, wie auch immer übersetzt, selbst verstanden: die romanische Basilika ist der gebreitete Körper. Jürgen Brodwolfs bezugnehmende Intention macht ihn nicht nur, indem er ihn dem Bauumriß einfügt, zu dessen Spiegelbild – Bauen als eine der überlebensfähigen Manifestationen des Menschen –, die durch Bandage und Farbbedeckung entrückte Gestalt vielmehr ist zugleich im Raum präsent wie das in jeder Kirche sich verbergende und durch Kraft sich offenbarende Heiligengrab.

Die Tücher eingegrabener Figuren, durch Oxydation von deren Blei und durch die Erdverfärbung gestalthaltig wie das Turiner Grabtuch auf andere Weise, präsentieren die Spur des Lebens in der Verflüchtigung des Körperlichen durch Eindringen in seine Umhüllung. So geben ganze Folgen von Bildern in Phasen der Auflösung, sei es durch Verbrennung, sei es durch das Verwittern und den in sich versickernden Verfall, die Auflösung alles Körperlichen zu bedenken; die Figuren selbst, wenn von metallener Konsistenz, mit Leinen umhüllt, mit Teer eingefärbt, mit Petroleum getränkt, da aber, wo in einer Bildfläche ihre Körperlichkeit weniger herausgestellt ist, mit Pappmaché, Kreideschlämme und Gaze materialisiert und in den Schritten des Verfalls sich entmaterialisierend in der Vertiefung wie im Vergehen ihrer Daseinsspur.

In den letzten Jahren ist ein anderer Grundtypus hinzugekommen: der der geräthaften Vereinzelung, die den Körper in seiner Veränderlichkeit zu einer Gegenfigur von überdauernder Qualität macht: stelenartige Gestalten, der Schaufel oder dem Spaten, der Forke, dem Pfahl, der Keule, der Orgelpfeife verbunden und idolhaft überhöht in deren Isolation; sie stehen nicht für sich, sondern für manches Unterschwellige, sie stehen nicht aus eigener Kraft, sondern angelehnt. Sie sind Zeichen der Macht und der Kräfte, wie alles, was ist, zugleich Zeichen ist für etwas, was hinter ihm und jenseits von ihm gegenwärtig bleibt.

Menschenmaß ist in allem, und die Stationen fortschreitender Vergänglichkeit sind zugleich Spurenschwellen überdauernder Bezeugung. Magische oder rituelle Prozedur deutet sich nur an; in dem Maße, in dem alles offen bleibt, bleibt es nachfühlbar. Mit den Zeichen der Vergänglichkeit wird das Überdauern beschworen. Im Geheimnis der nicht verlöschenden Anwesenheit und im Bewußtmachen der Wurzelerstreckung kommt die Ewigkeit des Gegenwärtigbleibens von allem, was je Leben hatte, zum Klingen.

# NORBERT TADEUSZ

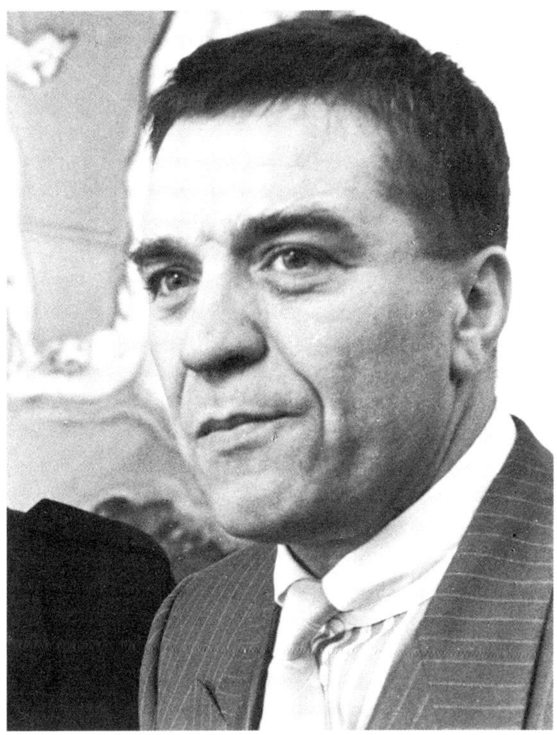

## Im Gespräch

Die Beziehungen von Norbert Tadeusz zur Religion sind zwar im Laufe seines Lebens – »wie bei jedem Menschen« – durch mehrere Distanzierungen hindurchgegangen, scheinen aber doch immer wieder in seinem malerischen Schaffen auf. Die Kreuzform sowohl wie die Kreuzigungsform beherrschen eine ganze Reihe seiner Bilder, und zwar sowohl thematisch wie formal, strukturell. Das Horizontale und das Vertikale, das Erdhafte und die Beziehung zum Geistigen, das sind die Grundkoordinaten im künstlerischen Werk wie in der persönlichen Weltsicht von Norbert Tadeusz.

Betrachtet man zunächst einmal die große Anzahl seiner Bilder, dann scheint das Horizontale zu dominieren: der Mensch im Mittelpunkt seiner Bilder. Er ist dieser Thematik imgrunde immer treu geblieben. Norbert Tadeusz stand in seinem Drang, immer wieder neu den Menschen zu zeichnen, quer zu den Modeströmungen der Kunstszene. Und dieser Mensch war ein sehr erdhafter Mensch, der inmitten seiner Alltagswelt verwiesen ist auf sich selbst, auf die ganze Breite seiner materiellen Aspekte. Da ist das Körperliche, das Nackte, das Begehrliche, das Triebhafte. Da ist die Sehnsucht, die Enttäuschung, da ist der Tod wie das anziehend Lebendige, da ist das Glück, und da ist dämonisierende Leidenschaft. Doch inmitten all dieser »irdischen« Welten sind die Verweise ins Senkrechte: der Blick nach oben; die Attribute des Todes und immer wieder das Kreuz: zumeist in Form der ausgebreiteten Arme, nicht selten in den formalen Strukturen seiner Dreiheit, die an eine Kreuzigungsformation erinnern. Selbst diese Vereinfachung spiegelt sich auch in seiner Farbigkeit wieder, die in tiefe volle Farben ausgreift, die dennoch in ihrer Komposition ihren Eigencharakter transzendieren in ein Verschleierndes, Fremdes, Verweisendes, manchmal sogar Distanzierendes.

Die Verwiesenheit der beiden Grundrichtungen, des Waagerechten wie des Senkrechten, sind nicht harmonisch vermittelt. Sie stehen zueinander in einem äußerst befremdenden Verhältnis. Vielleicht hat es zu tun mit der ambivalenten Einstellung, die Norbert Tadeusz zur christlichen Religion und zur Kirche hat. Einerseits steht er dazu in fast aggressiver Ablehnung, andrerseits verkennt er nicht, daß die Religion mit ihrer ganzen Welt auf ihn eine Faszination ausübt. Es ist schwer, die Gründe für dieses ambivalente Verhältnis aufzutun. Doch einige Zugänge dazu finden sich in seiner Sozialisation.

Norbert Tadeusz stammt aus einer Vorstadt im Ruhrgebiet. Er ist am Stadtrand von Dortmund, in Oespel-Kley, aufgewachsen. Diese Stadt sieht heute aus wie eine »ehemalige Goldgräberstadt mit alten Leuten«. Wenn man sich früher in den Straßen umdrehte, dann war man in unmittelbarer Nähe von fünf, sechs riesigen Fördertürmen aus dem Bergbaumilieu. Diese Vorstadt hatte eine Reihe von Siedlungen. Zusammengehalten wurde der Ort durch eine Straße, die einzige Geschäftsstraße in der Gegend, über die auch eine Straßenbahn führte, und über die der Vorort angebunden war an die Innenstadt.
In diesen Ruhrgebietsvororten hatte die Kirche eine starke Stellung. Das vielberedete Mißverhältnis zwischen Kirche und Arbeiterschaft schien hier nicht zu gelten. Dafür sorgten schon die vielen zugereisten oberschlesischen und polnischstämmigen Werkarbeiter, die neben ihrer Vorliebe für eine eigene Kaninchen- und Hühnerzucht eine ungebrochene Anhänglichkeit an die Kirche mitgebracht hatten. Norbert Tadeusz empfand aber das religiöse Leben, wie er es dort erlebte, als aufgesetzt. Es hatte für ihn keine Ausstrahlungskraft. Und dies verstärkte sich umso mehr, als man in der Familie mit äußerstem Druck bestrebt war, die Entwicklung seines religiösen Lebens in den Griff zu bekommen. So erinnert er sich noch an seine Erstkommunion:
*Norbert Tadeusz:* »Unangenehm. Alles nur unangenehm. Nur Zwang. Ich habe aber auch alles Rituelle immer als sehr quälend empfunden. Und auch als verlogen.«

Auch in der Schule hatten die Lehrerinnen keine glückliche Hand, z. B. beim Beichtunterricht. Er mußte erfahren, wie das hochgerühmte Beichtgeheimnis bei ihm auch nicht gerade eine lückenlose Anwendung fand.
*N.T.:* »So kriegte ich einmal vier Schläge auf die Hand, weil ein Mädchen Sachen erzählt hatte, die nicht stimmten. Ich konnte mich da an nichts erinnern. Und da hieß es plötzlich: ›Und das hast Du nicht einmal gebeichtet. Selbst in der Beichte hast Du schon wieder gelogen‹.«
Heute relativiert Norbert Tadeusz zwar solche Erfahrungen, aber er gibt doch zugleich auch zu erkennen, daß ein kleiner Junge nicht so leicht über solche Verletzungen hinwegsehen kann.
Wie damals unter entsprechenden Erziehungsverhältnissen üblich, wurde er auch Meßdiener. Aber auch hier waren seine Erfahrungen nicht gerade positiv. Zog ihn einerseits das Farbenprächtige, das Atmosphärische in der Kirche und natürlich der »spektakuläre Pomp« einer Prozession an, so hatte er jedoch immer Schwierigkeiten mit seinen Kniescheiben. Deswegen konnte er nicht knien; die Knie taten ihm immer weh. Das war natürlich in der Kirche sehr lästig.
*N.T.:* »Irgendwie war ich auch immer ein bißchen schusselig und befangen, weil ich alles um mich herum so unendlich ›heilig‹ empfand. Mich hat das als Kind alles so beeindruckt. Aber auf der anderen Seite konnte ich überhaupt nicht verstehen, daß es zum Beispiel von den Meßdienerführern Ohrfeigen gab.«

Wie auch andernorts, so brach hier für ihn eine gewisse Widersprüchlichkeit auf, eine Aufspaltung des Religiösen in äußeres Verhalten und innere Einstellung. Für ihn war das untrennbar eines. Das Religiöse war für ihn mehr oder weniger gleichbedeutend mit dem Ursprünglichen, mit dem Echten. Umso mehr verwirrte ihn die Erscheinungsform des ›galanten Katholiken‹, der alles miteinander verbinden konnte, der sich in den religiösen Formen leicht bewegte, dem alles gelang, der aber auf der anderen Seite sich rücksichtslos durchzusetzen verstand. Was ihn verwirrte: daß in seiner kirchlichen Umwelt solche Leute das Kirchliche repräsentierten. Das war mit ein Grund, warum sich Norbert Tadeusz im kirchlichen Milieu nie eigentlich beheimaten konnte. So gebrochen sich auch das Verhältnis zur Religion bei Norbert Tadeusz gestaltete, so ungebrochen und unmittelbar war sein Zugang zur Kunst.
*N.T.:* »Mit elf Jahren habe ich gewußt, daß in der Richtung für mich etwas fällig war.«

Eigentlich hat er nie selber und allein gezeichnet. Er hat auch im Malen oder Zeichnen keine überdurchschnittlichen Noten gehabt. Noch hat er sich nicht eigentlich hervorgetan, doch im Inneren wußte er, daß er ›richtiger‹ malte als die anderen.
*N.T.:* »Meine Muter hat mir immer was gezeichnet, wenn wir auf Reisen waren. Irgendwie geht das auf meine Mutter zurück mit dem Zeichnen. Wenn ich sie etwas fragte oder auch um eine Erklärung bat, dann zeichnete sie mir immer etwas.«

Im Alter von etwa zwölf Jahren lernte er einen Freund kennen, der etwas älter war als er, der oft interessante Geschichten zu erzählen wußte und dabei immer etwas schnitzte.
*N.T.:* »Das hab' ich ihm abgeguckt. Und nach kurzer Zeit merkte ich, daß ich es besser konnte als er. Und dann hab' ich selbst geschnitzt, z. B. die Seehunde in unserer Wölflingsgruppe, Sippe Seehund.«

Eine Förderung seiner künstlerischen Veranlagung hat er von zu Hause nicht erfahren. Das Malen wurde eher als brotlose Kunst verächtlich gemacht. So besuchte Norbert Tadeusz zunächst das Gymnasium bis zur achten Klasse und wechselte dann in eine handwerkliche Lehre über. Dann ist er zur Werkkunstschule gegangen, um Graphiker zu werden. Hier hat man dann eigentlich erst sein Zeichentalent entdeckt. Sehr bald kam er dort in eine freie Klasse und konnte dann von morgens bis abends zeichnen. Nach anderthalb Jahren ist er zur Kunstakademie nach Düsseldorf übergewechselt. Hier kam er zunächst zu Joseph Fassbender und dann sehr bald zu Joseph Beuys, der gerade an diese Akademie berufen worden war.
*N.T.:* »Er hat mich sehr gefördert, später gingen dann unsere Wege auseinander. Aber die Zeit mit ihm war sehr wichtig.«

*Friedhelm Mennekes:* Herr Tadeusz, was mich in diesem Gespräch besonders interessiert, ist die Rolle, die die Religion in Ihrem Werk einnimmt. Ich nenne beispielsweise nur die Titel: »Studie zur Vorhölle, Abnahme. 1983«, »Kathedrale II, 1983«, »Er und die Schächer, San Casciano 1983«, »Volto Santo, 1983«; oder ich denke an die vielfältigen Weisen, in denen menschliche Gestalten mit ausgebreiteten Armen, aufrecht stehend, an die Kreuzform erinnern.
*Norbert Tadeusz:* Ja, das sind Themen, die mich etwa angesichts der großen Kunst in Italien beschäftigen. Ich frage mich natürlich, warum beschäftige ich mich damit. Was habe ich eigentlich damit zu tun. Ich gehe nicht mehr in die Kirche – wenngleich ich Kirchen besuche, aber den Kult nicht mitmache. Warum also?

*F.M.:* Sie haben gar keine religiösen Beziehungen?
*N.T.:* Nun ja, ich hatte vor einiger Zeit einmal eine Art von Halluzinationen. Ich fühlte mich irgendwie gerufen. Das war Weihnachten vor zwei Jahren. Ich hatte die Idee, es hätte eine Art Engel zu mir gesprochen, so nach dem Motto: Wir rufen dich. Ich wußte aber nicht, wohin er mich rufen wollte. Ich bin dann wachgeworden. Aber ich hörte den Engel immer noch. Da bin ich mit dem Auto rumgerast und hab' eine Kirche nach der anderen aufgesucht. Aber die Kirche, die mir vorschwebte, die gab es nicht. Da und dort war zwar eine Christmette, aber das war's nicht, was ich suchte. Danach fragte ich mich natürlich noch mehr, was ich mit dem Ganzen zu tun hätte. Irgendwie muß das wohl etwas mit den Jahren Eins bis Elf seinen Grund haben. Das ist ja wohl eine ganz wichtige Zeit für jeden. Aber ich kann mich an nichts Genaues erinnern. Es ist wie das Wissen um einen Schatz, den ich nicht genau zu nennen weiß.

*F.M.:* Haben Sie eine Beziehung zu Gott, zu etwas Göttlichem, können Sie dazu etwas sagen?
*N.T.:* Vielleicht... Ich kann das jetzt nur umschreiben. Also das mit dem Engel, das war alles ganz hell, das war alles ganz klar. Und ich fragte mich danach: was bewegt Dich eigentlich so, daß Du auf diese Weise damit zu tun kriegst. Was geht mich die Kirche eigentlich an und die Religion? Natürlich merkte ich irgendwo, daß es mir einerseits auch fehlte, so als Halt oder als Stabilisierung. Aber ich kann Ihre Frage nicht beantworten. Ich kann es nicht benennen.

*F.M.:* Im Blick auf Ihre Kindheit möchte ich Sie fragen, was Jesus bei Ihnen für eine Rolle spielt.
*N.T.:* Ja, das ist auch so etwas. Eigentlich gar keine. Ich beschäftige mich nur ganz generell mit Religion, und vor allem mit anderen, nicht-christlichen Religionen. Christus, der kommt direkt bei mir gar nicht vor. Ich habe auch keine Sehnsucht nach irgendeinem Erlöser, obwohl da eine starke Sehnsucht auch eine Art Erfüllung ist. Ich führe das auf das schlechte Gewissen zurück, das mir die katholische Kirche eingegeben hat. Ich stelle übrigens immer wieder bei Gesprächen mit Leuten fest, die eine ähnliche Vergangenheit haben wie ich: auch sie haben dieses beständige schlechte Gewissen. Das ist anscheinend so eine Art normales katholisches Bewußtsein. Daran erkennt man anscheinend, daß jemand Katholik ist: dieses ständige schlechte Gewissen, und diese ständige Gegnerschaft gegen den Körper, gegen alles Körperliche und Sinnliche.

*F.M.:* Es gibt ganz gewiß diese leibfeindliche Strömung in der Kirchengeschichte. Die hat sich besonders in der Moral festgesetzt. Ich weiß das aus meiner eigenen Biographie. Da werden ganz bestimmte Entwicklungen einfach verneint oder negiert. Und dabei negiert man sich sehr schnell als Ganzer mit und gerät in eine Art permanentes schlechtes Gewissen.
*N.T.:* Ja, genau. Ich habe in der letzten Zeit öfters mit jüngeren Menschen zu tun, und da merke ich, daß Jüngere sich trauen, was ich mich nie trauen würde.

*F.M.:* Nun ja, die jüngere Generation, die ist eben freier als wir.
*N.T.:* Das glaube ich gar nicht. Die sind auf eine andere Art auch verschämt und haben Skrupel und was nicht alles. Aber trotzdem gehen die mit ihrem Leben anders um. Wenn ich nur denke, was einem da mit der Beichte so alles eingebleut worden ist. Ich wußte z. B. nie, was ich beichten sollte. Und trotzdem möchte ich das Ganze nicht missen.

*F.M.:* Das hat Sie geprägt?
*N.T.:* Ja. Von daher eröffnet sich auch vieles. Mir würde etwas fehlen. Man hat irgendwie ein anderes Weltverständnis. Ich kann darüber nicht sprechen; mir fehlen dazu die Worte. Aber ich denke, es spielt in meinem Métier eine wichtige weisende Rolle.

*F.M.:* Ich jedenfalls würde es so sehen, um eine Reihe von religiösen Grundformen entdecken zu können, die in Ihrem Werk eine sehr starke Rolle spielen. Wenn ich etwa an die »Gehenkte Dreiheit« denke, die Kreuzform in den Frauengestalten, die Ambivalenz im Atmosphärischen …
*N.T.:* Also, ich sehe das mehr so: es gibt die Horizontale des Menschen, der mit der Erde verbunden ist, und es gibt das, was nach oben weist. Ob es von außen kommt, weiß ich nicht. Aber wenn überhaupt Gott in uns ist, dann gibt es so etwas wie die Verbindung des Senkrechten mit dem Waagerechten, die Verbindung von etwas, was außerhalb des Menschen liegt, mit dem Menschen selbst. Die Verbindung des Menschen mit einer Art großartiger Macht, die alles geschaffen hat, die für alles teilzuständig ist. Ich meine die Zuständigkeit nicht nur im Sinne von Ordnung und Überordnung, sondern auch für Unordnung, für Grund und Ungrund. Die Senkrechte gewissermaßen als eine Art Damoklesschwert, allerdings ohne Damokles.

*F.M.:* Es gibt also eine Verankerung bei Ihnen nicht nur zur Erde hin, sondern auch im Überirdischen?
*N.T.:* Meine Senkrechten sind nicht festgemacht, sie hängen nicht an Ketten; sind auch nicht angehakt, wie diese Kadaver, denn in einigen meiner Bilder hängen die wirklich an Haken.

*F.M.:* Die hängen an Haken, aber sie hängen in der Struktur des Senkrechten. Das Senkrechte vielleicht in der Dimension des Transzendenten?
*N.T.:* Wissen Sie, ich glaube an den Menschen. Unbedingt. Ich glaube auch an Entwicklung. Aber ich glaube nicht an die »Kreativität«. Da gibt es immer diese Leute, die unbedingt etwas Neues machen wollen. Sie wollen etwas anderes machen. Etwas anderes als die von Gott geschaffene Natur.

*F.M.:* Die Schöpfung?
*N.T.:* Ja, die Schöpfung. Man will all diesen Milliarden von Spielformen unbedingt noch etwas Neues hinzufügen. Aber wenn man das richtig beobachtet, dann weiß man, daß man imgrunde ohnmächtig ist. Ich finde die Künstler, die von sich behaupten, irgendetwas Neues geschaffen zu haben, sind ganz schön frech.

*F.M.:* Aber ist denn das Zeichnen nicht eine kreative Tätigkeit?
*N.T.:* Nun ja, irgendwie schon, weil es diese Formen auf der Erde nicht gibt. Aber sie orientieren sich doch an etwas, das vorgegeben ist. Die Linie, die ist doch das Beschreiben von etwas Körperlichem, von etwas Plastischem. Und bei der Fläche ist es auch so. Darum bin ich besonders skeptisch bei Leuten, die sich weder mit Flächen noch mit Linien beschäftigen und dann noch behaupten, in ihren zusammengesetzen Dingen fände sich etwas Kreatives. Ich finde es ungeheuer anmaßend, wie sie die Natur ausbeuten und als ihre eigene Schöpfung ausgeben.

*F.M.:* Eine beherrschende Form in Ihrem Werk ist doch nun die Gestalt der Frau. Wie sehen Sie sie? Als Madonna, als Mutter, als Göttin, als Mysterium ...?
*N.T.:* Ich bestaune Frauen. Sie sind so ganz anders. Ich kann sie eigentlich gar nicht begreifen. Frauen können eigentlich alles. Irgendwie scheinen sie mir der Natur näher zu stehen als der Mann. Sie sind auch vielleicht konträrer zu uns als wir denken, weil sie nicht diesen inneren Drang verspüren, sich ständig »re-produzieren« zu müssen. Frauen sind ganz andere Menschen. Sie prägen neu und können sich selbst vervielfältigen. Wenn ich nur die Mütter sehe, die sagen: »Meine zehn Kinder ...« Das kann ich nicht sagen. Das kann ich nur bestaunen.

*F.M.:* Das Frauliche, ist das für Sie etwas, das mit dem Geheimnis zu tun hat, dem Geheimnis der Welt etwa, das diesem Geheimnis am nächsten ist, gewissermaßen daran partizipiert, es gebiert, es am Leben erhält?
*N.T.:* Nicht nur erhält, sondern es auch weiter vorantreibt. Bei der Fruchtbarkeit der Frauen ist es ja anders als bei den Tieren, die immer wieder sich selber hervorbringen. Nein, hier geht das Leben weiter. Natürlich kann man sagen, daß einer die Augen von seiner Mutter hat ... aber andrerseits hat er auch wieder gar nichts mit ihr zu tun. Er hat oft mit der Mutter nur die Verwandtschaft gemein. Das ist das Ungeheure im Geburtsakt.

*F.M.:* Können Sie sich vorstellen, daß Gott vielleicht weiblich ist?
*N.T.:* Eigentlich nicht. Aber dennoch habe ich Schwierigkeiten mit der Männlichkeit von Gott. Ich denke, er steht für beides. Nur will das keiner wahrhaben. Wenn man nur wenigstens die Geschlechtsbestimmung weglassen würde, dann wäre das Ganze etwas offener, nicht so ganz bestimmt.

*F.M.:* Die Frau in der Kreuzform, – ist es nicht so eine Art weiblicher Erlöser?
*N.T.:* Ich denke, das geht gegen den Rhythmus der Natur, die Vorstellung von einem weiblichen Erlöser. Den gibt es nicht.

*F.M.:* Und das Mütterliche?
*N.T.:* Bis 25, da habe ich eine Menge Zeichnungen zum Thema »Mutter und Kind« gemacht, aber auch mit Christus. Ich habe auch Entwürfe für Plastiken gemacht. Damals war das alles eindeutig und klar. Aber heute sehe ich das nicht mehr. Ich könnte das Geschlecht von dem Kind nicht mehr bestimmen. Und ich könnte auch nicht sagen: Gottes-Mutter. Das ist ja sowieso ein Ding, das gar nicht reinpaßt in das System.

*F.M.:* Wieso?
*N.T.:* Ja, die paßt nicht rein in das ganze Katholische. Das ist so ein Zusatz zur Konzeption, die Gottesmutter. Das ist mehr der menschliche Zug in dem Ganzen.

*F.M.:* Aber sie ist doch immerhin biblisch verankert.
*N.T.:* Nun ja, darüber brauchen wir uns nicht zu streiten. Da gibt es ja auch noch die Kybele, die Demeter und die verschiedenen sumerischen Muttergottheiten. Die kommen für mich da zusammen. Nehmen Sie doch nur die Dreieinigkeit: lauter Männer; da hat doch eine Mutter keinen Platz. Und deshalb blieb sie auch draußen. Nein, nein, an die Gottesmutter zu glauben, das bringt nichts. Damit habe ich auch nichts zu tun. Wozu braucht der Gott eine Mutter?

*F.M.:* Aber die Mutter mit Ihrem Kind ist doch eine Grundform, die in Ihrem Werk eine gewisse Rolle spielt.
*N.T.:* Nun ja, ich frage mich natürlich, warum ich mich damit beschäftige. Aber ich habe keine rechte Vorstellung davon. Ich male das eigentlich intuitiv. Logisch komme ich nicht dahinter, weil ich nicht philosophieren kann. Dabei glaube ich natürlich auch nicht, daß überhaupt jemand damit weiterkommt. Wissen Sie, begreifen kann das vielleicht nur einer, der schlicht glaubt. Und das fällt mir schwer.

*F.M.:* Nun ja, ich würde sagen, Sie sind nicht gerade explizit religiös, und dennoch meine ich zu spüren, daß sehr viel Religiöses in Ihrem Werk drinsteckt.
*N.T.:* Ich bin ein religiöser Mensch, so vage wenigstens. Ich male ja manchmal so. Ich könnte mir natürlich auch vorstellen, daß das mehr wäre.

*F.M.:* Vielleicht sind Sie gerade darin ein relevanter Zeitgenosse, daß Sie sich dem gegenüber ohnmächtig fühlen. In Ihrer Ohnmacht stehen Sie ja nicht allein.
*N.T.:* Nun sagen Sie mal, von meinem Beruf her begreife ich das überhaupt nicht, daß sich die Kirche die Kunst so aus der Hand hat nehmen lassen. Sie hat das Ganze einfach weggegeben. Ich finde, in den letzten 200 Jahren ist die Kirche mächtig abgerutscht. Liegt das an den Personen oder liegt das am Inhalt?

*F.M.:* Ich glaube nicht, daß es an den Personen liegt. Ich glaube vielmehr, daß das kirchliche Element überhaupt in den letzten 200 Jahren in der Gesellschaft eine immer geringere Rolle gespielt hat. Und auf jeden Fall spielt sie heute keine dominierende Rolle mehr. Ich glaube auch nicht, daß die Kirche die Kunst ›abgegeben‹ hat. Ich denke, die Kunst hat sich schlichtweg von der Kirche und den anderen Obrigkeiten getrennt. Die Kunst braucht die Kirche nicht mehr. Und was für die Kirche dabei herauskommt, ist der Umstand, daß sie heute mehr oder weniger ohne Kunst dasteht.
*N.T.:* Ja wirklich, sie steht ohne Kunst da. Und ich selbst, ich habe wirklich keine Sehnsucht danach, einen Auftrag von der Kirche zu erhalten. Aber wenn ich so an Michelangelo denke, an alles das, was früher war, was also die Kirche geformt hat, unterstützt und auch mündig gemacht hat – und wenn ich jetzt sehe, daß überhaupt nichts passiert oder doch sehr wenig . . ., das ist doch alles sehr bedauerlich. Und wenn nun doch etwas an hervorragend Künstlerischem im kirchlichen Raum entstand, dann ist das auf private Initiativen zurückzuführen, wie beispielsweise die Kirche von Le Corbusier oder die Kirchenausstattung von Matisse. Und die Kirche selbst, sie vergibt nach wie vor dicke Aufträge, aber sie vergibt sie an Kitschiers und Kleinkünstler. Wenn ich da nur an die fürchterlichen Türen am Dom von Orvieto denke. Wie da mit dem Segen der Kirche die Türen verhunzt wurden . . .

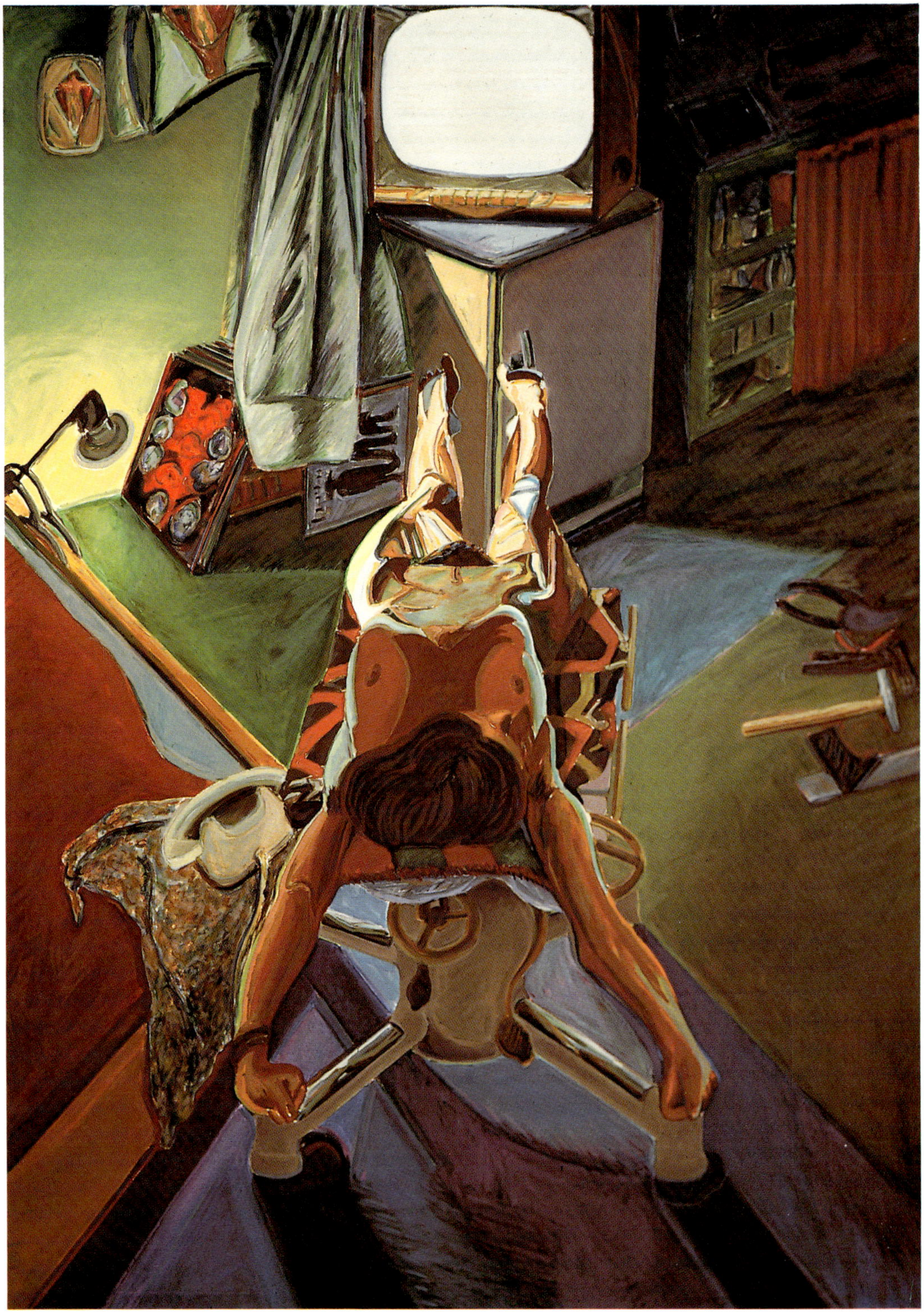



Gynäkologe, 1974, Öl/Leinwand, 220 × 165 cm

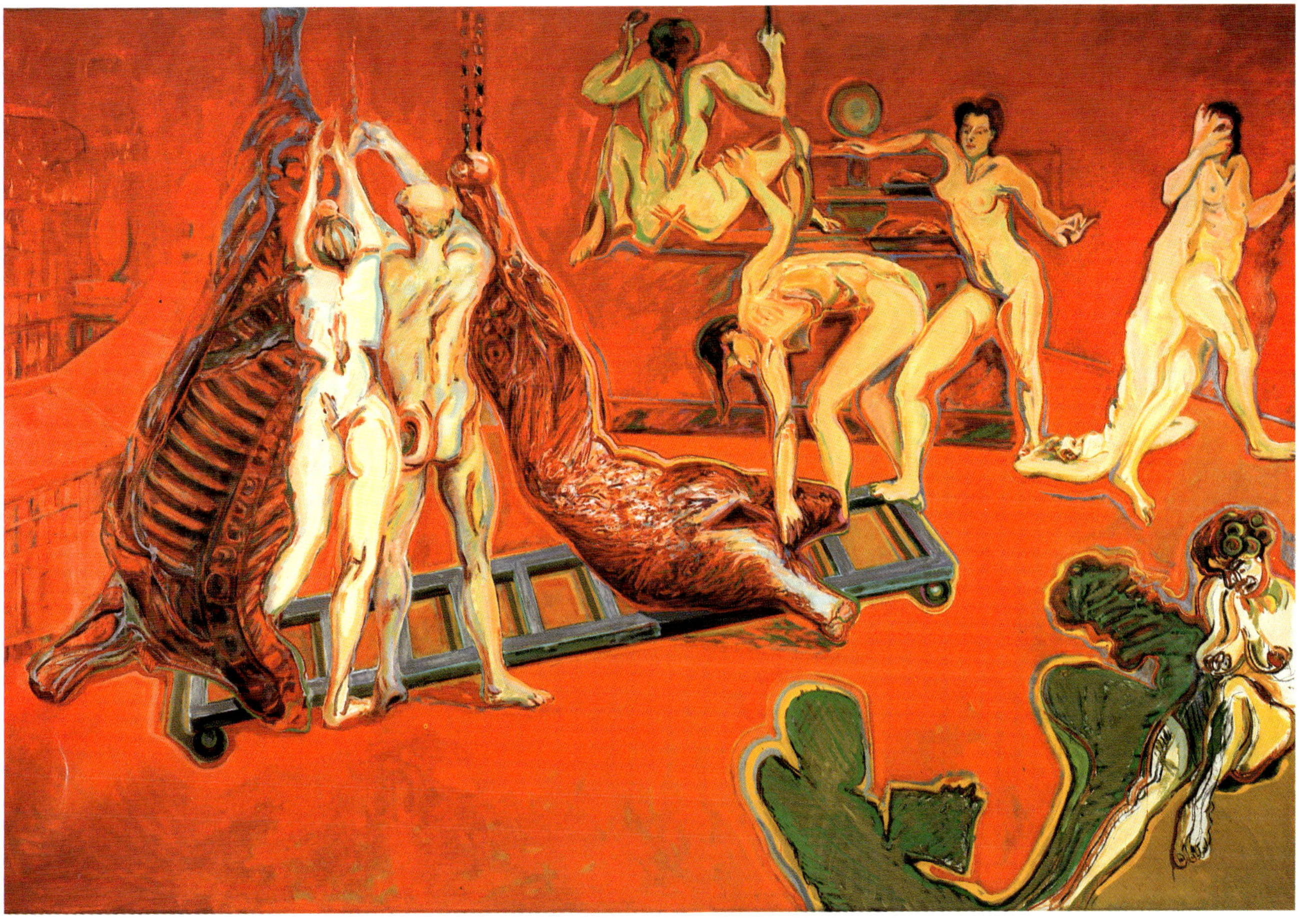



Vorhölle – Abnahme, 1983/84, Öl/Leinwand, 305 × 455 cm

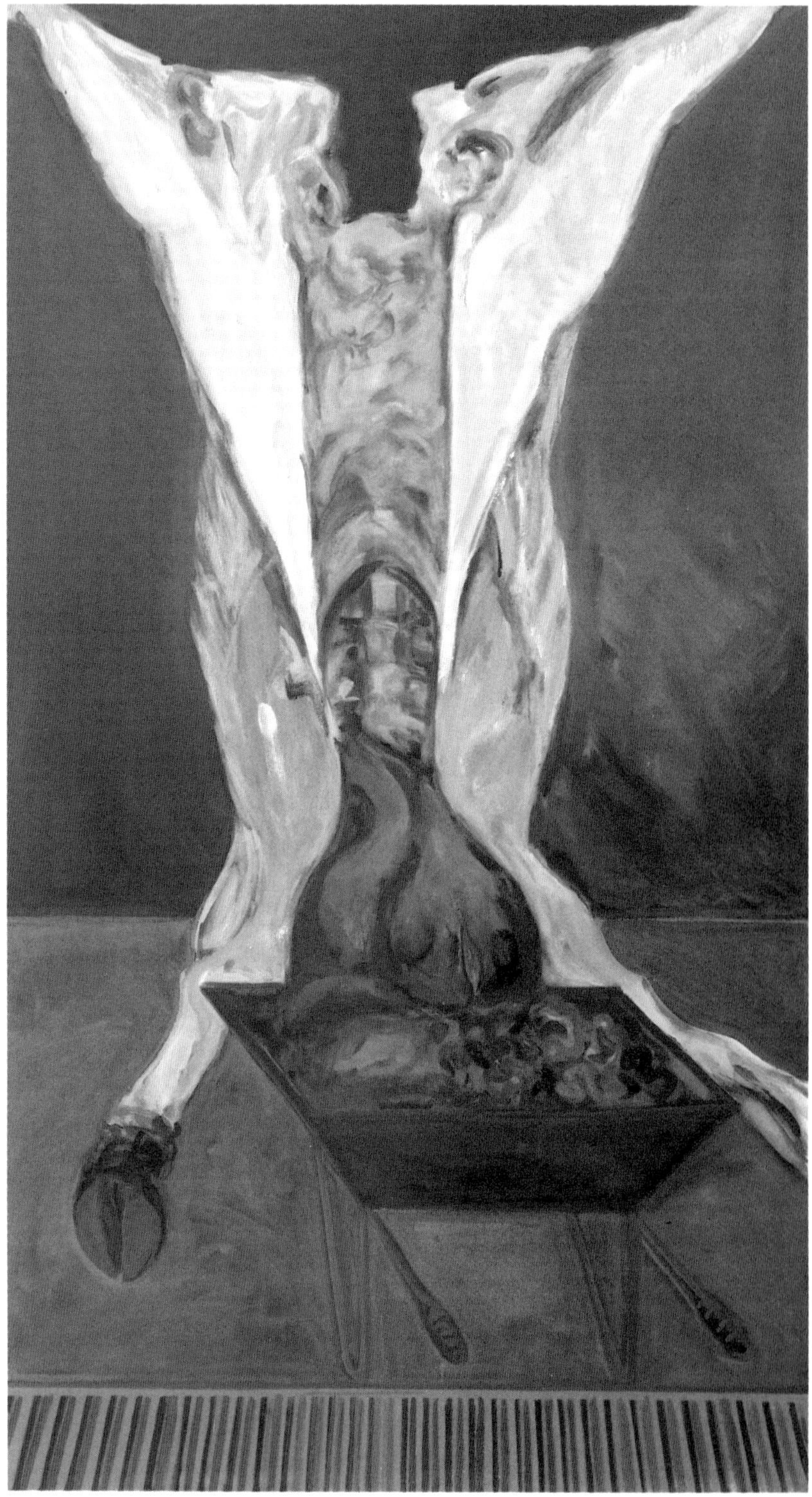



Interieur, 1984, Öl/Leinwand, 250 × 140 cm

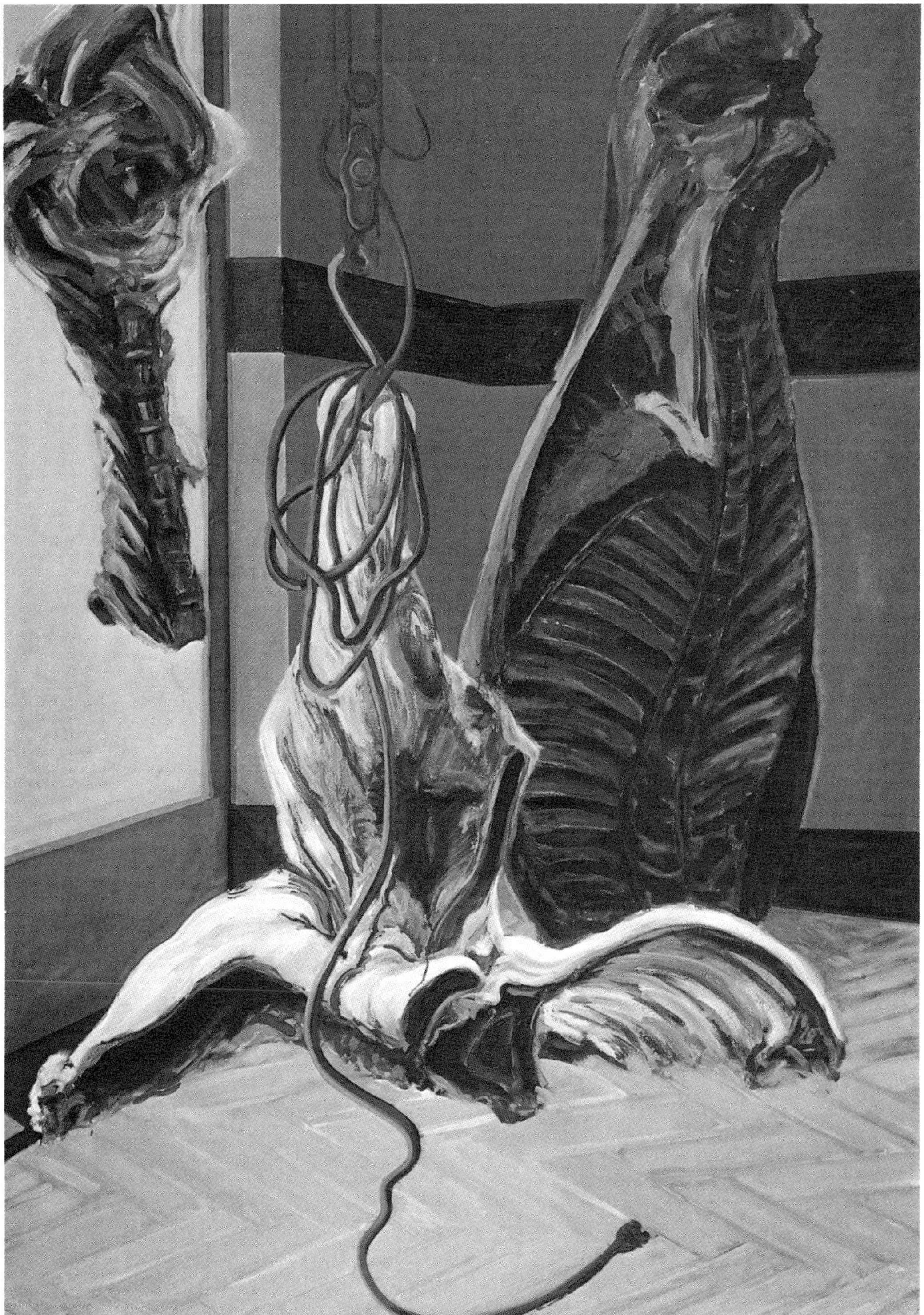



Cerbaia I, 1983, Öl/Leinwand, 210 × 150 cm

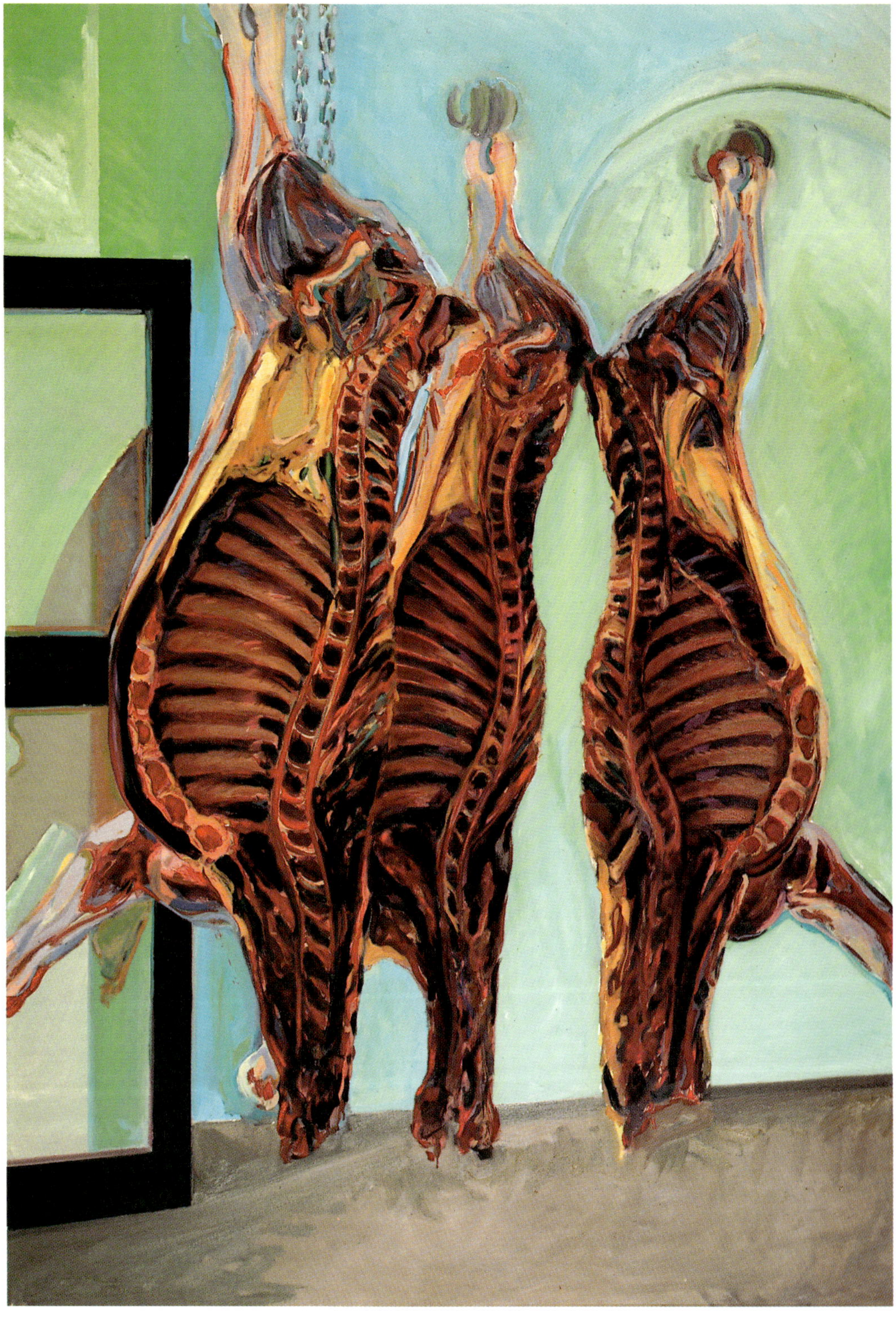



Carcasse Cavalli Pistoiese, 1983, Öl/Leinwand, 243 × 172 cm

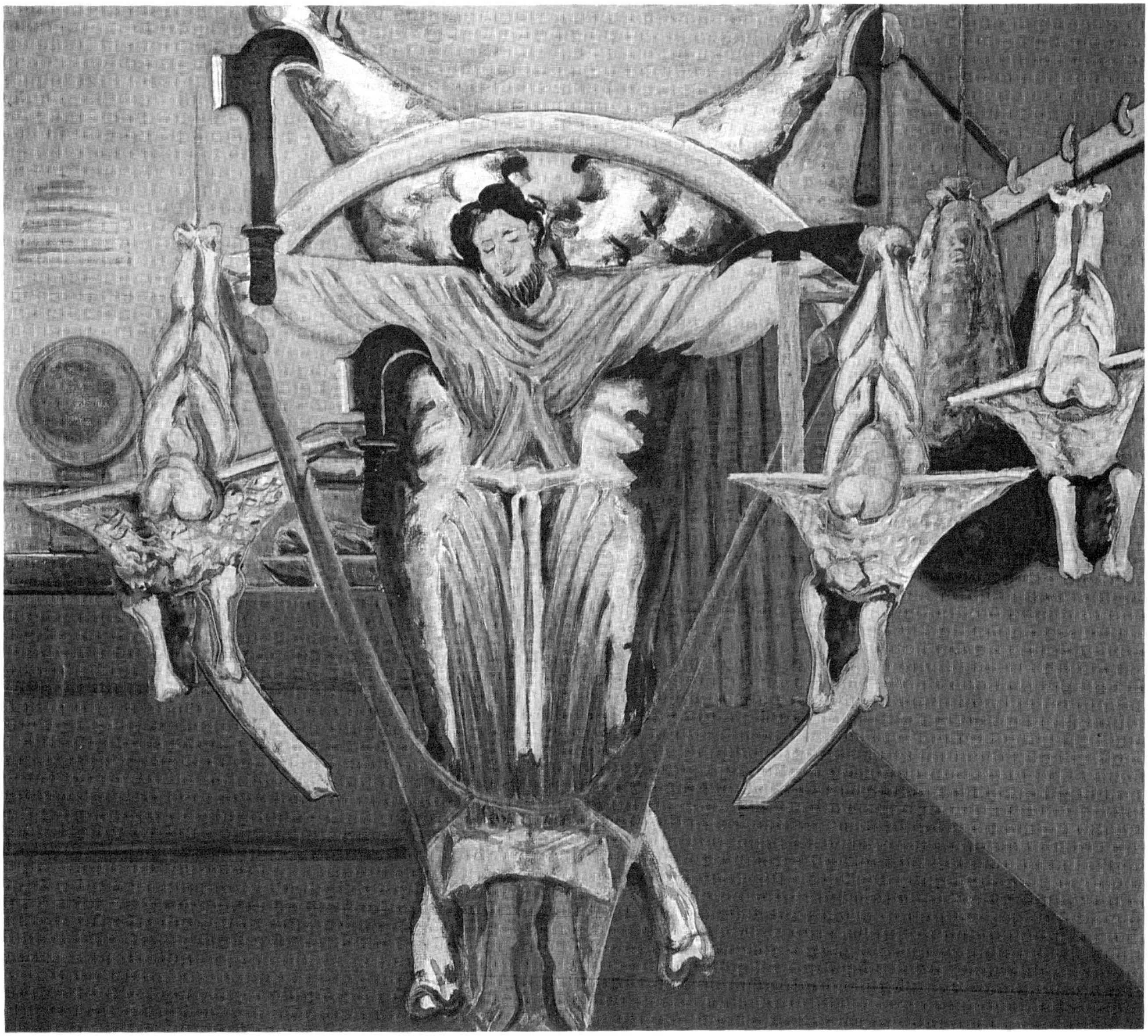



Volto Santo, 1983, Öl/Leinwand, 180 × 205 cm

## Im Werk

Norbert Tadeusz wurde 1940 in Dortmund geboren; nach kurzem Studium an der Dortmunder Werkkunstschule bei Gustav Deppe ging er an die Düsseldorfer Akademie, wo nach Joseph Faßbender vor allem Joseph Beuys sein Lehrer wurde. Er selbst ist inzwischen Professor an der Dependance der Düsseldorfer Akademie in Münster. Was ihn von vornherein auszeichnete – schon als Student – war ein Gefühl fürs in sich Richtige und in seinen Reizen Wohlabgewogene – damals im kleinen Format – und die Fähigkeit, von allen Belastungen kunsthistorischen Bewußtseins sich freizuhalten. Er malte sozusagen wie der erste Maler mit dem Wissen, wie es geht und getan wird, aber ohne die Einschränkung durch das Wissen von dem, was andere – einschlägig – schon getan haben konnten. Es ist dieses genuine Sich-Ausprägen, was die tragende Kraft seiner künstlerischen Arbeit hat sein können.

So entwickelte sich von der Mitte der sechziger Jahre an eine persönliche Art von Malerei, die stets unberührt von den gleichzeitigen Stil-Extremen und der Fülle neuer rezepthafter Methoden bildnerischen Ausdrucks auch im Bereich des Gegenständlichen in sich geradlinig und eigenartig gewachsen ist. Aus darstellerisch verkürzten Anfängen ergab sich ein Realismus, der stets mehr als der Abbildung von Details dem originären malerischen Duktus hingegeben war: ein malerisch fast organhaft-sinnenhaftes Nachvollziehen des körperlich-visuellen Erlebens. Andererseits sind die Bilder, ohne je ins Rohe oder Grobe auszubrechen, ohne alles Verbindliche angenehm abgestimmter Farbklänge geblieben; die Farbe vielmehr in ihrer sinnlich erfahrbaren Kraft ist geradezu hart und kühl und eher dissonant, aber gerade dadurch frisch und erfrischend und in soviel allgemeiner Gebrochenheit, Auflösung und Ersatzhandlung für sich bahnbrechend auch heute, wo das, was so ganz heftig in die Welt gesetzt wird, einer Reflexion farblicher Werte oft enträt. Da wirken die Bilder von Norbert Tadeusz geradezu klassisch, wenn man sich dazu versteht, diese Eigenschaft nicht als Entrücktheit, sondern als selbstverständlich nahe Präsenz jenseits aller momentanen Ausbrüche gelten zu lassen. Seine Bilder waren wie im Morgenlicht, und sie sind es geblieben: der gleiche kühle Hauch, die gleiche Erstlingskraft des Strahls.

Daß sie in ihrer Vitalität, der des unmittelbaren Sichzeugens, inzwischen auch schöner wirken als zur Zeit ihrer Entwicklung, mag an den seither mächtig sich manifestierenden Schauern des Vital-Häßlichen liegen, das allseits seine Kräfte unbekümmert selbst um die vagste und aufgelösteste Art von Harmonie sich ausleben läßt: eine andere, neue, an ihrem Ort und fürs Ganze sicherlich notwendige Manifestation von Kraft. Aber wenn, wie Albrecht Fabri sagt – er hat es 1952 als Apologie der gestisch-abstrakten Kunst geschrieben, aber es gilt überall da, wo Malerei sich selbst meint, und das sollte sie wohl immer – wenn er also sagt, der Geist eines Malers seien seine Rots, seine Grüns, seine Blaus, dann ist Norbert Tadeusz auf diesen Geist bei sich, seinen Geist beim Malen, stets mehr bedacht gewesen, unbeschadet aller Spontaneität und unbeschadet seines Ausbruchs, bei dem er, als er ihn vollzog, allein war. Andrerseits ist längst und durchaus nicht alles schön bei ihm: das ist eine Qualifikation, die er nie gesucht hat, die er vielmehr, sieht man sie nur oberflächlich und von außen, eher gemieden haben wollte. Sensibilisierung und Instinkt haben das, was man zu ihrer Zeit seine Revolution nennen konnte, modifiziert, von hierher behauptet sich das Gewicht seiner Dinge.

Seine Malerei ist eine ganz und gar intuitive: Intuition aus sinnlicher Erlebnisfähigkeit. Alle Motivation ist diesseitig hier: der Mensch in seinen Reizen und in der Hingegebenheit an Reize, im bejahenden Sicheinleben aber auch an alle Angebote zivilisatorischen Komforts. Da ist dann oft genug eine geradezu genußvoll ausgespielte Antinomie zwischen dem – nackten – Menschen und dem Angebot seines Wohnbehagens spürbar. Es fehlt an nichts, aber alles umher bleibt kühl angesichts der sinnenhaft aufgeheizten, erotischen Präsenz anziehend sich darbietender Körperlichkeit. Das ist nicht unreflektiert, es ist vielmehr in vielen Erlebnisschritten – der Maler erlebt mit den Augen – und vielen differierenden Schritten der malerischen Materialisation immer erneut angegangen worden, weil es immer wieder erneut erregend ist und im Nachhall bleibt. Die Kühle schafft Distanz, eine Kühle wie bei Edward Hopper oder Renato Guttuso, eine Kühle, wie bei ihnen, die im Kern leidenschaftlich ist, die sich braucht, um etwas gültig aus sich herauszustellen. Denn beiläufig sind die Bilder, diese Bilder nicht. Aus dem Moment ihrer Auslösung heraus sind sie, das jedenfalls ist die angestrebte Dimension, ins Zeitlose gestellt.

Zeitlos aber auch macht sie ihre innere Situation, die, von der sie Zeugnis geben. Es ist der Mensch in seiner Gebundenheit ins Diesseits, den sie zeigen, in einer Gebundenheit, die ihn einsam läßt. Fast stets ist es die eine Person, ohne eine zweite, meist ist es eine weibliche, und ihr Alleinsein und das Bewußtsein von diesem spricht sich in gespanntester Körpersprache aus. Begegnung per Spiegelbild ist nicht selten, Begegnung per Fernsehen deutet sich hier und da mindestens an. Sind mehrere Personen im Spiel und ist es der Mann, der hier den Partner abgeben könnte, so bestimmen Reizausstrahlung auf der einen Seite und unempfänglich abgewandte Beschäftigung mit sich selbst auf der anderen eine innere Dimension, die das Bild auch äußerlich ausweitet. Es ist nicht von ungefähr, daß sich hier der überkommen altarhafte Aufbau des Triptychons ins Spiel bringt. Ein Raum, nur äußerlich dreigeteilt, der aber innerlich die Teile in der Einheit des Raumes voneinander abrücken läßt. Auch nicht von ungefähr ist es, wenn hier die Frau in ihrem Gestus des Sich-Präsentierens die Kreuzform beschreibt und wenn, weitergeführt, in der räumlichen Abrückung durch doppelten Spiegeleffekt, der Maler davon nicht das reale Konterfei, sondern das erinnerte festzuhalten scheint.

Die Kreuzform, man darf sie nicht überinterpretieren. Im »Volto Santo«, 1983, ist es der Christus selbst, der, wie in anderen Bildern die Frau, in kreuzförmigem Ausgestrecktsein, zwischen den Händen und den Fußspitzen eine Strumpfhose spannt. Hinter ihm, zwischen Werkzeugen des Tötens, ist ein geschlachtetes Tier hängend ausgespannt wie beim Schlachten üblich. Seitlich hängen, variierend, drei ebenfalls hingeschlachtete Wesen, aus deren anonymer Körperlichkeit es sich aus der Mitte phallisch hervortut. Viele Bilder geschlachteter Tiere begleiten zeitlich dieses Bild, und das Geöffnetsein der Körper offenbart ihre innere kraftvolle Schönheit, das, was sie lebensfähig und vital sein ließ. Einige davon weisen mit ihren Titeln über sich hinaus: »Er und die Schächer«, »Die Vorhölle«, »Kathedrale«, »Carni«. Über dem vielleicht zunächst ärgerniserregenden Schock sollte man dem, was in ihnen aus der horizontal-irdischen Sphäre in die vertikal-überirdische vielleicht überleiten könnte, sich nicht durchaus verschließen.

# ROLAND PETER LITZENBURGER

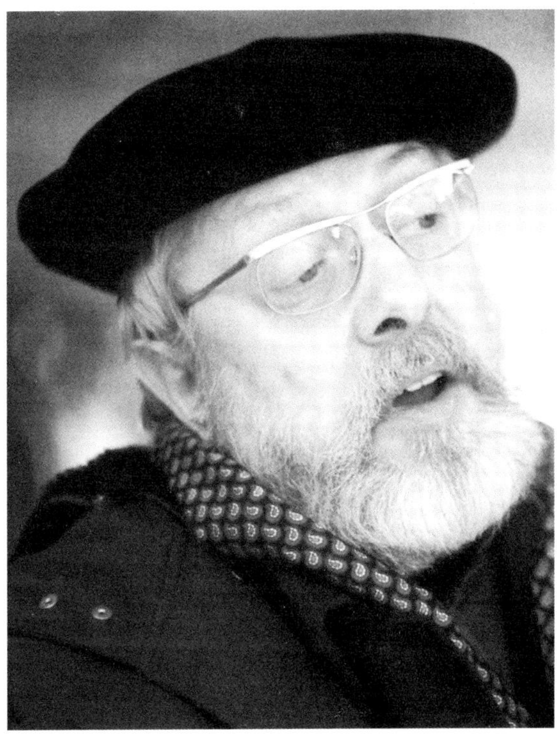

Als Roland Peter Litzenburger 1950 seinen ›Blauen Christus‹ malte, war sein Jesus-Bild nicht das des blondgelockten und fein sandalierten Jünglings, das man im Mehrfarbdruck auf Hochglanzpapier getrost in sein Gebetbuch stecken konnte. Der ›Blaue Christus‹ von 1950 bedeutet für ihn den Abschied vom ›gelernten Malen‹. Hier setzte sich unmittelbare Christuserfahrung um. Der damals 33jährige Roland Peter Litzenburger hätte sich nicht träumen lassen, daß ein Menschenalter später dieses und andere seiner Christusbilder ebenso tiefdruckpoliert in den Gebetbüchern Platz finden würden. Und dies, obwohl zwischen den alten und den neuen Andachtsbildern eine beträchtliche Kluft besteht und Litzenburger bis in die jüngste Zeit hinein mit seinen Bildern ein Ärgernis für das fromme und gängig getröstete Gemüt darstellt. ›Wie können Sie diesen Litzenburger nur in Ihrer Kirche aushängen‹ – das bekommt nicht nur ein Pfarrer zu hören, der es wagt, Litzenburger seiner Gemeinde zuzumuten. ›Das ist doch gräßlich, da bricht ein krankes Gemüt durch, das ist doch nicht unser Heiland.‹
So boshaft und ablehnend auch diese Art Kritik an den Bildern ist, sie berührt ohne Zweifel einen Kernpunkt; denn Litzenburgers Bilder sind tief verwoben in seine Lebensgeschichte und in die Geschichte seiner Zeit. Das Ganze begann in der Endphase des Ersten Weltkrieges. Noch war Litzenburger nicht geboren, da erlebte die schwangere Mutter mit ihren fünf Kindern den Durchbruch der Kriegstechnologie des 20. Jahrhunderts: den ersten Gaskrieg und die ersten Fliegerangriffe. Immer wieder mußte die Mutter von ihrer Wohnung im 5. Stock in Ludwigshafen hinunter in den Keller, wenn die Sirenen heulten. Das setzte sich in einer tiefen und langdauernden Depression bei der Mutter fest. Im Sommer 1917 bekam sie ›Heuschnupfen‹, der sie für den Rest ihres Lebens nicht mehr verließ.

Als Litzenburger Ende 1917 zur Welt kommt, wird er sehr früh von einem allergischen Asthma befallen, das man zuerst für Keuchhusten hielt.
*R.P.L.:* »Das Kranksein, mit dem ich mir und der Familie zur Last fiel, war eine einschneidende Sache: was Du hier, wenn ich spreche, an Röcheln und Luftknappheit hörst, ist der Rest davon.«

Die Mutter war das älteste Kind von fünf Geschwistern. Sie war bescheiden, fleißig, hübsch, ehrgeizig und auch offen und warmherzig. Weil ihr jüngster Sohn Erstickungsanfälle bekam, nahm sie ihn neben sich ins Bett.
*R.P.L.:* »So lebte ich lange zwischen den Eltern. Wenn ich nachts aufwachte und nach Luft schnappte und der Vater spät noch nicht zu Hause war, sah ich die Mutter oft mit dem Rosenkranz in der Hand. – Oder ein anderes Bild aus dieser Zeit: die Mutter nachts an der Nähmaschine, erschöpft und übermüdet. Sie nähte Kleider für ihre Kinder. Vier Buben und zwei Mädchen. Die Mutter hat sich sicher abgerackert, daß ihre vier Söhne studieren konnten.«

Der Vater, Michael, war städtischer Beamter.
*R.P.L.:* »Er besaß eine tiefe Frömmigkeit, eine Gottergebenheit, die ›sein Gottvertrauen‹ war. Ich erlebte ihn sehr gütig. Vielleicht war er zu gutgläubig, nicht ehrgeizig genug, wenigstens nach außen. Für manche in der Familie galt er als der ›dumme Michel‹. Er hat sich bis zuletzt geweigert, in die Nazipartei zu gehen, was zu schwierigen familiären Problemen führte. Verschiedentlich war er auch ausgenutzt, ja betrogen worden. Das hat nicht gut getan. Es kam eine Strecke, da trank er.«

Nach prägenden Erlebnissen in seiner religiösen Erziehung gefragt, spricht Litzenburger von der großen Explosion in der nahegelegenen BASF.
*R.P.L.:* »Da zersprangen bei uns die Fensterscheiben. Und wir standen vor dem Kreuz auf dem langen dunklen Flur unserer Wohnung und beteten. Wir beteten ähnlich den Bergbauern, die das in der ständigen Bedrohung durch Naturgewalten lernen. Solche Bräuche gab es in unserer Familie.«

Dann erinnert sich Litzenburger an das große Kruzifix, das über den Betten seiner Eltern im Schlafzimmer hing.
*R.P.L.:* »Ein aalglattes Kruzifix mit schwarzem Schleiflack, eine fromme Zumutung ... Walter Dirks hat in einer Aschermittwochsendung des SWF der fünfziger Jahre einmal vom ›Mitsterben‹ gesprochen: bei ihm zu Hause hänge das Kreuz über dem Fußende seines Bettes an der Wand ... ›und wenn nichts weiter wäre, als daß ich auf ihn schaue und daran denke, wie er im Vertrauen auf den himmlischen Vater seinen Geist in dessen Hände gab – so will ich ihm getrost nachsterben.‹ Das hat genau die Tonart meiner Glaubenshoffnung berührt. – Die frühe erste ›stille Kommunion‹ in der Weihnacht – so ohne Aufwand und ohne den üblichen Rummel wie bei der sogenannten feierlichen Erstkommunion – wurde für mich zu einer ganz persönlichen, ja intimen Begegnung mit diesem Jesus.«

Jesus war für den jungen Litzenburger der Freund, an den er sich in den Stunden seines Bangens oder auch in Situationen der sozialen Ausgrenzung wenden konnte.
*R.P.L.:* »Ja, in allem, mit dem ich je allein war, fing ich an zu beten. Ich habe das sehr ernst genommen. Es hat mich gehalten, wahrscheinlich am Leben erhalten.«

Das war schon im ersten Schuljahr so, als er nach einem Jahr Grundschule in das sogenannte Kinderasyl nach Bad Wörishofen kommt. Es war ein ziemlich dunkles Erziehungskapitel.
*R.P.L.:* Das ging schon los bei der Einschulung. Es gab Schwierigkeiten, daß ich überhaupt, trotz der ständigen Atemnöte, die Schule besuchen durfte. Aber dann hieß es: wir wollen halt mal sehen. Es hat dann eben nicht gereicht, nicht die Kraft und nicht die Gesundheit. Dann kam ich raus aus der Schule nach Wörishofen, und dann kam ich wieder rein in die Schule. Und dann war ich schon ein Jahr hinter den anderen. In Wörishofen waren es über fünf Monate.«

Zu den positiven Erfahrungen in den ersten Schuljahren gehört zweifellos die Entdeckung seiner zeichnerischen Begabung.
*R.P.L.:* »Es war der Hase von Dürer, der nachzuzeichnen war. Ich war offensichtlich in der Lage, als Junge von sieben Jahren höchstens, den Hasen so nachzuzeichnen, daß jeder sah, welcher Hase gemeint ist. Es will mir jetzt auch scheinen, als ob da in mir ein Selbstwertgefühl aufgebrochen ist. Der Junge ist zwar dies und das, dieses blasse Bübchen, dieser ›kranke Krüppel‹: doch nun ist er plötzlich was Besonderes durch seine Fähigkeit, solche Dinge zu machen.«

Unterstützt wurde diese fast einseitige Begabung später auch vom Zeichenlehrer auf dem Gymnasium. Aquarellieren war neben dem Zeichnen die bevorzugte Technik.
*R.P.L.:* »Ich sehe mich heute noch vor meinem aufgespannten, angefeuchteten Blatt, über das ich die Farben laufen lasse. Solche Sachen haben mir einfach Spaß gemacht. Dazu kam das Kopieren alter Meister – auch in Pinselzeichnungen. Es gab dann eine Schulausstellung und da standen die Noten für meine Klasse: ›Kolb: Fleiß 1, Litzenburger: Talent 1‹.«

1935 bekam der junge Gymnasiast eine schwere Lungenentzündung, deren Komplikationen dazu führte, daß die Eltern ihn aus der Schule nehmen mußten – nach dem zweiten Jahr Altgriechisch. Die folgende Zeit mußte er in einem alten Großvaterlehnstuhl ›im Wohnzimmer‹ seine Nächte verbringen. Das war 1935–37.
In diese beiden ›toten Jahre‹ fällt auch die Begegnung mit Maria Grüner, einer Frau aus angesehener Ludwigshafener Familie. Sie war in der Gemeinde caritativ tätig und hatte dabei den kranken jungen Roland entdeckt.
*R.P.L.:* »Sie war es auch, die den Besuch von Abendkursen in der Mannheimer Kunstgewerbeschule anregte und durchsetzte, obwohl ein ›Kurs für Modellieren und Aktzeichnen‹ in meinem Elternhaus ein schier absolutes Tabu traf. So ist sie für mich im besten Sinn ›von der anderen Seite‹ des Katholischseins gewesen. Sie hatte einen weiten Horizont, als Jungesellin, die selbst die Kunstakademie besucht hatte und einen herrlichen Lehmbruck in ihrer kostbaren Kunstsammlung besaß. Sie hat mir ein kleines Atelier in einer Mansarde ihres Hauses eingerichtet und hat mir Vertrauen geschenkt. – Dr. Roggenkamp, ein weithin bekannter HNO-Arzt, der mich operiert hatte, schenkte mir zudem ein Abonnement zum Besuch der Mannheimer Kunsthalle, in der ich nun Kunst des 20. Jahrhunderts näher kennenlernte und neben Lehmbruck, Maillol, Rodin auch Archipenko bewunderte. Bei den Malern fesselten mich am meisten van Gogh, Corinth und Slevogt, den ich noch bei der Arbeit in der Ludwigshafener Friedenskirche gesehen habe. Mein Interesse schwankte damals zwischen Bildhauerei und Malerei.«

Eines Tages stand Frau Grüner mit drei blauen Geldscheinen vor der elterlichen Wohnungstür. Das war 1937. Das ermöglichte dem 19jährigen, von zu Hause weg in ein gesünderes Klima zu kommen. Die Alternative lag zwischen Berlin und Oberammergau. Er ging nach Oberammergau, wohl wegen persönlicher Kontakte und wegen des vermeintlich besseren Klimas, der ›Bergluft‹. Dort besuchte er die staatl. Fachschule für Holzbildhauerei.
*R.P.L.:* »Diese Maria Grüner war mir so etwas wie eine geistige Mutter geworden. Ohne sie hätte ich einen anderen Weg genommen. Sie sollte mich noch lange begleiten, bis zu ihrem Tod 1969.«

1938 geht Litzenburger von Oberammergau zu den Benediktinern nach Ettal, um dort sein Abitur nachzuholen. Es wurde ein Kriegsabitur: nach ›Schießübungen als Infanterist‹ wird er Student der Architektur in Darmstadt, Praktikant für Landhausbau in Tirol, dann Gebirgsjäger und zuletzt war er 5 Monate im Lazarett in Zams, Tirol. 1943 Studiensemenster für Denkmalpflege im Elsaß, um dem Druck des NS-Studentenbundes an der Technischen Hochschule in Darmstadt zu entgehen.
*R.P.L.:* »So zeichnete ich 17 Bauaufnahmen des alten Bischofspalais in Rouffach als Restaurationsunterlagen, die heute in Straßburg liegen. – Der Krieg geht zu Ende. Ich komme davon, trotz Volkssturm in den letzten Kriegstagen in Oberammergau und obwohl mich die dortigen Nazis noch vor das Standgericht zerren wollten. So ganz zum Schluß.«

Nach Kriegsende arbeitet Litzenburger einige Zeit freiberuflich in Oberammergau. 1947 folgt er einem Ruf nach Freiburg in den Wiederaufbau:
*R.P.L.:* »Und ich bin diesem reizvollen Berufsangebot gefolgt und habe nicht geahnt, daß ich – aus meinem schönen, warmen Nest bei den Amis in Oberammergau – dort in der Hungerzone vor die Hunde gehen würde. Es kam der unausweichliche Zusammenbruch. Es ging in die Klinik, komplizierte Bronchiopneumonie, tagelanges Koma, ins Bad abgeschoben. Das alles führte im Geleit persönlicher Probleme zum Zusammenbruch. Zu einem Konflikt mit der Kirche, zu einem Umbruch überhaupt.«

Ein Beichtvater hatte ihm, den man auf der Krankenbahre in ein Beichtzimmer gebracht hatte, mit kirchenrechtlichen Verweisen die Absolution verweigert.
Aber auch von dieser schweren Krise kann sich Litzenburger erholen. 1948 beginnt er mit dem Studium für Kunsterziehung in Stuttgart, das er 1950 mit dem Staatsexamen abschließt. 1950/51 folgt noch ein Studium für Kunstgeschichte und Germanistik in Freiburg. Nach einer kurzen Tätigkeit im Lehramt an der Gewerbeschule, die ihn unbefriedigt läßt, geht er dann in die freiberufliche Tätigkeit – obwohl Litzenburger kurz vor seiner Beamtung stand.
*R.P.L.:* »Die freiberufliche Tätigkeit – ich habe nicht danach getrachtet. Ich bin da ›hineingetreten worden‹ durch meine Haltung. Die Lehrmethoden an der Gewerbeschule waren derart unzulänglich und dann bin ich dort alten, neuen Nazis wiederbegegnet, die den Ton auch hier angaben. Das war auch ein entscheidender Punkt. Ich kündigte. Das war 1952 ein absoluter Sprung ins Wasser. Und 1952 entsteht der ›Petrus auf dem Wasser‹, in dem ist das alles. Ringsum hieß es ja doch: wie kann der Mann so etwas machen, der hat doch jetzt Frau und Kinder . . .«

Das erste Geld verdient sich Litzenburger mit Gebrauchsgraphik, vorwiegend in der Gestaltung von Buchumschlägen, von denen er bis heute Hunderte geschaffen hat. Außerdem malt und zeichnet er immer wieder Portraits und parallel dazu beginnt auch die Auseinandersetzung mit biblischen Themen, mit der Gestalt Jesu.

Doch am Anfang stand das Portrait. Das hatte schon 1935 damit angefangen, daß seine frühe Förderin in jener Ateliermansarde in Ludwigshafen zu einem jungen Mädchen, einer Nachbarstochter, gesagt hat: »Da setz dich hin und der Roland zeichnet dich.«
*R.P.L.:* »Zu diesem Portrait, zu dieser Zeichnung gab es keine Parallelen, keine ›Vorlagen‹. Anders war es beim Christusbild. Das läuft zuerst einmal, durch das bürgerlich katholische Milieu geprägt, über konventionelle Vorbilder. Da waren das schwarze Schleiflackkreuz, das kleine Modell von Sacré Coeur in Goldbronze auf dem Vertico im Wohnzimmer und die weichen Herz-Jesu Bilder und Schutzengelfiguren in blassen rosa-blauen Farben. Ich modellierte ja schon im Elternhaus Kruzifixe und ähnliche Devotionalien; wie später noch in Oberammergau. Aber dann spürte ich, daß ich so nicht weiterkam. Irgendwie wehrte sich etwas in mir gegen das Unechte dieser Darstellungen, die meiner jungen Lebenserfahrung nicht entsprachen. Aber diese Themen selbst sollten noch weiterwirken.«

1950 malt er den ›blauen Christus‹.
*R.P.L.:* »Der ›Blaue‹ hat eine Sonderstellung. Ich glaube, er ist die Figuration des Abschieds und der Ankunft. Er ist der Brückenkopf, den ich baue … ich bin am anderen Ufer angekommen, bin nicht ertrunken, will übers Wasser. Er ist der Abschied von der Tradition. So eine Art Eröffnung. Von da gehts dann hinein zu dem ›Petrus auf dem Wasser‹, zur ›Heilung des Blinden‹: Kunst als Zeichnen, als Bericht – als existentieller Befund – das ist mir bis heute geblieben.«

1957 mit dem INRI beginnt eine Folge, die die Züge des Barmherzigen, des Vertrauenden, des ›Dummen, der daran glauben muß‹, trägt – was dann später in vielfältiger Weise in immer neuen Variationen wiederkehrt. 1973 die Serie ›Christus der Narr – König der Juden‹, mit dem Roten, dem Schwarzen, dem Gelben …
*R.P.L.:* »Ja, der Narr, der Dumme – der den anderen ein Tor ist – das ist der Redliche, der immer ausgeliefert ist. Der auf die Nase fällt, weil man ihn stolpern läßt. Der trotzdem vertraut und versucht, sein Vertrauen über die Runden zu bringen.«

Das Christusbild, das sich bei Litzenburger durchsetzt, deckt sich mit dem, was für ihn der Mensch ist. Der Mensch in all seinen Schattierungen: in Hautfarben, Völkern und Nationen, wie in Religionen, Ideologien und Konfessionen. Die Christusbilder sind bei ihm gewissermaßen Protokolle seiner Lebenserfahrungen. Sie sind darin zugleich Zeugnisse seiner Christusbegegnungen in einzelnen Lebenskrisen. Zwischen den Erfahrungen und den Bildnissen besteht eine Wechselbeziehung. Die Fragestellungen des Lebens und einzelner Situationen erhalten in seinen Christus-Bildnissen ihre Antwort und umgekehrt.
Im Jahr 1960 malt er den ›Grauen Christus‹. Ein Bild, das Spuren der Dissonanz zwischen Erfahrung und Bild aufweist, Spuren der Zerstörung und der ›Übermalung‹.
*R.P.L.:* »Auch dieses Bild entstand in einer tiefen Krise. ›Jesus aber antwortete kein Wort mehr‹ war das Thema in jener Nacht, in der ich gegen Morgen die Pinselstriche vor dieses Gesicht zog, ähnlich den Warnkreuzen vor einem gefährlichen Bahnübergang – wie ein römischer Hauptmann beim Dezimieren seiner Mannschaftsliste vor der Strafexekution. Es war eine tiefe Unruhe über die politischen Entwicklungen in jenen Jahren, in denen für jeden sichtbar die atomare Rüstung zu eskalieren begann. – Mit dem grauen Christus von 1960 kommt die Frage nach dem ›offenen Gesicht‹ auf. Offen für alle. Als Antwort entsteht das Haupt des Mannheimer Pfingstkreuzes, dessen Gesicht zu einer Schale, mit glatt geschliffenem Grund in Kupferblechen geschweißt, den neugierigen Blicken entzogen ist. – Hierher gehört auch das Blatt, in das ich nur Licht und Schatten male, violett und orangefarben, und Stacheldraht davor zeichne. Ein Umriß, eine Silhouette. Eigentlich ist es – wie jene Hauptschale – nun das Grundmotiv aller meiner Christusbilder. Ich will sagen: das Antlitz eines jeden Menschen in seiner jeweiligen Situation und Befindlichkeit kann in diesem Spiegel, in dieser Silhouette aufscheinen.«

Es ist also zuletzt doch das Gegenteil von Übermalen, Ausstreichen – mehr das Vorstellen von Wahrheit und Wirklichkeiten, von Leben, von Befindlichkeiten. Einmal als Stacheldraht, dann als Masken, wieder später als absolute Verhüllung, etwa in den Schweißtuchmotiven, wo nur Struktur, quasi Konturlosigkeit vorherrscht.
*R.P.L.:* »Verhüllungen? Vielleicht könnte man sagen, das sind die eigentlichen Ent-hüllungen. Es sind Notrufe, Signale wie Anfragen auf Ant-Wort. Solche Fragen sind derart, daß sie den Angefragten auffordern mitzufragen, gemeinsam zu fragen: einen Dritten, der uns hört, zu-hört oder gar er-hört. Der mitgeht, der da ist, der da sein wird.«

Dieses Motiv hat Litzenburger immer neu in seinen Emmausdarstellungen, den Dialogkreuzen u. a. wiederholt und es durch viele Variationen des Menschlichen durchgespielt.
*R.P.L.:* »Den Dialog als ein Fragen, in das sich der Trost gemeinsamer Wahrheit einfinden kann – wobei nicht einer von beiden zum ›Recht haben‹ verdammt ist.«

Er hat auch die ›männliche Besetzung‹ des Emmaus-Motivs aufgebrochen. Es sind nicht mehr zwei Männer, denen nach der Kreuzigung Christi die Augen verhangen sind; sondern es ist zugleich die Frau da, gebrochen, traurig, suchend . .
*R.P.L.:* »Jesus, der Gesalbte, der Christus, ist für mich die Wurzel des Menschenbaumes. Von dieser Wurzel her und in diese Wurzel zurück erwächst der ganze heile Mensch, männlich und weiblich. Mir scheinen Mann und Frau in ihm versöhnt. Er überlebt seinen Tod durch sein gelebtes Erbarmen, in dem unsere Angst und Todesangst, die Quellen unserer Unsicherheiten und Konflikte, aufgehoben sind. Er siegt also nicht, er triumphiert auch nicht. Er lebt die Versöhnung, die Vergebung, die Eucharistie. Er lebt das Leben. Er ist die Mitte alles Lebendigen.«

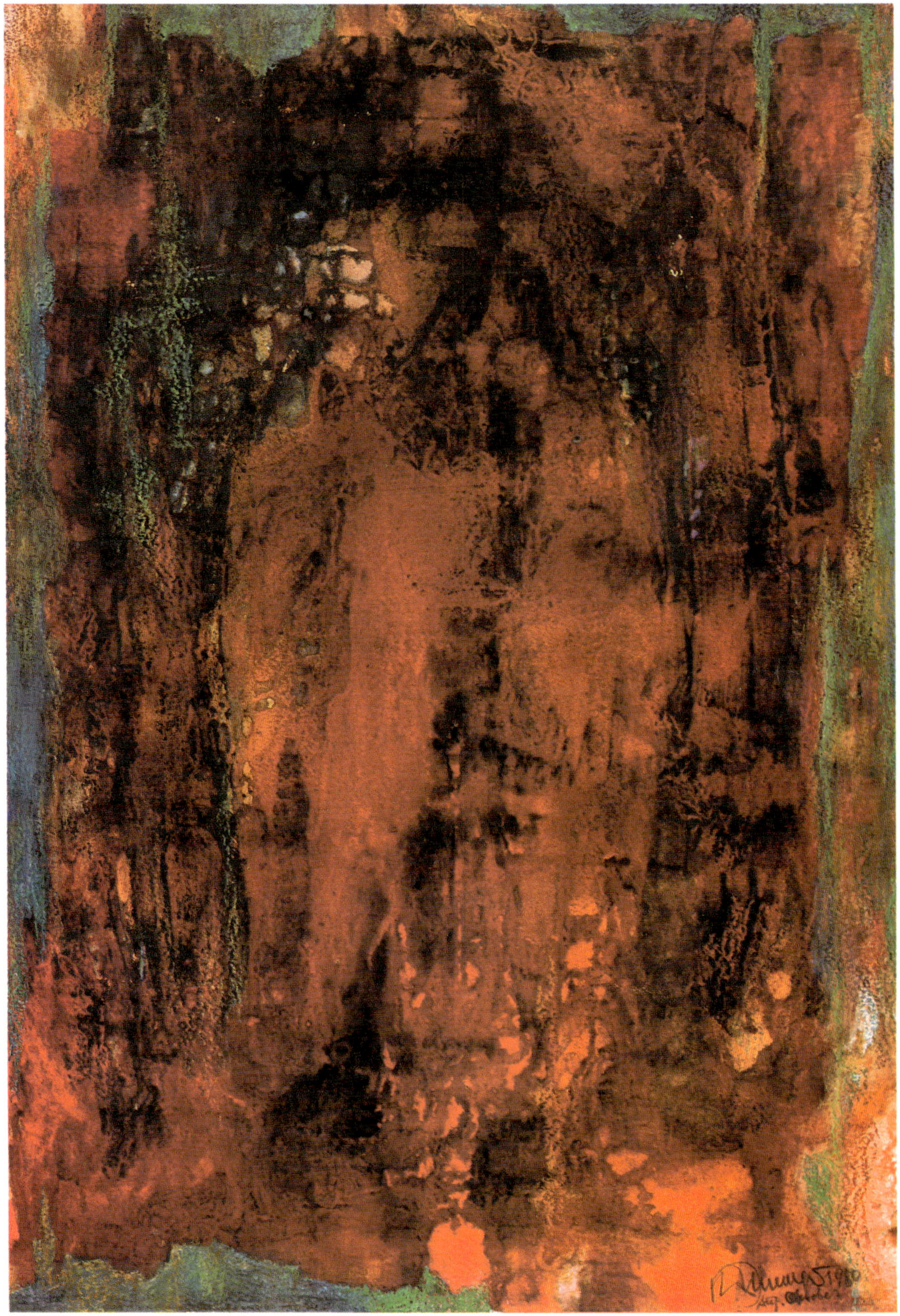



Schweißtuch der Veronika Blatt 3, 1980, Tusche-Aquarell mit Kreide, 72,5 × 51 cm, Privatbesitz

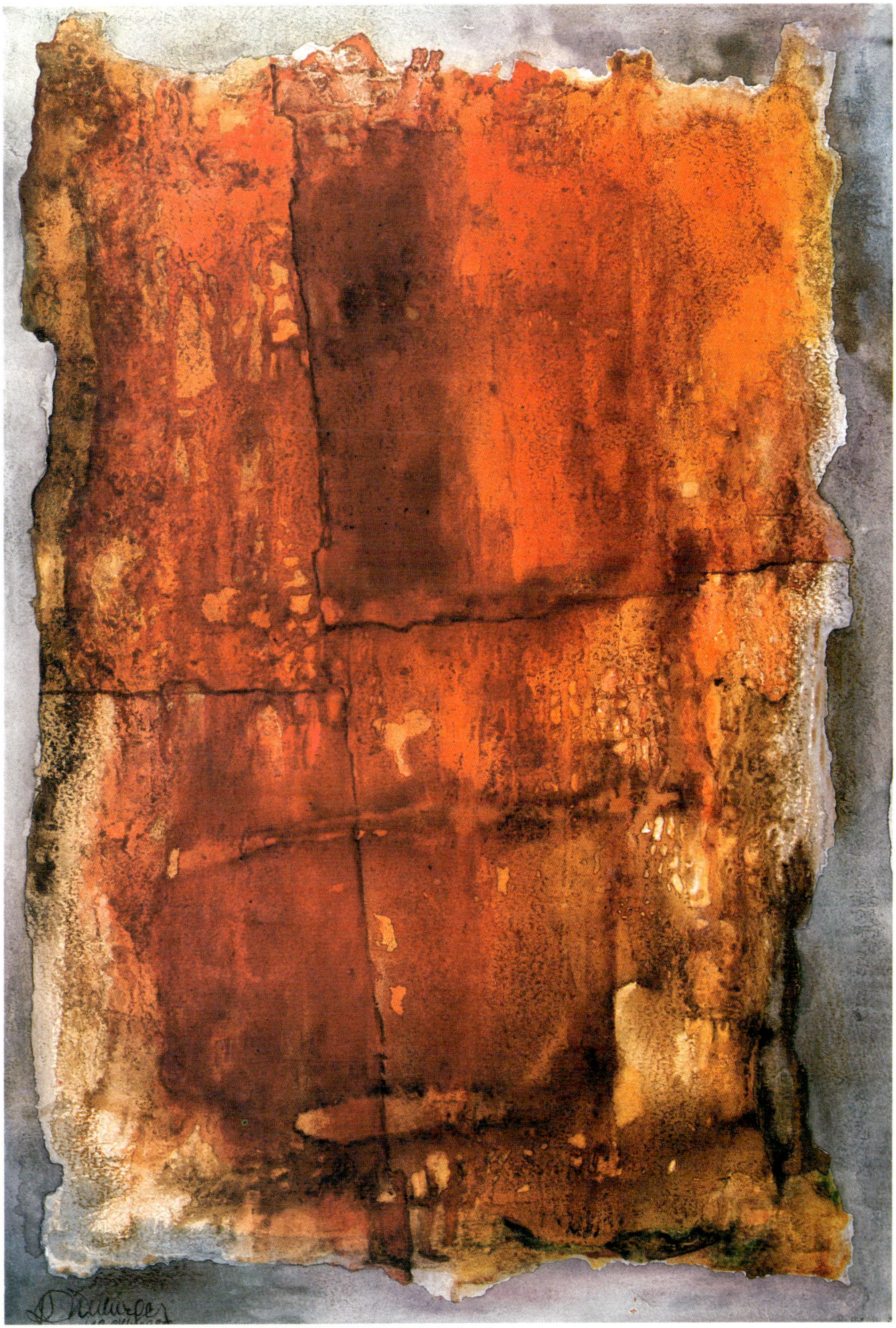

213 Schweißtuch der Veronika Blatt 4, 1980, Tusche-Aquarell mit Kreide, 72,5 × 51 cm, Privatbesitz

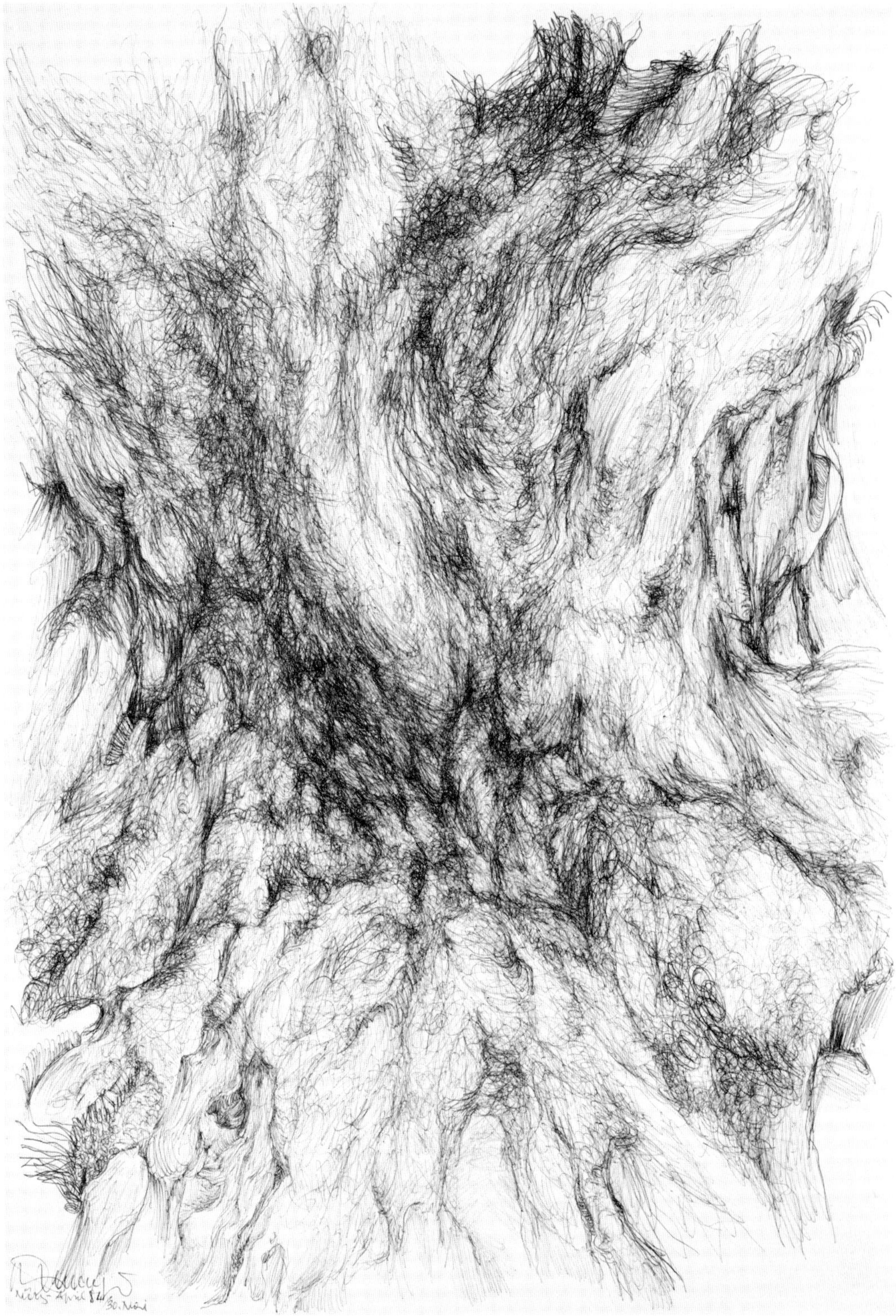



Wurzel des Menschenbaumes im Garten Eden, 1984, Kugelschreiber, 73,2 × 51 cm

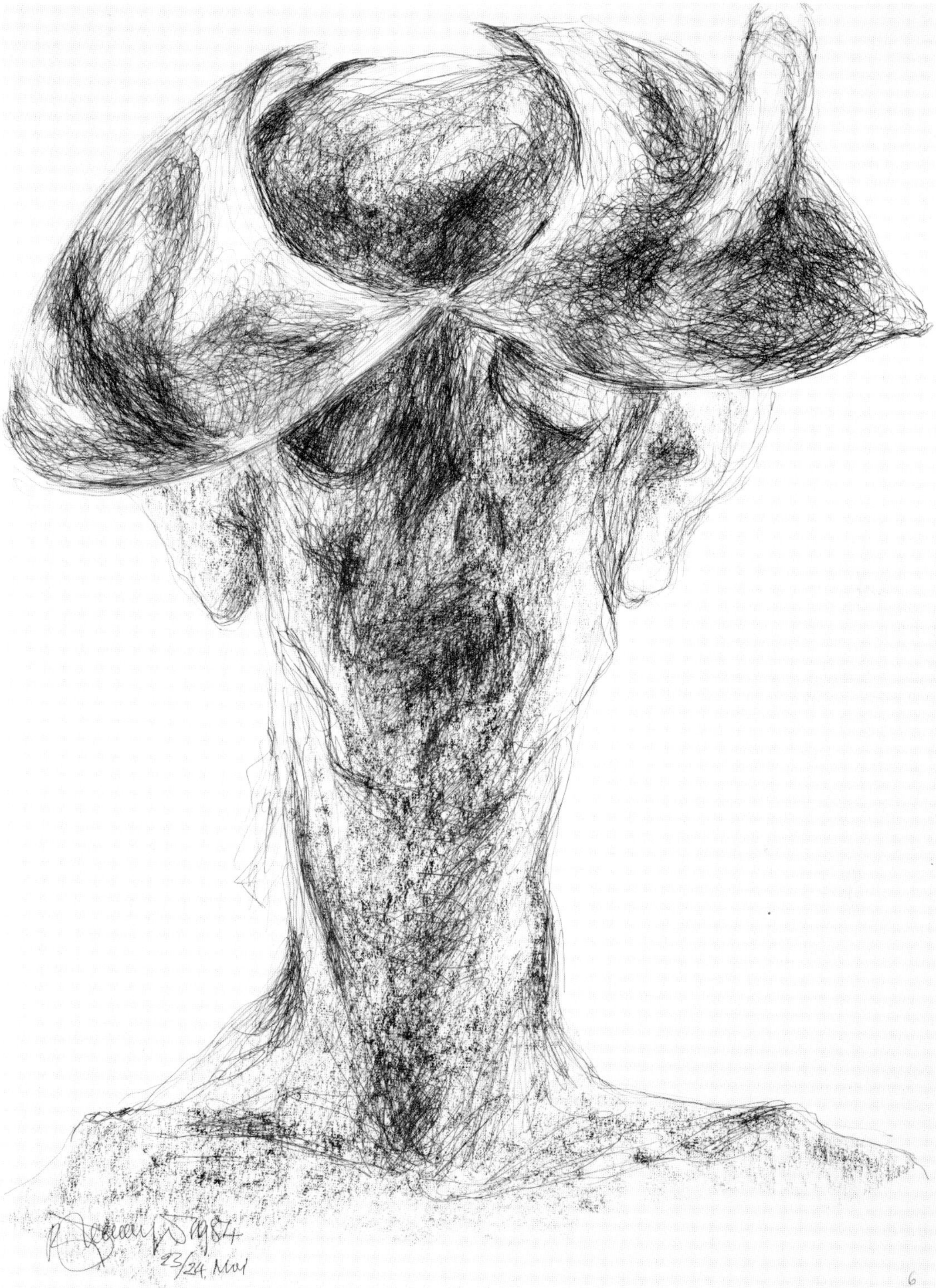


Aus der Serie »Was für ein Mensch« Blatt 6, Geschlechtsambivalenz des Menschen – Hoffnung und Bedrohung des Lebens, 1984, Kugelschreiber mit Kreide, 73,2 × 51 cm

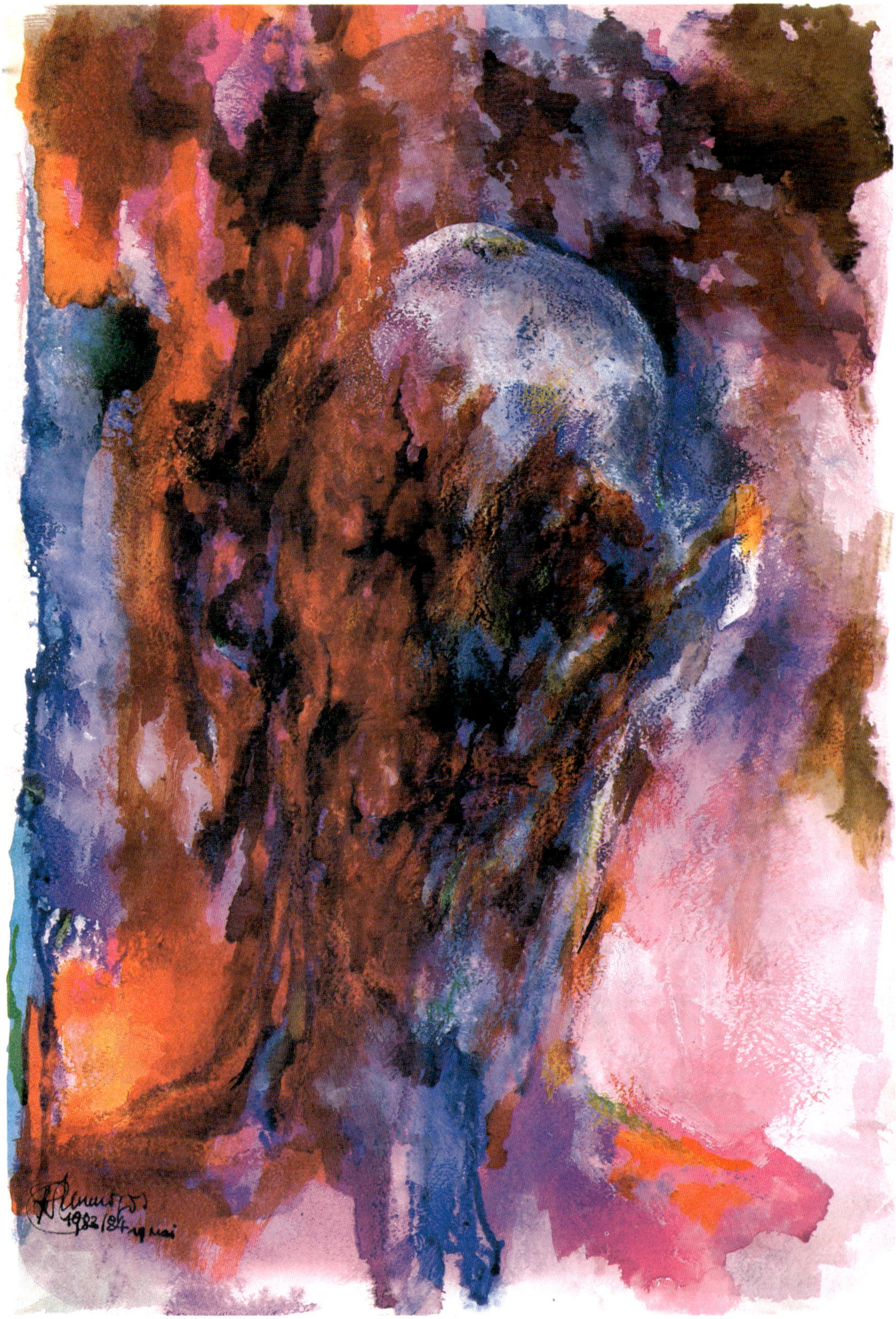

Aus der Serie »Was für ein Mensch« Blatt 4, Der siegend Besiegte, geblendet vom Größenwahn des 20. Jahrhunderts, 1984, Tusche-Aquarell mit Kreide, 72,7 × 51,9 cm

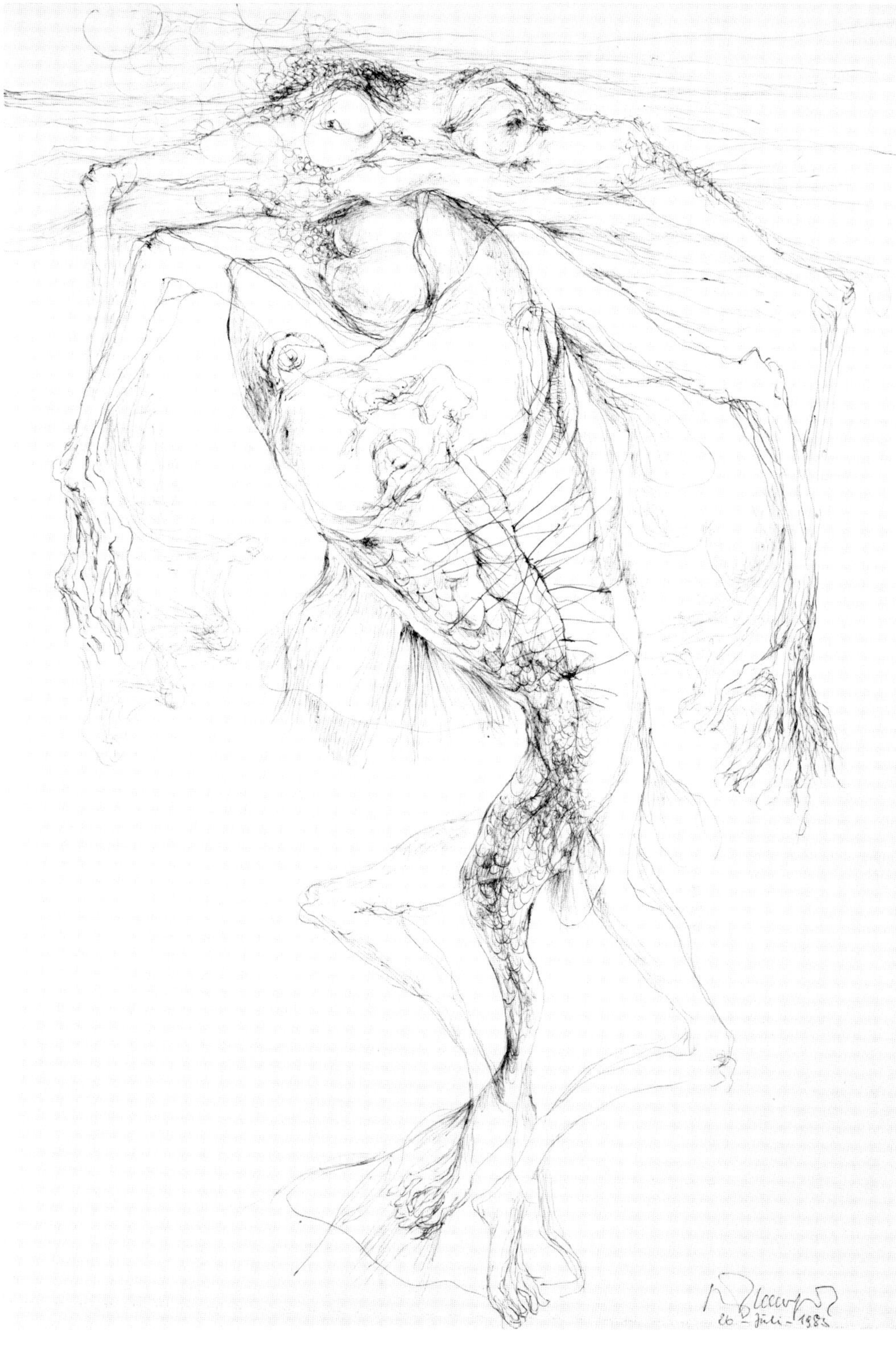



Nun ist kein Geist mehr über den Wassern, 1983, Kugelschreiber, 62,6 × 44 cm

## Im Werk

Roland Peter Litzenburger, 1917 in Ludwigshafen geboren, hat trotz lebenslanger Belastung mit organischem Kranksein eine vielfältige Ausbildung auf sich genommen: Holzbildhauerlehre in Oberammergau, Architekturstudium in Darmstadt, denkmalpflegerisches Praktikum im Elsaß, Landhausbau in Tirol; nach dem Krieg künstlerisches Studium in Stuttgart, wissenschaftliches in Freiburg mit dem Ziel des künstlerischen Lehramtes. Neben Werken angewandter Kunst im Bereich der Bau- und Raumausstattung waren es dann vor allem Illustrationen und Buchentwürfe, die ihm ein Ansehen erworben haben.

Es ist denn auch eben diese künstlerische Tätigkeit, die, ebenso aus innerem Angelegtsein und persönlicher Situation wie aus den an ihn gestellten Anforderungen und Erwartungen, sein ihm eigentümliches schöpferisches Areal ausgebreitet und im Sinne der Grenzabsteckung definiert hat.

Der Illustrator ist Erzähler selbst; wie introvertiert er auch arbeiten mag, seine Arbeiten sind gesprächig. Der Bezug zur Vorlage, wenn es denn zur Übereinstimmung mit ihr kommen soll, ist variabel: Rhythmus, Gewichtigkeit, Knappheit oder Breite, Stimmungsdifferenzen geben sich ebenso sehr von außen ein wie sie von innen kommen müssen. Stets aber auch ist es die Reflexion der vorgegebenen Inhalte, die das geistige Umfeld der Zeichnung – von Fall zu Fall anders – mitbestimmt. Die Fähigkeit zu derlei Verbund setzt eine differenzierte Sensibilität voraus. Der Wechsel der Inhalte stimuliert aber auch den Wechsel in den Mitteln des Zeichnens, den materialen von Stift, Feder, Wasserfarbpinsel, dem des Vollzugs in Versenktheit, Leichtigkeit oder Ausbruch, linearer Festlegung, Lockerheit oder Verwischung. Das ist es auch, was, mit wechselnden Höhepunkten, die zeichnerische Arbeit von Roland Peter Litzenburger zu erkennen gibt. Vom äußeren, oft hektischen und oft mindestens spektakulären Sichdrehen des Stilkarussells zu seiner Zeit hat er sich dagegen weitgehend unberührt erhalten. Mal malerisch formauflösend, mal gestisch heftiger ausfahrend, war er bezogen stets auf das, was gedanklich deutlich und gefühlsmäßig übertragbar werden sollte.

Zeichnen ist aber auch Selbstgespräch, mehr als andere Kunstübungen, weil es so unmittelbar wie keine sonst ist, so nahe an der Entstehung des Gedankens, so direkt aus seinem ersten Impuls in die Sichtbarkeit drängend, fast noch zur klärenden Erwägung überhaupt erst auf dem Blatt. Nichts aber auch bleibt im Sichtbarmachen so spärlich und hält so vieles jenseits davon bereit, was der Zeichner mitsieht wie der Schreibende den Klang. Für ihn ist alles enthalten in dieser Verhaltenheit; für den an den Umgang mit Zeichnungen gewöhnten Betrachter tut es sich ebenfalls kund, ohne daß er auf die Flut der Sinnenreize angewiesen wäre, die vom gemalten oder plastischen Werk ausgehen.
Der Zeichner aber ist der erste Schauende, er gibt, was entsteht, sich selbst zu sehen und vertieft sich darin, fragend und antwortend. Auf der Basis einer differenziert entwickelten zeichnerischen Handschrift, mit wechselnden Medien, in sich gekehrt, aber innerlich wortreich, reflektiert Roland Peter Litzenburger seine Welt. Zeichnung ist ihm nie Zeichnung bloß, sondern Inhaltsträger und Vermittler von Botschaften. Das reißt nicht ab, weil Zeichnen als Disziplin eine permanente Übung ist und eine nicht abbrechbare Verpflichtung.

Monolog also, aber nach allen Absichten dieses Zeichners zugleich dialogisch denen zugewandt, die begierig sein mögen, seine Zeichnungen zu lesen. Daß er diese dabei manchmal fast zu sehr im Blick hat schon beim eigenen Tun, entfernt das, was er schafft, manchmal weit vom Zentrum des Schaffens weg nach außen. Das ist keine Frage der Detailverdeutlichung oder anderer Äußerlichkeiten, die innen vielleicht zu missen wären, sondern eine des Sichwegdrehens aus der Richtung der inneren Wechselbezüge hin zu dem, was sich in Form und Geste als allzu naheliegend einstellt. Im Zeichnen, wie Roland Peter Litzenburger es betreibt, ist aber das im Grunde unvermeidlich und vielleicht in der Ökonomie des Arbeitens notwendig. Zeichnen und wieder Zeichnen in Hingabe an die Thematik, das immer wieder neue Angehen eines Motivs in gleicher Formulierung, das doch aus jedem Angang andere Ausdrucksnuancen gewinnen will, das findet sich bei Alfred Kubin wie bei A. Paul Weber auch; es läßt manches im einzelnen beiläufig erscheinen, ist aber wohl spezifisch für eine zeichnerische Arbeit, die der Arbeit am Buch untrennbar nahesteht . Und wie bei ihnen bleibt das nach innen Gewandte letztlich im Eindruck dominanter als das in der Lockerheit der Mitteilung sonst Eingängigere.

Die Thematik in den Zeichnungen von Roland Peter Litzenburger ist in allen Absichten eine ernste. Alles, was er formuliert, ist auf den Menschen bezogen, über die äußerliche Angleichung des Abbildens hinaus und in der sich darbietenden Art der Formulierung breit annehmbar. Er wäre imstande, in seinen eigenen Zügen das Allgemeinmenschliche in allen Tiefen zu spiegeln, und seine Porträts Anderer sind in der Intensität der Wesensvergegenwärtigung der tiefste Kern seiner künstlerischen Leistung: den Menschen als Spiegel seiner Widerfahrnisse und Motivationen aufzustellen. Der Mensch in seinen Widerfahrnissen, das ist, im weitergeführten Werk, oft der Geschundene, der dem Tod Anheimgegebene, der sich in ihm Auflösende, der, der in die Gestalt von Baum und Rebstock sich verliert und der, der in der Erscheinung von Fisch und Kröte die Prozedur des Leidens variiert. Die Kreuzform der Körper in Fesselung und Verspanntheit, ihre Verrenkung und Faltung signalisieren Schmerz zugleich im Wunsch nach tragischem Gültigmachen, im Herausheben aus dem punktuellen Geschehnis in so etwas wie Sinndeutung. Das Menschenbild in Bedrängnis und Würde ist Bild des Menschen als des Ebenbildes Gottes et vice versa. Christus ist die mögliche Verbildlichung in jedem, Christus der Nächste. Seine Widerfahrnisse stehen in Roland Peter Litzenburgers Zeichnungen unter dem Signum der Menschlichkeit, in Würde wehrlos. Christus der Narr, wie es ein Buchtitel anzeigt, Christus mit Flitterkrone zwischen Spott und Spiel, mit tragikomischem Selbstgefühl mit der Rolle sich identifizierend. War nicht das Annehmen menschlicher Natur die Hinnahme auch des Närrischseins? Der Narr ist das melancholische Konterfei des Menschen von Welt. Darin liegt des Narren Weisheit, daß das Lachen, das er hervorruft, den Empfindsamen schmerzt schon im Lachen selbst. Das tragende Lebensgefühl Roland Peter Litzenburgers, als Wurzelgrund seines Nachdenkens wie in der daraus aufgehenden Frucht, ist Melancholie.

# HELMUT MIDDENDORF

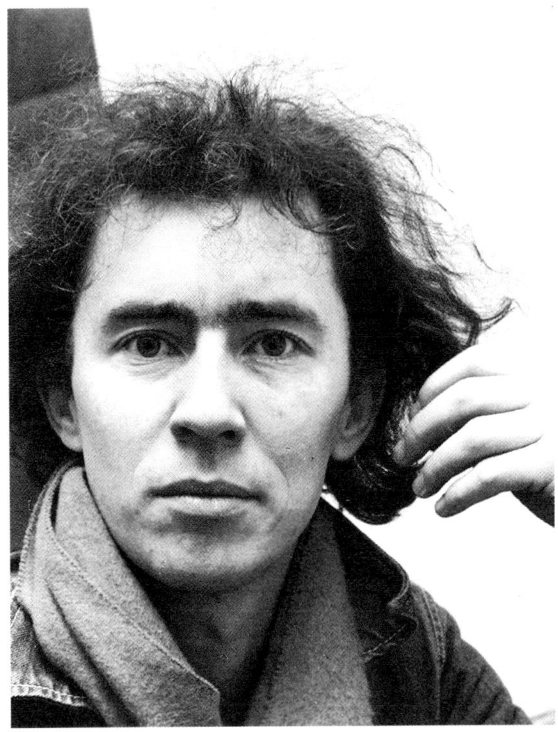

## Im Gespräch

Helmut Middendorf ist 1952 in Dinklage im Kreis Vechta geboren. Er war ein Kneipenkind, wie man in Westfalen sagt. Seine Eltern betrieben eine Gastwirtschaft mitten im Ort. Dadurch waren beide Elternteile stark im Geschäft eingebunden und Middendorf wuchs in relativ freier Umgebung auf. In seiner frühen Kindheit spielte die Kirche eine größere Rolle. Wie es in dem kleinen Städtchen Dinklage üblich ist, nehmen die meisten Erwachsenen am kirchlichen Leben teil. Die Kirche andrerseits versucht recht und schlecht, sog. Sozialisationsdefizite durch ein Angebot auszugleichen. Auf diese Weise spielten der Gemeindekindergarten und die Jugendgruppen bei Helmut Middendorf eine Rolle.
*Helmut Middendorf:* »Die katholische Kirche spielte bei mir von Kindheit an eine prägende Rolle.«

Doch bei einem späteren Rückblick erweist es sich, daß das Prägende an den kirchlichen Institutionen lediglich der Umstand war, daß sie den Bezugspunkt der Reibereien und Konflikte und schließlich der individuellen Selbstwertung abgegeben haben. Die Erinnerungen an die kirchlichen Elemente sind düstere Erinnerungen. Die Frage nach dem Kindergarten formuliert Middendorf in die Antwort:
*H.M.:* »Richtiger katholischer Kindergarten, mit Schwestern und allem drum und dran. Richtig löffelharte katholische Rekrutierung.«

Die Eltern haben zunächst in der für eine Kleinstadt »normalen« Weise am Gottesdienstleben teil. Das bedeutet, daß sie nicht nur sonntags zur Kirche gingen, sondern zusätzlich zu dem einen oder anderen Anlaß. Hier tat der junge Helmut Middendorf zunächst mit großer Begeisterung mit. Obgleich düster setzt sich in ihm die Erinnerung fest, wie stark Kindern und Jugendlichen die Teilnahme am kirchlichen Leben reglementiert wurde. Die Lehrer und Direktoren saßen aufsichtshalber bei den Kindern, und so erinnert er sich an eine Szene in der Kirche:
*H.M.:* »Ich hatte mal mit den Heiligenbildchen Karten gespielt mit anderen Kameraden. Ich merkte nicht, daß ich beobachtet wurde. Plötzlich wurde ich zum Lehrer zitiert und fix und fertig gemacht. Wie könne ich so etwas Lästerliches tun. Das hat mich damals sehr mitgenommen, sehr stark verunsichert.«

Auch die Erinnerung an die Erstkommunion setzte sich bei ihm nicht als ein positives religiöses Erlebnis fest. Dazu dominierte zu sehr das Äußere: die Feiern, die Besucher, die Geschenke, und inmitten von all dem fand er das religiöse Ritual eher belastend.
*H. M.:* »Also so ›schönster Tag des Lebens‹ war das nicht!«

Entsprechend düster ist auch die Erinnerung an die Beichte und die Vorbereitung darauf.
*H.M.:* »Die Beichte, die habe ich immer als das Allerletzte empfunden. Ich weiß nicht mehr, wann das bei mir losging. Ich weiß nur, daß ich so meine Standardsprüche drauf hatte. Und die Beichte, das war immer eine reine Lüge.«

Auch die Firmung kommt bei ihm nicht besser weg.
*H.M.:* »Das Einzige, an was ich mich als an etwas sehr Schönes erinnere, waren diese grandiosen Fronleichnamsumzüge mit den geschmückten Straßen. Das war ein enorm optisches Erlebnis... Doch, es gibt noch eine positive Erinnerung: das waren die Benediktinerinnen am Ort. Dies ist ein in jüngster Zeit errichtetes Kloster, das in einem schloßähnlich ausgebauten Bauernhof der Familie von Galen untergebracht war. Dort war eine offene moderne Kirche gebaut, die vorhandenen Gestaltungselemente, die Bauten und Steine waren in die Architektur miteinbezogen.«

Middendorf ging als Junge hier öfters zum Gottesdienst.
*H.M.:* »Da hatte das Ganze einen wärmeren, menschlicheren Ablauf. Ich erinnere mich an die Messe mit den wunderschönen Gesängen und an die wunderschöne Kirche. Und nachher saß man da noch und es gab Kaffee und Gebäck. Es war eben eine ganz andere Sache. Aber das dauerte nicht sehr lange. Als ich 12 Jahre alt war, war das alles vergessen.«

So stellt es sich heraus, daß Helmut Middendorf im Grunde kein inneres Verhältnis zur Religion hatte. Und trotzdem war und ist sie für ihn ein wichtiger Sozialisationsfaktor, dem er einräumt, daß er ihn bis tief ins Unbewußte hinein geprägt hat. Und mit diesem Faktor setzt er sich sehr früh schon kritisch auseinander. Der Ort, wo dies geschah, war der Religionsunterricht.
*H.M.:* »Der Religionsunterricht hat mich immer interessiert. Ich habe ihn nie als ein Fach angesehen, das unwichtig wäre und das man schwänzen könne. Es war immer sehr spannend. Dabei war nicht so sehr die Bibelauslegung, sondern vielmehr die Auseinandersetzung mit grundsätzlichen philosophischen Fragen wichtig, also etwa die Diskussion über das Denken von Kant oder Feuerbach. Und dann wußte ich sehr bald... die allgemeine Atmosphäre Ende der sechziger Jahre ging auf den Marxismus als Modeströmung zu. Den Marxismus erlebte ich zunächst als ein Alternativsystem. Er trat auf als eine Weltanschauung, und ich konnte sie erstmals in Konkurrenz zum katholischen System setzen. Der Marxismus hat mir zunächst geholfen, mich vom katholischen System zu distanzieren. Er ist letztlich eine andere Religion, eine Art Welterklärung auf andere Weise. Obwohl ich diesen Thesen heute nicht mehr anhänge, waren sie für mich in der damaligen Phase sehr wichtig, weil sie mir halfen, vom Katholizismus Abstand zu nehmen.«

Middendorf erlebte den Katholizismus als ein sehr starkes weltanschauliches System, bei dem starke kirchliche Kräfte in Einklang mit dem Segen des Elternhauses versuchten, dieses in die Köpfe der Menschen hineinzutreiben. Dies stieß bei jungen, freiheitsbewußten Menschen wie Helmut Middendorf schnurstracks auf eine Ablehnung, und somit verkehrten sich die kirchlichen Bemühungen sehr schnell ins Gegenteil. Ob dies »das wahre Christentum« ist, ist eine andere Frage. Helmut Middendorf hat kein anderes Christentum erlebt. Und das, was er erlebte, blieb am Rande, war beliebig, war allenfalls Ästhetik.

Die Schulausbildung Middendorfs ist gekennzeichnet durch einen häufigen Wechsel der Schulen und Schultypen. Nach der vierjährigen Volksschule kam er zunächst auf die Realschule und ging von dort auf die Höhere Handelsschule. Der Übertritt in das Wirtschaftsgymnasium war zunächst erschwert; weil er in den Ruf kam, einer Gruppe angehört zu haben, wo auch mal gehascht wurde, gab es große Bedenken, ihn in das Wirtschaftsgymnasium zu übernehmen. Als er sich bereits nach einem Ausbildungsplatz umgesehen hatte, war es einem Klassenlehrer zu verdanken, daß er – trotz bereits unterschriebenem Lehrvertrag – doch noch von dem Gymnasium angenommen wurde. Dort machte er dann das Wirtschaftsabitur.

Die Anfänge seiner Beziehung zur Kunst liegen schon in der frühen Schulzeit. Der Kunstunterricht auf der Realschule war positiv, und der häufige Schulwechsel bewirkte, daß er nicht zu sehr unter den Einfluß eines einzelnen Lehrers geriet. Er erinnert sich, daß er immer sehr gerne gezeichnet hat. Die Schüler mußten eine Kunstmappe anlegen, und irgendwann erhielt er auch die Aufgabe, einen Kreuzweg zu illustrieren.

*H.M.:* »Ein ungemein spannendes Thema! Weil da so ganz grundsätzliche Sachen drin sind.«

Neben dem Religionsunterricht, in dem er leidenschaftlich gern diskutierte, war es der Kunstunterricht, den er mit dem meisten Interesse betrieb. Dies waren denn auch die Fächer, in denen er immer eine eins hatte. Er hat sehr viel gezeichnet. Doch über die Zeichnung hinaus hatte er sein erstes Kunsterlebnis, als er Ende der sechziger Jahre eine große Pop-Kunst-Art-Ausstellung im Wallraf-Richartz-Museum in Köln ansehen konnte. Das war für ihn ein ganz wichtiges Schlüsselerlebnis.

*H.M.:* »Da war mir klar: das willst Du auch mal machen!«

Die Entscheidung, Kunst zu studieren, stand daher für ihn schon sehr früh fest. Die Eltern machten keine Einwände, nur in der Schule gab es ein allgemeines Erstaunen.

*H.M.:* »Ich erinnere mich noch, wie in der 13. Klasse der Lehrer fragte, was wir werden wollten. Die anderen wollten alle Volkswirtschaft oder Betriebswirtschaft studieren. Und als ich sagte, ich wolle Künstler werden, da haben sie sich alle totgelacht. Die fanden das so absurd. Aber für mich war das einfach klar.«

Helmut Middendorf ist nach dem Abitur sofort nach Berlin gegangen. Er war vorher noch nie in Berlin, aber er wollte unbedingt aus dem Kleinstadtmilieu heraus. Nach dreimonatiger Vorbereitung für die Aufnahmeprüfung, die er bestand, kam er dann an die Hochschule für Bildende Künste. Die Begeisterung war dort nicht gerade groß.

*H.M.:* »Ich mußte dort immer gerade das machen, was ich bisher verabscheut hatte: Kompositionsübungen, Nachzeichnen ... das war eine knallharte akademische Schule.«

Doch für ihn war der Umstand außerordentlich glücklich, daß dort Karl-Horst Hoedicke an die Hochschule als Professor berufen wurde. Als er zu ihm in die Klasse kam, sah für ihn die Welt anders aus.
*H.M.:* »Jetzt konnte ich genau das machen, was ich wollte. Und das ging nur, weil Hoedicke eine freie Klasse führte. Und nun hatte ich zum ersten Mal das Gefühl, daß ich was machte, was auch mit mir zu tun hatte.«

Und in dieser Klasse traf er dann auch die anderen Maler, die sich später mit ihm zu einer Gruppe zusammenschlossen: Salomé, Reiner Fetting, Bernd Zimmer usw. Es begann eine Phase weich eingeteilter Klassen und gegenseitiger Beeinflussung. Im Mittelpunkt stand dabei ein malerisches Schaffen, der Fundus eines jugendbezogenen Welt- und Lebensempfindens. Es scheint manchmal aus einem musikalischen Empfinden heraus geboren zu sein, denn zur Musikszene hatten alle eine mehr oder weniger praktische Beziehung.
Von der Dominanz der säkularen Themen her gesehen, fand die religiöse Thematik zunächst kaum Eingang. Außer man betrachtet naheliegende Parallelen eines funktional verstandenen Religionsbegriffs und zieht Querverbindungen etwa zum christlichen Kult und den Lebensvollzügen wie sie – ritualisiert und kultisch – in der Diskoszene ablaufen.
*H. M.:* »Die Diskothek ist eine Art moderner Zelebrationsraum. Dort gestalten die Leute ihre Lebensaspekte: sie saufen, sie schreien, sie tanzen und sie fallen sich in die Arme. Dort geschieht doch so etwas wie Lebensbewältigung.«

Was Middendorf verwundert ist die Tatsache, daß offensichtlich in Primitivkulturen die Erfahrungsbereiche der Alltagswelt und der alltäglichen Problembewältigung näher beieinander liegen als in modernen Kulturen.
*H.M.:* »Was in den primitiven Kulturen offensichtlich funktioniert, ereignet sich in der modernen Zivilisation lediglich in verhüllter, verdünnter, ja nicht mehr erkennbarer Form. Den modernen Kirchen gelingt es doch nicht einmal mehr, jungen Menschen eine ihrer Grunddimensionen zu vermitteln, nämlich das Gefühl von der Gemeinschaft der gemeinsamen Erfahrung.«

Das, was früheren Generationen noch eine alltägliche religiöse Erfahrung war, nämlich bei Orgelklang gemeinsam ein Lied wie ›Großer Gott, wir loben dich‹ zu singen und dabei sozusagen das sinnliche Gefühl einer Gänsehaut auf dem Rücken zu verspüren, das findet, jedenfalls für junge Menschen in den normalen Gemeinden, heute nicht mehr statt.
*H.M.:* »Die Kirchen haben weitgehend die Formeln verloren, mit denen sie die Menschen erfahrungsbezogen integrieren und beheimaten. Sie sind eher damit beschäftigt, sich dem Form- und Erfahrungsverlust der modernen Generation anzupassen und schaffen nach und nach ab, was eigentlich ihre Stärke ist. Dies gilt vor allem für die katholische Kirche. So ist das Abschaffen der lateinischen Messe auch so ein Element, wo man meint, einem gewissen Trend entgegenkommen zu müssen. Auch die anderen Regeln – wenn ich beispielsweise nur an das Weihrauchschwenken denke – sind dem katholischen Ritus zunehmend verloren gegangen. So muß ich mir also schon russische Filme anschauen oder an russisch-orthodoxen Gottesdiensten teilnehmen, um zu erleben, daß mir das, was die Leute singen, durch Mark und Bein geht. Überhaupt glaube ich, daß die moderne Musik in ihrem Sinne es viel leichter hat, die Menschen zu sich und einer entsprechenden Selbsterfahrung zu bringen, als das die Kirchen heutzutage vermögen.«

Trotz dieser kritischen Bemerkungen über die Kirche setzen sich einige der ›Berliner Heftigen‹ mit religiösen Themen auseinander, wenngleich auch nur vereinzelt. So hat die Kreuzigung von Reiner Fetting in der Zeitgeist-Ausstellung von Berlin 1983 viel Beachtung gefunden.

Was bewegt aber einen Menschen wie Helmut Middendorf, sich mit dem Thema ›Christusbild‹ auseinanderzusetzen? Zunächst einmal gehört das Christusbild zum Komplex der religiösen Sozialisation, die Helmut Middendorf in seiner Jugend nachhaltig geprägt hat.

*H.M.:* »Ich spüre das einfach heute noch, daß ich davon vital geprägt bin. Obwohl ich kein Kirchgänger bin, spüre ich doch beim Besuch solcher Gebäude, daß mich die Atmosphäre, also das ganze sinnlich-optische Moment solcher Räume unmittelbar berührt. Ich spüre selbst heute noch, daß dort meine Kindheit lebendig wird, und zwar im Sinne eines außerordentlich sympathischen Empfindens. Geistig stehe ich heute sicher nicht mehr auf dem Boden des Katholizismus, und dennoch denke ich, wäre es fatal, würde ich diese kulturelle Dimension von mir abstreifen oder leugnen. Der Katholizismus hat mein Weltverstehen geprägt und die Ausbildung meines moralischen Empfindens beeinflußt. In der Auseinandersetzung mit dem Katholizismus bin ich geworden, was ich bin. Das schließt nicht aus, daß ich mich in vielen Dimensionen davon distanziert habe. Doch wie immer, es ist und bleibt die geistige Grundform, mit der und gegenüber der ich mich ausgeprägt habe.«

Helmut Middendorf verweist im übrigen auch darauf, daß der Katholizismus sich heute in durchaus pluraler Form zu erfahren gibt. Was in bestimmten Kreisen eines europäischen Katholizismus der Fall ist, stimme nicht unbedingt mit dem überein, was in den südamerikanischen Freiheitsbewegungen unter dem Stichwort ›christliches Engagement‹ gang und gäbe ist. Die Tatsache, daß kirchliche Institutionen sich gegen politisch korrupte Systeme in Südamerika stellen, läßt Helmut Middendorf für sein Verhältnis zur Kirche als etwas Positives hoffen. Wie sieht das Christusbild in einer derart distanzierten Kirchlichkeit aus?

*H.M.:* »Wenn ich Christus malen müßte, ich glaube, da würde ich mich zunächst einmal gewissermaßen selbst malen. Das Christusbild, das ist schlechthin das Menschenbild. Darum ist dieses Motiv auch so stark – und im Grunde nicht totzukriegen. Oft ist es doch so, daß Elemente eines Christusbildes in ganz profanen Gemälden wiederzufinden ist. Nehmen Sie z. B. den Akrobat dort auf der Kugel, an dem ich gerade male. Er hat einen sehr unsicheren Stand. Aber wenn Sie die obere Hälfte ansehen, dann sieht es so aus, als wenn er ans Kreuz genagelt wäre. Zuerst hatte ich das selber gar nicht gesehen, dann hat mich ein Museumsmann aus der Schweiz darauf aufmerksam gemacht. Und es stimmt. Es macht schlichtweg den Erfolg der christlichen Religion aus, daß diese Identifikation möglich ist. Wenn das Christentum überhaupt relevant sein soll, dann nur in Form einer solchen Identifikation. Und ich denke auch, daß es dann möglich ist, sich – von welchem Standpunkt auch immer – damit auseinanderzusetzen.«

Auf die Frage nach Christusbildern aus der Kunstgeschichte, die ihn beeindruckt haben, verweist er zunächst auf den Isenheimer Altar von Grünewald. Wichtig sind für ihn auch Kreuzigungsbilder von Francis Bacon, obwohl er zu dessen Schaffen sonst keinen unmittelbaren Zugang hat. Begeistert ist er von einigen Christusbildern von Pablo Picasso, wobei er an eine Kreuzigung mit ganz außergewöhnlichen Farben denkt: lang, grell und sehr pastellhaft. Das Christusbild in der Kunstgeschichte, vor allem der neuesten Zeit, ist ihm aber zu stark mit dem Leidensaspekt besetzt. Es wäre wichtig, auch andere Aspekte des Christus- bzw. Menschenbildes zu zeigen. Beeindruckend für ihn war auch der ›Einzug Christi in Brüssel‹ von James Ensor, wenngleich auch hier wieder der Aspekt der Verspottung und der zynischen Vereinnahmung durch die Mächtigen im Vordergrund steht.
Auf jeden Fall verlange das Christusbild eine besondere Anstrengung und eine besondere Beziehung zum Thema selbst. Gerade diese Beziehung sei ein wichtiger kreativer Aspekt. Nur so lange ihn das Thema ›Christusbild‹ in Spannung versetzt, kann er künstlerisch und kreativ damit umgehen.
*H.M.:* »Es ist ganz sicher so, daß die religions- und kultursoziologischen Zusammenhänge, in denen man aufgewachsen ist, einen durch das Leben hindurch begleiten. Man kann so etwas nicht spurlos durchlaufen. Und da die Malerei aus einem Fundus schöpft, der nicht vollkommen bewußt abläuft und präsent ist, kommt aus diesen versunkenen Regionen immer wieder das eine oder andere hoch. Das Bewußtsein läuft nicht losgelöst vom Unbewußten. Es bezieht sich eben nicht nur auf irgendeine äußere Idee, sondern man hat ein bestimmtes Menschenbild in sich, das bis tief in die dunkelsten Regionen des Ich reicht, und das sich immer, wenn man etwas figurativ darzustellen sucht, zu erkennen gibt. In diesem Sinne denke ich, daß ich etwas mit diesem Thema zu tun habe. Und im Grunde ist es doch das extremste Thema der Kunst. Und es hat immer wieder eine extremexpressive Darstellung gefunden. Und kurioserweise hat es immer wieder die verschiedensten Leute zum Malen gereizt. Doch das will ich nicht leugnen, so sehr mich das Thema reizt, so sehr verspüre ich auch jetzt bereits einen Widerspruch.«

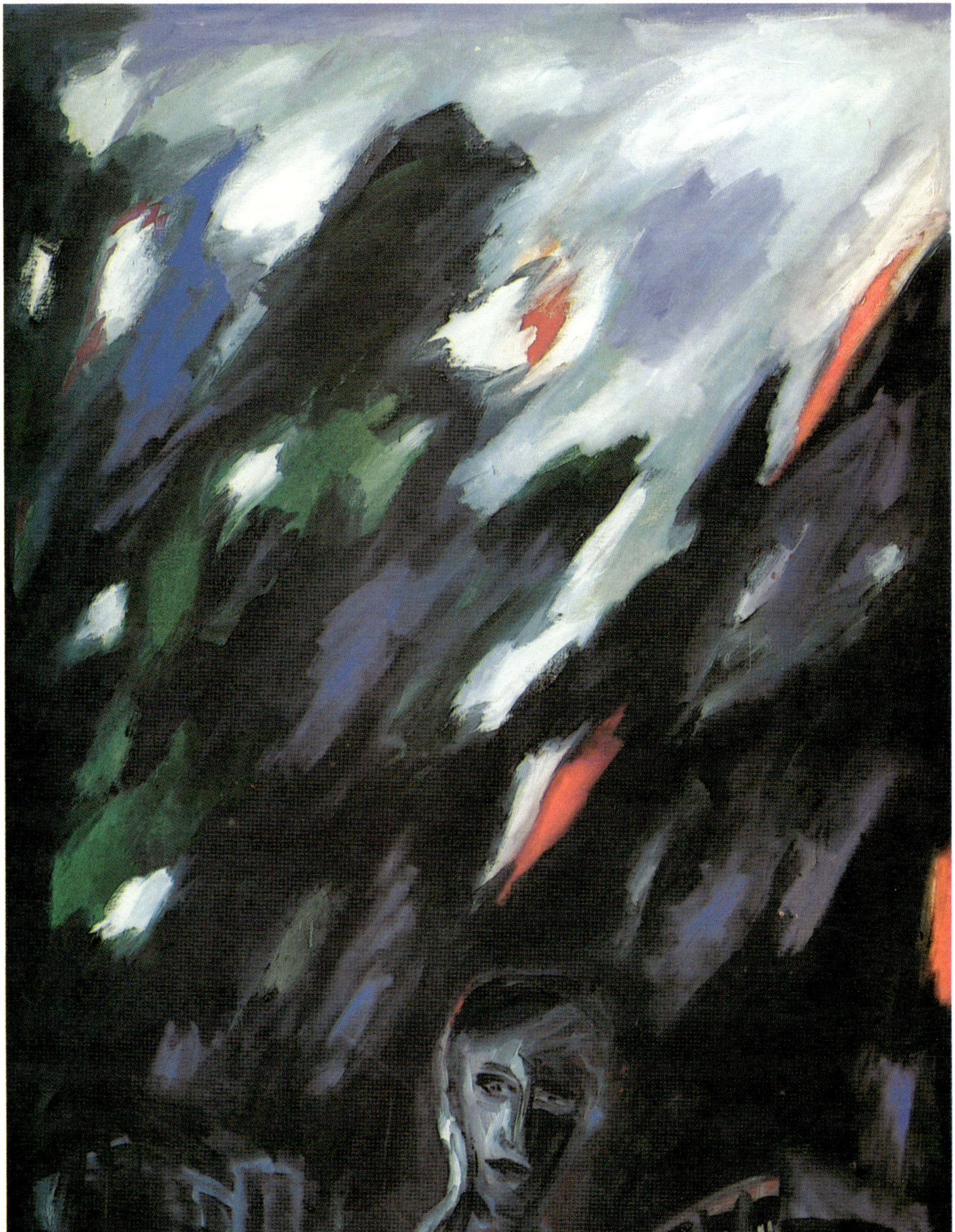



Sturm I, 1982, Kunstharz/Nessel, 230 × 180 cm, Privatbesitz

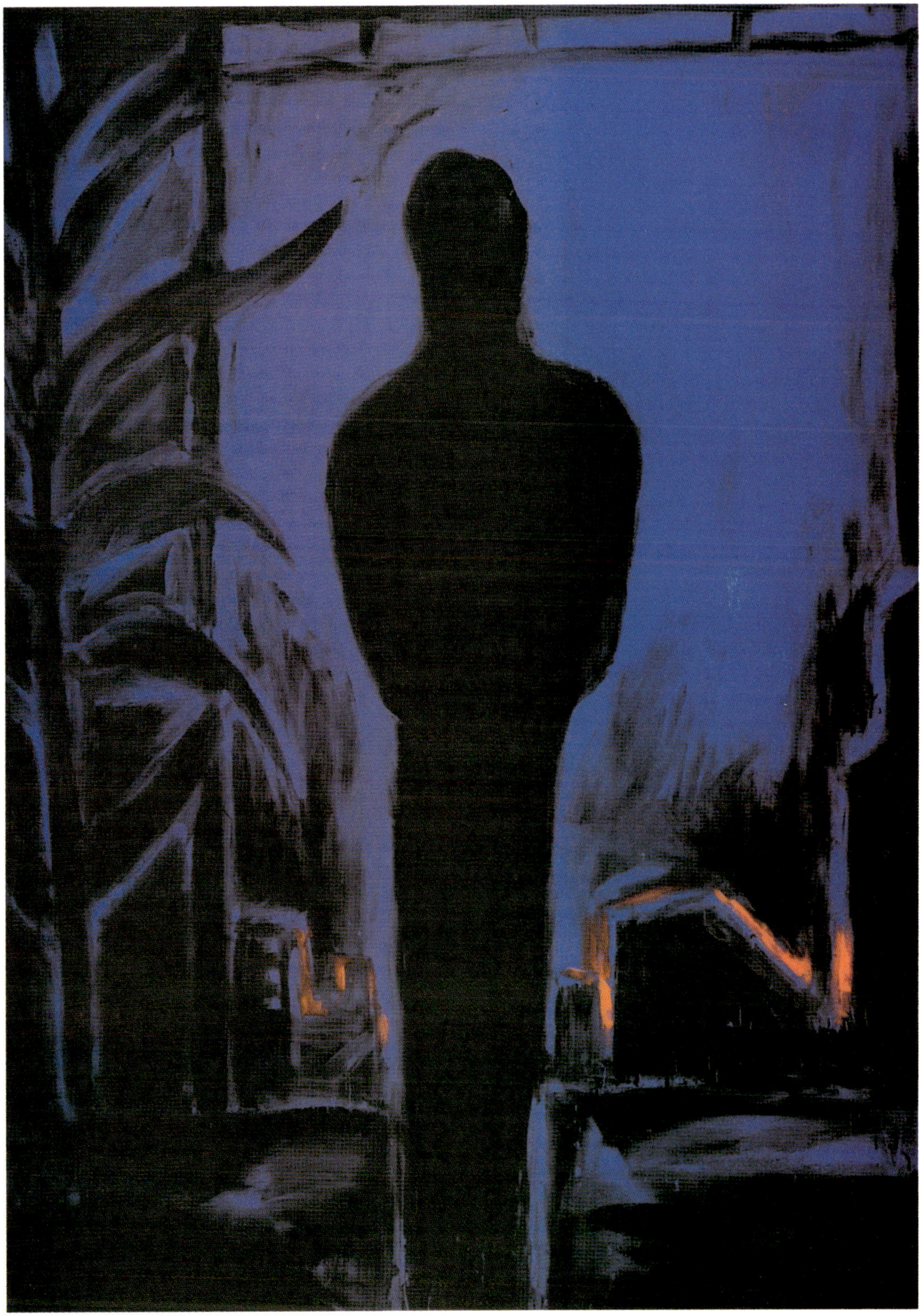

229 The City, 1983, Kunstharz/Nessel, 250 × 175 cm, Sammlung Mr. und Mrs. Spiegel, New York

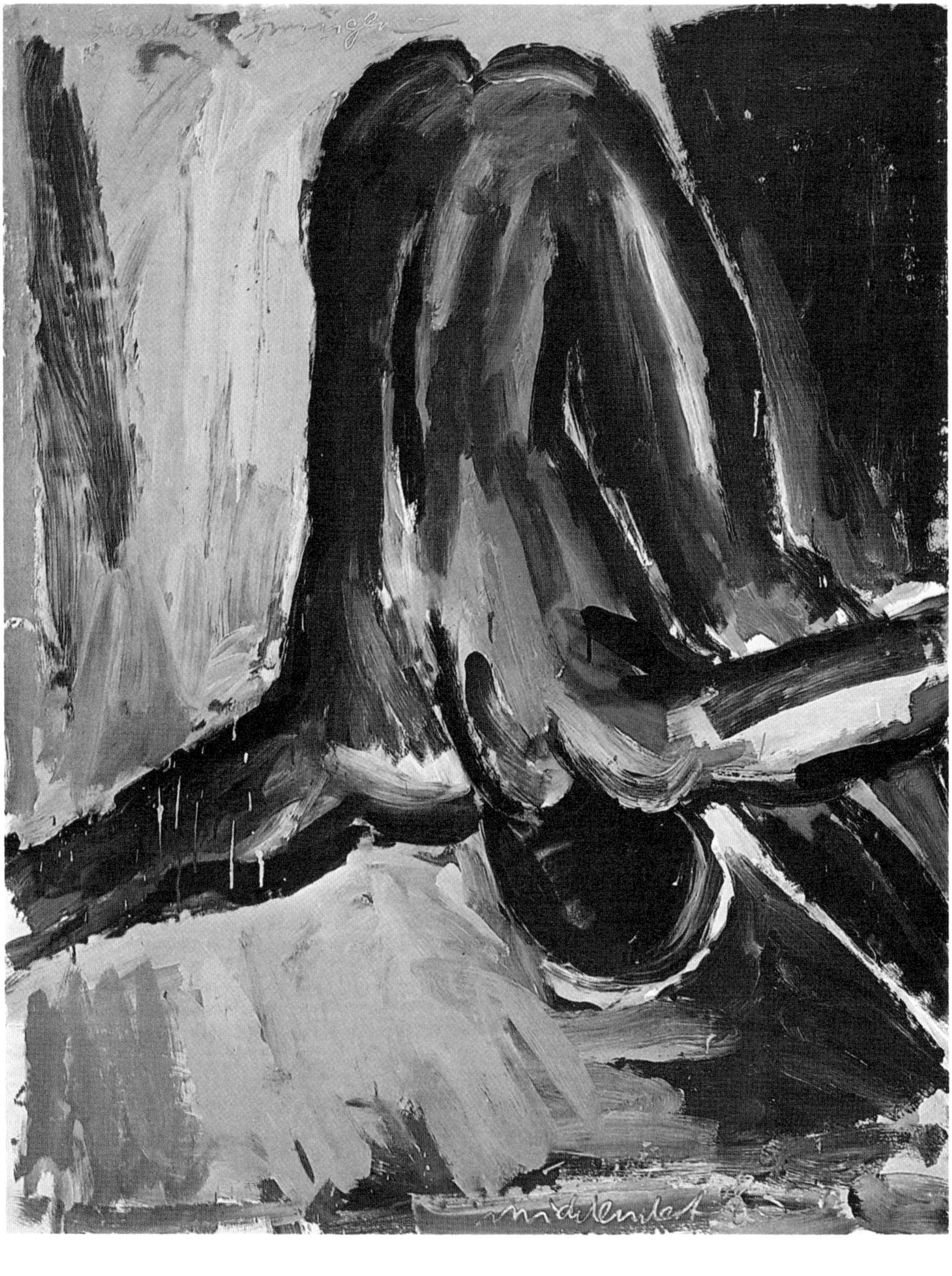



Springer, 1983, Kunstharz/Papier, 140 × 110 cm, Privatbesitz

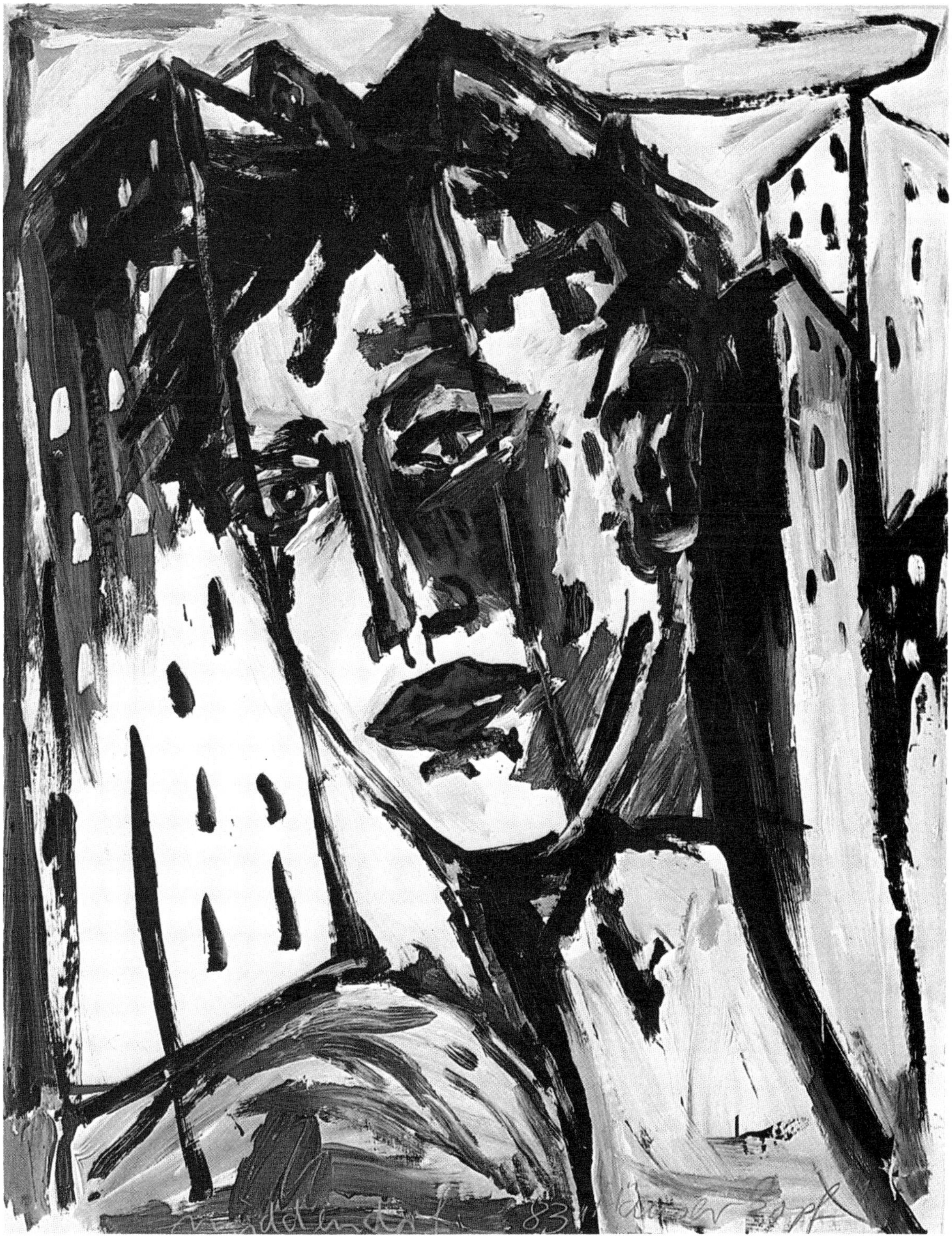



Häuserkopf, 1983, Kunstharz/Papier, 140 × 110 cm

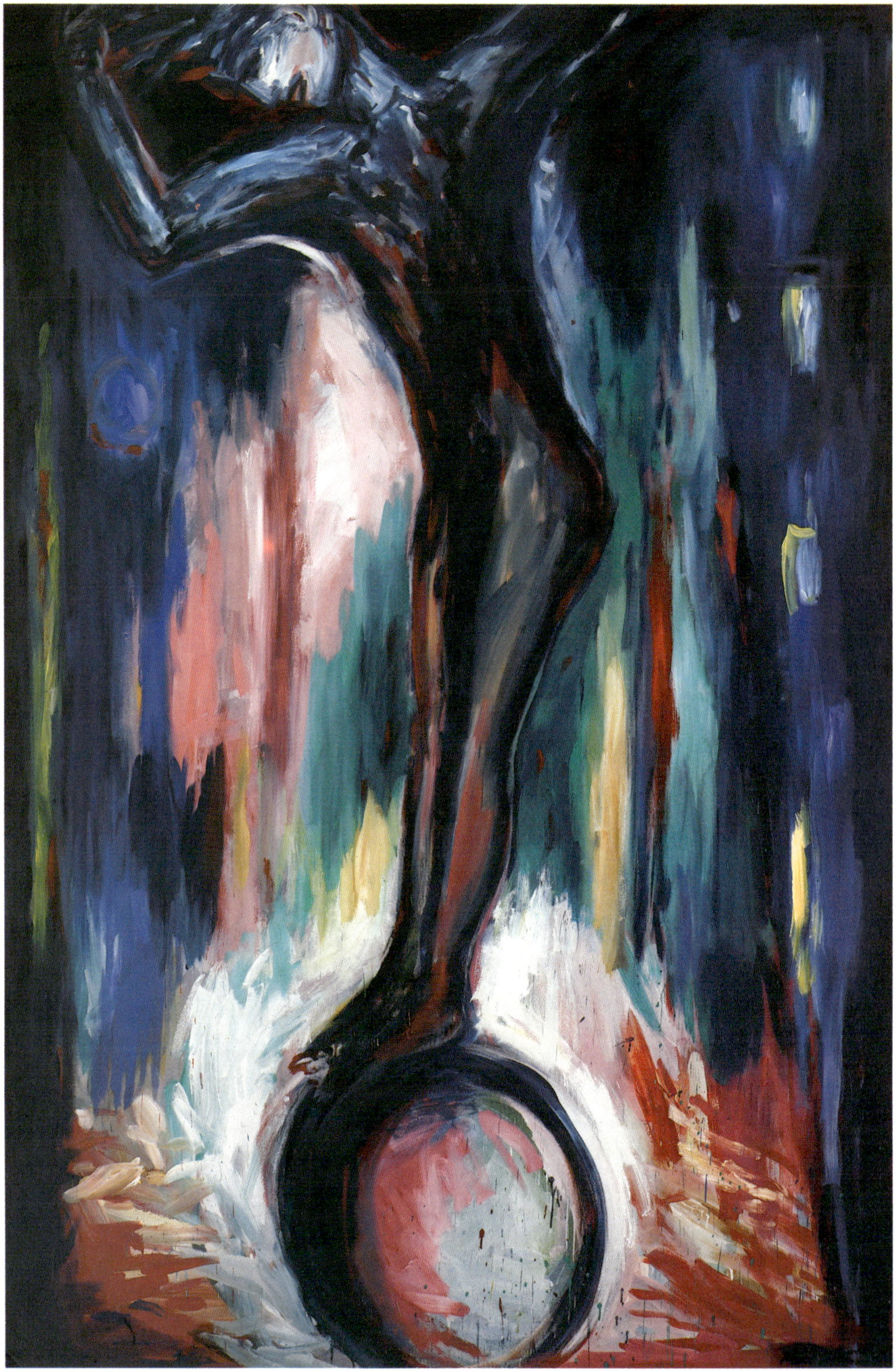



»Auf der Kugel«, 1984, 300 × 200 cm, Privatbesitz

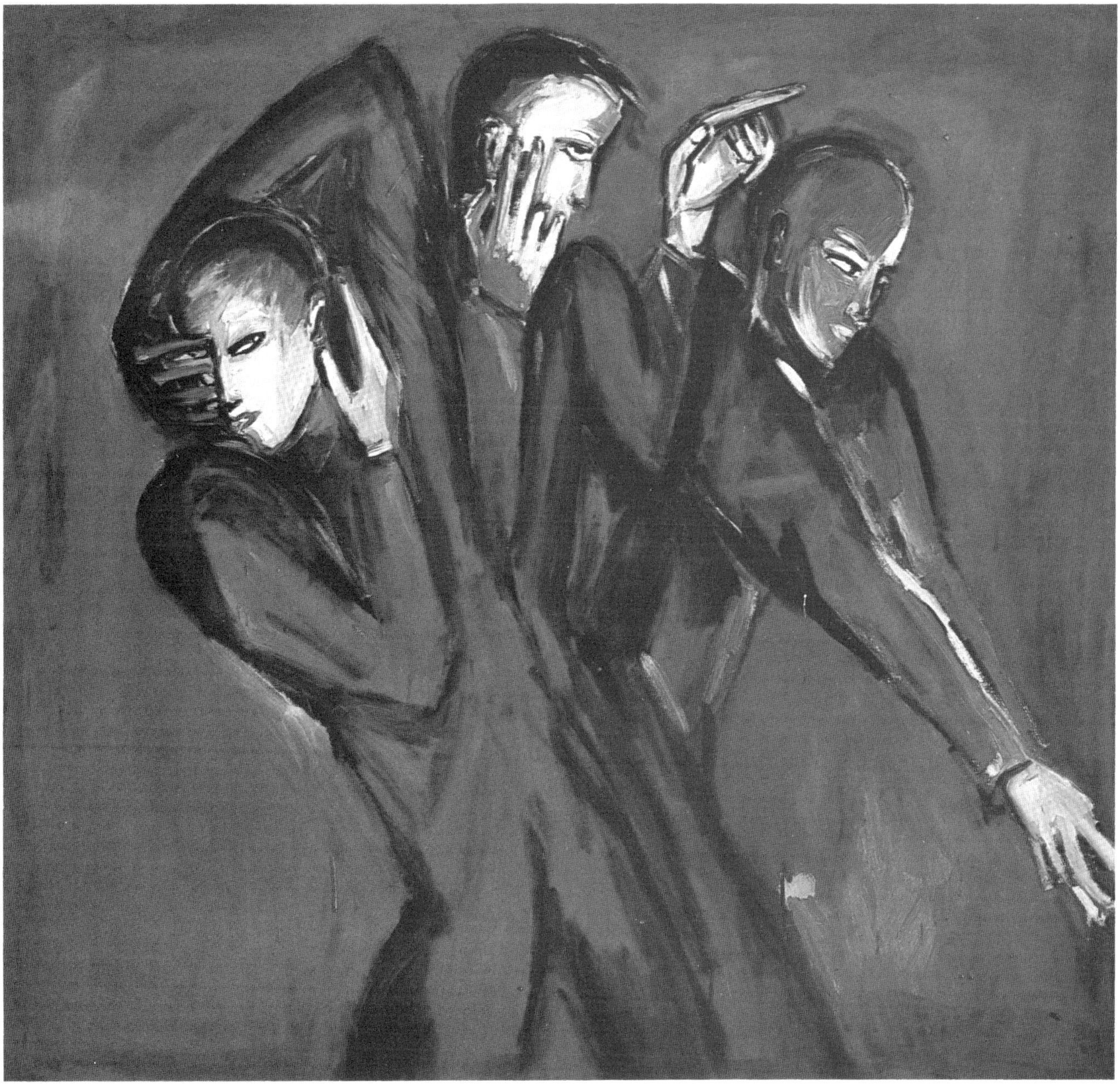



Die Irren, rot, 1983, Kunstharz/Nessel, 190 × 190 cm, Vera Munro, Hamburg

## Im Werk

Helmut Middendorf, 1953 in Dinklage geboren, hat in Berlin Malerei studiert. Die experimentelle Beschäftigung mit dem Film mag einer der Anstöße sein, die ihn formatlich ins Große drängten. Seine Stunde war die, in der das Kunstmanagement, das lange genug sogar in sich selbst das Bewußtsein von der Existenz der zeitgenössischen Malerei verdrängt hatte, in einen Enthusiasmus fürs Malerische umschlug, wie das im allgemeinen Pendelschlag des Stilbewußtseins von einem Extrem ins andere nicht ungewöhnlich sein mag, aber hier vor allem wohl ausgelöst wurde durch die Konfrontation mit malerischen Unternehmungen, die an Heftigkeit alles Bisherige hinter sich zu lassen schienen. Malen als Akt ungehemmten Sichausgebens, parallel etwa zur Pop Music, hart, laut, disharmonisch, unbekümmert um den Stellenwert der Einzelnote. Die oft beschworene, oft angestrebte Antiästhetik, hier hätte sie ihre ihr voll entsprechenden Manifestationen, wenn nicht, was in Bildern sich manifestiert, von vornherein dem Bereich des Ästhetischen sich inkorporieren würde. Kunst und Antikunst sind im Grunde ihres Wesens dasselbe; Ausdruck, so wenig auch immer reglementiert, ist Darstellung. Alles was innovatorisch dem Fundus künstlerischer Hervorbringungen etwas hinzufügen will, muß dessen Grenzen mißachten. Wieweit dies letztere freilich allein schon genügt, ist eine am Ort des Geschehens und zu seiner Zeit nicht beantwortbare Frage.

Der wilde Ausbruch bedingt sowohl Pose wie Kraft, Pose als haltungsmäßige Stoßrichtung gemeint, und die Kraft, den angemaßten Spannungsbogen wirklich zu halten und zum Flackern und Knacken zu bringen. Spontaneität und Selbstbewußtsein müssen da ihr Äußerstes geben; es wäre oberflächlich, darin nur Unbekümmertheit zu sehen.

Der Kraftakt, wie weit ist er kontrolliert, wie weit darf er es sein, ohne daß er aufhören müßte, zu sein, was er ist? Sein Wert über ihn hinaus und die Frage nach diesem bleibt außer Betracht. Grobheit, Rohheit, Grellheit und die Ausdehnung ins möglicherweise Maßlose bringen hier für sich neu – aber, im ganzen gesehen, wieder einmal – die Subkultur in den autochthonen Bereich der Künste ein, hemmungsloser als die expressionistischen Vorbilder, schamloser, distanzloser und noch weniger durch kritisches Bewußtsein gebremst. Die Fläche wächst und die Geschwindigkeit, sie füllend zu vereinnahmen. Ausstellungen ad hoc in den Räumen des Ausstellungsinstituts erst unmittelbar zu malen, oft genug auf die Wände selbst mit Preisgabe dessen, was man macht, an den schon baldigen zeitlichen Verfall, das ist nicht ungewöhnlich, und Helmut Middendorf hat dies selbst getan: Publikationsfreudigkeit und die Verfügbarkeit aller Mittel des Reproduzierens bieten für etwaige Verluste einen vollwertigen Ersatz.

Die Welt dieser Bilder ist eine Seite der Welt, einseitig und nur in Einseitigkeit wirklich kraftvoll errichtbar. Sie ist Schau im Sinne von Show, Gesehenwerden und Sich-Prostituieren ohne den Rückhalt von Scham. Nachtwelt als existentielle Verhängung, sich übertreibend wie alles in der Nacht, überbetont wie alles, was man intensiv zu vergegenwärtigen versucht, überbewertet im Annehmen aber nur bei denen, die sie, derart in Bildern mit ihr konfrontiert, als ultima Thule nehmen, wie es ja bei Phänomenen, die man als innovatorisch empfindet, verführerisch ist. Daß nur dies die Existenz sei, wie sehr sie auch berechtigtermaßen im Bild zum Ausdruck drängt, wäre zu schließen ebenso unsinnig, wie angesichts eines Zwiebelstillebens des Glaubens zu sein, Zwiebeln seien das einzige Lebensmittel. Die Nachtmenschen: gut; die Enthemmtheit: auch gut, vielleicht. Aber die auf der Seite des Tageslichts in Beherrschtheit Schaffenden, auch sie ja angesichts der Welt und im Bemühen, für sie Zeugnis abzulegen, es wäre und ist kurzsichtig, ihre Anwesenheit angesichts dieser Bilder zu vergessen.

Den Bildern aber ihr Recht. Sie sind Zeugen wie alle anderen, Zeugen für eine der gegenwärtigen existentiellen Befindlichkeiten, für eine gewiß symptomatische. Die Wertvorstellung des Sichauslebens – wohlgemerkt: in künstlerischer Arbeit von anstrengenden Dimensionen – hat sich vor die Wertvorstellung der Beherrschtheit geschoben, der Beherrschtheit auch im Sinne einer sichtbaren Beherrschung von Form und Ausdruck im Bild. Wenn etwas den Regeln nicht mehr folgen will und dennoch Vitalität offenbart, entzieht es sich der Schelte von Seiten des Regelbewußtseins, aber dies letztere in seiner Bindung ans Zeitlos-Zeitüberdauernde wird dadurch nicht außer Kraft gesetzt, nicht allgemein und nicht auf Dauer. Die vitalen Ausbrüche sind es, die den Haushalt der Kunst lebendig und beweglich erhalten; das Regulierende besorgt er von selbst, und schon konstitutionell ist ja Heißblütigkeit eine Gabe, die sich verausgabt. Wo sie aber korporativ durchbricht, kann sich das Neue begeben.

Helmut Middendorf hat in dies Neue zu seiner Zeit der Neuheit Kraft und Eigenart gegeben. Im Konzert der neuen Kräfte hat er sich unüberhörbar gemacht vor allem durch einen Ton und Akkord, der den anderen fremd war. Grobheit, Rohheit, Grellheit, von denen die Rede war, sind auch seine Stilmittel, die Verbauung der Körper, die Verschiebung der Proportionen, das bei aller Ekstatik Stereotypische der Gesten; all das ist ja darauf angelegt, einfach einzugehen wie besagte Music und ohne den Umweg des Denkens Identifikationen aus gleichem Lebensgefühl zu evozieren. Ihm selbst, diesem Künstler, eigentümlich aber ist die Faszination der Zusammenbindung von Blau und Schwarz in ein großstädtisch-atmosphärisches Ganzes von suggestiver Kraft, überhaupt die Fähigkeit zu fast monotoner Farbbeschränkung, als Gegenposition zu auch eigenen Bildern von allgemeinerer Farbigkeit. Das Grell-Laute und die Montonie, der Wirbel gemeinsamer Lärmigkeit und die stille Ausgesetztheit in Leere und Weite, das sind zwei Seiten einer im Grunde orientierungslosen Existenz, wie sie heute die Welt maßgeblich mitbestimmt. Helmut Middendorf vermag es, sie bewußt zu machen.

# BERND ZIMMER

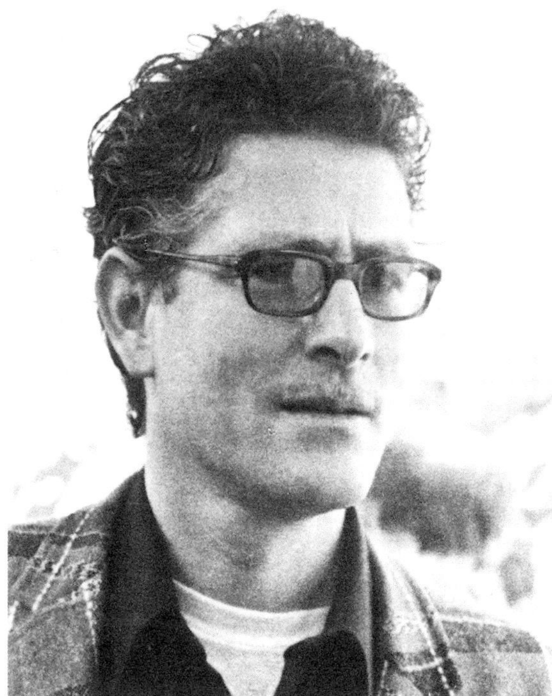

Bernd Zimmer gehört zu der Generation der »Neuen Malerei«. Sie hat sich seit einigen Jahren unter den verschiedensten Titeln und inzwischen auch den unterschiedlichsten Richtungen einen festen Platz in der Kunstszene erobert. Fälschlicherweise oft unter dem Titel »Neue Wilde« gehandelt, firmiert die Berliner Gruppe unter dem Titel »Heftige Malerei«. Zu ihr zählen Rainer Fetting, Salomé, Helmut Middendorf und Bernd Zimmer. Gerade diese Berliner Gruppe sieht – mit ähnlichen Strömungen in Hamburg und Köln – in ihren Bildern einen Neuanschluß an frühere Bildtraditionen, bedient sich einer sehr ausdrucksstarken Bildersprache und verknüpft sie mit aktuellen Themen. Dabei tritt die Figur wieder stark in den Vordergrund. Szenen aus der Berliner Subkultur und der Versuch, wenigstens einige von den hektischen Lebensdimensionen jugendkultureller Alltagswelt festzuhalten, kennzeichnen diese Bilder. Die Farben sind grell, das Zeitgefühl ist säkular, die Stimmungen sind atmosphärisch.

Unter den hier genannten Malern ist Bernd Zimmer der Poetischste; sein Thema sind Landschaften.

Bernd Zimmer's Eltern sind gebürtige Berliner. Die Mutter stammt aus einer Hugenottenfamilie. Nach dem Krieg ließen sich die Eltern in Planegg bei München nieder. Hier wurde Bernd Zimmer 1948 geboren. – Die Mutter hielt die Familie an, jeden Sonntag in die Kirche zu gehen, und so wuchs Bernd Zimmer zunächst in einer religiösen Atmosphäre auf. Obwohl weder das Elternhaus der Mutter noch das des Vaters religiös geprägt waren, sind es wohl die Kriegserlebnisse gewesen und vor allem die Dankbarkeit der Mutter, daß sie den Krieg heil überstanden hatten, die hier zum Ausdruck kamen.

Bernd Zimmer war anfangs beeindruckt vom Gottesdienst, obwohl dieser in der bayerisch-lutherischen Kirche eher streng und in den Formen karg war. Doch die Stille, das Aufstehen und Mitsingen verbreiteten ein Gefühl, das ihn ansprach.

Der Kirchgang war in Planegg mit einigen Umständen verbunden, denn die Familie mußte weit fahren, um in die nächste evangelische Kirche zu gelangen. Als sie später nach Söcking zog, diente eine alte katholische Kirche als Versammlungsraum. Bernd Zimmer erinnert sich an die Bilder, mit denen die kleine Kirche ausgemalt war; sie liegt auf einem Wanderweg und ist ein besonders schönes Exemplar bayerischer Dorfkirchen.

Sieht sich die religiöse Umwelt des jungen Bernd Zimmer auf den ersten Blick auch unproblematisch und gefestigt an, so macht sich doch in der Schulsituation die Tatsache bemerkbar, daß Bernd Zimmer inmitten des katholischen Bayern einer kirchlichen Minderheit angehörte. Unter den ca. 35 Kindern der Klasse waren nur zwei oder drei evangelisch. »Meine Freunde waren alle katholisch«. Äußerst unbarmherzig wurde er mit der Tatsache konfrontiert, daß es zweierlei Glaubenskonfessionen gab. Er bekam sehr bald Ärger mit seinen Freunden. »Der Zwicker Schorsch war mein Freund, aber er durfte nicht mehr mit mir spielen, weil ich evangelisch, d. h. ein ›Ketzer‹ war.«

In der kleinen Schule in Planegg gab es keinen evangelischen Religionsunterricht; daher hat Bernd Zimmer zunächst beim katholischen Religionsunterricht mitgemacht. »Da gab es die herrlichen biblischen Geschichtsbücher, die außerordentlich kindlich und kindgemäß aufbereitet waren. Da hab ich gerne mitgemacht.« Doch als sich Schwierigkeiten im Umgang mit den Freunden einstellten, und er erfuhr, daß manche Eltern ihren Kindern verboten, mit ihm zu spielen, sah er sich vor eine Entscheidung gestellt. »Ich hab das damals richtig mitbekommen und darüber nachgedacht, was das heißt, verschiedenen Glaubens zu sein. Sehr bald hab ich mich dann vom katholischen Religionsunterricht befreien lassen, um wenigstens ein richtiger ›Ketzer‹ zu sein.« Er erfuhr damals auf drastische Weise, was es heißt, Angehöriger einer Minderheit zu sein und erleben zu müssen, wie man beim ›Mitschwimmen‹ beiseite gedrängt wurde. »Ich war wie ein Ausgestoßener. Das hat mich damals richtig verfolgt. Und das wurde auch nicht besser, als wir in einen anderen Ort umgezogen sind. In Söcking oberhalb des Starnberger Sees gab es zwar einige Protestanten mehr, aber wir waren immer noch in der Minderheit.«

Bernd Zimmer war als 9- bis 10jähriger in der evangelischen Jungschar, fuhr mit dem Fahrrad zum Zelten oder trat in der evangelischen Staffel zum Kräftevergleich mit der katholischen Konkurrenz an.

Wurde die frühe ›Religiosität‹ Bernd Zimmers gedämpft durch die Erfahrung der Trennung in verschiedene christliche Kirchen, durch die Situation der Konkurrenz und der Minderheit, so belastete ihn im Konfirmandenunterricht eine fordernde Institution. Die Erinnerung an den Konfirmandenunterricht ist für ihn gleichbedeutend mit Zwang und Druck. Die Konfirmanden mußten viel auswendig lernen und sich mit Dingen auseinandersetzen, für die sie als Jugendliche kein Interesse hatten. Er fand es schrecklich, vor der Gemeinde ausgefragt zu werden über das, was man wußte oder nicht wußte. »Brav sein, ordentlich sein, alles lernen, egal ob man daran Interesse hatte oder nicht, das war für mich die Konfirmation. Und dabei ging es mir in diesem Alter um ganz anderes: um Spielen und Erleben.«

Die Geschichte der Religion im Leben von Bernd Zimmer ist für ihn auch immer gleichbedeutend mit der Erfahrung von Einsamkeit. »Wenn die anderen beichten gehen konnten, dann mußte ich das immer mit mir alleine ausmachen.« Kein Wunder, daß sich zu dieser Zeit, oder eigentlich auch schon vorher, eine Phase der Distanzierung einstellte. Es regte sich in ihm Widerstand. »Ich habe es nicht mehr ausgehalten. Ich langweilte mich in der Kirche und im Unterricht, und ich wollte dort nicht mehr hingehen. Es war nicht leicht, mich gegen die Eltern durchzusetzen.«

Wenn ihm etwas in guter Erinnerung geblieben ist, dann ist es zweifellos der Bezug zur Bibel. Er bedauert zwar, daß ihm das Alte Testament im großen und ganzen vorenthalten wurde, aber zum Neuen Testament hatte er einen Zugang. Inmitten dieser Geschichten bekam er auch einen Zugang zu Christus. Sein Christusbild ist ihm sehr stark als moralisch in Erinnerung geblieben: vor Christus mußte man sich rechtfertigen. »Ich habe damals ein sehr starkes Gerechtigkeitsgefühl entwickelt, und das war eigentlich mein unbewußtes Christusbild. Im Grunde war meine Jesusbeziehung recht autoritär. Vor ihm sollte ich immer gerade stehen für das, was ich getan hatte. Zugleich wußte man, daß man sein Schuldgefühl nicht loswerden konnte. Die Kirche hat mir regelrecht ein Schuldgefühl eingeimpft.«

Bernd Zimmer hat den evangelischen Glauben außerordentlich eng erlebt und empfunden. Das mag seinen Grund in besonderen Umständen gehabt haben: neben die positiven Kindheitseindrücke traten negativere in seiner Jugend. Das Ergebnis war eine ambivalente Einstellung zur Religion, die von einer religiösen Grundsensibilität bis zu einer ausgesprochenen Abneigung allem Institutionellen gegenüber reicht.

Er besuchte in Starnberg das Gymnasium bis zur elften Klasse. Dann begann er eine Lehre als Verlagsbuchhändler in München. Er arbeitete in diesem Beruf auch nach Abschluß der Ausbildungszeit. Er war besonders befaßt mit der Gestaltung von Buchumschlägen und von Layout. Eine längere Reise führte ihn dann anfangs der siebziger Jahre nach Asien. Dort erlebte er schreckliche Phasen des Vietnam-Krieges und der Partisanenkämpfe in Laos. Als er zurückkehrte, ging er nach Bremen, um über die Begabtenförderung die Hochschulreife nachzuholen. Aufgrund seiner Kenntnisse in Literatur konnte er besonders über die Fächer Deutsch und Geschichte sehr bald das Abiturzeugnis erwerben.

Nach dem Abitur zog Bernd Zimmer von Bremen nach Berlin. Dort hat er zunächst im Verlagswesen gearbeitet, dann aber begonnen, Philosophie und Germanistik zu studieren. Unter den Vorlesungen und Seminaren interessierte ihn besonders eine Lehrveranstaltung über vergleichende Religionswissenschaften. Trotz seines ausgesprochen theoretisch-kritischen Interesses besaß er eine instinktive Abneigung gegenüber ideologisierenden Elementen in der Sozialwissenschaft. Umso leichter fiel ihm die Entscheidung, im Anschluß an das Seminar über Religionswissenschaften sich bei Prof. Heinrich zu spezialisieren. Sein besonderes Interesse galt den Zusammenhängen zwischen biblischen und griechischen und ägyptischen Mythologien. Vor allem beschäftigte er sich mit der Herausbildung von Persönlichkeitsstrukturen, die unter je verschiedenen gesellschaftlichen Bedingungen gute und schlechte Charaktere hervorbrachten. Hier waren es vor allem autoritäre Abhängigkeitsverhältnisse, in denen sich Persönlichkeiten herausbildeten. Die Auflösung autoritärer Strukturen war ohnehin damals ein gängiges Thema, wobei Theorien und Thesen der Frankfurter Schule weitgehend die Sozialwissenschaften an vielen Universitäten beherrschten.

Doch Bernd Zimmer ging es nicht allein um die gesellschaftliche Dimension, sondern auch um die des Individuums in der Gesellschaft. »Ich habe viel mit der linken Bewegung zu tun gehabt. Ich habe Adorno gelesen und Horkheimer usw. Aber bei Heinrich ist mir klar geworden, wie die gesellschaftlichen und persönlichen Dimensionen zusammenhängen. Er hat vor allen Dingen auch sehr klar die Unterdrückungsmechanismen bei der Religion herausgestellt, ohne sie jedoch mit der Religion als Ganzer zu identifizieren. Doch nach einiger Zeit ist mir klar geworden, daß sich nicht nur Unterdrükkungsmechanismen im gesellschaftlichen und in meinem persönlichen Leben entdecken ließen, sondern daß ich über die Abhängigkeit als Schüler erneut in solche autoritären Verhältnisse zu geraten drohte.«

Das war dann die Zeit, in der Bernd Zimmer verstärkt anfing zu malen. Er gab schließlich das Studium auf, um sich ganz der Malerei zu widmen.

Bernd Zimmer ist in Bayern aufgewachsen. Wenn auch seine Beziehungen zu diesem Land anfänglich zwiespältig waren, so lernte er es doch aus der Distanz schätzen. Wenn er von Berlin nach Bayern zurückkam, besuchte er viele bayerische Kirchen und lernte auch den katholischen Glauben gerade mit den Augen eines Malers von einer anderen Seite sehen. »Das ist das Interessante am katholischen Glauben, daß er das Visionäre ermöglicht und mit ihm umgeht. Natürlich ist viel Heidnisches in den Bildern, aber ich fing an, die Themen und die Gegenstände auf den Bildern zu entziffern.«

Diese ästhetische Beziehung zur katholischen Lebenswelt verdichtete sich, als Bernd Zimmer im Rahmen eines Stipendiums an der Villa Massimo vor zwei Jahren nach Rom ging. Er hat sich dort nach Beendigung des Stipendiums ein Atelier und eine Wohnung eingerichtet, unweit vom Petersdom. »Ich erinnere mich an den Tag, an dem ich den Petersdom zum ersten Mal betrat. Es war zur Christmette 1976. Als der Papst hereinkam, habe ich einen richtigen Schreck bekommen. Jubel und Klatschen ... das mutete mich äußerst befremdlich an, denn ich erwartete tiefe Ehrfurcht.«

Herr Zimmer, Sie haben früher hin und wieder Christusbilder gemalt. Sie haben sich jetzt darauf eingelassen, für die Ausstellung neue Bilder zu malen. Was bedeutet für Sie eigentlich dieser Jesus? Was bewegt Sie, sich mit dieser Gestalt zu befassen?
*Bernd Zimmer:* Es ist seine Einsamkeit, sein Schicksal. Christus ist für mich jemand, der eine feste Beziehung zur Welt hatte und versuchte, seine Vorstellungen in dieser Welt durchzusetzen.

*Friedhelm Mennekes:* Sehen Sie in ihm so etwas wie eine Spur Gottes in der Welt?
*B.Z.:* Ich glaube, das Göttliche an ihm besteht darin, wie er seine Haltung durchsteht. Er ist unbeirrbar und läßt sich nicht von seinem Weg abbringen. Ich weiß nicht, wie er aussah. Ich habe kein Bild von ihm – ich hab's einfach nicht. Aber auf jeden Fall ist er ein Mensch mit einer Haltung, der sich nicht korrumpieren läßt.

*F.M.:* Jesus hat für viele Menschen eine sehr hohe Bedeutung...
*B.Z.:* Weil er eben für alle leidet und für alle stirbt. Aber ich glaube, er stirbt auch für sich.

*F.M.:* Er stirbt sicher auch für sich, aber sein Tod ist für viele Menschen von befreiender Wirkung. Ist er das für Sie auch? Ein Befreier, ein Erlöser?
*B.Z.:* Nein. Das ist alles Verklärung und Reduzierung. Vielleicht war er einer, mit dem man hätte reden können. Für mich ist vieles an ihm eine Fiktion. Ich habe mich mit manchen Parallelfiguren beschäftigt: Buddha, Zarathustra usw.

*F.M.:* Er ist für Sie also eine sehr starke Persönlichkeit, die Gegenstand für viele mythologisch bedeutsame Geschichten geworden ist. Für viele Menschen ist seine Persönlichkeit so reich, daß er zur Leitfigur geworden ist.
*B.Z.:* Nicht so sehr eine Leitfigur als eine philosophische Figur. Von ihm gehen starke humane Impulse aus.

*F.M.:* Wenn Sie sich mit dieser Gestalt auseinandersetzen, bewegen Sie dann bestimmte Hoffnungen? Ich meine, erhoffen Sie sich von dieser Auseinandersetzung etwas für sich selbst?
*B.Z.:* Ich erhoffe mir in dieser Auseinandersetzung, d. h. beim Malen der Bilder für die Ausstellung, daß ich mich dabei mit mir selbst auseinandersetze und bestimmten Fragen näherkomme. Ich glaube, wenn man sich mit ihm auseinandersetzt, muß man sich auf das ihm eigene Gesetz einlassen, und das bedeutet: man muß sich zurückziehen, man muß gewissermaßen auf einen Berg hinaufsteigen und dann wieder in diese Welt zurückkommen. Vielleicht so ähnlich, wie Zarathustra das auch gemacht hat.

*F.M.:* Wenn Sie sich auf einen solchen Prozeß einlassen, könnte es doch sein, daß Dinge aus der Vergangenheit auftauchen, die Sie jetzt gar nicht vorhersehen können, und daß ein solcher Prozeß Sie vielleicht durcheinanderbringt.
*B.Z.:* Das könnte sein. Das steckt wirklich drin: die Gefahr des Scheiterns. Es kann furchtbar daneben gehen. Man muß versuchen, das zu vermeiden. Aber es kann geschehen. Und das hängt vielleicht sogar mit diesem Christus zusammen. Er ist ja auch gescheitert. Und doch hat er etwas Positives zurückgelassen.

*F.M.:* In den Auferstehungs- und Osterberichten wird verheißen, daß Jesus eines Tages wiederkommen wird. Haben diese Geschichten für Sie eine Bedeutung?
*B.Z.:* Es kommt darauf an, in welcher Form er wiederkommt. In gewisser Weise kann man doch sagen, daß er in vielen Formen schon wieder aufgetreten ist. Also in bestimmten Befreiungsgestalten von Südamerika, wie z. B. Che Guevara. Oder in Gestalt von Menschen, die anderen Menschen helfen und ihnen solidarisch zur Seite stehen. Ich meine, er kommt sicher nicht mit der Bibel in der Hand, und er kommt auch nicht mit einer Ideologie. Sondern er kommt und ist einfach da.

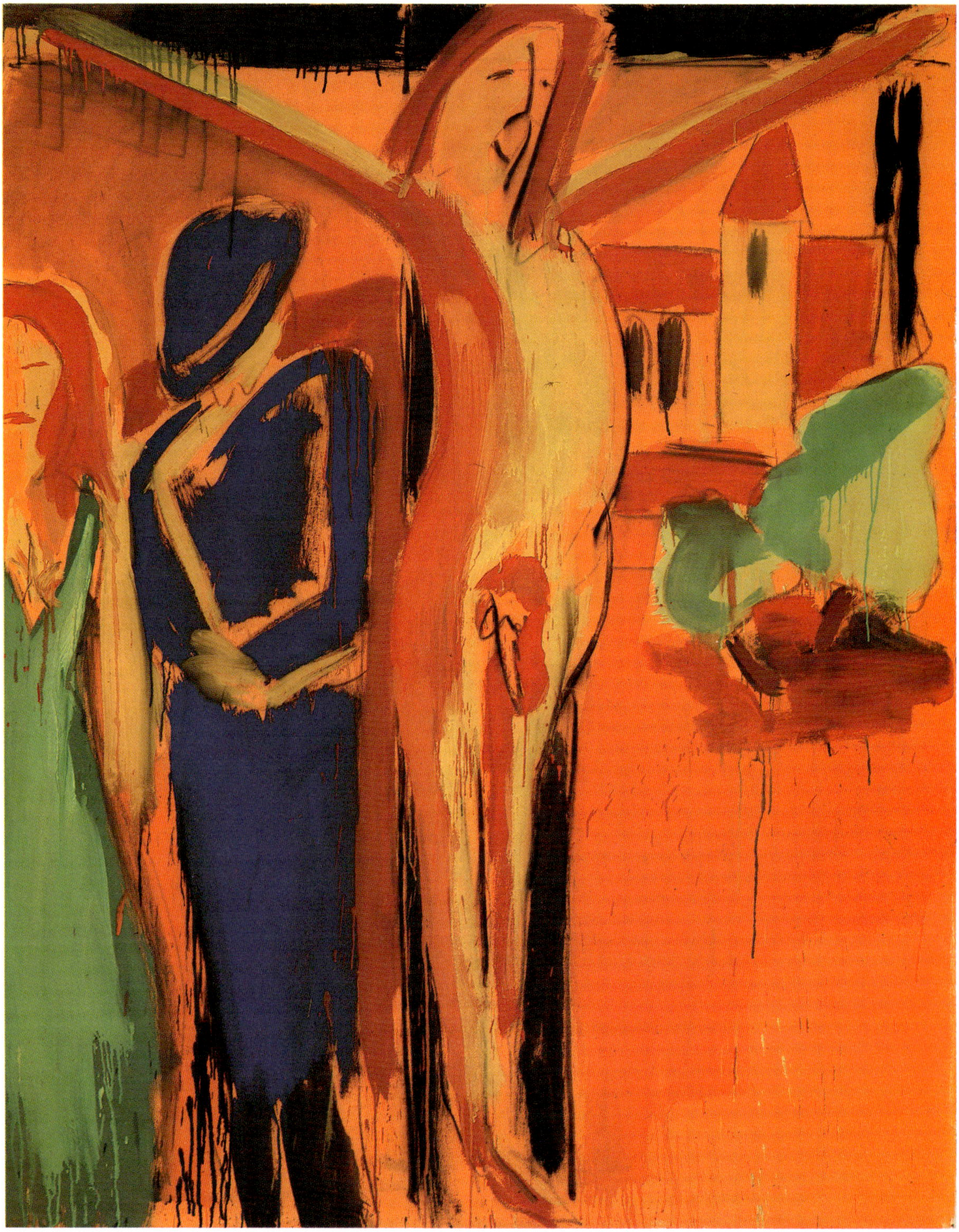



»Kreuzigung Marterl«, 1979, Leimfarbe auf Nessel, 200 × 160 cm

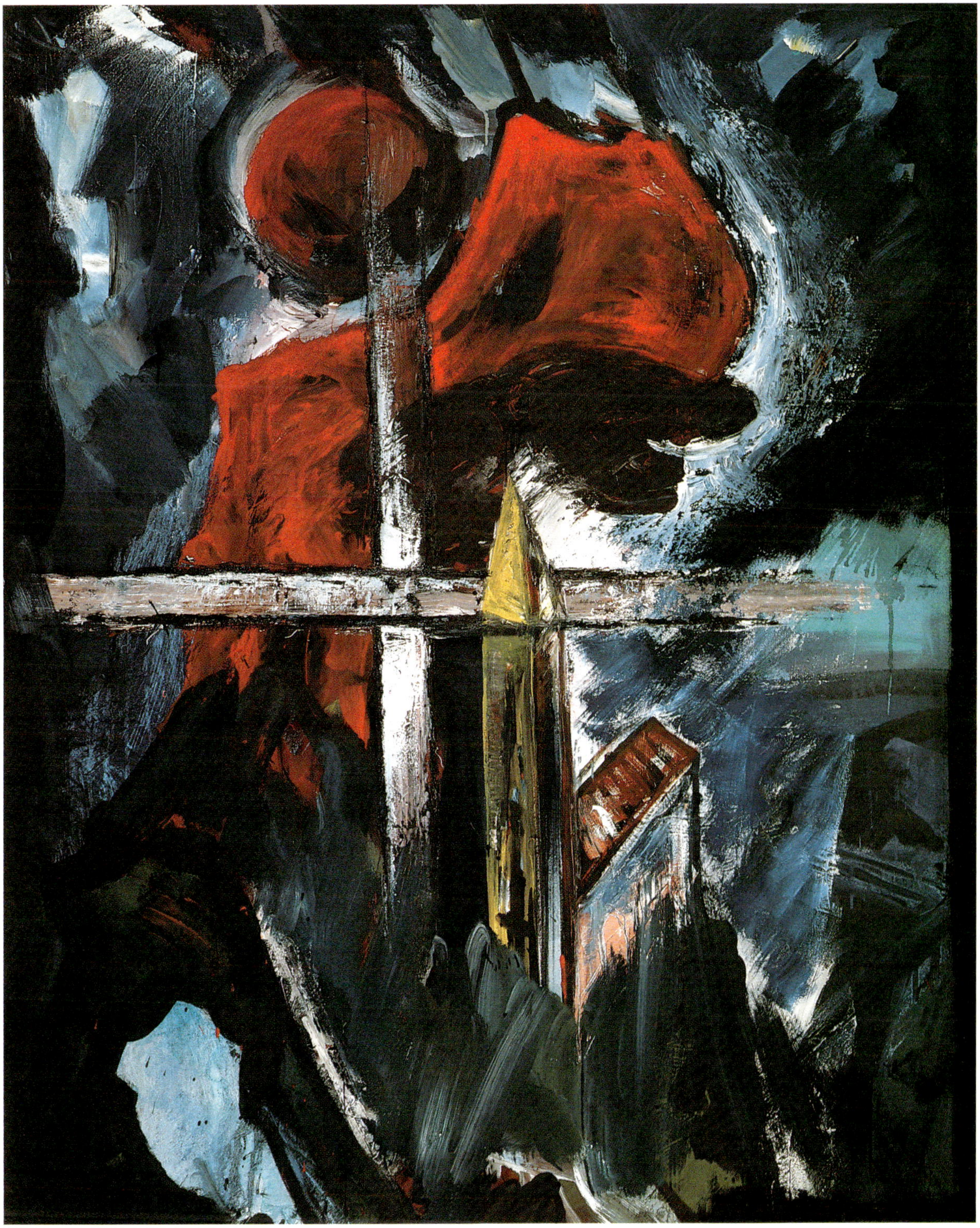



»Auferstehung, Entstehung der Kirche«, 1984, Acryl/Öl auf Leinwand, 160 × 130 cm

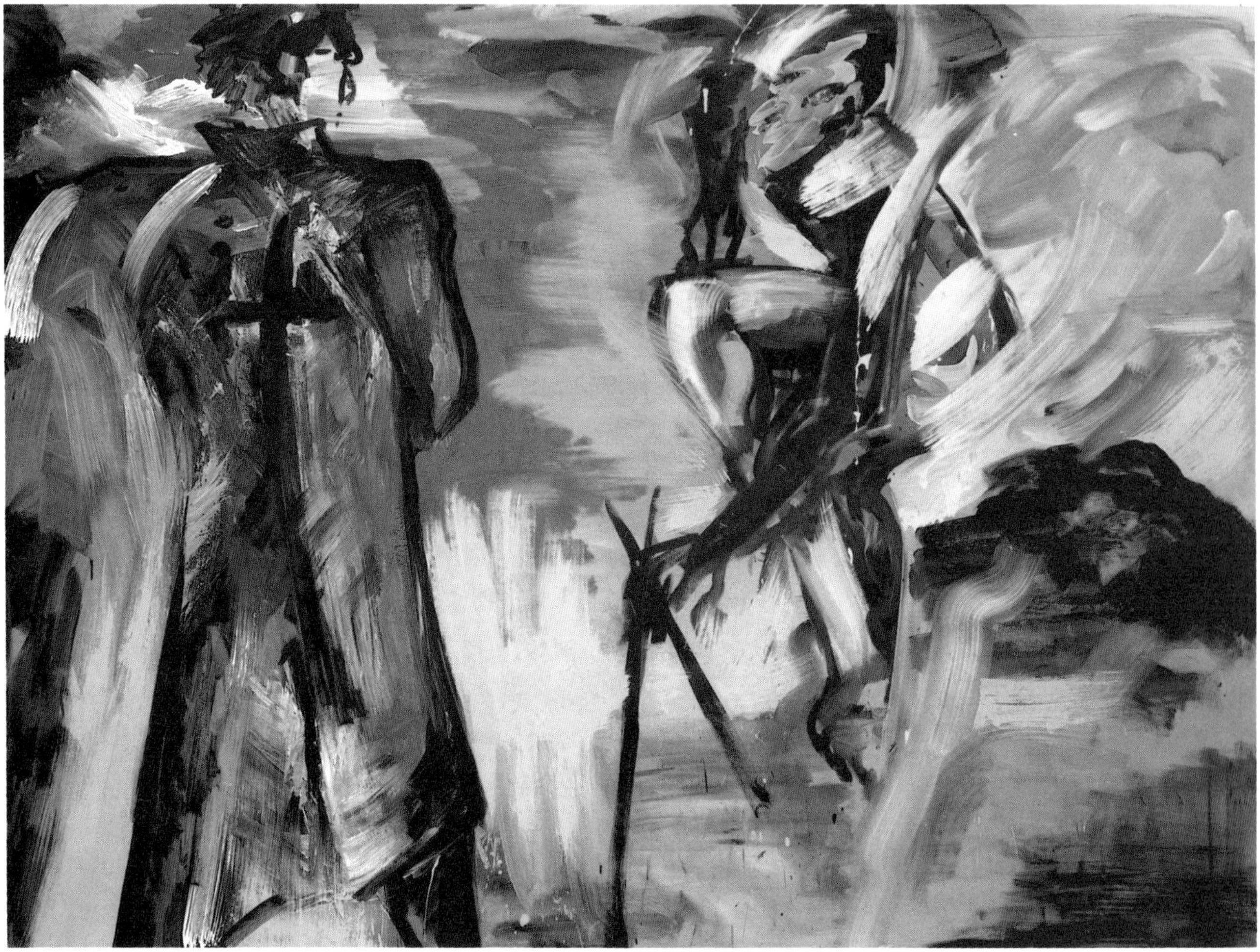



»Versuchung in der Wüste«, 1984, Acryl auf Leinwand (vorläufiger Zustand), 215 × 290 cm

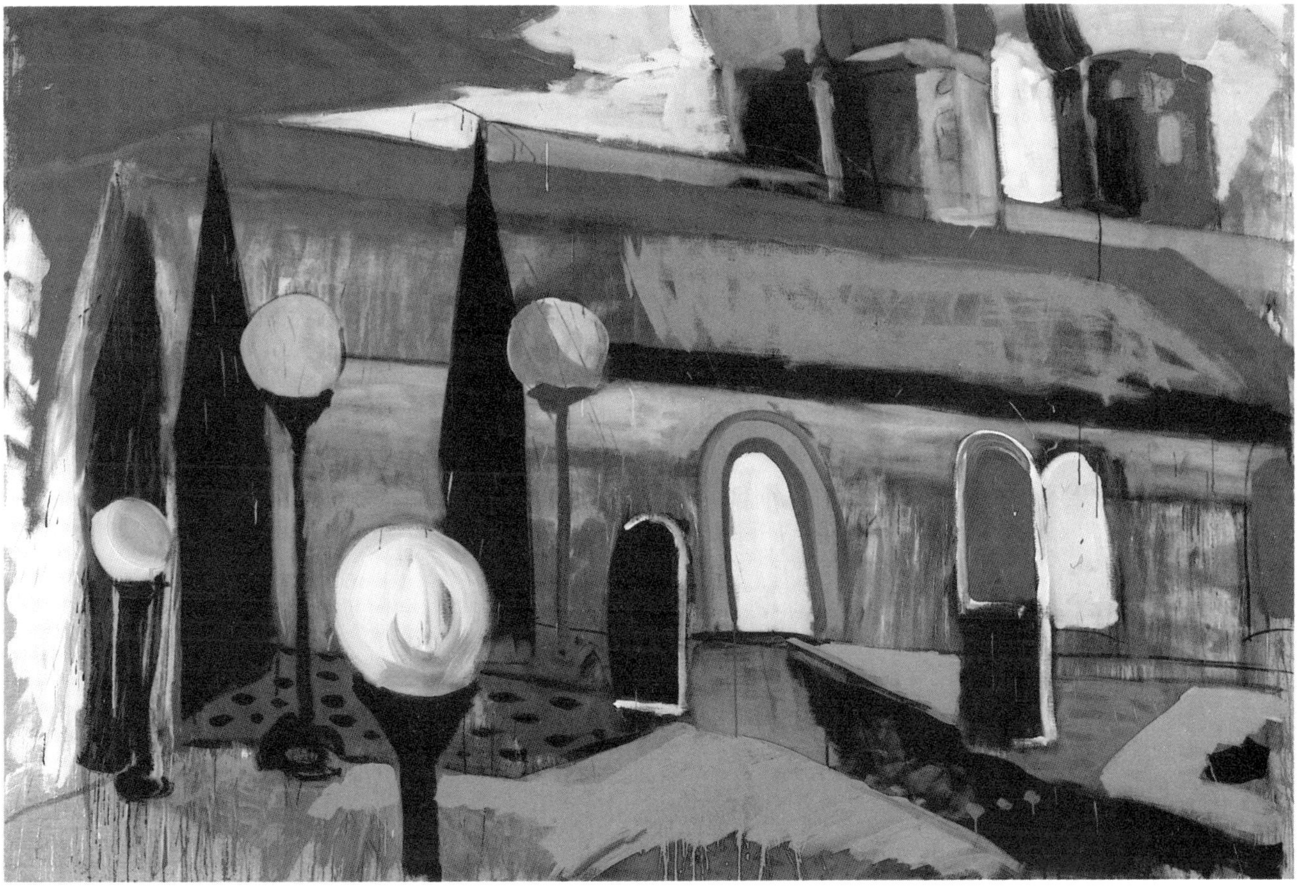



»Versetzte Kirchen«, 1979, Leimfarbe auf Leinwand, 195 × 290 cm

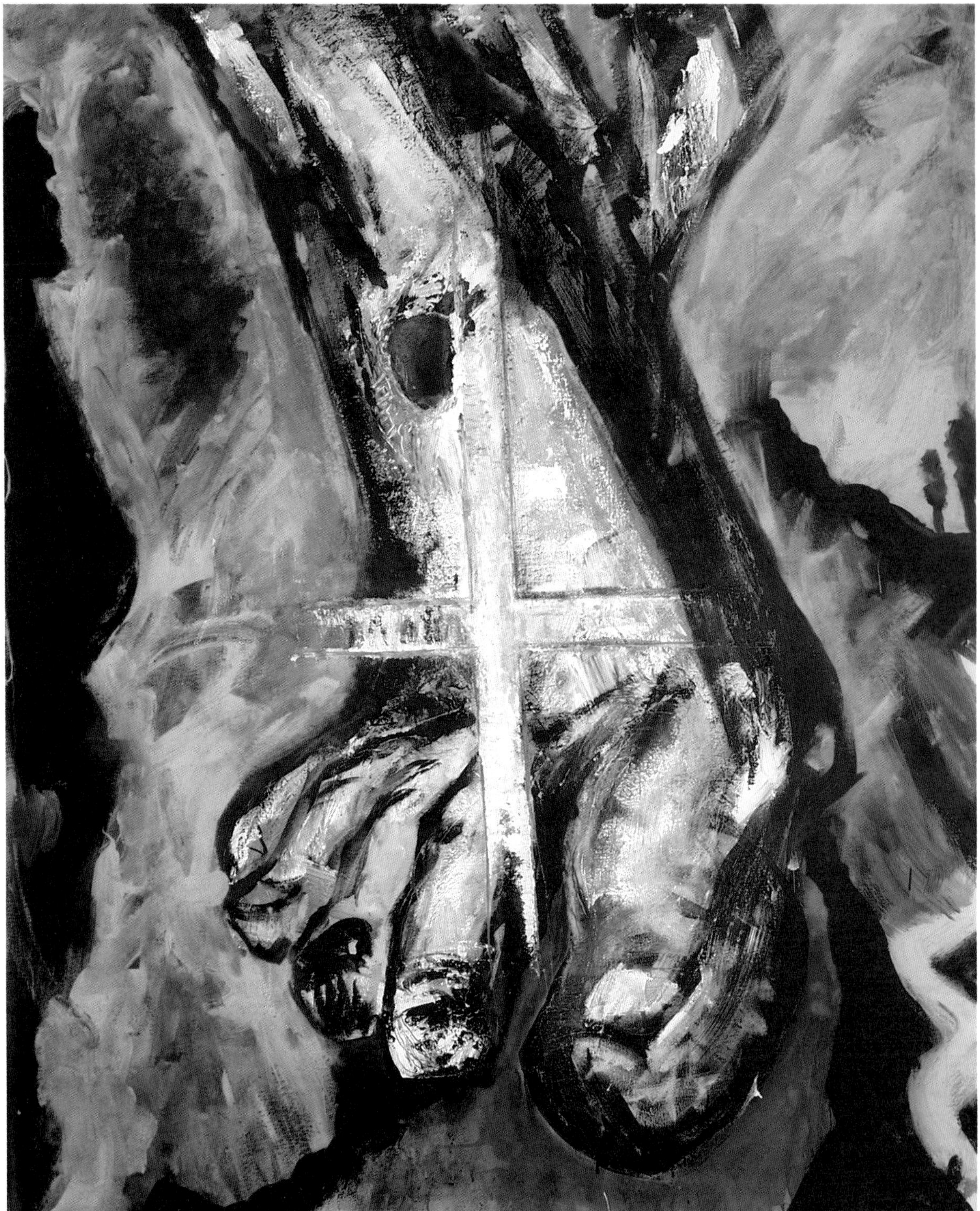



»Stigma«, 1984, Acryl/Öl auf Leinwand, 160 × 130 cm

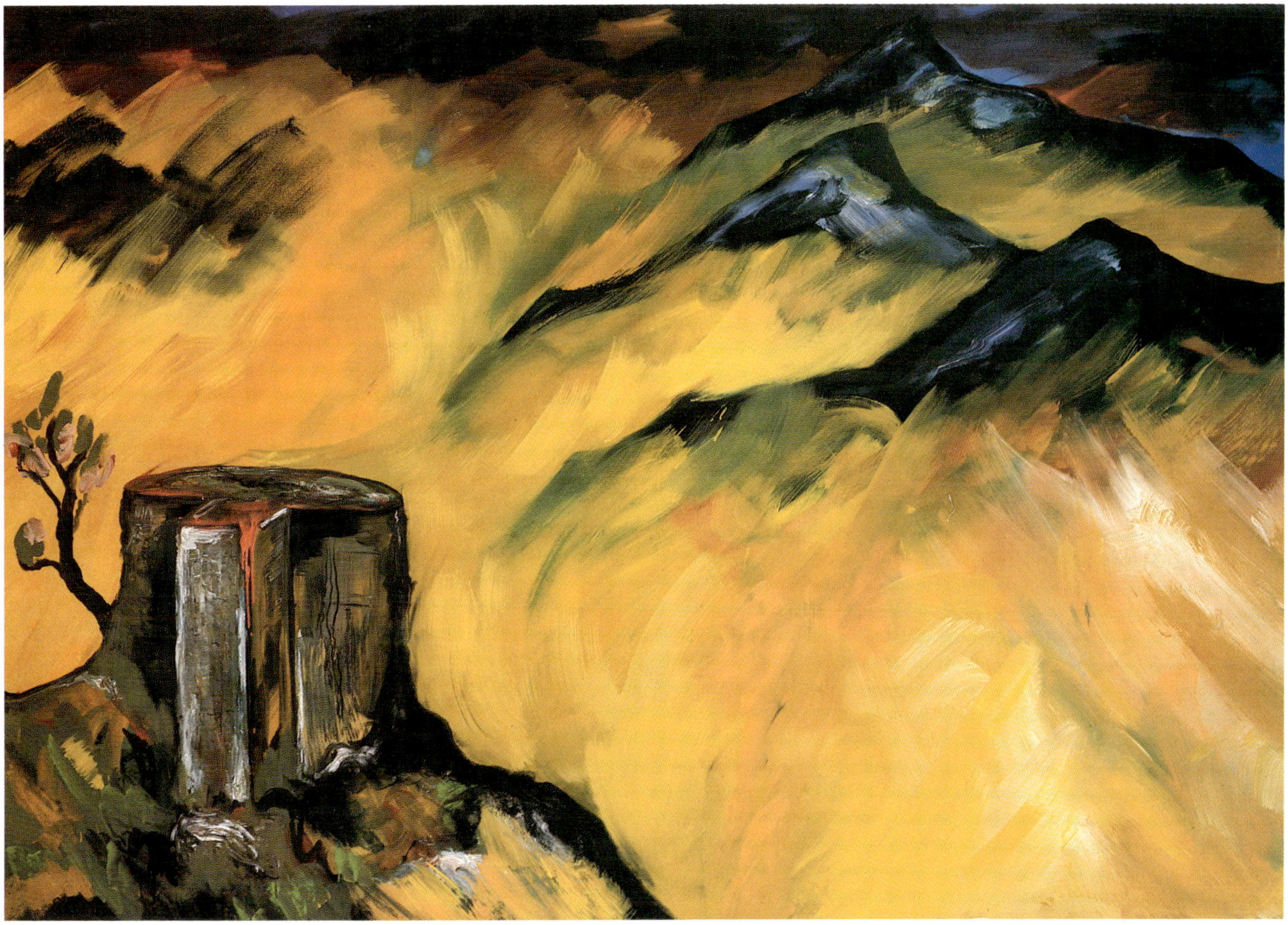



»Abgeschlagenes Kreuz«, 1984, Acryl/Öl auf Leinwand, 190 × 285 cm

## Im Werk

Bernd Zimmer, geboren 1948 in Planegg bei München, hat in Berlin Philosophie und Religionswissenschaften studiert, war aber zugleich als Graphiker für Buch-Layout in verschiedenen Verlagen tätig. Zu seiner eigenen bildnerischen Arbeit – nach unverbindlichen, längst verschütteten Anfängen – ist er gekommen durch die Begegnung mit einer sich entfesselnden Malerei der unmittelbaren Zeitgenossen in Berlin 1974 und durch die Begegnung mit den großflächigen, modernen Wandbildern in Mexiko, von denen er auf einer Reise 1975 den letzten, ermutigenden Anstoß bekam. Dort und auf Reisen in Südostasien erlebte er vor allem die mythisch-religiöse Angelegtheit der Menschen und ihr noch zeitloses Gehabe und Tun im Nebeneinander zur schon sich ausbreitenden zivilisatorischen Nivellierung. Das Interesse an den mythischen, bildzeugenden Kräften, das ihn auch seine Studienrichtung wählen ließ, war schon in seinem Geburtsland Bayern in ihm geweckt worden, wo er, als Protestant in katholischer Umgebung aufwachsend, schließlich gewahr wurde, wie sehr der Katholizismus seine Kräfte in der Erzeugung und Hervorrufung von Bildern manifestiert hat; seine Hochschätzung des bayrischen Barocks und der italienischen Renaissance datiert aus dieser Erfahrung, und seine eigene Entscheidung zu Farbfülle und Inhaltlichkeit empfindet er, angesichts der von ihm als puritanisch eingeschätzten Monochromie und Inhaltsleere, als eine Konsequenz des ihm dort Aufgegangenen. Kulturelles Erbe Bayerns ist also das Wissen um die sinnliche Kraft des Bildhaften; auch der Zug ins Große und Totale bei ihm spiegelt irgendwie das, was er die barocke Breite nennt. Ein eigentümlicher Ausbruch also, der im Konzert der neuen, wilden, heftigen Malerei kraftvoll mitzuschwingen vermag, in ähnlicher Preisgabe aller Bindungen und Regeln, aber nie ohne Nachdenklichkeit, die seine Symbolsprache neben der der Freunde und Mitstreiter oft lyrisch vertieft und gewissermaßen vielschichtiger erscheinen läßt.

Aber das mag auch ein Farbproblem sein: das eines zunehmend chromatischen Ausbaus der Klänge statt der einfachen, kaum die Fläche durchdringenden Heftigkeit der Kontraste. Eine ähnliche Spanne wie zwischen dem norddeutschen Expressionismus der Brücke mit seinen Ausbrüchen im Kopf und dem süddeutsch-westdeutschen des Blauen Reiters mit der Offenlegung neuer Wahrnehmungserfahrungen; Süd und West: die Öffnung zum alten Europa hin. Manches läßt an die Protagonisten von damals denken, auch wenn keiner von ihnen sich erkennbar in Bernd Zimmers Bilder eingeschrieben hat. Gemeinsamkeit des Wurzelgrundes eher: das sinnenhafte Verhältnis zur Farbe, das sinnenhafte Verhältnis zur Landschaft und zu dem, was an kollektiver und anonymer menschlicher Emotion in ihr schwingt.

Die Landschaft ist ohnehin für diesen Künstler prägend, nicht nur im Mengenverhältnis seiner gemalten Landschaftsbilder. In der Stadt lebend und auch auf die Stadt innerlich angewiesen, hat er die Landschaft als erfahrbare und oft und vielgestaltig erfahrene zu ihrem dialektischen Gegenpol. Aber wenn auch selbst mit mythenbezogener Nachdenklichkeit behaftet, sieht er sich nicht im Kontext etwa zur deutschen Romantik und ihrer verinnerlichten Landschaftsreflexion. Der heftige, ungehemmte, ins Unbemessene ausgreifende Malstil ist äußeres Zeichen einer Direktheit, die aus Ängsten und Erschütterungen kein Hehl macht und sich des Zwangs, das, was schwingt, in eine engere Ordnung zu binden, von vornherein entledigt. Freiheit und Bindung, das ungebremste Aus-Sich-Herausfahren und all das, was an überkommener und von weither unmerklich übernommener Orientierung und Festlegung wirksam ist, das sind die beiden Pole, zwischen denen alles Revolutionäre flackert und knistert und Funken stiebt. Auch das Neueste muß die Kraft aus sich und seiner Gewordenheit herholen, und getragen wird das, was sich aufschwingt, Kommendes zu tragen, von dem, was schon getragen hat und darin tragfähig geworden ist. Es zu verleugnen, scheint legitim, es auszuschließen, ist unmöglich.

Bernd Zimmer schließt nicht aus, weder sich noch das andere. Wurzel und jeweils gelebter Grund zu aller malerischen Arbeit ist ihm das Nachdenken, und die Landschaft hat er als den angemessenen Ort seines Nachdenkens erkannt, als Ort der Ruhe und Reflexion, separiert von der Hektik städtischen Lebens. Viele seiner Bilder sind Landschaften oder als Geschehnisse in Landschaft situiert. Das Nachdenken ist vor allem eines über die Bilder, über das Bild, das entstehen soll oder in der Entstehung befindlich ist. Wenn die Darstellung von Landschaft so oft die eigentliche Motivation des Malens ist, dann nicht im bloß abbildenden Sinne, wie impulsiv und eruptiv auch immer, sondern sie ist Welt auch im mythischen Verständnis. Und wenn es das reale Blickfeld ist, das im Bild sein Konterfei – wie auch immer – finden mag, so ist es nicht gegenwärtig als sichtbares Gegenüber beim Malvorgang. Erste Tat zur Bildentstehung hin ist vielmehr das Hinausgehen in die Landschaft und das nachdenklich beobachtende Hindurchschreiten durch sie; in den Malraum zurückgekehrt ohne Skizze, vollzieht der Künstler im Wechselspiel formaler Erwägung und des Auslösens emotionaler Geladenheit den Akt des Malens. Wahrnehmen, Nachdenken, Malen sind so rückbezüglich hintereinander geschaltet. Die gemalte Landschaft wird ein Bild von allgemeinerer Gültigkeit, nicht Wiederholung, sondern Ding an sich und Zeugnis allgemeinen und individuellen Werdens. Das, was sich dabei ereignet, ist ein Abstraktionsvorgang, anders als der gedanklich durchgespielt sich vom Vitalen entfernende. Die Abstraktion bei Bernd Zimmer ist irrational, sie betrifft weniger das Formale und würde sich nicht in ihm genügen, mehr statt dessen so etwas wie eine von der Situation des örtlichen Eindrucks ins Allgemeine und Exemplarische vollzogene Erweiterung. Eine innere Tiefendimension im ganz Spontanen, damit mehr also als nur Selbstdarstellung im Ausbruch, so berechtigt sie, wenn innerlich notwendig, sein mag. Und es wird vor allem das sein, was, jenseits aller Ungebärdigkeit, manchen der Bilder von Bernd Zimmer ihr Überdauern sichern wird.

Landschaft aber auch – es war schon davon die Rede – als Ort von Mythen. Gerade die Bergbilder scheinen erfüllt von solchen Kräften, gerade sie machen eine symbolische Ausdrucksgeladenheit deutlich, die sie aus der Erlebnissituation heraushebt so, wie das reale Erlebnis in ihnen, von der Person gelöst, in allgemeine Größe gewendet ist. Berg und Mensch, Berg und Antlitz, nicht von ungefähr sind sie oft aufeinander bezogen, nicht von ungefähr erscheinen sie hier und da zu einer Einheit verschmolzen.

Bilder von Kirchen: Variationen eigener Kulturerfahrung. Bernd Zimmer liebt die Bildreihen. Die Kirche, eine bayrische, bildfüllend und Landschaft verdekkend, erscheint in einer solchen mal tiefsinnig, mal ironisch gespiegelt, aber auch, wie er sagt, klerikal und wirklich katholisch. Ähnlich auch, ironisch und tiefsinnig zugleich, könnte man seine Darstellung eines Marterls empfinden: der nackte Christus den anzüglichen Blicken von Damen ausgesetzt, »Marien, die,« so sagt er, »eher mit Sachen geschlechtlicher Natur zu tun haben und nicht das Leiden ausdrücken«. Die Hand am Puls? Sicher wohl auch das.

# GOTTHARD GRAUBNER

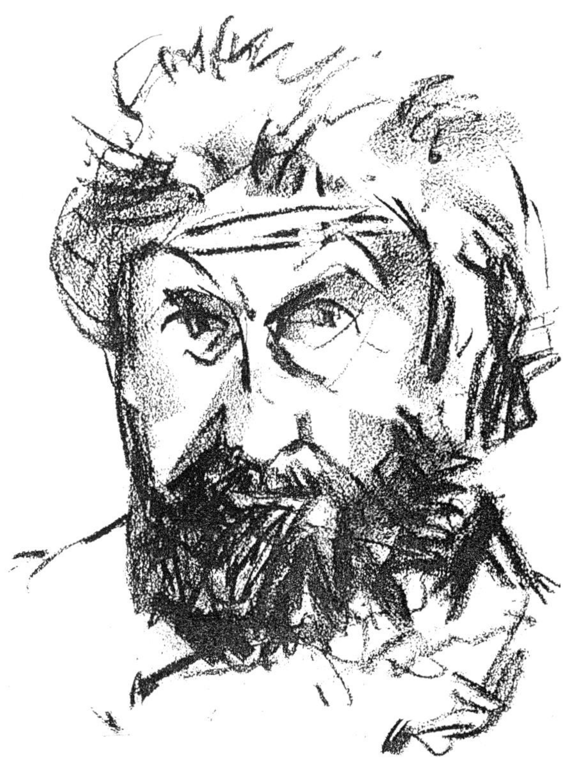

## Im Gespräch

Können Sie sich noch an Ihr erstes Bild oder Ihre erste Zeichnung erinnern?
*Gotthard Graubner:* Ich habe damals viele Selbstportraits gezeichnet. Einige gibt es noch aus dieser Zeit. Ich war damals so etwa 15 Jahre alt. Ich weiß noch, wie ich mir einmal einen Filzhut aufgesetzt habe, weil ich die Vorstellung hatte, ein Maler müsse einen Filzhut tragen. Bei diesen Portraits wollte ich mich selbst kennenlernen. Also den Spiegel befragen, das war eine sehr wichtige Sache für mich. Natürlich war das entwicklungsgeschichtlich bedingt. In diesen Jahren will man sich selber entdekken und kennenlernen.

*Friedhelm Mennekes:* Gab es Menschen, die sich für Ihr Malen interessierten? Die Verständnis dafür aufbrachten?
*G.G.:* Eigentlich niemand. Doch, es gab da einen Menschen im Dorf, einen sehr guten Geigenbauer. Er und seine Frau haben sich immer sehr für mich interessiert, sie haben mich beobachtet und mir auch geholfen. Sie haben mich ermutigt.

*F.M.:* Wie war es bei den Gleichaltrigen, den Mitschülern und Kameraden?
*G.G.:* Ich weiß, daß meine Mitschüler für die Dinge, für die ich mich interessierte, kaum Interesse aufbrachten. Sie dachten an ihren Beruf und andere Dinge. In dieser Beziehung war ich eigentlich ein Außenseiter. Ich war auch ein Einzelgänger. Ich habe viel gelesen, und dadurch hat sich bei mir vielleicht manches anders entwickelt. Und viele Fragen stellten sich mir eben anders.

*F.M.:* Wie stand es mit den Lehrern, mit dem Pfarrer?
*G.G.:* Wir hatten einen älteren Pfarrer – die jüngeren waren ja eingezogen –, und dem hatte ich einmal zum Konfirmandenunterricht ein Bild mitgebracht, das ich gezeichnet hatte. Es war eine Illustration, an der ich sehr große Freude hatte, und zwar zu dem Lied: »Es ist ein Ros' entsprungen.« Ich hatte es nach einer Vorlage vergrößert, gezeichnet und auch verändert. Doch ich war außerordentlich enttäuscht, daß der Pfarrer gar nicht darauf einging. Und so etwas ist mir eben öfters passiert.

*F.M.:* Haben Sie auch noch andere religiöse Motive gemalt?
*G.G.:* Es gibt noch heute ein Aquarell bei meinem Vater: den Gekreuzigten. Ich hab mich damals sehr mit religiösen Dingen beschäftigt. Obwohl ich nicht unbedingt ein großer Kirchgänger war, hab ich aber doch an Gott geglaubt. Aber wir haben kein ausgesprochen religiöses Leben geführt. Aber unterschwellig war in unserer Familie eine Gottgläubigkeit vorhanden, besonders bei meiner Mutter.

*F.M.:* Ihre Religiosität hat sich also eher in der Familie entwickelt als in Kirche und Schule. Inwieweit hat die Situation des Einzelgängers Sie religiös bestimmt?
*G.G.:* Das heißt aber nicht, daß ich kontaktarm gewesen wäre. Nur wenn es um geistige Auseinandersetzungen ging, da war ich ein Einzelgänger. Ich hab halt versucht, alles mit mir allein auszumachen.

*F.M.:* Wie bei Ihrer Familie, hat sich auch bei Ihnen ein sehr starkes Gottvertrauen ausgebildet, ein großer Optimismus . . .
*G.G.:* Gottvertrauen, ja das hab ich immer.

*F.M.:* Gottvertrauen, das ineins geht mit Selbstvertrauen. Daß man sich im Vertrauen auf Gott selbst etwas zutraut.
*G.G.:* Oder eine große Naivität.

*F.M.:* Trotz dieser positiven Grundhaltung sehe ich bei Ihnen aber doch auch eine gewisse Scheu, ich möchte fast sagen: eine tiefe Skepsis Aussagen und Formulierungen gegenüber.
*G.G.:* Da haben Sie vollkommen recht. Den Begriff ›Skepsis‹ halte ich für etwas ganz Positives, ganz im Gegensatz zu ›Mißtrauen‹. Dagegen ist Skepsis etwas ganz Gesundes.

*F.M.:* Wie stehen Sie zur Gestalt Jesu? Haben Sie früher ausführlicher die Bibel gelesen?
*G.G.:* Die Bibel gelesen habe ich eigentlich nicht. Und doch haben mich eine Reihe von Geschichten im Neuen Testament tief beeindruckt. Die sind aus der Schule und dem Konfirmandenunterricht noch hängengeblieben. Ungeheuer interessiert hat mich das Motiv des Kreuzwegs.

*F.M.:* Haben Sie sich damit auseinandergesetzt?
*G.G.:* Ja, ich habe später eine Reihe von Zeichnungen gemacht. Einige dieser Blätter gibt es heute noch. Auch einen riesengroßen Holzschnitt hab ich mal gemacht. Es war ein Kreuzträger. Aber diese Motive haben ja immer auch mit dem eigenen Erleben zu tun. So wie meine Mutter immer wieder sagte: »Man muß halt sein Kreuz tragen.«

*F.M.:* Gibt es für Sie Vorbilder in den Christuszeichnungen? Etwa bei den alten Meistern von Giotto über Tizian-Tintoretto, Rembrandt usw.?
*G.G.:* Das Kreuzbild begegnet ja auch bei Kaspar David Friedrich, auf den ich mich sehr früh berufen habe. Und hier war das christliche Motiv sehr eng mit der Landschaft verbunden. Das hat mich sehr beeindruckt: Friedrich der Romantiker, nicht unbedingt der Maler. Ja, der geistige Raum des Romantikers hat mich wirklich tief beeindruckt. Das hat meine Heimatbezüge geprägt.

*F.M.:* Gibt es für Sie eine bestimmte Art, Christus zu sehen, eine religiöse Thematik darzustellen?
*G.G.:* Irgendwann einmal hat es mich gestört, daß man Gott als Figur darstellte. Also Gottvater mit Bart usw. Ich habe mich dagegen gewehrt, Gott figürlich darzustellen. Das hat sich sicher auch verstärkt, als ich begann, mich mit asiatischem Gedankengut auseinanderzusetzen.

*F.M.:* Es ist ja ein durchaus christliches Thema: Gott ist Geist. Oder: Niemand hat Gott gesehen ... (1 Joh 4,12). Das ist eine durchaus christliche Aussage.
*G.G.:* Richtig. Und doch ist es so, daß man sich immer gerne an etwas festhalten möchte. Gerade im Leid. Dann gibt es eine große Sehnsucht, sich nicht ganz zu verlieren. Und dann möchte man etwas Greifbares haben.

*F.M.:* Wenn ich Sie richtig verstehe, dann suchen Sie dem Bedürfnis nach geistigem Halt zu entsprechen, ohne dies an etwas Dinghaftem festzumachen.
*G.G.:* Ja. Für mich gilt: Lieber heranstottern als geschliffen daran vorbeiformulieren! Ich habe immer Angst, wenn ich etwas zu deutlich mache, daß es dann verlorengeht ... Ich meine es viel deutlicher zu haben, wenn ich es einkreise. Wenn ich es in immer neuen Ansätzen zu umschreiben versuche. Ich denke da an meinen Nebelraum. Ich wollte dem Betrachter endlich einmal den Boden unter den Füßen wegziehen. Ich wollte wissen: wie reagiert ein Betrachter, wen er den Boden nicht mehr sieht. Der Nebel erfüllte den ganzen Raum. Viele Menschen hatten Angst. Angst, überhaupt den Raum zu betreten. Andere dagegen waren ganz verklärt.

*F.M.:* Das erinnert mich an meine letzte Predigt, die von der Verklärung Jesu handelte, in der es auch eine Wolke gibt, die jemand einhüllt, die jemand verklärt und die Leute in Verwirrung setzt ... Ich erlebe bei Ihnen eine sehr starke Spannung für das Geistige; einen tiefen Sinn für das Geheimnisvolle, das Sie sehr betroffen macht. Auf der anderen Seite sehe ich bei Ihnen eine gewisse Neigung zu den Medien, die sich diesem Bereich stellen, also die Kunst ganz allgemein, die Musik, die Religion, die Mythen ... Kann man sagen, daß Sie in Ihrem Interesse für diese Medien auf das Geheimnisvolle ausgreifen? Auch das, ›was alles zusammenhält‹, das Geheimnis, die Wahrheit ... ?
*G.G.:* Dieses Interesse hat mit meinen Empfindungen zu tun. In meinem Hamburger Katalog gibt es Zitate, die für mich sehr wichtig und bezeichnend sind. Diese Zitate fangen mit einer Aufzeichnung aus dem philosophischen Tagebuch von Leonardo da Vinci an: »Jede unserer Erkenntnisse beginnt bei den Empfindungen.« Die Empfindungen schwanken in der Zweipoligkeit. Meine ganze Malerei ist auf diese beiden Pole Warm und Kalt aufgebaut, und ich empfinde das in jedem guten Bild, wenn ich es im Museum betrachte.

*F.M.:* Innerhalb dieser Polarität, da gibt es doch das »Zwischen«. Wie gehen Sie damit um?
*G.G.:* Das kommt bei guten Gedichten heraus, z. B. bei denen von Laotse, dieses ›Dazwischen‹. Also dieses ungeheure Energiefeld. Das gilt es in Schwingungen zu bringen bei einer Aussage, bei einem Bild, bei einem anderen geistigen Gehalt. Deshalb kann eine leere Seite auch wichtiger sein als eine bedruckte.

*F.M.:* Wenn ich noch einmal auf die Empfindung eingehen darf: kreisen diese Empfindungen in Ihnen, oder sind Sie von ihnen angezogen? Oder findet zwischen zwei Schwingungsfeldern ein Austausch statt?
*G.G.:* Da findet ein Austausch statt, aber das kann man nicht so eindeutig festlegen. Manchmal gibt es eine Empfindung, unter der man leidet, und von der man sich nicht freimachen kann. Die Empfindung und das Schwingen stehen nie draußen. Man ist immer mitten hineingenommen. Das ist im Leid nicht anders als bei der Freude. Immer gibt es die beiden Pole. Und zwischen ihnen ist man den Empfindungen ausgesetzt, ohne daß dabei das Gefühl entsteht, hin- und hergeworfen zu werden, ein Spielball zu sein. Obwohl doch die Gefahr groß ist, zum Spielball zu werden. Aber es gibt eine gesunde Möglichkeit zur Korrektur.

*F.M.:* Wenn ich ein Spielball bin, nehme ich an der Polarität nicht teil ...
*G.G.:* Ja, so ist es. Früher wurde ich oft gefragt, warum denn auf meinen Bildern nichts anderes zu sehen ist als Farbbewegungen. Wie es denn da mit der Lesbarkeit wäre. Was sich ereignen müsse, wenn man davorsteht. Einmal kam mir da das Bild von der Bogenlampe aus der Physikstunde in den Sinn: daß sich die beiden Linien nähern und in einem ganz bestimmten Abstand überspringen. Die Vorstellung von der Bogenlampe habe ich seit Jahr und Tag im Kopf. Deshalb spreche ich auch von Energiefeldern. Manchmal werde ich auch gefragt, wann ein Bild fertig ist. Ich sage dann, ich höre auf, wenn ich spüre, daß das Energiefeld jetzt angereichert ist. Wenn ich spüre, jetzt könnte der Funke überspringen. Wenn keine Energie in einem Bild vorhanden ist, springt auch nichts über.

*F.M.:* Was Sie von Ihren Bildern gesagt haben, läßt sich das auch auf die religiöse Form übertragen?
*G.G.:* Wissen Sie, es gibt Leute, die haben immer feste Begriffe zurhand. Ich bewundere sie eigentlich, weil ich das nicht kann. Ich muß alles umschreiben. Ich hüte mich geradezu davor, einen Begriff auszusprechen, weil ich fürchte, ausgesprochen könnte er schon eine falsche Aussage haben.

*F.M.:* In Ihrem Hamburger Katalog haben Sie einen Satz formuliert, der mir sehr nachgegangen ist: »Nicht der Gongschlag, sondern der Nachhall ist das Entscheidende.«
*G.G.:* Das kommt aus meiner Beschäftigung mit der asiatischen Geisteswelt. Es hat auch mit dem Lesen zwischen den Zeilen zu tun. Natürlich ist es auch andrerseits nicht ganz wörtlich zu nehmen: das Erklingen des Gongschlags ist wichtig, doch alles, was er bewirkt, liegt in seinem Schwingen.

*F.M.:* Christus – ein Gongschlag, ein Zentrum von Schwingungen. Christus oder Mohammed oder Buddha – Gongschläge …
*G.G.:* Das kann man durchaus so sagen, aber ich muß darüber noch viel nachdenken.

»grünlichschwarz III«, 1969, Aquarell und Öl auf Papier, 41,5 × 29,5 cm, Galerie m, Bochum

»rosa Raum«, 1961, Mischtechnik auf Leinwand, 160 × 130 cm, Galerie m, Bochum

»Schwammgouache« mit Nabel rosa, 1963, Öl auf Papier, 65 × 50 cm, Galerie m, Bochum

»leichtrosa«, 1968, Öl auf Papier, 31,7 × 24 cm, Galerie m, Bochum

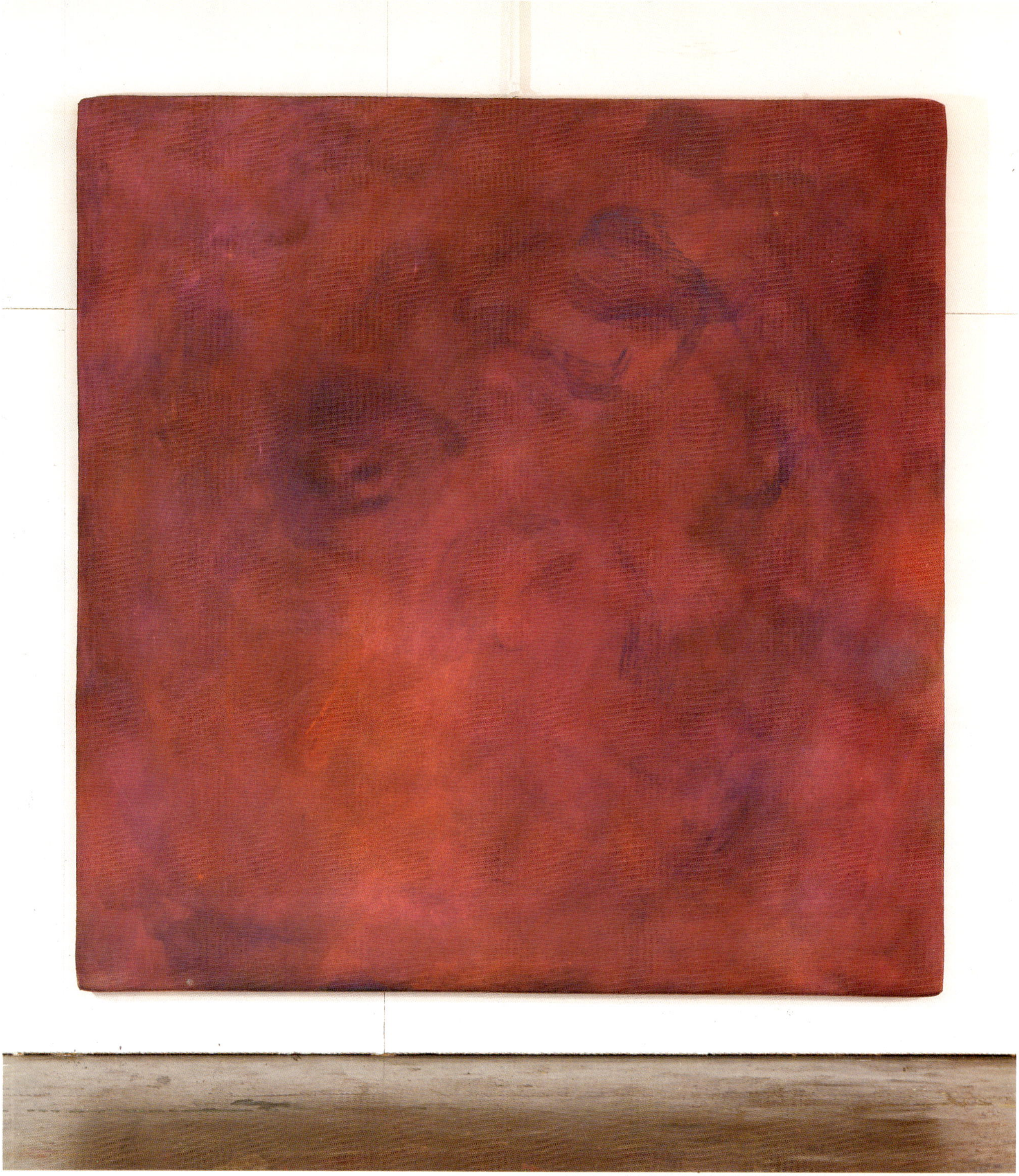

farbraumkörper »taraxacum«, 1983/1984, Acryl auf Leinwand auf Synthetikwatte auf Leinwand, ca. 240 × 240 × 15 cm, Galerie m, Bochum

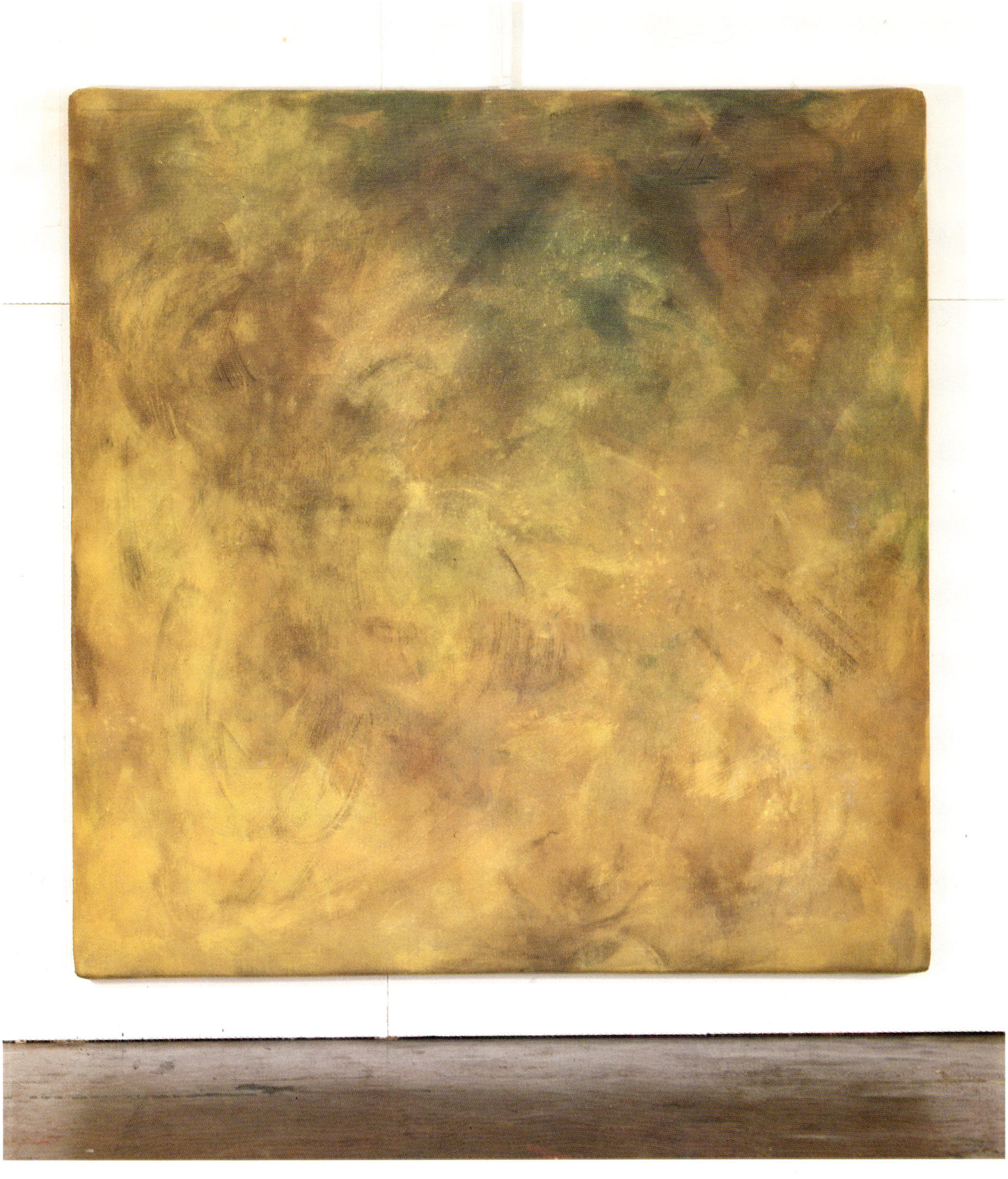

farbraumkörper »toyama«, 1984, Acryl auf Leinwand auf Synthetikwatte auf Leinwand, 240 × 240 × 15 cm, Galerie m, Bochum

## Im Werk

Gotthard Graubner, 1930 in Erlbach im Vogtland geboren, hat seine Studien in Westberlin, in Dresden und schließlich in Düsseldorf absolviert. Hier wie in Hamburg lehrt er inzwischen selbst. Vor allem die letzte Station seiner Ausbildung scheint ihn wesentlich geprägt zu haben; eine gewisse Affinität ergab sich zur malerischen Arbeit seines Lehrers Georg Meistermann: das Errichten diffuser, sonorer Farbflächen aus der locker schichthaften Anordnung mehrerer Farben übereinander. Entrieten aber diese bei letzterem nie des Gerüsts der Zuordnung einzelner Flächenkörper zueinander, so hatte Gotthard Graubners malerisches Tun bald nur noch die eine Fläche zum Ziel: leer und gefüllt zugleich, aber nicht gegliedert. Das macht es plausibel, daß seine ersten Präsentationen auf Ausstellungen im Umfeld der Zéro-Gruppe stattgefunden haben. Der Zeitstil der informellen Malerei andrerseits, der diese Lockerung erst eigentlich möglich gemacht hatte, schlägt, von ihr abgesehen, kaum zu Buche: der gestische Akt war verhalten, Akzente setzte er nicht, Energie im Sinne einer vitalen Manifestation tut sich nicht kund.

Dennoch ist Gotthard Graubners bildnerische Arbeit eher sinnlich als intellektuell bestimmt. Es ist ein gefühlsmäßiges Sichversenken ins bildhafte Tun, ein Tasten mit Hand und Augen, das Verdichten von Haut, das Erspüren von Leiblichkeit. Unter den gelegentlichen gegenständlichen Zeichnungen sind es die nur sehr vage angelegten fülligen Akte, die sich am ehesten im Zusammenhang mit den Bildern betrachten lassen. Das Blatt beim Aquarell, beim Gemälde die Leinwand, die, mit flinker Hand hinter der sie tragenden Platte angeheftet, deren Ränder weich umgibt, sie sind Betten zunehmender Farbsättigung. Ihre Konzentration in die Fläche hinein macht sie zur Mitte hin oft dichter und läßt so oft am Rand Säume der Schichtung erkennen. Schon dies wirkt gewissermaßen körperhaft, denn im Verzicht auf Akzentsetzung tut sich die Anreicherung ebensowohl hervor, wie sie sich auch vertiefen mag. Eindringen wäre ein Durchdringen der Schichten und ein Drinnensein, durchaus körperhaft fühlend. Körperhaftigkeit aber ganz ausdrücklich, und hier wieder analog zur im Akt gegebenen organischen Schwellung, ergibt sich in den Bildern, denen ein farbgesättigtes, schaumstoff-gepolstertes Kissen zentral appliziert ist, nabelhaft, wie er es selbst nennt, in abgerundeter Rechteckigkeit oder gar tailliert. Und der nächste Schritt, die Überspannung von Grund und Kissen mit Perlon, erhöht den Eindruck von Leiblichkeit, weil jetzt im Durchschimmern die Haut und im Sichspannen der Folie über der Wölbung Nähe und distanzhaftes Zurückweichen des Körpers sich zu erkennen geben. Da wo die Füllung in geplantem Versacken das Am-Ort-Sein im ganz Regelmäßigen aufgibt, bringt sich über der lastenden Schwere des Organhaften die alles haltende Kraft der gespannten Haut zu Bewußtsein. Vom Farbleib ist öfters die Rede, und in der Tat ist dies die nächstliegende Assoziation.

Farbdichte, aber in der Mehrzahl der Bilder, auch der neueren, keine formale Akzentsetzung. Das Bild als Ganzes, die klingende Fläche, ist alles. Gotthard Graubner, der von alters her eine starke Neigung zur Musik hat, ist gewissermaßen dem Akkord lauschend hingegeben, der Vibration des Tons, den Assonanzen. Keine Rede davon, daß da ein Programm wäre im Sinne einer inhaltlichen Befrachtung. Das Suchen bleibt ein Umkreisen, ein Sichversenken, meditativ vielleicht gar, ein gefühlsmäßiges Befaßtsein ohne den Zwang, dem Gefühlten eine mitteilbare Kennzeichnung zu geben, die ja auch Festlegung wäre.

Gotthard Graubner denkt mit den Sinnen, und sein Denken und verbales Formulieren ist von den Sinnen bestimmt. Das ist legitim und scheint tragfähig. Den Bildern jedenfalls scheint es Dichte zu geben. Über sie etwas auszusagen, bedeutet freilich ein Sicheinlassen auf Innenleben, auch auf das eigene, und einen Rekurs auf die Fähigkeit, sich einen Vers zu machen. Der schlüssigste ist der des Farbraumkörpers. In der Tat bewirkt die farbliche Dichte eine – freilich ambivalente – Räumlichkeit. Aber das ist im Grunde selbstverständlich: alle Einwirkung unterschiedlicher Farben weckt räumliche Assoziationen, seien sie nebeneinander geordnet oder sich überlagernd aufeinander geschichtet. Das Bewußtsein von den Möglichkeiten der Intensivierung ließ die Kundigeren unter den Expressionisten ihr Farbkonzept komplementär untermalen; nur Brüche und Risse lassen das heute sichtbar werden. Alle Farbe ist Wirkung des Lichts, und das Licht bedarf zu seiner Wirkung der Vorgabe des Raumes. Die physiologisch-psychologische Wirkung der Farben im Akt der Wahrnehmung, ihre vermeintliche Wärme und Nähe, ihre vermeintliche Kühle und Ferne oder Tiefe ist sehgewohnheitlich vorgegeben. Die Interaktion der Farben ist das Spielfeld malerischer Arbeit überhaupt, heute bewußter denn je. Bei Gotthard Graubner wird, was von diesen Dingen bewußt ist, in eine Tiefenerstreckung investiert. Der Spannungsbogen der Farben bleibt, da er die Schichten durchquert, dem Auge des Betrachters entzogen. Dafür mag aus der Dichte der Überlagerungen ein Sog entstehen, der ihn heranzieht, sich zu vertiefen, einzutauchen vielleicht wie in eine Höhle: mit einem Nebelraum, den der Betrachter zu durchschreiten hatte, hat Gotthard Graubner wiederholt und an vielen Orten versucht, Farbbewegung sinnlich wahrnehmbar zu machen.



Sinnliche Wahrnehmung auch dessen, was sich offenbaren könnte, das wäre das, was er sich wünschen mag. Das Transzendente, das höchste Wesen: erfühlt, als notwendig empfunden; das was Halt geben könnte und vielleicht die Sehnsucht nach solchem Halt, aber zur Erscheinung gelangt es nicht. Nachdenklichkeit stellt sich zwar ein, aber nicht im methodischen Sinne von Definition und Folgerung, Nachdenklichkeit eher im Bewußtsein dessen, daß Klarheit nicht zu erzielen sei. Das Undeutliche ist gottlob vieldeutig, das Eindeutige aber begegnet der Furcht, falsch zu sein; Deutlichkeit, sollte sie wirksam werden, müßte hinter Schleiern zu suchen sein, umschreibend, sich annähernd, aber nicht zu treffen, es sei denn im Übersprung des Funkens von dort nach hier. Das Farbfeld ist Energiefeld, die Vibration von Farbe ist Schwingung von Energie, aber was diese letztlich sei, bleibt offen. Man müßte darüber nachdenken. Indes: alles, selbst dies, ist Empfindung. Warum auch nicht?

# RENÉ ACHT

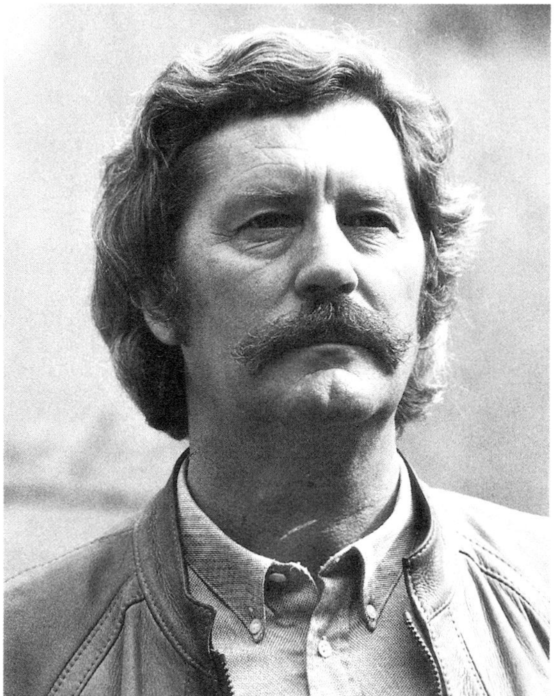

## Im Gespräch

Herr Acht, Sie wurden 1920 im Herzen der Humanistenstadt Basel, auf dem Spalenberg geboren. Dort haben Sie Ihre ersten Lebensjahre verbracht und schon sehr früh erste mystische Eindrücke erfahren durch die Fasnacht, die jährlich am Ende des Winters stattfand. Ihre Eindrücke waren besonders intensiv, weil Ihr Vater eifrig mitgemacht und selbst verschiedene Fasnachts-Cliquen gegründet hat. Schon mit drei Jahren bekamen Sie eine Blechtrommel und durften am »Morgenstraich« teilnehmen.
*René Acht:* Ich erinnere mich gut an diese Fasnachtszeiten, die ich bis 1936 zum Teil aktiv miterlebte. Es fing immer in der gleichen Weise an: Punkt vier Uhr verlöschen alle Lichter der Stadt, und mit Pfeifen und Trommeln beginnt der Mummenschanz. Die Maskenträger marschieren in formierten Zügen gemächlichen Schrittes hinter einer von Künstlerhand bunt gestalteten und bemalten großen Laterne her. Da spielt sich ein unheimlich anmutendes Geschehen ab, und mir als Kind, wie ich so dastand in der Nacht, frierend und überwältigt von Eindrücken, haben die Masken so manchen Schauer über den Rücken gejagt. Die bemalten Laternen und Umzugswagen sowie die Pappmaché-Figuren weckten mein Interesse an Formen und Farben, das Trommeln und Pfeifen an Tonalem und Rhythmischem.

*Friedhelm Mennekes:* Die Fasnacht ist also zu einem der Ursprünge des Darstellerischen und Gestalterischen bei Ihnen geworden, das Sie in gewisser Weise geprägt hat. Aber es ist sicher nicht nur die Fasnacht, die für die Stadt Basel charakteristisch ist. Sie ist doch eine Stadt großer wirtschaftlicher Gegensätze. Haben Sie das als Kind schon empfunden?
*R.A.:* Ja, sehr. Es gab bei uns einen Stadtteil, in dem die sogenannten besser gestellten Leute wohnten, und einen, wo das einfache Volk zuhause war. Auch die konfessionellen Gegensätze waren deutlich zu spüren: das Vorherrschen des protestantisch-kapitalistischen Prinzips über die katholische Minderheit, die oft nur am sozialen Rand lebte, und zu der wir gehörten. Bis in das Gerangel auf dem Schulhof spielten die konfessionellen Gegensätze eine Rolle.

*F.M.:* Ist Ihre Familie immer in der Schweiz ansässig gewesen?
*R.A.:* Nein, erst seit etwa einer Generation. Wir vermuten, daß unsere Wurzeln im Osten liegen, aber das ist ungewiß. Meine Großeltern mütterlicherseits und meine Mutter kamen aus Frankreich. Mein Großvater Acht war Holzbildhauer. Er hat viele Kirchenschnitzereien und Stilmöbel angefertigt. Mein Vater hat ebenfalls die Holzbildhauerei erlernt, war dann aber freischaffend tätig. Später hat er dann auch in Stein gearbeitet und Grabmäler und Grabkreuze gemacht. Da bin ich hineingewachsen und habe schon früh dem Vater beim Modellieren von Christusköpfen geholfen. Das Gestalterische lag uns Achts gewissermaßen im Blut. Zwischen 1930 und 1940 wurde die wirtschaftliche Lage auch für die Schweiz schwierig. Das bekam natürlich ein Gewerbe besonders hart zu spüren, das sich nicht mit lebensnotwendigen Dingen befaßte. Der Traum meines Vaters von einer großen Bildhauerwerkstatt oder gar Bildhauerschule ging deshalb nie in Erfüllung. Aber ich habe in meinen Eltern immer großzügige und verständnisvolle Förderer gefunden. Sie haben meine Begabung erkannt und nie versucht, mich einzuschränken. Ich habe sie sehr geliebt und bin ihnen sehr dankbar.

*F.M.:* Wann war das, als man Ihre Begabung erkannte, und wann fingen Sie dann an zu zeichnen und zu malen?
*R.A.:* Ich habe sehr früh mit Malen, Zeichnen und Modellieren angefangen, und es stand bald fest, daß ich die Kunst- und Gewerbeschule in Basel besuchen sollte. Ich bin da zunächst ohne große Begeisterung in die Fachklasse Grafik eingetreten. Man vertrat in der Schule die Auffassung, daß ein sozial schwacher Schüler sich am besten mit angewandter Grafik befassen sollte, damit er bald sein Brot verdienen konnte. Doch ich wollte frei künstlerisch schaffen, und so stand der Konflikt mit der Schulleitung sehr bald ins Haus. Ich appellierte an den Direktor des Kunstmuseums, das war damals Prof. Dr. Georg Schmidt. Ich brachte ihm meine Bilder, Skizzen und Studien und breitete einfach alles in seinem Studierzimmer auf dem Boden aus. Er sah sich die Arbeiten an und war der Meinung, das müsse gefördert werden. Er verschaffte mir ein Studienstipendium und ich bekam von da an sämtliche Malutensilien wie Papier, Pinsel, Farben usw. kostenlos gestellt.

*F.M.:* Das war ein hoffnungsvoller Anfang. Aber wie ging es dann weiter?
*R.A.:* Ich habe als sog. ›Meisterschüler‹ bei Prof. Arnold Fichter und Prof. Albrecht Mayer eine Zeitlang gearbeitet, aber mir kamen schon bald Zweifel, ob Malen nach der Natur der richtige Weg für mich sei. Es begann eine Zeit der Auseinandersetzung mit der Kunstgeschichte, besonders mit Klee und Kandinsky. Ich beschäftigte mich theoretisch und praktisch mit den avantgardistischen ›Ismen‹ und Stilen, um herauszufinden, ob sie mir innerlich verwandt waren. Nach dem Krieg 1945 zog ich dann zunächst zwei Jahre nach Genf. Ich fand ein sehr schönes Atelier hoch über dem See, den Blick auf Notre Dame und an St. Pierre vorbei. Ich fühlte mich sehr wohl dort.

*F.M.:* Genf, das war eine Art Klein-Paris. Eine Stadt mit wichtigen internationalen Begegnungen und Anregungen. In Genf gab es z. B. Buchhandlung und Verlag Skira, die die bemerkenswerte Zeitschrift »Labyrinth« herausbrachte, die Ihnen sicher starke Impulse vermittelte. Setzte sie sich doch mit der ganzen Ecole de Paris auseinander, d. h. mit Léger, Picasso, Braque usw. Sie brachte nicht nur interessante Artikel, sondern auch gute Abbildungen.
*R.A.:* Ja, das war eine sehr wichtige Zeitschrift. 1947 konnte ich ein paar Studienwochen in Paris verbringen. Leider wurde ich jedoch krank und mußte deshalb nach Genf zurückkehren. Aber ich bin dann nicht mehr in Genf geblieben, sondern zog nach Stockholm.

*F.M.:* Wieso kamen Sie gerade auf Stockholm? War das für einen Maler eine wichtige Stadt?
*R.A.:* Einmal war es in Stockholm damals leicht, eine Arbeitsgelegenheit zu bekommen, und ich hatte auch Glück: ich bekam eine inoffizielle Anstellung an der Oper und konnte in die Bühnenmalerei einsteigen. Nach Schweden kamen damals viele Impulse über Holland und Dänemark aus der Ecole de Paris. Ich war davon stark beeinflußt und begann zu experimentieren, vor allem formal und farbig. Ich fand den Mut, die Gegenstände aufzulösen und nur mit dem Licht zu arbeiten. Damals entstanden viele kleine Studien, vor allem abstrakte Aquarelle.

*F.M.:* Aber Ihre ersten beachtlichen Erfolge hatten Sie doch dann in Helsinki?
*R.A.:* Ja, ich konnte sogar mit dem Verkauf meiner Bilder meinen Unterhalt bestreiten. Hauptsächlich nach dem Erfolg einer Ausstellung in einer Galerie. Ich bin dann im Land herumgereist und bis nach Lappland gekommen und habe Eindrücke gesammelt.

*F.M.:* Welches sind denn nun die Stichworte für Ihre Auseinandersetzung mit dem Christusbild?
*R.A.:* Als Stichworte kann man vielleicht nennen: Auflösung des Gegenstandes, Abstraktion und Konstruktion. Aber der Bezug kam zunächst aus dem Bereich des Gegenständlichen. Die Christuskopfdarstellungen meines Vaters und Großvaters hatten noch mit der religiös kirchlichen Welt von damals in harmonischem Einklang gestanden. Der Großvater Acht war auch ein eifriger Kirchgänger und sang immer gerne im Kirchenchor mit. Es war ganz natürlich bei uns, daß man in die Kirche ging. In dieser unhinterfragten Selbstverständlichkeit habe ich auch meine erste Hl. Kommunion gefeiert. Sie wurde richtig wie ein normales schönes Fest begangen. Irgendwelche Zweifel gab es nicht, nichts, was nicht üblich gewesen wäre.

*F.M.:* Sie haben mir erzählt, daß Sie gerne in die Kirche gegangen sind, aber am liebsten, wenn dort nicht gerade Messe gefeiert wurde. Gottes Haus zu betreten, das war ein Raum des Vertrauens, des Friedens.
*R.A.:* Wenn ich mal mit meinem Vater an einer Kirche vorbeikam, dann gingen wir hinein und setzten uns hin. Aber ich denke, daß mein Vater wohl mehr die Schnitzereien angeschaut hat. Aber für mich haben zunehmend befremdend die kleinen Andachtsbildchen gewirkt, die ich immer kitschiger fand. Da sah der eine Christus genau so aus wie der andere. Da wuchs in mir der Widerstand, überhaupt einen Christus zu gestalten. Das ist doch so etwas Großes, das kann man sich doch nur geistig vorstellen. Christus zu gestalten, das ist so ähnlich, wie wenn ich den lieben Gott als alten Mann mit Bart darstelle. Das kann ich nicht. Für mich bedeutet Christus etwas ganz anderes. Für mich ist er eine Lichtfigur. Da müßte man mit sehr viel Licht arbeiten, auch mit Farben, aber doch sehr zurückhaltend. Er erscheint mir wie ein Licht über uns, das man im Grunde nicht malen kann. Eigentlich habe ich immer versucht, diesen Gedanken, diese Vorstellung von Christus in meine ungegenständliche Welt hineinzubringen. Ich meine, wenn ich heute so durch eine meiner Ausstellungen gehe: eigentlich hat alles etwas mit diesem Christus zu tun.

*F.M.:* Gilt das nur für die Christusdarstellung oder gilt das auch für das Kreuz?
*R.A.:* Das Kreuz ist für mich ein wichtiges Symbol. Aber nur das Kreuz allein, das nackte Kreuz. Es ist kein Kreuz mit einem Christus dran, kein Gesicht, das verzerrt oder schreiend oder erstarrt den Betrachter anblickt. Der wirkliche Christus, der ist uns doch eigentlich abhanden gekommen. Ich kann diese Christusbilder tausendmal anschauen, ich werde dabei weder religiöser noch tiefsinniger. Sie lenken mich ab. Sehe ich jedoch ein einfaches Kreuz, dann spüre ich einen Impuls.

*F.M.:* Christus als Lichtkammer, als das abstrakte Wort, das ist ein nicht weniger biblischer Ansatz als der in einigen biblischen Erzählungen; der Wundergeschichten z. B. oder in den Erzählungen über den Prediger Jesu, der sich mit seinen Gegnern auseinandersetzt. Es ist ein sehr abstraktes und doch zugleich präsentes Christusbild. Christus ist für Sie Maß und Gipfel zugleich.
*R.A.:* Ja, in Christus finde ich zu mir selber. Und doch ist da eine Spannung, ein Begehren. Ich spüre ein Ziehen zu ihm hin. Aber das alles ist für mich nicht darstellbar, nicht körperhaft darstellbar. Er ist für mich auch kein Prinzip, das einengt, sondern etwas, das weit über das dogmatische Korsett einer einzelnen Kirche hinausreicht.

*F.M.:* Ich folgere daraus, daß Sie auch die Auseinandersetzung mit anderen Religionen und Philosophien gesucht haben. Haben Sie sich einmal mit Teilhard de Chardin beschäftigt?
*R.A.:* Ja, eingehend. Er hat mir sehr viel Mut gemacht. Gerade in der Begegnung mit verschiedenen Kultstätten, etwa China und Japan, spüre ich etwas von einer sehr großen Weite. Ich spüre dort etwas von einem, das einen gleichzeitig umarmt, das einen aber auch aufsaugen kann. Das hat für mich auch mit Tonalem zu tun. Es führt mich schnurgerade in das sonore, beruhigende, celloartige Braun, in diese dunklen, warmen Töne. Mein Christus, das ist für mich auch so etwas wie Erde, ich meine, etwas, worauf ich stehen kann. Christus ist für mich Bezugspunkt, von dem aus ich mich geistig sehr weit engagieren kann. Es ist dies mein Christus, mein ureigener. Dem kann ich eigentlich nur auf die Spur kommen, wenn ich die Augen schließe, wenn ich mich freimache von allen gegenstandsbezogenen Bildern und Plastiken.

*F.M.:* Daß Sie sich von den traditionellen Christusbildern befreit haben, hat sicherlich nicht nur mit Ihrer künstlerischen Entwicklung zu tun, sondern auch mit Ihrer persönlichen Glaubenserfahrung. Welche Rolle hat in Ihrer Biographie eigentlich der Krieg gespielt?
*R.A.:* Eine sehr wichtige. Wir jungen Schweizer wurden bereits 1939 eingezogen und aus äußerem Anlaß notvereidigt. Wir waren uns bewußt, daß es für uns kein Entkommen geben würde, wenn sich der Krieg zu einem Flächenbrand ausbreiten und auch unsere Heimat erfassen würde. Es konnte jede Stunde losgehen. Dazu kamen die Feldprediger, die uns auf die Gefahren vorzubereiten suchten. Es war gewissermaßen die letztmalige Aufbietung des alten überkommenen Christus. Und zugleich war es die Zeit, in der mein Christusbild vom Figürlichen ins Ungegenständliche durchbrach.

*F.M.:* Soviel ich weiß, hatten Sie 1939 noch mehrere Kreuzigungen gemalt und gezeichnet. Wenn man sie sieht, spürt man das innere Tasten und Sehnen nach Befreiung und Erlösung. Später, in Ihrer informellen Phase zwischen 1955 und 1962, entstanden noch einmal eine Reihe von Christusbildern. Das sind Verzweiflungsschreie des Gekreuzigten und Getretenen. Aber schließlich ist es dann nur noch das Zeichen des Kreuzes, des immaterialisierten Kreuzes – Freiraum und Spannung zugleich –, wo sich die Auseinandersetzung um das Christusbild niederschlägt.
*R.A.:* Es gibt viele Möglichkeiten, um das Religiöse oder das Christliche bildhaft auszudrücken. Es gibt Darstellungsversuche des Außerordentlichen, welche das aus der Ordnung Herausfallende zeigen; Kraftströme, ebenso Linien mit Unterbrüchen. Wichtig für mich ist die Sparsamkeit der Mittel, die sich oft im Nichtvorhandensein ausdrückt. Leere als Fülle.

*F.M.:* Das Christliche in der Gestalt des Kreuzes offenbart sich in Ihren Arbeiten in mannigfacher Weise: als Plastik, auf dem Boden liegend, in Zeichnungen und Scherenschnitten, teilweise in vertikaler Position dargestellt, gleichsam zum Spiegel oder Reflektor des Betrachters werdend. Es kann eingebaut sein in einen Kreis und wird damit zum Doppelsymbol. Zwar mit Zentrum, jedoch ohne Schwerpunkt, hat der Kreis die Möglichkeit, alles aus- oder einzuschließen.
*R.A.:* Er kann auch in Bewegung geraten. Alles ist im Wandel und hat doch Halt im Kreis. Er ist eine Grundform, der ein sehr starkes Lebensgefühl ausdrückt. Es ist wie bei einem zugefrorenen See, auf dem man auf die Mitte zugehen möchte, der aber, wenn er Risse zeigt, Angst auslöst und den Trieb zur Mitte bremst. Abwartend zieht man sich zurück ans Ufer, um die Phase einer erneuten Zueisung abzuwarten. Es ist der Wunsch und Wille, zur Mitte vorzustoßen, ein Wille, der gestoppt wird durch die Einsicht der Gefahr, daß das Eis noch nicht trägt und einzubrechen droht. Dem muß ich entsprechen, darauf muß ich Rücksicht nehmen, vielleicht warten bis zum nächsten Winter, der möglicherweise das Eis dicker werden läßt, so dick, daß es mich trägt; dorthin trägt, wo ich gerne sein möchte.

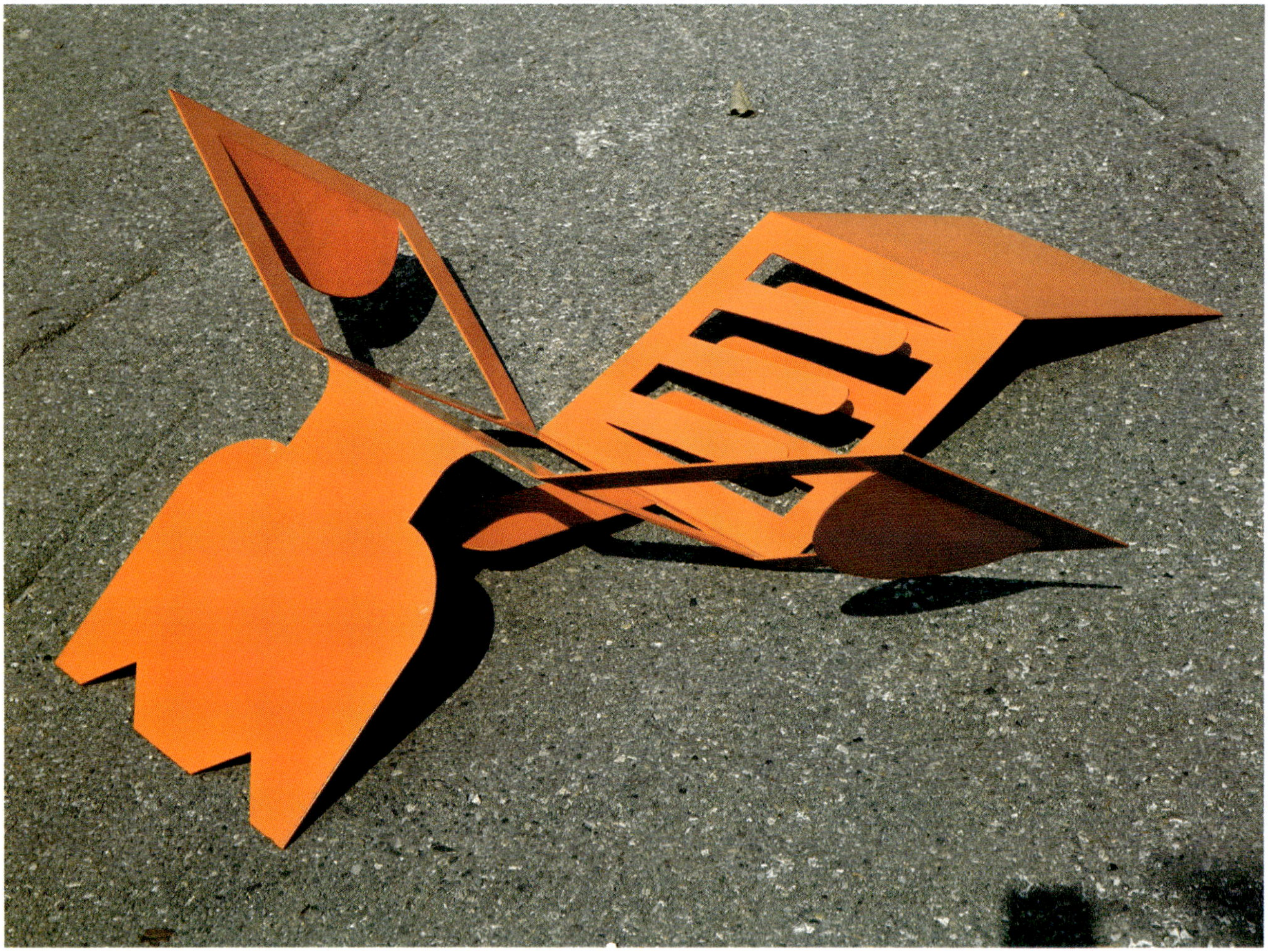



Würfelhaus, entfaltet zum Kreuz, 1972, Eisenblech bemalt, 134 × 60 × 120 cm

o. T., 1983, Scherenschnitt, 70 × 70 cm

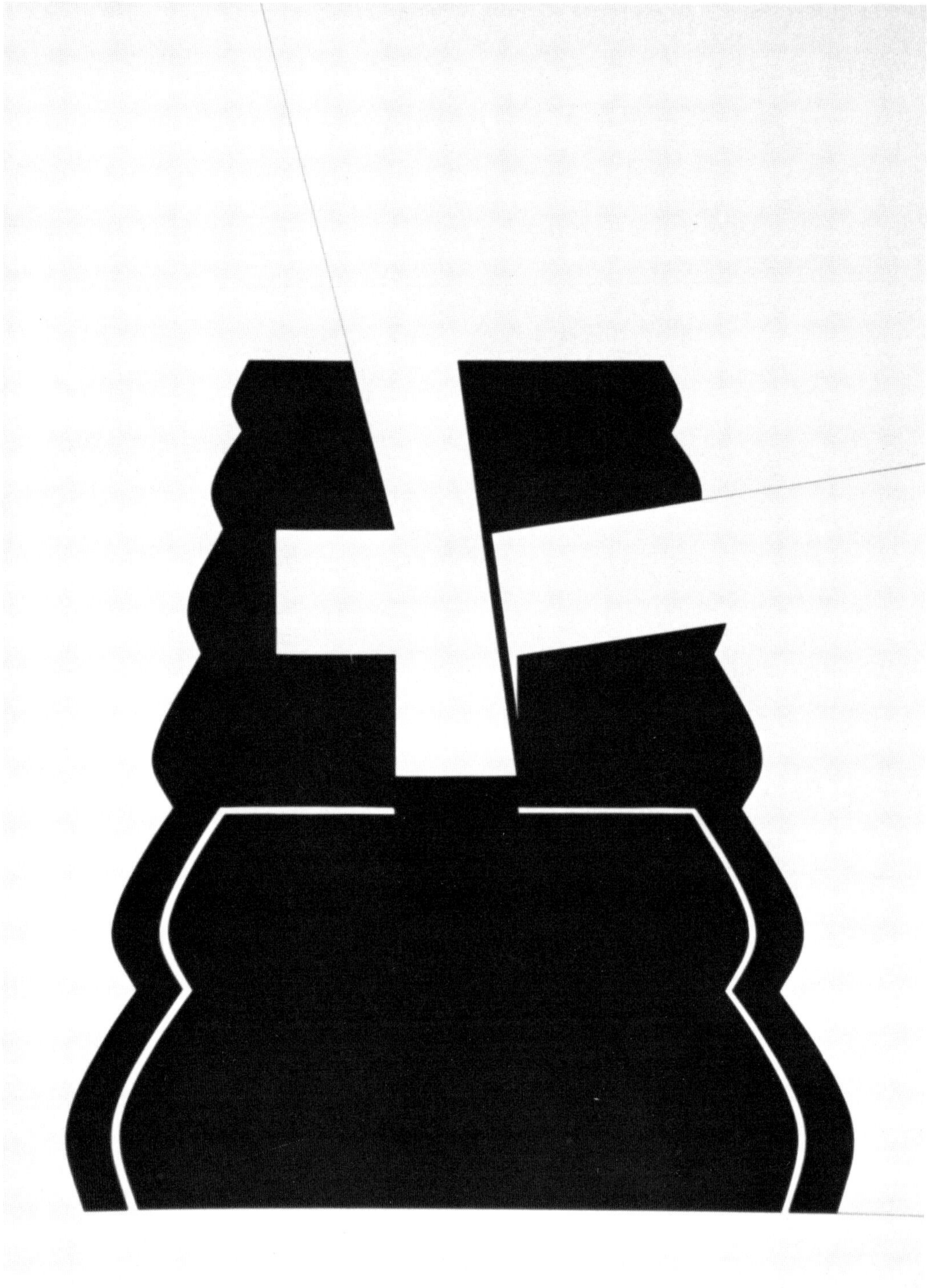



Stupa mit Kreuz, 1984, Scherenschnitt, 100 × 70 cm

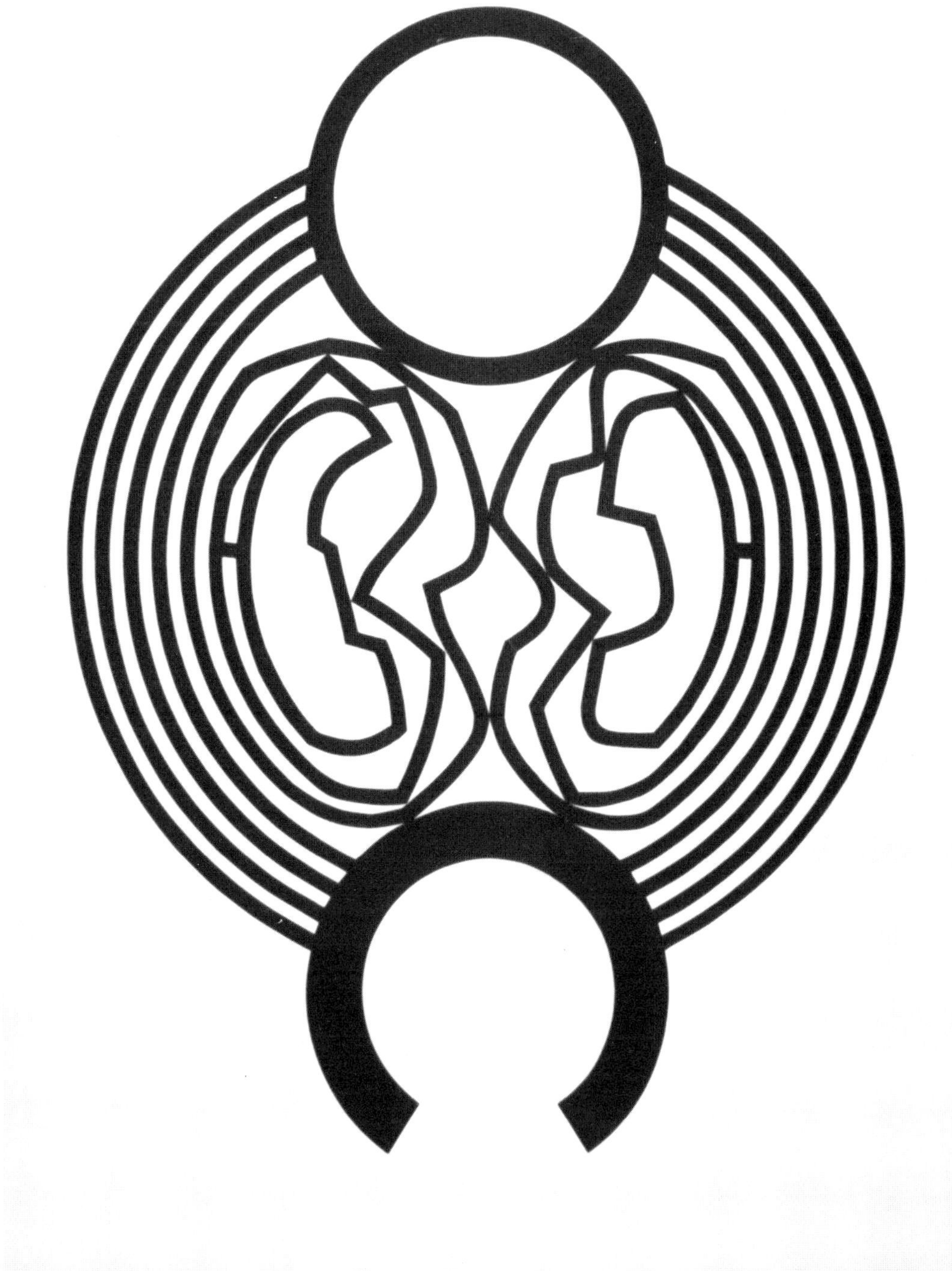



o. T., 1984, Scherenschnitt, 100 × 70 cm

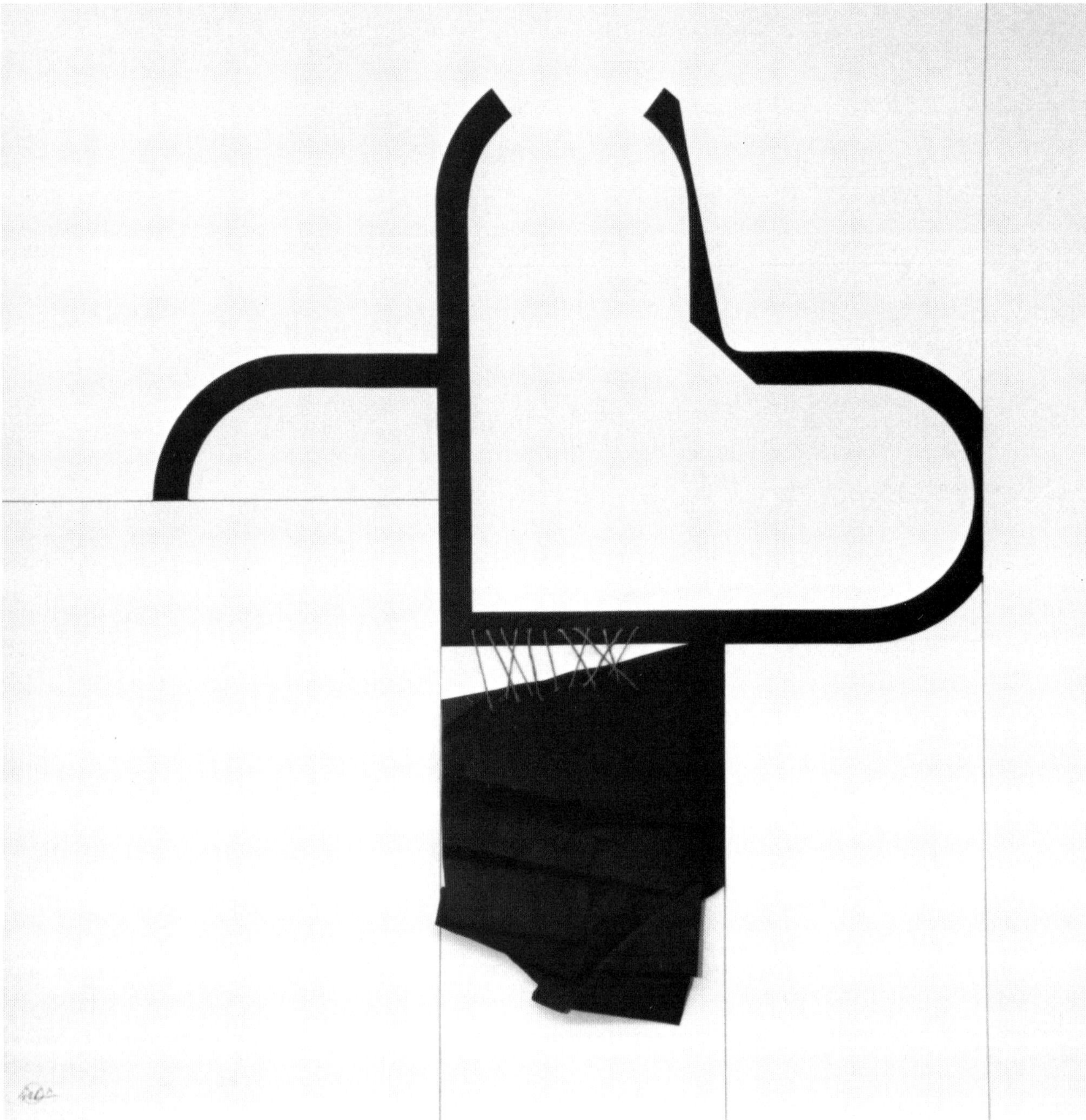



Kreuz, 1984, Scherenschnitt mit Kordel, 70 × 70 cm

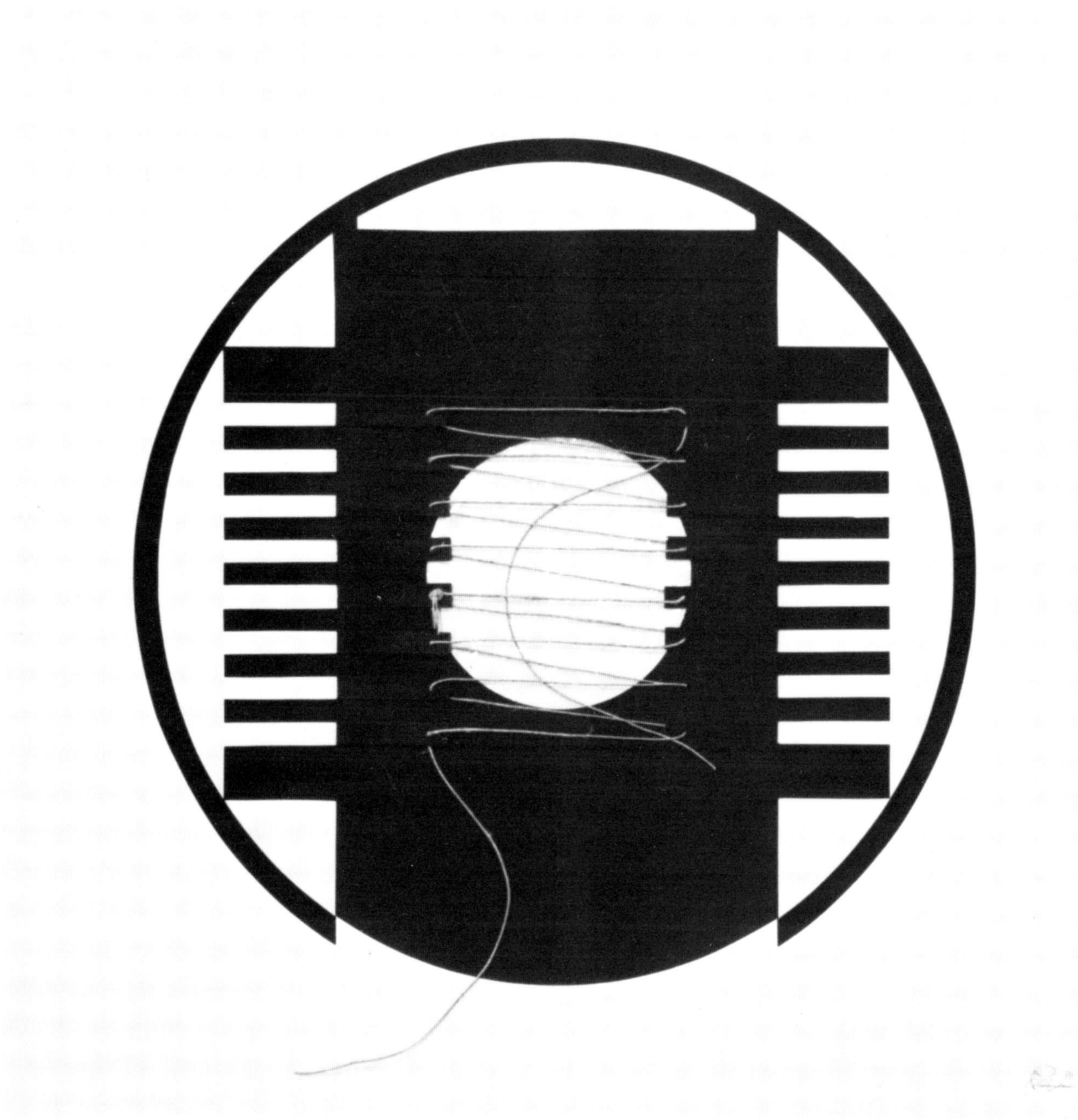



o. T., 1984, Scherenschnitt mit Kordel, 50 × 50 cm

## Im Werk

René Acht ist 1920 in Basel geboren worden und hat dort 1936–40 an der Kunst- und Gewerbeschule studiert. Das häusliche Milieu eines Bildhauerateliers vor allem für angewandte Bau- und Raumplastik hat ihn vom Großvater und Vater her vorgeprägt. Seine eigene Persönlichkeitsfindung ist aber mindestens ebensosehr längeren Studienaufenthalten in Genf, Paris und Rom anzurechnen wie den großen Reisen, die ihn über seine Lebenszeit hinweg nach Skandinavien – Schweden/Finnland –, Spanien und Nord- und Westafrika, Japan und China geführt haben. Auf der einen Seite also die Seßhaftigkeit in einer Stadt aus einem gewissermaßen bürgerlichen Bewußtsein heraus – 1972 ist nach Basel Freiburg im Breisgau dieser feste Ort für ihn geworden –, auf der anderen Seite ein von kreativer Neugier – auch auf die so anderen geistig-kulturellen Tiefenschichten – getriebenes Schweifen, das ihn in weiten Schwingungskurven über die Welt gleiten läßt und extrem ferne Orte zu inneren Bezugspunkten für ihn macht. Ein anderer wesentlicher Spannungsbogen besteht für ihn zwischen intensivster eigenschöpferischer Arbeit und der vermittelnden Tätigkeit des Lehrens: Lehren nicht als Kompromiß zur Sicherung der Einkünfte, sondern als moralische Pflicht für den, der imstande und mit den inneren Mitteln dazu versorgt ist und sich über den Bestand der Kultur und der Welt Sorgen macht. Den zeitweiligen Lehrtätigkeiten in Hamburg – Hochschule für bildende Künste –, Basel – Kunst- und Gewerbeschule – und Freiburg – Pädagogische Hochschule – hat er in seinem Art Club eine persönliche Schule im eigenen Haus angefügt und beigeordnet, die in konkretem bildnerischem Unterricht und in Ausstellungen, Vorträgen, Gesprächen die Möglichkeit einer kritischen und diskursiven Auseinandersetzung mit allen künstlerischen und geistigen Phänomenen offenhält für die Partner des Erlebnisses von Unterrichtung, Anschauung, Zuhörerschaft und Aussage ebenso wie für ihn selbst.

Das Werk wie die Persönlichkeit von René Acht sind von einem tiefen, in sich ruhenden Ernst getragen, der sich zwar das Genießen einer Erfahrung, einer Erkenntnis, eines Erlebnisses nicht versagt, aber nie auch nur um ein Weniges zögern würde, den gedanklichen Weiterungen und Folgerungen daraus integrierend nachzugehen. Er sucht bei seinen Zügen durch die Welt nicht überall bloß sich selbst, wie es manche tun, aber er sieht sich in der Pflicht, stets selbst auf das Widerfahrene zu antworten, und seine Antwort ist nie leichthin gegeben. In der katholischen Minderheit Basels aufgewachsen, verdankt er der Katholizität das universale Geöffnetsein, aber wie überall in Konfrontierung das Entgegengesetzte Farbe abgibt ans andere, mag sich in René Achts Strenge und Grundsätzlichkeit auch kalvinistisches Erbgut äußern, am offensichtlichsten da, wo er es sich versagt und aus seinen persönlichen Strukturen heraus versagen muß, sich etwa – als der Bildner, der er ist – von Gott ein konkretes, sinnenhaft mitteilbares Bild zu machen. Der Weg in die reine Abstraktion, der, trotz eindrucksvoller früher eigener Beispiele einer gegenständlichen Kunst, für ihn irreversibel ist, mag, sei es unbewußt, in dieser Lagerung seinen eigentlichen Grund haben, so wenig im ganzen die ungegenständliche Kunst insgesamt für Grundhaltungen und Erkenntniswege des Protestantismus reklamiert werden könnte. Die geistig-religiöse Öffnung René Achts – um auf ihn selbst zurückzukommen – wendet sich dem Bereich der anderen großen Offenbarungsreligionen und den Bereichen zu, in denen Religion und Philosophie miteinander verschmelzen, erdumfassend und gegenwärtig in den lebendigen Traditionen anderer Kulturkreise, hier gewissermaßen in horizontaler Flächendehnung aufgesucht, andrerseits aber auch in der wurzelstockhaften Vertikalen eines geschichtlichen Lebensgefühls erspürt, das, Schichten eigener Werdung durchdringend, das Alchimistische, Mystische, Geheimwissenschaftliche, Mythische, Archetypische dem rationalen Bewußtseinswachstum beiordnet.

Es versteht sich fast von selbst, daß so René Achts Bilder mehr und mehr zu Symbolen geworden sind, zu komplexen Zeichen, die über das legitime ästhetische Vergnügen an ihrer Schönheit hinaus nachdenkliches Eindringen erfordern. Da ist ein empfindsamer Mensch, der gleichwohl keine Gefühlsanstöße geben mag: er mag es nicht, er zwingt sich selbst vorweg die Klärung ab. Schon das, was ihm um 1960 internationales Ansehen einbrachte, sein spezifischer Beitrag zur informellen Malerei, mit dem er die Schweiz 1969 auf der Documenta 2 in Kassel und auf der 5. Biennale in Sao Paulo und 1961 bei der Ausstellung Carnegie Pittsburgh International mitvertreten hat, ist für die Verhältnisse dieses Stils bei aller Kraftentfaltung außerordentlich gebändigt: Freiheit unter Kontrolle, und letztlich in der Thematisierung von totem Stern einerseits, andrerseits von Nest, aus dem sich, geometrischer, das Hausthema entwickeln sollte, auf symbolische Eindickung ausgerichtet. Es ist die geschlossene Form als Lebenszelle und ihre willige oder gewaltsame Öffnung, es ist das auf sich gestellte Ragen und seine Bindung ins Gemeinschaftliche, es ist die Verletzung und die Bandagierung zur Wiederherstellung wie zur Isolation, die sich auch in den späteren, formstrengen Werken vielfältig zum Bewußtsein des Betrachters bringt. Es sind aber auch viele Bezüge und Querverweise da zur Symbolik der menschlichen Frühzeit, der Exotik, des fernen Ostens: alle Figur Denkfigur durch das, was man ihre Geometrie nennen kann, welch letztere sich ja nicht nur auf das Äußere der meßbaren Erde und aller sichtbaren Vergleichbarkeiten bezieht, sondern auf alles Maß, alle Harmonie, alle intervallhafte Gespanntheit, alles proportionale Wägen. Das Kreuz als sein einziges Zeichen christlicher Offenbarung und die Polarität dualer Kräfteverhältnisse, Zentrierung einerseits also – nimmt man das Kreuz als Kreuzungspunkt – und Polarität andrerseits – sieht man Prinzipien und Erfahrungsformen unterschiedlich einander gegenübergestellt oder ineinander verwickelt – bestimmen neben der gitternden Breitung in die Fläche und der Schließung in den Kreis, die beide alle Abweichung ins Kraftfeld des Harmonischen binden, die Thematik und Motivation auch der Scherenschnitte mit, in deren persönlich-monumentaler Erscheinungsweise sich seit 1968 ein wesentlicher Teil der künstlerischen Aussage von René Acht konzentriert.

Weit weg von allen simplen Kontrasten und aller undefinierbaren Vermischung von Farben, von denen die ersteren gern als expressiv, die letzteren gern als mystisch oder mindestens geheimnisvoll sich interpretieren lassen, eröffnen schon René Achts Gemälde, auch da, wo sie nicht durch das Einziehen von Schnüren ins Räumliche ausgreifen, eine Farbräumlichkeit, die sich aus fast lyrischen Schwingungen erlesener tonaler Nachbarschaften ergibt; die plastischen Stelen, fest im flächigen Umriß und einheitlich in ihrer Einzelfarbe, geben sich der Modulation durchs einfallende Licht hin. Die Scherenschnitte aber, durch Verzicht auf alles Vermittelnde, sind räumlich par excellence, räumlich in der totalen Bindung in die Fläche. Der Scherenschnitt zwingt zu Reinheit und Festlegung, in ihm werden Spannungen und Gewichte entschieden in der abtrennenden Herauslösung von Umriß und Volumen. Reine Fläche also eigentlich, die aber, da einer anderen Fläche, dem tragenden Bogen, auferlegt, eine Interaktion zwischen diesen beiden realen Ebenen hervorruft: das Knappste, aber in Weite. Der Kontrast zwischen Schwarz und Weiß, der kein farbiger ist, enthält geheimerweise die Spanne, die zwischen der Abwesenheit des Lichts und seiner ungeteilten Präsenz besteht, von welch letzterer aus der Physik zu erfahren ist, daß sie die Summe aller Farben sei. Raumspannung also in der äußersten Beschränkung. Raumspannung aber auch in letzter Deutlichkeit: das ist der Geist sich schuldig. Auch wenn er den Sinnen mit beigefügten Folien von anderer Materialität, mit Knitterung, mit der sparsamen Ausweisung durch gezeichnete Linien, mit demonstrativer Bindung durch Schnur Hilfen zum Einfühlen gibt, die über den reinen Schnitt hinausgehen, ist es doch vor allem das geistige Vermögen, das evoziert wird bei demjenigen Betrachter, der über ein solches verfügt. Eindeutigkeit, wo es, existentiell oder spirituell, um tiefe Inhalte geht, ist eine eher seltene Qualität. Vielleicht muß man im Bereich von Grenzen aufgewachsen sein, um solches in sich zu vereinigen und das Bedürfnis zu haben, danach zu streben. Bei René Acht sind Klarheit und Hermetik aus derartiger geographischer Herkunft und persönlich von weiter her in eins gebunden. Nichts ist bei ihm ungewiß, aber alles bei ihm ist geheimnisvoll.

FRIEDHELM MENNEKES

# RELIGIÖSE UND KÜNSTLERISCHE SINNFINDUNG IN DER MODERNEN GESELLSCHAFT

Klagen werden allenthalben laut: die Kirche hat keine Beziehung mehr zur Kunst. Die Kunst meidet die Kirche. Die eine Seite hat Angst, vereinnahmt zu werden, die andere findet ihre inhaltlichen Vorstellungen nicht genügend beachtet. Und da Kunst und Kirche zu klagen verstehen, wird wortreich räsoniert über dieses Mißverhältnis und davon geträumt, wie einträchtig doch beide Seite an Seite die vergangenen Jahrhunderte verbracht haben. Doch so einheitlich die Klage auch sein mag: unterschiedlich ist der Tenor. Die Klage des einen wandelt sich schnell in eine Entrüstung über soviel künstlerischen Unverstand, die des anderen über den Mangel an Respekt vor den Werten der Tradition und den Herausforderungen der Gegenwart. Kein Zweifel, die Beziehungen sind ziemlich lädiert.

Doch die Klage ertönt, so intervallartig wie gleichbleibend, und nährt eine eigene Zunft: die Kunsttheologen und die Kunsttheoretiker mit theologischen Neigungen. Dazu gesellen sich einige Tagungsspezialisten und Randgänger. Doch wer klagt über den Mangel an Kunst in den Schulen (einige gute Kunstpädagogen ausgenommen)? Wer klagt über die Architektur in den Vorstädten (immer auch mit Lichtblicken durchsetzt)? Wer klagt über den schlechten Geschmack in den Kasernen und Konzernzentren, in den Fabriken, auf den Flugplätzen – immer freilich mit wenigen Ausnahmen, vor allem in den Bankzentralen. Das Mißverhältnis zwischen Kunst und Kirche steht nicht allein. Der Riß geht quer durch die Gesellschaft.

Unüberschaubarkeit heißt hier das Stichwort. Trennung der Gesellschaft in separate Subsysteme. Jeder hat seinen Bereich, hat sein spezielles Wissen, wenige blicken über ihren Lebensraum hinaus. Was in der Schule vor sich geht, interessiert allenfalls noch Eltern Schulpflichtiger; was in den Betrieben läuft, kommt höchstens bei Streik und Aussperrung zur Sprache. Um diese Trennungen geht es in der folgenden Überlegung. Ihre Erörterung soll das Klagen über die verlorene Eintracht in die Suche nach einem sinnvollen Zueinander von Kunst und Kirche überführen.

**in Reflexion und Erfahrung**

Es macht die Grundaufgabe des Menschen aus, sich in der Welt, in der er lebt, zurechtzufinden. Er sucht seinen Standort und setzt sich zum Ganzen der ihn umgebenden und ihn betreffenden Welt in Beziehung. Er muß also die Welt und ihre Geschichte in den Blick nehmen, das zeitliche Woher und Wohin betrachten und die Dimensionen seiner Gegenwart begreifen. Dazu gehört schlichtweg alles, was dem Menschen in seinem Leben begegnet, Natur ebenso wie die Umwelt des Alltags, alles das, worauf sich sein Handeln bezieht, was seine Intentionen beflügelt, aber auch die Grenzen seiner Freiheit. Zu seiner Gegenwart gehören die Kräfte, die der Mensch sich dienstbar zu machen weiß, wie auch das, was sich seiner Einwirkung entzieht: das Rätselhafte, Unerklärte und Undurchschaubare. Das alles holt er sich in den Griff und erhebt es zum Sinn.

Dieses Schaffen von Sinn geschieht nicht im luftleeren Raum. Jede Zeit ist mit der Lösung dieser Fragen beschäftigt. Der einzelne erhält so eine Stützung und Ergänzung durch andere, die diesen Fragen nachgehen. In jeder Gesellschaft gibt es zudem noch Spezialisten, die den Menschen in diesem Suchen begleiten. So finden sich in jeder Kultur mehr oder weniger vorgefertigte Antworten, Einsichten und Erfahrungen, die den einzelnen bei dieser Suche entlasten. Dazu gehören gewisse »offizielle« Antworten, wie z. B. die auf die Frage nach der Legitimation der politischen Macht, die in einer klassischen Monarchie anders aussieht als in einem republikanischen Stadtstaat oder gar in einer modernen Demokratie. Die Wirklichkeit der Gesellschaft ist durch solche Erklärungen bereits vorgeformt. Im Blick auf die gesellschaftliche Konstruktion der modernen Weltwirklichkeit hat die Wissenssoziologie deutlich gemacht, daß es imgrunde keine heiligen und sanktionierten Legitimationen mehr gibt, sondern daß alle gesellschaftlichen Einrichtungen von Menschenhand und Menschengeist begründet und geformt wurden. Spätestens seit solchen Einsichten sind bestimmte Restbestände von »göttlichen Ordnungen« und außermenschlichen Tabuisierungen außer Kraft gesetzt worden. Die moderne Welt begegnet ihrem aufgeklärten Bewohner als ein Geflecht von Subjektivität und Objektivität, also als ein dialektisches Beziehungsgefüge, das auf allen Stufen Spuren menschlicher Prägung an sich trägt. Insofern ist die Reflexion auf die Welt als ganze und auf den Ort, den der einzelne Mensch oder alle Menschen zusammen in ihr einnehmen, keine rein religiöse Betrachtung mehr, sondern zunächst eine menschliche und rationale. Das gilt für Philosophie und Soziologie ebenso wie für Theologie und Kunstwissenschaft.

Nun ist aber die Beobachtung nicht neu, daß der moderne Mensch in der Bewältigung seiner Grundfragen und der Bestimmung seines Standortes einem verengten Wirklichkeitsbegriff aufgesessen ist. Zunehmend ist die Bemächtigung der Welt zu einer technischen Bemächtigung geworden. Damit hat sich unterderhand auch der Wirklichkeitsbegriff und die Sinnorientierung auf das Vergegenständlichte und Verfügbare reduziert und sich auf das Vorfindbare und das empirisch Erfahrbare eingeschränkt. Das naturwissenschaftliche Denken hat dabei Pate gestanden. Und so haben sich ganze Bereiche dem Zublick des Menschen entzogen. Der Mensch hat den Begriff der Welt als Ganzes verloren, zumal der nicht direkt oder empirisch wahrnehmbare Bereich, – ja die Wirklichkeit als Ganze ist ihm weitgehend kein Problem mehr. Seine Reflexion hat sich auf Nebenbereiche zurückgezogen. Er ist nicht entschieden darauf aus, sich der Wirklichkeit als Ganzer zu bemächtigen. Und so erhebt sie sich unbewältigt gegen ihn und seine Intentionen. Eine ganze Reihe von Weltproblemen belegt dies, Probleme, die der Mensch eine Zeitlang aus den Augen verloren hat, und die jetzt umso brennender ihre Behandlung einklagen: die Welternährungsfragen, die Friedenssicherung, die Umweltproblematik, das Natursterben; aber auch Fragen wie die Unregierbarkeit der Großstädte oder der modernen Massendemokratien, die Herrschaft der Bürokratien, die Arbeitsplatzsicherung... Der Mensch hat sich zu stark unter das Diktat und die Faszination des Machbaren gestellt und dabei das Gefühl verloren für das, was er nicht machen kann, was sich seinem direkten technischen Begreifen und Verfügen entzieht. Ihm ist der Sinn auch für das Geheimnis in der Welt verlorengegangen. So wartet er einstweilen auf die Lösung der großen Fragen in der Zukunft. Das ist für den technischen Wirklichkeitsbegriff der einzige Ausweg, in der Hoffnung, daß mit immer größerer Differenzierung und Vervollkommnung der technischen Möglichkeiten auch die noch nicht bewältigten und bewältigbaren Probleme in den Griff kommen. In einer solchen Situation schlagen der Mangel an gesellschaftsübergreifender Reflexion und die Pluralisierungen des Lebens- und Orientierungsbereiches fatal durch. Es gibt keinen zentralen Standpunkt, es gibt keine Reflexion auf der Basis eines ausdrücklichen gesellschaftlichen Konsensus.

Und doch gibt es eine Reihe von Ansätzen und praktischen Vorstößen, der Verengung des technischen Wirklichkeitsbegriffes zu entkommen. Die Sozialwissenschaften gehören dazu wie die kritischen Philosophien der Neuzeit, aber auch die alternative politische Szene, die Friedensforschung, die Umweltschutzbewegung, ja sogar kritische Stimmen in den etablierten Parteien und nicht zuletzt Impulse der modernen Kunst und der sie tragenden Theorien.

Auch die Theologie sucht im Rahmen eines derart breiten gesellschaftlichen Bemühens, ihre Reflexion in den Dienst der angesprochenen Notwendigkeiten zu stellen. Theologie wird hier zunehmend als eine reflektierte Hilfsstellung für den modernen Menschen begriffen. Sie soll im Folgenden näher entfaltet werden.

Eine Theologie als Reflexionshilfe für den modernen Menschen, seine Wirklichkeit zu verstehen, muß ihre Voraussetzungen und Grundannahmen offen in den Raum stellen.

Es macht die Grundstruktur eines religiösen Weltverständnisses aus, daß sie das Ganze der Welt von einer nicht-weltlichen Größe, die »Gott« heißt, versteht. Sie begegnet dem Menschen gewissermaßen an den Grenzen seines Selbstverstehens und seiner Erfahrung und ermöglicht ihm die Spiegelung des Ganzen der Welt gerade im Gegenüber mit einem göttlichen Wesen, bzw. einem transzendenten Bereich.

So verschiedenartig auch die einzelnen historischen Ausprägungen von Religion sein mögen, darin kommen sie zusammen: daß sich der Bereich des Religiösen dem Menschen und seiner Welt gegenübersetzt und dann gewissermaßen von außen in das menschliche Leben hineinreicht. Dadurch unterscheidet sich das religiöse Weltverständnis von einem profanen, daß es nach einer Größe außerhalb des Menschen und seiner Welt greift.

Das Christentum ist ein religiöses Weltverständnis, das sich an der Gestalt Jesu von Nazaret festmacht. Er steht zwar in der Tradition des jüdischen Weltverständnisses, hat aber durch die Entwicklung, die von seinem Werk ausgeht, eine gewisse Eigenständigkeit.

Die christliche Religion macht sich also zunächst an Jesus von Nazaret fest. Diese Gestalt findet auch im modernen westlichen Kulturbereich eine breite gesellschaftliche Anerkennung. Weit über die gläubigen Mitglieder der Kirche hinaus ist er für viele Menschen ein Orientierungspunkt. Formalisiert und im Blick auf nüchterne Ergebnisse der Bibelwissenschaft wie des allgemeinen Bewußtseins, läßt sich von ihm zunächst Folgendes sagen: Es handelt sich bei diesem Jesus von außen her gesehen um eine etwas merkwürdige und doch zugleich alltägliche Gestalt eines Juden, der einerseits das Leben eines Rabbi mit seinen Schülern führt, andrerseits aber auch in der Tradition der jüdischen Profeten steht. Als solcher fand er Aufmerksamkeit im Volk, das für solche Gestalten ein außerordentliches Interesse aufbrachte. Dieser Jesus erregte Aufsehen durch seine charismatischen Taten und durch den Anspruch seines Auftretens, authentisch die überkommene Religion auszulegen, bzw. zu interpretieren. Er stieß mit seinem Anspruch sehr bald auf Widerstand und das Mißfallen bei den weltlichen und geistlichen Obrigkeiten. Vor allem fand er die Ablehnung sog. ›Frommer‹, denen sein Umgang mit den Menschen und seiner Umwelt zu frei und ungezwungen erschien. Er verkündigte ebenso unerschrocken wie menschlich, daß Gottes Herrschaft jetzt angebrochen sei und daß es gelte, zu dieser Herrschaft umzukehren, bzw. aufzubrechen. Dadurch geriet er immer mehr in Gegensatz zu einer eher statischen Religionsauffassung, die sich durch Gesetzeserfüllung die Zukunft und das Wohlgefallen bei Gott sichern wollte. Er bekam als Unruhestifter schließlich den Prozeß wegen angeblichen Aufruhrs und wahrscheinlich auch wegen Gotteslästerung. Schließlich wurde er mit Hilfe der römischen Besatzungsmacht am Kreuz hingerichtet. Das war seine irdische Geschichte. Und sie ist die Basis für eine breite allgemeine Orientierung.

Was nun diese Biographie für die Theologie so relevant machte, waren Zeugnisaussagen und Berichte anderer, die in diese Lebensgeschichte hineinverflochten waren. In ihrer inneren Erfahrung wendeten sie die zunächst relativ belanglose Geschichte zu einer großen Verdichtung der Nähe Gottes zum Menschen. Für sie war diese Geschichte das Einswerden eines Menschen mit seinem Gott, und zwar über den absoluten inneren und äußeren Gehorsam. In dieser Gestalt wurde für sie offenbar, daß sich Gott zum Menschen stellt. Hier zeigte sich für sie die Zuwendung Gottes zu einem Menschen, der ganz und gar für die anderen dasein und ihnen den Weg aus ihrer Selbstverstricktheit weisen will. Und eben diese Gestalt hat Gott – nach Aussage der Zeugen – von den Toten auferweckt, und damit hat Jesus das Leben aller, für die er gelebt hatte, ›erlöst‹; er hat sie zu einer Hoffnung befreit, aufgrund derer alle Menschen sowohl ihre Zukunft mit einer positiven Perspektive erarbeiten, ertrotzen, erkämpfen, aber auch duldend und »mit einem Gesicht hart wie Kiesel« (Jes 50,7) erwarten können.

Dieser zweite Aspekt von der Gestalt Jesu verflüchtigt sich zwar bei vielen Zeitgenossen ins Vage und Ungesicherte, doch wird der Hoffnungsimpuls vielfach geteilt. Seine Überführung in ein Wirken der Kirche läßt diese schließlich weitgehend allein, doch wie immer: die biblischen Zeugen und die kirchliche Tradition machten die Biographie Jesu und das, was sie beinhaltet, zu einem Wort von Gottes Nähe zu den Menschen. Es ist somit ein neues Licht für den Menschen, die gesamte Wirklichkeit als von Gott angesprochen und auf Gott hin bezogen zu sehen. Es wertet alle Welterfahrung auf Gott hin, welcher selbst den Menschen als seinen geliebten Partner und damit als den Angelpunkt des Weltverstehens zu erkennen gibt. Dieses Wort trifft also den Menschen in seinem Selbstverständnis und in seiner Art, sich in der Welt zu begreifen und zurechtzufinden.

Es ist die Aufgabe der Theologie, dieses Wort jeder geschichtlichen Situation gegenüber neu zu formulieren. Sie sucht dabei die alten Chiffren und Symbole der Bibel je neu verständlich zu machen, d. h. ihren Gehalt neu zu entziffern, bzw. neu zu interpretieren. Gerade die kirchlichen Traditionen sind ja nicht dazu da, um ihrer selbst willen aufbewahrt und weitergegeben zu werden, sondern damit sie den Menschen weiterbringen und die Ansage des Reiches Gottes verdeutlichen. Dabei sind nicht nur die Methoden kritischer Textauslegung zu beachten, sondern die Zumutbarkeit für den Hörer, seine Auffassungsgabe, seine Nöte und Ängste; denn das Evangelium soll ja den Menschen befreiend betreffen. Das Wort von Gott hat den Anspruch, dem Menschen eine angemessene Erfahrung von sich selbst und seiner Welt, in der er lebt, zu ermöglichen. Erst dann ist das Wort von Gott – Gottes Wort. Erst so kann ein solches Wort wirklich Leben und Situationen verändern. »Der zentrale Gegenstand theologischen Bemühens ist nicht mehr ein historischer Text, sondern die kirchliche Praxis.« (Franz Kamphaus) Dieses Stichwort ›Praxis‹ eröffnet somit auch den Weg zu einer erneuerten Sicht der Theologie. Verfuhr man früher weitgehend in den Kirchen nach der Maxime, das Wort Gottes unverfälscht und doktrinär auszusagen, so trat nach den reformerischen Impulsen der Kirchen in den letzten Jahrhunderten das Problem der Verstehbarkeit immer mehr in den Blick, vor allem im Problem, das »Wort Gottes« mit der »Wirklichkeit der modernen Lebenswelt« dialektisch zu vermitteln.

In diesem Zusammenhang ist es dann vornehmlich die Aufgabe, das Spannungsfeld des Hörers, der ja in dieser Wirklichkeit lebt, abzustecken, wahrzunehmen, auszuhalten und zu bewältigen. Die Vertreter der Kirchen lernten jetzt auf einmal die Ohnmacht kennen, diese Wirklichkeit zu artikulieren und zur Sprache zu bringen. Sie sucht daher in ihrer Praxis nach einem Sensorium, die Fragen und ›Qualen‹ der Wirklichkeit bis in ihre Tiefenvorgänge hinein wahrzunehmen. Denn die Theologie hat nicht nur von Gott zu reden. Der jüdisch-christliche Gott ist immer auf den Menschen bezogen. Und jedes Wort von Gott ist ein Wort Gottes an den Menschen.

Es kann kein Zweifel darüber bestehen, daß die Theologie dieses Sensorium nicht mehr allein finden kann. Dazu ist sie inzwischen auch gesellschaftlich viel zu isoliert. Sie kann es nur finden in Zusammenhang und in ständiger Auseinandersetzung mit allen anderen gesellschaftlichen Versuchen, diese Situation des Menschen zur Sprache zu bringen: die humanen Wissenschaften, die praxisbezogene Politik samt aller ihrer Alternativen. Freilich und nicht zuletzt findet sie dieses Sensorium in Auseinandersetzung mit der Kunst, insofern sich diese ebenfalls mit dem Menschen und den Geheimnissen seines Lebens befaßt. Gerade die Kunst greift oft weiter als das Wort und die wissenschaftliche Analyse. Gerade sie ist in vielen ihrer Variationen offengeblieben für das Unaussprechliche, Ahnungshafte. Gerade sie ist schöpferisch in ihren immer neuen Ansätzen, den Menschen und seine Welt in Gestalt und zur Wahrnehmung zu bringen. Einige Berührungspunkte seien im Folgenden angesprochen.

### in Bild und Wort

»Alle Kunst geht vom Fleische aus!« Wenn man diesen Satz Alfred Hrdlicka's nicht gleich als ein materialistisches Glaubensbekenntnis abtut, dann hört man in ihm ein entschiedenes Plädoyer für den Menschen. Die Leidenschaft vieler Künstler für diese Erde und für die Alltagswirklichkeit des heutigen Menschen ist davon bewegt, in diesem Ausgriff das wirkliche Leben des Menschen, seine Nöte und Wünsche abzustecken. Und so greift Hrdlicka in seinem Schaffen in die blutige Erde der Verfolgung, der Unterdrückung, der Gewalt, die sich der Mensch antut, der Gewalt, die in ihm steckt, in seinen Trieben und Instinkten: Fleisch und Erde, Realität und Alltag. In diesem Zusammenhang sind aber auch die geschundenen und bedrohten Gestalten Litzenburgers ebenso zu sehen wie die erdfarbenen Leichenverbrennungen Knaupps oder die in Leder figurierten Gestalten Kalinowskis. Fleisch und Erde – sie stehen nicht etwa für das Böse, sie stehen für das Wirkliche. Fleisch und Erde ist der Mensch. Ob sie den Geist umschließen, oder er schon in ihnen steckt; ob der Mensch von sich aus seine Freiheit erringen kann oder zu ihr gerufen werden muß, das bleibt vielfach offen. Aber ein Votum wird deutlich: der Mensch, die Welt, sie müssen von der Erde her begriffen werden. Wird diese Dimension nicht bis ans Ende abgesteckt, wird man ihr nicht gerecht.

Und so hilft die Farbe, die Materialität, die Anschaulichkeit, das Bild weit mehr als das immer abstrakte Wort und die Parole, die diese Dimensionen sichern wollen. Und die Künstler sichern sie in der Figuration von Asphalt und Stacheldraht, im Schächer, in den Fotos von Hiroshima, aber auch im Ausweiten der künstlerischen Darstellungsformen, die ausdrücklich das Alltägliche, Abfallende und Anfallende mit in die Gestaltung einbeziehen. Beispielshalber sei hier auf die neue »heftige« Malerei verwiesen, die gewissermaßen über Nacht der Malerei eine neue alte Dimension wiederentdeckt hat: den Menschen, das Leben, den Gegenstand, die Expression. Helmut Middendorf zeigt so die Räume der jungen Generation, ihre Ängste und ihre Nächte, ihr Licht, ihr Lebensgefühl, ihren Drang, ihre Spannungen, ihre Tänze, Masken, Idole ... Ein neuer Realismus wird hier deutlich. Wie die Künstler des 19. Jahrhunderts zeigt er den Herrschenden die anderen, die Fremden, alle diejenigen, die in die Vorhöfe der Gesellschaft und die Bereiche des Subkulturellen verbannt sind. Und ist es nicht Litzenburger, der seit Jahren nicht müde wird, diese Fremden in die Gestalt des Narren, des Clowns, des Dummen zu kleiden; jene Gestalten, die ver-fremdet, verlorengegangene Lebensräume durchfahren, sich aber doch nirgends ansiedeln, weil ihnen die Annahme verwehrt wird?

Die Zuwendung zur Erde ist auch eine Hinneigung zum Leidenden: in der Gestalt des traurigen Narren ebenso wie im Schächer, im stigmatisierten Wundmal, im übermalten Kreuz, im verwitternden Holzscheit, im verdinglichten Patienten, im lädierten Leder oder der zerstörten Statue. Immer ist es ein Ansatz, den Menschen und seine Situation einzufangen und ins Bild zu setzen. Joseph Beuys gewinnt diesen Leiden ihre positiven und den Menschen weiterbringenden Dimensionen zurück, ohne sie dabei platt zu verklären. Für Alfred Hrdlicka ist eben diese Situation der Anlaß, nach letzten Widerstandsmöglichkeiten zu suchen, und Horst Egon Kalinowski weiß die Kraft zu figurieren, das Leiden durchzustehen, es auszuhalten, um es zu überwinden.

Der Ausgriff zur Erde geht bis zu dem Aspekt, unter dem der Mensch selber zu Erde wird. »Erde zu Erde! Asche zu Asche!« »Vom Staub bist du genommen, zum Staube kehrst du zurück.« Es ist ein überraschend breiter Raum, welcher bei den ausgestellten Künstlern die Auseinandersetzung mit dem Sterben und mit dem Tod einnimmt. Er reicht von Arnulf Rainers Totenübermalungen über Bandagierungen Brodwolfs bis hin zu den Totenverbrennungen Knaupps und den Gräbern von Zacharias. Es ist überraschend, wie selbstverständlich hier ein Thema aufgegriffen wird, dem sich weitgehend nicht nur der profane Zeitgenosse, sondern auch das religiöse Bewußtsein verweigert. Während die einen das Thema gerne verdrängen, scheinen es die anderen gerne zu überspringen. Sie beschäftigen sich lieber gleich mit dem ewigen Leben und bestätigen auf breiter Front die Kritiker in den Vertröstungspraktiken der Kirche. Wer um diese zeitgenössischen Desorientierungen weiß, und wer erfahren hat, wie schwer es ist, dagegen anzugehen, der ist betroffen von diesem künstlerischen Bemühen um eine Auseinandersetzung mit dem Sterbeprozeß selbst und dem gewissermaßen alltäglichen Umgang mit dem Tod.

Da sind zunächst die Figuren Jürgen Brodwolfs. Es sind leichte und verletzbare Torsi, schemenhafte Andeutungen von menschlichen Lebewesen, denen die Aura der Ruhe und der Stille anhaftet.

Sieht man sie in ihren Umräumen, dann ist die Assoziation des Grabes sehr nahe. Die Strenge und die Konsequenz, mit der Brodwolf sich in immer neuen Zugängen mit diesen seinen Figuren auseinandersetzt, führen den Betrachter immer mehr in dieses Umfeld des Todes und des Grabes. Gerade hier wird deutlich, wie schnell eine aktive, interpretierende und verstehen-wollende Betrachtungsweise an ein Ende gerät. Diesen Figuren muß man Zeit schenken. Sie haben die Gabe, daß sie den Schauenden in die Atmosphäre einbeziehen, die sie abstecken. Ohne Zweifel werden diese mumienhaften Figuren auf den Widerstand stoßen, der dem modernen Menschen solchen Themen und solchen Räumen gegenüber anhaftet; aber hier findet er sicher auch die Selbstgewißheit, über solche Widerstände in Stil wie Inhalt den zaghaften Versuch zu wagen, solche Widerstände zu durchbrechen. Die Figuren können eine Betroffenheit auslösen, wie sie einem Wort nur schwer möglich ist, zumal gerade eine vertiefende Betrachtung zu einer Art Begegnung führen könnte, zu einer Anleitung zum Umgang mit den Toten und zu einer Auseinandersetzung mit dem eigenen Sterben.

Tiefer noch in diesen Vorgang des Sterbenmüssens greift Werner Knaupp mit seinen Totenverbrennungen. Auf der Suche nach seinem Menschenbild stieß er auf Totenverbrennungen in Kalkutta. Hier suchten die Schwestern von Mutter Theresa auf ihre Weise, »den Toten die letzte Ehre zu erweisen«, indem sie sie einsammelten und dem Feuer übergaben. In dem so befremdenden wie liebevollen Umgang mit den Toten entdeckte Knaupp in einer verblüffenden Deutlichkeit eine neue Dimension des Todes, die diesen ausdrücklich in das Leben miteinbezieht. Diese Lebensstation steht dem apollinischen Heroenbild entgegen. Das Sterben, das Leiden, die Auslieferung in die barmherzigen Hände gehören mit zum Leben. Ja, das Sterben ist etwas Lebendiges, ist ein intensives Moment des Lebens. Gerade die hier sichtbare Verdichtung von Sein und Vergehen entdeckt ihm eine neue Erfahrung und prägt ihm, zum Teil gegen innere Widerstände, eine neue Ästhetik. Auch die letzten Phasen des menschlichen Lebens haben ihren Aufbau, haben ihre innere Gesetzmäßigkeit und Ordnung – und Schönheit. Die Stufen der Verbrennungen, in denen der verbrennende Rest des Menschen die Farbe der Erde annimmt, in die er sich zurückverwandelt, entdekken ihm dies. Sterben und Leben, Geburt und Tod, Schmerz und Lust, – sie sind eins und machen nur zusammen das ganze Leben aus.

Eine Auseinandersetzung mit dem Tod sind auch die Totenübermalungen Arnulf Rainers. Es braucht Mut und eine selbstüberwindende Radikalität, um die Hemmungen vor den Totenbildern zu überwinden. Es braucht eine Rigorosität, um sich über den ästhetischen (vorurteilenden) Geschmack der Zeitgenossen hinwegzusetzen und Bilder von solchen Totenmasken zu übermalen. Es ist dies ja nichts anderes als eine Auseinandersetzung mit ihrem Ausdruck, mit ihrer Geschichte und mit all dem, was sie an Erinnerung oder Herausforderung in uns auslösen.

Europäer mokieren sich so gerne über die Totenkosmetik in Nordamerika. Aber ist sie nicht auch eine Art Auseinandersetzung mit dem Bild des Toten? Und die Erinnerungsfotos, die wir von dem Toten aufstellen, sind sie nicht auch ein Ansatz, den Toten im Gedächtnis zu behalten? Doch die Totenübermalungen Rainers sind mehr. Sie holen die kulturellen Relikte aus der Zeit vor den Verdrängungen heraus und provozieren dazu, mit den Toten gestalterisch umzugehen, sich mit ihrem ›Leben‹ auseinanderzusetzen, statt ihnen in Foto und Maske nur andere Formen von Grabdenkmälern zu geben. Die Übermalungen lassen den Toten gewissermaßen wieder lebendig werden und versuchen, was auf eine andere Art das Gebet für die Toten, das Totengedenken im Gottesdienst und der Besuch an den Gräbern bedeutet, nämlich mit den Toten gewissermaßen zu leben.

Die Gräber schließlich werden zu einem ästhetischen Gegenstand bei Walter Zacharias. Hier wird das Grab nicht den beauftragten Steinmetzen und Gärtnern überlassen. Es hat subjektive Züge, es ist stellvertretend Partner und gestalteter Gegenstand in einem.

Die Dimension des Sterbens und des Todes ist zunächst nicht religiös. Sie ist menschlich und allenfalls anthropologisch bedeutsam. Erst im Nachhinein, in der Reflexion, wird das religiöse Element deutlich. Insofern sind diese Bilder solche vom Menschen und vom Leben. Sie sind keine Christusbilder. Aber sie sind Bilder, die in theologischer Perspektive Bezüge zum Leben und Sterben Christi und damit zum Christusbild eröffnen. Sind erst einmal durch künstlerischen Mut die versunkenen Bilder des Todes gehoben, werden ihre Verweisungen auf die christlichen Totenbilder offengelegt und sie gewinnen ihren Bezug zum Leben zurück.

Neben den theologisch relevanten Bezügen lassen sich aber auch noch existentielle aufzeigen. Es ist der »Bezug zum spirituellen Ganzen«, von dem Joseph Beuys spricht, der sich nur dadurch herstellen läßt, daß der Mensch einen neuen Zugang zu den Kräften des Lebens gewinnt. Die ausstellenden Künstler schenken sich in dieser Hinsicht nichts. Der Ernst und die Offenheit, mit der sie diese Aufgabe angehen, berührt. Dabei ist ihnen nicht selten die Gestalt Christi ein Katalysator, von dem sie sich herausgefordert fühlen. Er ist in seinem

Lebenszeugnis eine Gestalt, die durch ihre Kompromißlosigkeit den Menschen zu sich selbst bringt. Diese Gestalt ruft ihn auf, sich zu stellen und seinen Lebensfragen nachzugehen. Herbert Falken verlangt dabei die »Dichte« in der Darstellung. Arnulf Rainer betont die an Jesus zu beobachtende eigentliche künstlerische Tat: die verschiedenen Aspekte des Lebens »zusammenzubringen«, und zwar nicht nur die alltäglichen, die eingefahrenen, sondern vor allem diejenigen, die in die Höhe weisen. Das »Außergewöhnliche« am Botschafter Christus fordert Horst Egon Kalinowski heraus, und Gotthard Graubner sieht in ihm ein Zentrum von Lebensschwingungen. Jesus nicht nur als Identifikationsfigur für menschliche Lebenssituation zu mißbrauchen, sondern das Göttliche, Übermenschliche an dieser Gestalt zu entdecken, ist schließlich die Forderung Thomas Lehnerers.

Durchgehend bei allen Künstlern ist die Kritik an der Christusfigur der Devotionalien, die dazu herabgesunken ist, bestimmte biblische Erzählungen zu illustrieren, gewissermaßen das Bild, das jedermann hat, zu wiederholen und zu figurieren. Sie sehen dagegen die Aufgabe des Bildes in einer authentischen Wiedergabe und Gestaltung der Botschaft selbst. Das Bild ist Träger von Inhalten, die das Wort nicht greifen, bzw. nicht ausdrücken kann. Damit wird es zugleich ungewohnt, macht betroffen oder erschrocken. Die Künstler entreißen das Bild Christi gewissermaßen dem geschmäcklerischen und anpassenden Zugriff, indem sie es in eine neue Gestalt geben.

Man denke hier nur an die Kreuzübermalungen Arnulf Rainers. Er entzieht sozusagen das Kreuz dem gewohnten Anblick. Er verhüllt es, er übermalt es und läßt gerade darin die Spannungen wieder frei werden, die von einem solchen Thema ausgehen. Wer den Corpus vermißt, muß ihn selbst – in frommer Erinnerung oder im Bemühen grausamer Fantasie – anheften. Wer Jesus am Kreuz vermißt, muß ihn selbst annageln. Wem die Verhüllung unangemessen erscheint, der enthülle sie!

Arnulf Rainer greift in seinen Übermalungen in tiefliegende Prozesse des geistlichen Lebens selbst ein, nämlich in die Kreuzverdrängung, die auch darin begründet ist, daß das Kreuz als »schönes Kreuz« in die Ecke gehängt und gerade dadurch mit Ästhetik verhüllt wird. Auf diese Weise wird es dann wahrhaftig verdrängt und seine wirkliche Dimension nicht erkannt, geschweige denn ausgehalten.

Die Kirche selbst hat in der Liturgie die alte Gewohnheit, in der Passionszeit die Kreuze zu verhüllen, um so den Gläubigen bei der Kreuzenthüllung in der Karfreitagsliturgie das Kreuz in seiner tiefen Dimension neu zu entdecken. Die existentielle Radikalität eines Künstlers kann hier dazu verhelfen, die religiöse Praxis unter den Verdacht der Gewohnheit zu stellen.

Durch Abstraktionen, Reduktionen und Transformationen haben die Künstler Auswege aus überkommenen Engpässen gewiesen. Sie haben ein Stückweit das Geheimnis religiöser Symbolik wiederentdeckt. Die vielen Äußerungen und die Bilder selbst zeigen ein Ringen und Suchen. Die Künstler preisen ihre Bilder nicht als die Christusbilder unserer Zeit an, sondern machen vielmehr deutlich, daß es dieses Christusbild nicht mehr gibt, und daß es nicht einfach zu haben ist. So sucht jeder auf seine Weise nach diesem Bild. Sie reichen von den ruhigen und doch spannungsreichen Kreuz- und Kreuzformen René Achts bis hin zu der »wilden Gebärde« Bernd Zimmers, die er mit dialektischem Zugriff in seiner Farbgestaltung einfängt: in das ›Marterl‹, in den stigmatisierten Fuß, in die Weite einer Landschaft, die »ihre Berge zum Tanzen« bringt.

Die moderne Kunst hält viele Versuche bereit, dem Menschen seinen Alltag zu deuten und verstehen zu helfen. Das ist so in der Literatur, im Film, im Theater ... und das ist in der bildenden Kunst so. Und ohne Zweifel gibt es bei einigen Künstlern Entwürfe für ganze Weltdeutungen, für Verbindungen ganzer Lebensbereiche. Nicht wenige Künstler schaffen aus einem hohen Reflexionsniveau heraus; sie sind in der Literatur, der Soziologie, der Philosophie und manchmal auch in der Theologie und Religionsgeschichte belesen. Sie versuchen von sich aus, auf der Basis ihrer Kommunikationsfähigkeit, Getrenntes zusammenzubringen und sich andere Reflexionsräume zu öffnen. Viele Künstler haben diese übergreifende Kommunikation in ihren

Werken umgesetzt. Und was ist die Präsenz des Christusbildes in der modernen Kunst anderes als der Niederschlag einer solchen geöffneten Kommunikation. Die Kunst kann ohne die Kirche leben, und auch die Kirche kann ganz gut ohne die Kunst leben. Aber es ist die Frage an die Theologie und die Kirchen, ob sie sich von der gesellschaftlichen Notwendigkeit übergreifender Sinnkommunikation überzeugen lassen; es ist eine Frage, ob sie dazu bereit sind, sich in den Dienst einer Gesellschaft zu stellen, die neu nach ihrem Sinn und nach ihrem Standort in der Geschichte sucht.

Eine offene Auseinandersetzung mit den Bereichen der Kultur – hier exemplifiziert an der Begegnung mit der bildenden Kunst – birgt für die Theologie zwei Chancen: sie macht fähig zur Wahrnehmung anderer Inhalte, und sie befreit zu einer Intensivierung der Wahrnehmung selbst.

Eine offene Beziehung geht aus von der Begrenztheit der eigenen Wahrnehmung. Sie ist betroffen von Lebensfragen, zu deren Beantwortung die eigenen Erfahrungen und das eigene Wissen nicht ausreichen. In einer Zeit, in der das Spezialwissen vorherrscht, ist dies leicht einsehbar. Eine Kirche von heute kann sich eben in ihrer erzieherischen und pädagogischen Arbeit nicht nur auf ihre Theologie, sondern sie muß sich auch auf die Ergebnisse entsprechender Detailwissenschaften stützen. Das bedeutet nicht, die Theologie zu verabschieden, denn sie ist als Allgemeinwissenschaft weit mehr in der Lage, verschiedene Einzelaspekte miteinander zu verbinden, als das die speziellen, zumal die empirischen Wissenschaften können.

Es muß aber über diese – übrigens sehr traditionelle – Aufgabe der Theologie auch die Kommunikation mit den anderen Reflexions- und Allgemeinwissenschaften führen, mit der Soziologie, der Philosophie, der Pädagogik, der Anthropologie, der Literatur- und Kunstwissenschaft. Und dieser Kontakt geschieht mehr als es vielleicht bekannt ist. Doch diesen Wissenschaften liegen praktische Bereiche zugrunde: Sozialarbeit, Lebensberatung; das Verfassen von literarischen Texten und eben das bildnerische Tun. Die Erziehungswissenschaften vermitteln ein anderes Lebensbild des Jugendlichen als die praktische Sozialarbeit, die Psychologie wieder ein anderes Bild von den psychischen Lebensbedrohungen als die praktische Lebensberatung und die bildende Kunst ein anderes Menschenbild als die Kunstwissenschaft, die ja doch nur gleich wieder das Bild versprachlicht. Die Komplexität der Aspekte, die konkrete Form, die verschiedene Bereiche zusammenbringt, muß unmittelbar, ohne das Wort der Interpretatoren, erfahren werden, die zuweilen mehr ver-klären als erklären. Es geht nicht darum, ein Plädoyer für die Kunst im allgemeinen zu halten: es geht darum, das konkrete künstlerische Werk selbst hinzuhalten und auszuhalten. Es geht um Begegnung, um unmittelbare Erfahrung, um Praxis. Wer sich ihr aussetzt, wird betroffen von den Niederschlägen anderer Erfahrung, begegnet Erfahrung. Und der Theologie täte es gut, solche Betroffenheiten einmal schweigend auszuhalten, ohne ihrer notorischen Neigung zu Kommentierung, Sezierung, Theoretisierung nachzugehen. Worte machen kann eine Flucht sein. Doch daß Betroffenheiten im Nachgang auch reflektiert sein wollen, ist keine Frage. Nur, Reflexion ist ein Wieder-hinsehen, ist etwas Sekundäres.

Die begegnende Auseinandersetzung mit der bildenden Kunst ist nicht nur eine thematische Bereicherung, sondern ist selber eine Schule der Erfahrung. Sie verweist den Betrachtenden von der Ebene des Wortes und der begrifflichen Reflexion zur Schau. Gerade in der christlichen Spiritualität ist es ein alter vertiefender Weg, von der diskursiven Betrachtung zur inneren Schau der Dinge zu gelangen. Ignatius von Loyola wird in seinem Exerzitienbuch nicht müde, diesen Weg immer wieder anzumahnen und anzuregen. Er geht dabei den Weg über die Anwendung der Sinne, er will den geistlichen Gedanken ganz ins Körperliche hineinholen, um ihn – durch den Körper durchgezogen – zur eigentlichen Visio, zur inneren Schau der Dinge zu führen. Erst hier kann es zum Erspüren der inneren Wahrheit kommen, und erst von hier kann der Mensch sich zurechtbringen und zu der Entscheidung kommen, von der die Wahrheit seines Lebens und seiner Geschichte abhängt, – eine Einsicht, die Ignatius in Manresa zur Erfahrung geworden ist.

Wenn Joseph Beuys in seinem Gespräch die Kraftlosigkeit der christlichen Sakramente in der modernen Lebenswelt anspricht, dann spricht er auch die Ohnmacht des kirchlich verfaßten Christentums an, keine wirklich gestaltende Kreativität des Sakramentalen mehr zu besitzen. Eine begegnende Auseinandersetzung mit der bildenden Kunst jedenfalls führt zur Kommunikation auf der Ebene dieser innersten Personmitte. Damit soll nicht die Bedeutung des Wortes herabgesetzt werden. Es kann nicht darum gehen, das Wort durch das Bild zu ersetzen, es muß vielmehr darum gerungen werden, daß die Kirche ihre alte Bildfähigkeit wieder erreicht, um so ihr Wort auch wieder mit plastischem Gehalt und mit Konkretion zu füllen.

Wenn es die Möglichkeit für einzelne Persönlichkeiten gibt, verschiedene Bereiche, die in der modernen Gesellschaft strukturell auseinandergefallen sind – wenn der Wirtschaftsfachmann, der Offizier, der Sozialpädagoge und der Leiter eines kommunalen Museums sich so fremd geworden sind wie Angehörige verschiedener Nationalitäten – wenn sich also die Teilbereiche der Gesellschaft immer mehr in weitgehend von einander abgeschlossene Zonen entwickeln, die kaum von den benachbarten Sinnprovinzen Notiz nehmen, dann sind Persönlichkeiten mit sinnbereichsübergreifenden Kommunikationsfähigkeiten notwendiger denn je. Wenn aber Persönlichkeiten dazu fähig sind, so bleibt doch zu fragen, ob nicht innerhalb solcher einzelner Bereiche Kommunikationsräume und -formen entstehen können, in denen die von einzelnen entwickelten Kommunikationsfähigkeiten ins Überpersonale ausgeweitet werden können. Die Universitäten waren früher einmal dazu in der Lage. Die Schulen scheinen sich in der Zeit der Post-Reformen auf diese Aufgabe zu besinnen, der Journalismus gibt hier und da eine Kostprobe davon. Und die Kunst? Die Kirchen? Es scheint, sie könnten hier eine Alternative zu sich selbst entdecken, die sie einiges an verlorengegangener gesellschaftlicher Relevanz zurückgewinnen läßt, wenigstens im Ansatz, wenigstens hie und da. Daß diese Aufgabe nicht leicht ist, davon wissen die zu sprechen, die sich darum bemühen; doch daß es möglich ist, das wissen sie auch.

### in Begegnung und Gespräch

Die Ausstellungsfolge zum Thema Menschenbild-Christusbild hat eine Bereitschaft zur Begegnung zu ihrer Voraussetzung. Diese sollte sich in einem Gespräch niederschlagen. Bis auf zwei Ausnahmen ist es zu solchen Gesprächen gekommen. Die eine Ablehnung eines Gesprächs stützte sich auf eine augenblicklich starke Skepsis vor jeder mündlichen und begrifflichen Äußerung, was zu respektieren war; die andere ließ sich nicht anders interpretieren als eine Ablehnung der Begegnung und führte schließlich zur Reduzierung des Ausstellungsprogramms.

Es ist einsichtig, daß in Gesprächen nicht um letzte Ausformulierung und absolute Absicherung gerungen wird. Das macht die Grenze des Gesprächs aus, aber auch seine Chance. Jedes Gespräch nahm bereits mit der ersten Antwort einen individuellen Verlauf. Daher lag auch kein starres Frageschema vor. Der eine Künstler ist den Umgang mit Kirchenvertretern gewöhnt, der andere nicht. Der eine findet leicht zu Worten, der andere ringt um jede Formulierung, und sicher war stets auf beiden Seiten eine gewisse Scheu, ja zuweilen Skepsis zu überwinden. Doch alle Gespräche zeigen Spuren der Überwindung dieser Schwellen, ja Zuwendung und Vertrauen.

Die meisten Begegnungen zogen sich über mehrere Stunden hin. Nicht selten gingen ihnen lose Kontakte voraus, um das Gespräch selbst vorzubereiten. Insofern steckt auf beiden Seiten eine gewisse Bereitschaft, sich auf den Partner einzustellen, ihm zuzuhören, auf ihn einzugehen, ihn von seinem positiven Anliegen her zu verstehen. Es ging nicht um Sezieren und Aussagen, Zurechtrücken oder Beipflichten, es ging um Begegnung. Es ging nicht um Rechthaberei und auch nicht um eine sog. theologische Vereinnahmung oder Kommentierung, sondern um gemeinsame Berührungspunkte.

Auf Seiten des Fragenden stand die für manchen Künstler problematische Markierung im Raum, den Weg zum Bild über die Persönlichkeit des Künstlers zu finden, und zwar in der Voraussetzung, daß auf diese Weise am ehesten Interesse für die moderne Malerei zu wecken sei. So zielten manche Fragen sehr bald ins Biographische. Wenn dies nicht bei allen Künstlern der Fall war, dann aus dem Grunde, weil sich dies nicht ergab, oder im Nachhinein als aufgesetzt wirken mußte. Das von Heinrich Böll in seiner Autobiographie geäußerte Mißtrauen »gegenüber autobiographischen Äußerungen bei mir und anderen« stand durchaus im Raum, wurde aber doch hie und da aufgewogen durch den Umstand, daß sich im Biographischen manches miteinander verbinden läßt, was später eher unvermittelt nebeneinander zu stehen scheint.

Die Gespräche machten im Laufe ihrer Entstehung immer klarer, wie tief die Thematik des Christusbildes mit der des Menschenbildes verwoben ist. Vor allem war die Suche nach dem Menschenbild vielfach die Brücke, die den Künstler und den Kirchenmann miteinander verband, ja manche Frage und Antwort miteinander verwob.

Doch waren die Gespräche nicht nur von heiterer Eintracht gekennzeichnet. Oft war der erste Zugang nicht leicht zu finden. Da stand die Institution trennend im Raum. Zwar ließ der Fragende die Kirche im Dorf, war auch bereit, sich hier und da kritisch über sie zu äußern, aber er wahrte ihr die Loyalität. Schließlich ging es nicht nur um private Plaudereien. Außerdem erreicht der ›Kunstbetrieb‹ teilweise Dimensionen des Institutionellen, gegenüber dem die entsprechende Variante in der Kirche geradezu als aufgeklärt wirkt.

Doch wie immer: über die Kirche als Institution gab es kaum eine Verständigung. Die Skepsis gegenüber jedweder Institution stand dabei Pate. Sie wurde nicht selten durch hautnahe Erfahrung belegt und individuell verständlich. »Treten Sie aus! Verlassen Sie die Kirche! Geben Sie ein Zeichen!« – Und doch war es möglich, mit diesem Dissenz zu leben. Verband doch das gemeinsame Interesse, die jeweilige Arbeit im Dienst an den Menschen und ein verantwortungsvolles gesellschaftliches Engagement. Dem Theologen fiel die ungebrochen positive Wertschätzung der Person und der überlieferten Geschichte des Jesus von Nazaret bei den Künstlern auf, ja die teilweise ausgesprochene Freude am Thema. Die Gespräche waren freimütig und kreativ. Es gab keine dogmatischen Grenzziehungen, wenig dieses so eingefahrenen wie einengenden innerkirchlichen Jargons. Es war befreiend zu hören, wie hier archetypische Variationen des Jesusbildes geäußert wurden, nicht selten freilich in einer sehr vagen Anbindung an die Bibel, ja sogar in einer gewissen Scheu, nur nicht in die Fänge der kirchlichen Lehre oder in die Klammer des Wortes zu geraten. Trotzdem verloren sich die Gespräche nicht ins Beliebige. Die kirchlich-christliche Sozialisation hatte doch feste Begriffe und Einstellungen vermittelt. Vielfach lag doch eine Orientierung am traditionellen Christusbild vor oder war Bezugspunkt für eigene Wege, dem gegenüber sich andere Lösungen im jeweiligen künstlerischen Schaffen durchsetzten ... Das Christusbild erscheint jetzt in anderen Zusammenhängen, an einem anderen Horizont. Es wird in andere Verbindungen gebracht. Es war dieses Christusbild der Überlieferung, von dem sie sich im Blick auf die Bedürfnisse des heutigen Menschen und der gegenwärtigen Gesellschaft absetzten. Diese Künstler hörten vielfach andere Antworten auf die Fragen nach dem, was Christus wollte, sie fragten anders und fanden andere Auslegungen als die gängigen kirchlichen. Sie deuteten Jesu Verhalten anders und seine Lehre, ja, sie sahen eine andere Vollmacht, ohne daß dabei gleich ein dogmatischer Zeigefinger erhoben wurde oder sich Bedenken anmeldeten.

Die Gespräche liefen letztlich auf eine schöpferische Bereicherung des Christusbildes hinaus, welche diese Gestalt in neue, aktuellere und menschennähere Bezüge brachte. Das Christusbild der zeitgenössischen Kunst ist plastischer, unmittelbarer, konkreter als das formalisierte und generalisierte der Theologie. Es riecht nach Leder, schreit in der Farbe, provoziert in der Figuration und in seiner Spannung. Vor allem aber drängt es zum verweilenden Betrachten und zum suchenden Aushalten. Wer um die eigene Not einer lebendigen Auslegung des Wortes Gottes weiß, das sich in der Gestalt Christi ausspricht, der wird viele Impulse für sein eigenes Christusbild entdecken, dem wird sich der Stachel eines befreienden Zweifels am traditionellen Christusbild nur umso tiefer ins Fleisch bohren. Aber vielleicht erfährt er dann auch die Wahrheit, die in dem Satz Alfred Hrdlickas steckt: »Alle Kunst geht vom Fleisch aus!«

Irgendwann vor etlichen Jahren reichte mir im Noviziat ein junger Mitbruder beim Kohleschleppen ein Gedicht, das die Spannung, um die es in diesem Buche geht, in Worte zusammenbringt. Es stammt von Gottfried Benn. Mir war es stets ein bohrender Stachel.

*Eure Etüden*

Eure Etüden,
Arpeggios, Dankchoral
sind zum Ermüden
und bleiben rein lokal.

Das Krächzen der Raben
ist auch ein Stück –
dumm sein und Arbeit haben:
das ist das Glück.

Das Sakramentale –
schön, wer es hört und sieht,
doch Hunde, Schakale,
die haben auch ihr Lied.

Ach, eine Fanfare,
doch nicht an Fleisches Mund,
daß ich erfahre,
wo aller Töne Grund.

# ANHANG

## Ausgewählte Literatur


*Kunst und Kirche*

Wieland Schmied (Hg.): Zeichen des Glaubens – Geist der Avantgarde. Religiöse Tendenzen in der Kunst des 20. Jahrhunderts, Stuttgart 1980.

Jürgen Harten (Hg.): Bilder sind nicht verboten, Düsseldorf 1982.

Werner Hofmann (Hg.): Luther und die Folgen für die Kunst, München 1983.

Gustav Peichel (Hg.): Kunst für und ohne Kirche (Wiener Akademie-Reihe Bd. 14), Wien 1983.

Reinhard Hoeps: Bildsinn und religiöse Erfahrung. Hermeneutische Grundlagen für einen Weg der Theologie zum Verständnis gegenstandsloser Malerei, Frankfurt 1984.

Peter-Klaus Schuster (Hg.): »München leuchtete«. Karl Casper und die Erneuerung christlicher Kunst in München um 1900, München 1984.

*Christusbild*

Peter Baum (Hg.): Christusbild im 20. Jahrhundert. Ausstellungskatalog der Neuen Galerie der Stadt Linz, Linz 1981.

Horst Schwebel: Das Christusbild in der bildenden Kunst der Gegenwart, Gießen 1980.

Günter Rombold und Horst Schwebel: Christus in der Kunst des 20. Jahrhunderts, Freiburg 1983.

*René Acht*

Bestandskatalog: Weg zur Figur (Graphik-Auswahl), Lörrach 1969.

Hans H. Hofstätter: René Acht. Monographie und Werkverzeichnis, Freiburg 1980.

Ausstellungskatalog: Scherenschnitte 1968–1983, Nymwegen/Ulm 1983.

*Hans Arp*

Carola Giedion-Welcker: Hans Arp, Stuttgart 1957.

Hans Arp: Unsern täglichen Traum . . . Erinnerungen und Gedichte aus den Jahren 1914–1954, Zürich 1955.

Stefanie Poley: Hans Arp. Die Formensprache im plastischen Werk, Stuttgart 1978.

*Joseph Beuys*

Franz Joseph und Hans van der Grinten: Joseph Beuys. Ausgewählte Arbeiten. Bd. I: Bleistiftzeichnungen, Berlin 1973; Bd. II: Wasserfarben, Berlin 1975; Bd. III: Ölfarben, München 1981.

Götz Adriani, Winfried Konnertz, Karin Thomas: Joseph Beuys. Leben und Werk, Köln 1973 und (als Taschenbuch), Köln 1981.

Armin Zweite (Hg.): Joseph Beuys – Zeige Deine Wunde, 2 Bde., München 1980.

*Jürgen Brodwolf*

Bernhard Holeczek und Dieter Blume (Hg.): Jürgen Brodwolf. Werkverzeichnisse, Braunschweig 1976 und 1978.

Ausstellungskatalog: Hans-Thoma-Museum, Bernau 1981.

Ausstellungskatalog: Neue Arbeiten. Plastiken, Zeichnungen, Aquarelle, München (Galerie Thomas) 1983.

*Herbert Falken*

Herbert Falken: Scandalum crucis, Düsseldorf 1970.

Herbert Falken: Ecce homo. Bilder zu Krankheit und Tod, Aachen 1975.

Herbert Falken: Zeichnungen 1977–1981, Aachen (Suermondt-Ludwig-Museum) 1982.

*Gotthard Graubner*

Dietrich Helms: Gotthard Graubner, Recklinghausen 1974.

Ausstellungskatalog: Farbräume, Farbraumkörper, Arbeiten auf Papier, Düsseldorf (Städtische Kunsthalle) 1978.

Ausstellungskatalog Baden Baden (Städtische Kunsthalle) 1980.

*Alfred Hrdlicka*

Alfred Hrdlicka: Alfred Hrdlicka, München 1969.

Alfred Hrdlicka: Graphik, Frankfurt 1973.

Bernhard Buderath: Alfred Hrdlicka. Anatomien des Leids, Stuttgart 1984.

*Horst Egon Kalinoswki*

Jean Dewasne, Pierre Bettencourt, Pol Bury: Kalinoswki. Eine Werkübersicht 1958–1975, Stuttgart 1975.

Wolfgang Becker und Andreas Franzke: Kalinowski. Zeichnungen, Bilder, Caissons, Heidelberg (Edition Rothe) 1978.

Ausstellungskatalog: Collagen 1956–1981. Bildschreine 1958/59, Heidelberg (Edition Rothe) 1982.

*Werner Knaupp*

Institut für moderne Kunst (Hg.): Werkverzeichnis, Bilder und Zeichnungen 1965–1971, Druckgraphik 1965–1973, Nürnberg 1974.

Ausstellungskatalog der Universität Bayreuth, Bayreuth 1980.

Lucius Grisebach (Hg.): Werner Knaupp. Bilder 1977–1982, Berlin (Nationalgalerie) 1983.

*Thomas Lehnerer*

Ausstellungskatalog, Städtische Galerie im Lenbachhaus, München 1982.

Ausstellungskatalog München (Dany Keller Galerie) 1984.

Thomas Lehnerer (Hg.): Kartoffelesser. Schang Hutter, Volker März, Thomas Lehnerer, Roob (Sonderveröffentlichung 3 der Deutschen Gesellschaft für christliche Kunst), München 1984.

*Roland Peter Litzenburger*

Günter Biemer und Rainer Ruß: wenn das Antlitz sich verbirgt. Christusbilder von Roland Peter Litzenburger, Stuttgart 1975.

Klaus Bannach: Christus der Narr. Meditationen zu Bildern von Roland Peter Litzenburger, Stuttgart 1979.

Günter Biemer und Hermann Kochanek (Hg.): Menschenbild und Gottesbild. Schauen, Lernen und Meditieren mit Bildern von Roland Peter Litzenburger, Stuttgart 1981.

*Helmut Middendorf*

Armin Wildermuth: Wiederkehr der Bilder, Basel (Edition Buchmann) 1983.

Wolfgang Max Faust u. a.: Helmut Middendorf, Düsseldorf (Kunstverein) 1983.

Ausstellungskatalog des Kunstvereins Braunschweig, Düsseldorf (Galerie Gmyrek) 1984.

*Arnulf Rainer*

Otto Breicha (Hg.): Arnulf Rainer: Hirndrang. Selbstkommentare und andere Texte zu Werk und Person, Salzburg 1980.

Dieter Honisch (Hg.): Arnulf Rainer (Ausstellungskatalog der Nationalgalerie), Berlin 1980.

H.-L.-Alexander von Berswordt-Wallrabe (Hg.): Arnulf Rainer. Fingermalereien. Christus–Frauen–Tote, Bochum (Galerie m) 1984.

*Norbert Tadeusz*

Dieter Blume u. a.: Norbert Tadeusz. Bilder 1962–1980, Katalog des Kunstvereins Braunschweig, Braunschweig 1980.

Karl-Heinz Hering u. a.: Mensch und Landschaft in der zeitgenössischen Malerei und Grafik der Bundesrepublik Deutschland (Ausstellung in Moskau und Leningrad), Düsseldorf 1983.

Ausstellungskatalog: Vorhölle, Carni, Düsseldorf (Galerie Gmyrek) 1984.

*Walter Zacharias*

Walter Zacharias: Objekte, Graphik, Collagen, Regensburg o. J.

Ausstellungskatalog: Meditationsräume, Environments, Objekte, Collagen, Regensburg (Städtische Galerie) 1981.

Ausstellungskatalog: Die Kraft des Einfachen. Objekte, Zeichnungen, Collagen, Darmstadt (Galerie Friebel) 1984.

*Bernd Zimmer*

Ausstellungskatalog: Lombok, Zwieselstein, Berlin, Berlin (Galerie Nothelfer) 1981.

Ausstellungskatalog Groningen (Groninger Museum) 1982.

Ausstellungskatalog: Abgründe. Ihr Berge, tanzt!, Düsseldorf (Galerie Gmyrek) 1983.

Für weiterführende Einzelaufsätze zum Thema »Menschenbild – Christusbild« sei verwiesen auf die Zeitschriften »Kunst und Kirche. Ökumenische Zeitschrift für Architektur und Kunst«, Gütersloh und Linz/Donau, und »Das Münster. Zeitschrift für christliche Kunst und Kunstwissenschaft«, München.

**Fotos:**

Ruth Baehnisch, Düsseldorf;
Jochen Berke, Lingen/Ems;
Fondation Jean Arp und Sophie Taeuber-Arp, Rolandseck;
Peter Friedli, Bern; Karin M. Gaa, Berlin;
Galerie m, Bochum; Galerie Gmyrek, Düsseldorf;
Horst Hanske, Regensburg; G. Heusch, Düsseldorf;
Bernd Jansen;
Manfred Leve, Nürnberg; Jochen Littkemann, Berlin;
Hans Georg Meyer, Darmstadt;
Musée d'art moderne, Straßburg;
Stefan Rothe, Heidelberg;
Bettina Secker, Bad Honnef;
Tony Stone, London;
Nic Tenwiggenhorn, Düsseldorf;
Hildegard Weber, Kleve.

Für die Totenrede auf Hans Arp erteilte die Abdruckgenehmigung der Verlag Herder, Wien; für das Gedicht Sophie Basel 1943–1945: © 1953, by Limes Verlag, Wiesbaden – München, Hans Arp, Wortträume und schwarze Sterne. Auswahl aus den Gedichten der Jahre 1911–1952; für das Gedicht Eure Etüden von Gottfried Benn, in: Gottfried Benn, Gesammelte Werke in 4 Bänden, Band III: Gedichte, 6. Auflage 1981, Klett-Cotta, Stuttgart.

*Franz Joseph van der Grinten,*
geb. 1933 in Kranenburg/Niederrhein; künstlerische Grundausbildung bei Johan Davidson Smith in Kleve; Studium der Rechtswissenschaft, Philosophie, Kunstgeschichte, Literatur und Tiefenpsychologie an den Universitäten in Köln, München und Bonn; seit 1951 Organisation zahlreicher Ausstellungen; seit 1960 Schriften, Reden und Vorträge vor allem zur Gegenwartskunst, zur Denkmalpflege und zum Verhältnis von Religion und Kunst; seit 1971 Tätigkeit als Kunstpädagoge und Sammlungspfleger am Collegium Augustianum Gaesdonck; Mitglied der Diözesan-Kunstkommission in Münster; Bücher und Mappenwerke über Joseph Beuys, Erwin Heerich, Franz Gutmann, Hans Ostendorf, Holger Runge, Rudolf Schoofs und Otto Coester. Zum Thema: »Religiöse Horizonte moderner Kunst«, Freiburg 1978; »Leben, Tod, Leben«, München 1983.

*Friedhelm Mennekes,*
geb. 1940 in Bottrop, Jesuit; Studium der Philosophie, Theologie, Politischen Wissenschaften, Soziologie und Geschichte an den Universitäten in Bonn, Köln, München und Frankfurt/M.; seit 1979 Pfarrer im Frankfurter Vorort Nied und seit 1981 Dozent für Pastoraltheologie, Religionssoziologie und Homiletik an der Phil.-Theol. Hochschule Sankt Georgen Frankfurt am Main; Veröffentlichungen zu Themen der Religions- und Wissenssoziologie, Gemeindetheologie, kirchlichen Jugendarbeit und zum Verhältnis von Kunst und Kirche.